Pediatria

Instituto da Criança
Hospital das Clínicas

Editores da coleção
Benita G. Soares Schvartsman
Paulo Taufi Maluf Jr.

Medicina de Adolescentes

Benito Lourenço

Lígia Bruni Queiroz

Luiz Eduardo Vargas da Silva

Marta Miranda Leal

Editores da coleção
Benita G. Soares Schvartsman
Doutora em Pediatria pela FMUSP. Médica Assistente da Unidade de Nefrologia do Instituto da Criança do HC-FMUSP.

Paulo Taufi Maluf Jr.
Professor Livre-Docente em Pediatria pela FMUSP. Médico Assistente da Unidade de Onco-Hematologia do Instituto da Criança do HC-FMUSP. Responsável pelo Serviço de Pediatria do Hospital Nove de Julho, São Paulo, SP.

Medicina de Adolescentes

Coordenadores
Benito Lourenço
Médico Chefe da Unidade de Adolescentes do Instituto da Criança do HC-FMUSP. Médico Assistente de Clínica de Adolescência do Departamento de Pediatria da FCMSC-SP. Membro do Departamento Científico de Adolescência da SPSP. Membro da Comissão Científica de Saúde do Adolescente da Secretaria de Saúde do Estado de São Paulo.

Lígia Bruni Queiroz
Médica Assistente da Unidade de Adolescentes do Instituto da Criança do HC-FMUSP. Mestre em Ciências pela FMUSP.

Luiz Eduardo Vargas da Silva
Médico Assistente da Unidade de Adolescentes do Instituto da Criança do HC-FMUSP.

Marta Miranda Leal
Médica Assistente da Unidade de Adolescentes do Instituto da Criança do HC-FMUSP. Mestre em Medicina pela FMUSP.

Copyright © Editora Manole Ltda., 2015, por meio de contrato com a Fundação Faculdade de Medicina da Universidade de São Paulo.

Logotipos: *Copyright* © Hospital das Clínicas – FMUSP.
Copyright © Faculdade de Medicina da Universidade de São Paulo.
Copyright © Instituto da Criança – FMUSP.

Este livro contempla as regras do Acordo Ortográfico da Língua Portuguesa de 1990, que entrou em vigor no Brasil.

Editor gestor: Walter Luiz Coutinho
Editoras: Eliane Usui e Juliana Waku
Produção editorial: Lira Editorial

Capa: Hélio de Almeida
Projeto gráfico: Departamento Editorial da Editora Manole
Editoração eletrônica: Lira Editorial
Ilustrações: Mary Yamazaki Yorado

Dados Internacionais de Catalogação na Publicação (CIP)
(Câmara Brasileira do Livro, SP, Brasil)

Medicina de adolescentes/coordenadores Benito Lourenço...
[et al.]. – Barueri, SP: Manole, 2015. – (Coleção Pediatria
do Instituto da Criança do Hospital das Clínicas da
FMUSP; 25/editores Benita G. Soares Schvartsman, Paulo
Taufi Maluf Jr.)

Outros coordenadores: Lígia Bruni Queiroz, Luiz Eduardo
Vargas da Silva, Marta Miranda Leal
Bibliografia
ISBN 978-85-204-3701-8

1. Adolescência – Medicina 2. Adolescentes – Cuidados médicos
3. Adolescentes – Desenvolvimento 4. Pediatria. I. Lourenço,
Benito. II. Queiroz, Lígia Bruni. III. Silva, Luiz Eduardo Vargas da.
IV. Leal, Marta Miranda. V. Schvartsman, Benita G.
Soares. VI. Maluf Junior, Paulo Taufi.

CDD-618.92
14-08075 NLM-WS 460
Índices para catálogo sistemático:
1. Adolescentes: Pediatria: Medicina
618.92

Todos os direitos reservados.
Nenhuma parte deste livro poderá ser reproduzida, por qualquer processo, sem a permissão expressa dos editores.
É proibida a reprodução por xerox.

A Editora Manole é filiada à ABDR – Associação Brasileira de Direitos Reprográficos.

1ª edição – 2015

Direitos adquiridos pela:
Editora Manole Ltda.
Avenida Ceci, 672 – Tamboré
06460-120 – Barueri – SP – Brasil
Tel.: (11) 4196-6000 – Fax: (11) 4196-6021
www.manole.com.br
info@manole.com.br

Impresso no Brasil
Printed in Brazil

Autores

Alexandre Massashi Hirata
Professor Afiliado da Disciplina de Hebiatria do Departamento de Pediatria da Faculdade de Medicina do ABC (FMABC). Médico do Programa de Saúde do Adolescente da Secretaria de Saúde do Município de Osasco. Membro do Departamento Científico de Adolescência da Sociedade de Pediatria de São Paulo (SPSP). Mestre pelo Programa de Pós-graduação em Pediatria e Ciências Aplicadas à Pediatria da Universidade Federal de São Paulo (Unifesp).

Alexandre Sallum Büll
Médico da Divisão de Urologia da FMUSP.

Ana Beatriz Bozzini
Médica Pediatra. Especialista em Medicina de Adolescentes pela Faculdade de Ciências Médicas da Santa Casa de São Paulo (FCMSC-SP).

Benito Lourenço
Médico Chefe da Unidade de Adolescentes do Instituto da Criança do HC-FMUSP. Médico Assistente da Clínica de Adolescência do Departamento de Pediatria da Faculdade de Ciências Médicas da Santa Casa de São Paulo (FCMSC-SP). Membro do Departamento Científico de Adolescência da Sociedade de Pediatria de São Paulo (SPSP). Membro da Comissão Científica de Saúde do Adolescente da Secretaria de Saúde do Estado de São Paulo.

Carla Merle Lucato
Médica Pediatra. Especialista em Medicina de Adolescentes pela Faculdade de Ciências Médicas da Santa Casa de São Paulo (FCMSC-SP).

Cilmery Suemi Kurokawa
Professora Assistente Doutora do Departamento de Pediatria da Faculdade de Medicina de Botucatu da Unesp. Professora do Programa de Pós-graduação em Doenças Tropicais da Faculdade de Medicina de Botucatu da Unesp.

Cristina Maria Teixeira Fortes
Doutora pelo Programa de Pós-graduação em Ginecologia, Obstetrícia e Mastologia da Faculdade de Medicina de Botucatu da Unesp.

Cybeli Ribeiro Amado
Médica Pediatra. Especialista em Pediatria Social pela Universidade Estadual de Londrina, em Medicina do Adolescente pelo Instituto da Criança do HC-FMUSP e em Pediatria com área de atuação em Medicina do Adolescente pela Sociedade Brasileira de Pediatria (SBP).

Francisco Tibor Dénes
Professor Livre-docente em Urologia pela FMUSP.

Giovana Chekin Portella
Médica Assistente da Clínica de Adolescência do Departamento de Pediatria da Faculdade de Ciências Médicas da Santa Casa de São Paulo (FCMSC-SP).

João Domingos Montoni da Silva
Médico Assistente da Unidade de Nefrologia Pediátrica do Instituto da Criança do HC--FMUSP. Médico Pediatra do Hospital Israelita Albert Einstein, unidade Morumbi.

João Marcelo Guedes
Chefe do Setor de Obstetrícia e Ginecologia do Hospital São Luiz Gonzaga, integrante do complexo hospitalar da Irmandade da Santa Casa de Misericórdia de São Paulo. Mestre em Tocoginecologia pela Faculdade de Ciências Médicas da Santa Casa de São Paulo (FCMSC-SP).

José Ricardo de Carvalho Mesquita Ayres
Médico Sanitarista. Professor Titular do Departamento de Medicina Preventiva da FMUSP.

Júlia Valéria Ferreira Cordellini
Médica Pediatra com Especialização em Pediatria e Adolescência pela Sociedade Brasileira de Pediatria (SBP). Especialização na área de Violência Doméstica contra Crianças e Adolescentes pelo Instituto de Psicologia da USP. Especialização em Educação em Saúde pela Faculdade Evangélica do Paraná (FEPAR). Mestre pelo Programa de Pós-

-graduação em Saúde da Criança e do Adolescente do Setor de Ciências da Saúde pelo Departamento de Pediatria da Universidade Federal do Paraná (UFPR). Chefe da Divisão de Vigilância de Doenças Transmissíveis da Secretaria de Estado da Saúde do Paraná (SESA).

Leandra Steinmetz
Médica Assistente da Unidade de Endocrinologia Pediátrica do Instituto da Criança do HC-FMUSP. Mestre em Ciências pelo Departamento de Pediatria da FMUSP.

Liane Hülle Catani
Médica Responsável pela Disciplina de Cardiologia Pediátrica e Responsável pelo Ambulatório de Medicina do Exercício e Esporte em Pediatria da Santa Casa de Misericórdia de São Paulo.

Lígia Bruni Queiroz
Médica Assistente da Unidade de Adolescentes do Instituto da Criança do HC-FMUSP. Mestre em Ciências pela FMUSP.

Louise Cominato
Médica Assistente da Unidade de Endocrinologia do Instituto da Criança do HC-FMUSP. Coordenadora do Ambulatório de Obesidade do Instituto da Criança do HC-FMUSP. Professora de Pediatria da Faculdade de Ciências Médicas de Santos do Centro Universitário Lusíada (UNILUS). Mestre em Pediatria pela FMUSP.

Luciana Nogueira Fioroni
Psicóloga. Professora Doutora do Departamento de Psicologia da Universidade Federal de São Carlos (UFSCar).

Luis Eduardo Passarelli Tírico
Doutorando pela FMUSP. Médico Assistente do Grupo de Joelho e do Grupo de Trauma do Instituto de Ortopedia e Traumatologia do HC-FMUSP. Médico Assistente da Unidade de Adolescentes do Instituto da Criança do HC-FMUSP.

Luiz Eduardo Vargas da Silva
Médico Assistente da Unidade de Adolescentes do Instituto da Criança do HC-FMUSP.

Marcelo Genofre Vallada
Médico Responsável pela Unidade de Vacinas e Imunobiológicos Especiais do Instituto da Criança do HC-FMUSP. Médico da Equipe de Infectologia Pediátrica do Hospital Infantil Sabará. Mestre e Doutor pela FMUSP.

Maria Ignez Saito

Presidente do Departamento de Adolescência da Sociedade de Pediatria de São Paulo (SPSP). Membro da Comissão Científica do Programa de Saúde do Adolescente da Secretaria de Estado da Saúde de São Paulo. Consultora Médica do Ministério da Saúde/Organização Panamericana da Saúde (MS/OPAS). Professora Livre-Docente pelo Departamento de Pediatria da FMUSP.

Maria José Carvalho Sant'Anna

Médica Chefe da Clínica de Adolescência do Departamento de Pediatria da Faculdade de Ciências Médicas da Santa Casa de São Paulo (FCMSC-SP). Professora Assistente do Departamento de Pediatria da FCMSC-SP. Doutora em Medicina pela FCMSC-SP.

Maria Regina Moretto

Mestre pelo Programa de Pós-graduação em Ginecologia, Obstetrícia e Mastologia da Faculdade de Medicina de Botucatu da Unesp.

Maria Sylvia de Souza Vitalle

Mestre em Pediatria pela Universidade Federal de São Paulo (Unifesp). Doutora em Medicina pela Unifesp. Vice-presidente do Departamento de Pediatria da Sociedade de Pediatria de São Paulo. Membro da International Association for Adolescent Health (IAAH) e da Confederación de Adolescencia y Juventud de Iberoamerica y el Caribe. Chefe do Setor de Medicina do Adolescente do Departamento de Pediatria da Unifesp.

Maria Teresa Martins Ramos Lamberte

Psiquiatra, Psicanalista, cargo de Chefia Técnica do Serviço de Psiquiatria e Psicologia do Instituto da Criança do Departamento de Pediatria do HC-FMUSP.

Mariana Arantes Nasser

Médica Sanitarista. Coordenadora do Programa de Atenção à Saúde na Adolescência (PASA) do Centro de Saúde-Escola "Samuel Barnsley Pessoa" do Departamento de Medicina Preventiva da FMUSP.

Marlene Pereira Garanito

Médica Coordenadora da Unidade de Hematologia do Serviço de Oncologia e Hematologia do Instituto da Criança do HC-FMUSP. Especialista em Hematologia Pediátrica.

Marta Miranda Leal

Médica Assistente da Unidade de Adolescentes do Instituto da Criança do HC-FMUSP. Mestre em Medicina pela FMUSP.

Olavo Biraghi Letaif
Médico Assistente do Grupo de Coluna do Instituto de Ortopedia e Traumatologia do HC-FMUSP. Médico Assistente do Grupo de Escoliose da Associação de Assistência à Criança Deficiente (AACD).

Rosana S. Cardoso Alves
Neuropediatra e Neurofisiologista Clínica. Médica Assistente do Serviço de Neurologia Infantil do Departamento de Neurologia da FMUSP. Coordenadora do Departamento Científico de Sono da Academia Brasileira de Neurologia.

Talita Poli Biason
Médica Pediatra com habilitação em Medicina de Adolescentes pela Sociedade Brasileira de Pediatria (SBP). Mestre em Ginecologia, Obstetrícia e Mastologia pela Faculdade de Medicina de Botucatu da Unesp.

Tamara Beres Lederer Goldberg
Professora Adjunta Livre-Docente do Departamento de Pediatria da Faculdade de Medicina de Botucatu da Unesp, na Disciplina de Medicina de Adolescentes. Professora do Programa de Pós-graduação em Ginecologia, Obstetrícia e Mastologia da Faculdade de Medicina de Botucatu da Unesp.

William Carlos Nahas
Professor Titular de Urologia da FMUSP.

Sumário

Prefácio XV
Introdução XVII

Seção I – Princípios gerais da medicina de adolescentes

1 Atendimento de adolescentes e particularidades da consulta médica 3
Benito Lourenço
Lígia Bruni Queiroz
Marta Miranda Leal

2 Puberdade 16
Lígia Bruni Queiroz
Luiz Eduardo Vargas da Silva

3 Desenvolvimento psicossocial do adolescente 32
Marta Miranda Leal
Lígia Bruni Queiroz

4 Princípios éticos do atendimento de adolescentes 41
Maria Ignez Saito

5 O adolescente e a doença crônica 49
Luiz Eduardo Vargas da Silva
Lígia Bruni Queiroz
Marta Miranda Leal
Cybeli Ribeiro Amado

Medicina de Adolescentes

6 Atenção integral ao adolescente com deficiência mental: potencialidades e vulnerabilidades 59
Maria José Carvalho Sant'Anna
Ana Beatriz Bozzini
Carla Merle Lucato
Giovana Chekin Portella

7 Atenção primária à saúde de adolescentes: vulnerabilidade e integralidade na construção do cuidado 68
Mariana Arantes Nasser
Luciana Nogueira Fioroni
José Ricardo de Carvalho Mesquita Ayres

Seção II – Prevenção de agravos e promoção da saúde

8 Prevenção de doenças do adulto e rastreamento em saúde do adolescente 81
Benito Lourenço

9 Atividade física e esporte em adolescentes: avaliação pré-participação 95
Liane Hülle Catani

10 Imunização do adolescente 107
Marcelo Genofre Vallada

Seção III – Aspectos nutricionais da adolescência

11 Comportamento alimentar do adolescente e orientação nutricional 117
Maria Sylvia de Souza Vitalle

12 Metabolismo ósseo, cálcio e vitamina D 125
Tamara Beres Lederer Goldberg
Cristina Maria Teixeira Fortes
Maria Regina Moretto
Cilmery Suemi Kurokawa

13 Anemia ferropriva na adolescência 136
Marlene Pereira Garanito

14 Obesidade na adolescência 142
Louise Cominato
Lígia Bruni Queiroz

15 Transtornos alimentares na adolescência..153
Maria Teresa Martins Ramos Lamberte
Lígia Bruni Queiroz

Seção IV – Sexualidade e contracepção

16 Sexualidade no adolescente..173
Maria Ignez Saito

17 Homossexualidade e adolescência..181
Benito Lourenço

18 Contracepção na adolescência..192
Benito Lourenço
Marta Miranda Leal

19 Anticoncepção e doença crônica..214
Marta Miranda Leal
Benito Lourenço

Seção V – Situações clínicas especiais

20 Desordens menstruais da adolescente..229
Benito Lourenço
Talita Poli Biason

21 Vulvovaginites..249
Maria José Carvalho Sant'Anna
Talita Poli Biason

22 Afecções da mama adolescente..260
João Marcelo Guedes

23 Adolescência e doenças sexualmente transmissíveis..270
Benito Lourenço
Talita Poli Biason

24 Acne juvenil..291
Benito Lourenço

25 *Piercings* e tatuagens em adolescentes..303
Benito Lourenço

XIV   Medicina de Adolescentes

26 Hipertensão arterial na adolescência... 314
João Domingos Montoni da Silva
Lígia Bruni Queiroz
Marta Miranda Leal

27 O sono e seus distúrbios.. 334
Rosana S. Cardoso Alves

28 Varicocele em adolescentes... 346
Alexandre Sallum Büll
Luiz Eduardo Vargas da Silva
Francisco Tibor Dénes
William Carlos Nahas

29 Baixa estatura... 354
Leandra Steinmetz

30 Ginecomastia na adolescência... 365
Benito Lourenço

31 Escoliose e afecções ortopédicas mais comuns do adolescente.......................... 373
Olavo Biraghi Letaif
Luis Eduardo Passarelli Tírico

Seção VI – Situações de risco

32 Promoção das habilidades adaptativas na adolescência.................................... 395
Benito Lourenço

33 Situações de risco na adolescência.. 402
Maria Teresa Martins Ramos Lamberte

34 Abordagem do adolescente vítima de violência sexual.................................... 418
Alexandre Massashi Hirata

35 Adolescência e drogadição: aspectos preventivos..427
Júlia Valéria Ferreira Cordellini

Índice remissivo 437

Prefácio

Esta obra faz parte de uma coletânea de livros – a Coleção Pediatria – que extrapola essa perspectiva, por ser, na realidade, uma coleção de saberes de alta qualidade, oferecidos a leitores atentos, agora voltados para a Medicina de Adolescentes, que tem no Instituto da Criança do HC-FMUSP sua inserção pioneira.

Seu conteúdo vem contemplar de maneira atual e adequada mais um eixo da pediatria, que é por definição a ciência voltada ao cuidado global e irrestrito dos seres em crescimento e desenvolvimento.

No seu conjunto de capítulos, traz não só a importância da prevenção de agravos e promoção da saúde como também a valorização das intervenções para que se possa minimizar ou atingir a cura de doenças de complexidade variável.

É leitura recomendada, ou mesmo obrigatória, não só para pediatras, mas também para outros profissionais de saúde que queiram ampliar sua formação na atenção integral à saúde na adolescência. Dessa forma, o *Medicina de Adolescentes* vem contribuir de maneira relevante para que esses objetivos sejam atingidos.

Maria Ignez Saito
Inverno de 2014

Introdução

Nas últimas quatro décadas, houve uma silenciosa e marcante revolução no âmbito da saúde dos adolescentes, trazendo à luz o reconhecimento e a importância dos jovens na abordagem dos aspectos de saúde, sejam eles preventivos ou curativos. Um corpo crescente de conceitos amadurecidos e de evidências científicas desloca o campo de entendimento sobre o desenvolvimento da juventude de um conjunto de princípios filosóficos para práticas, programas e políticas em saúde integral do adolescente. Redução dos riscos à saúde, estímulo dos fatores individuais e contextuais de proteção, promoção de relações de confiança e abordagem de competências de autocuidado incorporam-se às ações do profissional que se dedica à medicina de adolescentes.

Os riscos para as doenças cardiovasculares na vida adulta começam precocemente e podem se intensificar durante os anos da adolescência (por exemplo, excesso de peso, sedentarismo e má alimentação). A maioria dos transtornos mentais começa antes dos 25 anos. Os números relacionados às injúrias intencionais ou não acentuam-se sobremaneira nessa fase e são responsáveis por uma proporção maior de mortes em adolescentes do que em qualquer outra fase de vida. Os aspectos relacionados à saúde sexual e reprodutiva destacam-se nos atendimentos de adolescentes e jovens, e temas como gravidez inesperada e infecções sexualmente transmissíveis continuam desafiadores. E os adolescentes ainda ocupam posição central nos temas de desemprego emergente global, agitação cívica e conflito, urbanização e migração, em um mundo em constante transformação.

Este livro apresenta aos pediatras e aos hebiatras, com evidências atuais, os aspectos mais importantes relacionados ao atendimento dos adolescentes e seus principais agravos.

Duas questões importantes influenciam a forma como a saúde do adolescente será abordada nas próximas décadas. Primeiro, a população de adolescentes está se tornando mais diversa. As "adolescências" exigem capacidade de resposta cultural às necessidades de cuidados de saúde e atenção aos aspectos singulares de vulnerabilidade, especialmente entre os adolescentes de grupos minoritários.

A segunda questão emergente é o maior foco sobre intervenções positivas para o desenvolvimento da juventude, objetivando a prevenção de comportamentos de risco para a saúde. Essas intervenções representam um processo intencional de fornecer ao adolescente, com apoio, relacionamentos, experiências e recursos, a oportunidade necessária para se tornar um adulto competente e bem-sucedido.

Que esta publicação ajude pediatras e hebiatras na compreensão da complexidade envolvida no cuidado à saúde dos adolescentes, bem como forneça auxílio para as situações mais comumente encontradas na prática clínica.

Este livro é dedicado aos atores principais de nossas vidas: Daniela, Marcos e Lourdes; Rogério, Gabi e João; Bertolino e Lúcia Helena; Osvaldo e Mateus; e aos adolescentes, que nos ensinam e continuamente validam todo conhecimento acadêmico.

Benito Lourenço
Lígia Bruni Queiroz
Luiz Eduardo Vargas da Silva
Marta Miranda Leal

Seção I

Princípios gerais da medicina de adolescentes

Atendimento de adolescentes e particularidades da consulta médica

1

Benito Lourenço
Lígia Bruni Queiroz
Marta Miranda Leal

Após ler este capítulo, você estará apto a:

1. Compreender os princípios básicos nos quais se fundamenta a prática da atenção integral à saúde do adolescente.
2. Identificar as competências e habilidades necessárias ao profissional para uma melhor aproximação e para a consolidação de um vínculo adequado com o seu cliente adolescente.
3. Compreender a complexa dinâmica que se estabelece durante a anamnese e o exame físico de um adolescente, considerando-se as suas particularidades de crescimento e desenvolvimento.

INTRODUÇÃO À MEDICINA DE ADOLESCENTES

A medicina de adolescentes, ou hebiatria, tem se consolidado como uma prática assistencial abrangente e peculiar. Inserida no campo de trabalho multiprofissional e interdisciplinar de atenção à saúde do adolescente, essa área de atuação suscita, junto às instituições de saúde, o planejamento de recursos para o seu desenvolvimento, exigindo que os profissionais que se dedicam a essa faixa etária desenvolvam competências particulares. Receber um adolescente em consulta implica o estabelecimento de um vínculo de confiança tanto com o jovem paciente quanto com seus responsáveis; responder aos pais sem ferir a ética profissional e aos adolescentes com um saber que não os intimide a falar de si.

O atendimento do adolescente requer do profissional conhecimento técnico-científico, interesse, disponibilidade e empatia. Entretanto, o profissional pode se defrontar com demandas apresentadas pelos adolescentes e suas famílias, que, muitas vezes, transcendem a capacidade de ajuda ou mesmo de resolução de problemas complexos que não se restringem ao âmbito da atuação médica, mas se expressam como questões ambientais, psicossociais e socioeconômicas.

A seguir, é apresentado o relato de uma experiência de atendimento realizado na Unidade de Adolescentes do Instituto da Criança do Hospital das Clínicas da Faculdade de Medicina da Universidade de São Paulo (ICr-HC-FMUSP), como disparador da reflexão sobre as questões relacionadas à atenção à saúde do adolescente e dos desafios inerentes a essa prática[1].

Bianca (nome fictício), 13 anos, teve seu primeiro atendimento na Unidade de Adolescentes do ICr-HC-FMUSP por causa de quadro de acne e irregularidade menstrual. Sua mãe apresentava ainda preocupação com algumas características de sua personalidade, que, segundo acreditava, poderiam colocá-la em risco: *Bianca é muito popular no bairro, muito conhecida, decidida e com personalidade forte... por ser muito comunicativa, pode conhecer pessoas que a influenciem ao uso de drogas.* A família reside em um bairro da periferia da capital paulista. A mãe, professora do ensino fundamental, leciona das 7h00 às 23h00; o pai trabalha como taxista noturno. Todos os membros da família têm a mesma concepção de que o bairro é perigoso e violento, sobretudo no tocante ao consumo de drogas, afirmando que muitos jovens fazem uso de maconha e cocaína em locais próximos à residência da família.

Bianca descreve seu ambiente familiar da seguinte maneira: *meus pais brigam muito. Meu pai teve um relacionamento com outra mulher e ficou um tempo morando com ela. Eu e minha irmã ficamos com muita raiva dele, mas principalmente da minha mãe, por ela ter aceitado o retorno dele para casa.* O pai foi descrito como sendo bastante agressivo, dado a condutas violentas, físicas e psicológicas, relacionando-se mal com as filhas e com a esposa. Enquanto os pais discutiam os termos da separação, principalmente sobre a casa em que moravam, Bianca permaneceu com a avó materna, no mesmo bairro.

Em relação ao grupo de referência, Bianca diz ter amigos "noias" que moram em sua rua e que usam drogas. Bianca, embora nunca as tivesse usado, manifestou vontade de as experimentar. Cursa o oitavo ano do ensino fundamental, com bom desempenho escolar. Como atividade de lazer, permanece na rua com os amigos após às 18h00, o que causa preocupação nos pais. Procurando resolver esse problema, a mãe passou a trancar Bianca em casa para que ela não ficasse na rua. A adolescente já namorou um rapaz de 17 anos, durante 3 meses, e ainda não teve relação sexual.

Bianca, além da acne, não apresenta agravantes físicos. Sua menarca ocorreu aos 11 anos, mantendo ciclos com grande variabilidade, sem alterações de volume ou dor.

Este breve relato ilustra algumas das questões evidenciadas no atendimento de adolescentes que podem extrapolar a esfera das questões clínicas, refletindo, assim, desafios lançados à equipe multiprofissional na tentativa de saná-los, por meio da oferta de uma assistência integral à saúde dessa população. Nesse caso, por exemplo, diante da situação de violência doméstica, risco social (pela proximidade com as drogas) e pela vulnerabilidade (ausência de referências parentais e de fatores protetores na comunidade), foi necessário acompanhamento do Serviço Social, sendo o caso, inclusive, reportado ao sistema jurídico (Conselho Tutelar) para a abordagem de todos os aspectos nele envolvidos.

Atualmente, a atenção integral à saúde dos adolescentes ainda é um desafio à equipe de saúde, mesmo quando preparada tecnicamente e integrada no trabalho interdisciplinar. A clientela adolescente se apresenta ao sistema de saúde de maneira peculiar, com características próprias, muitas vezes sem queixas clínicas específicas, o que demanda um olhar e uma programação especiais voltados para essa faixa etária[1].

Independentemente da razão que faz com que o adolescente procure o serviço de saúde, cada visita oferece ao profissional a oportunidade de detectar, discutir e auxiliar na resolução de questões distintas do motivo principal da consulta.

Mas, afinal, como atua o médico de adolescentes? Quais as dificuldades enfrentadas pelo pediatra-geral nos cuidados dirigidos ao adolescente? Ou, ainda, qual a conjuntura que, no âmbito da pediatria e de um determinado contexto social, fez emergir uma área de atuação médica incumbida de estudar e atender pessoas de uma específica faixa etária[1]?

Como bem esclareceram Saito e Leal[2] a respeito da adolescência como área de atenção à saúde, a soma de conhecimentos acumulados em relação à saúde do adolescente proporciona relevantes elementos para a existência de uma prática assistencial singular. As importantes transformações somáticas, psíquicas e sociais que ocorrem geralmente entre 10 e 20 anos de idade determinam avaliações e condutas específicas, envolvendo atuações preventivas e curativas[2].

A atenção à saúde do adolescente pode ser realizada em diferentes locais: consultório particular, centro de saúde, ambulatório hospitalar, serviço de saúde escolar, serviços especializados, entre outros. Qualquer que seja a situação, o atendimento ao adolescente deve priorizá-lo como ser biopsicossocial inserido em seu meio ambiente e em permanente interação com ele. Portanto, o médico que atende o adolescente deve abordar, durante a consulta, não somente aspectos físicos relacionados a possíveis queixas, doenças e questões orgânicas, mas, sobretudo, compreender suas condições de vida, suas relações sociais e com a escola e o trabalho, percepções e sentimentos sobre o exercício da sexualidade, hábitos alimentares e esportivos, inserção econômica e social, uso de álcool, tabaco e outras drogas. Além disso, inclui-se a avaliação de como ele se sente em relação às mudanças corporais e emocionais pelas quais está passando, seu relacionamento com a família e com seus pares, a forma como utiliza as horas de lazer, suas vivências anteriores no serviço de saúde, expectativas em relação ao atendimento atual e seus planos para o futuro.

Do ponto de vista das transformações físicas ou da puberdade, o médico de adolescentes deve ser capaz de compreender os processos de crescimento e desenvolvimento sexual, considerados como expressões dos mecanismos neuroendócrinos que orquestram o estirão do crescimento, o desenvolvimento dos caracteres sexuais secundários e a ocorrência da menarca no sexo feminino, bem como a primeira ejaculação no sexo masculino.

O hebiatra deve ser capaz de realizar o diagnóstico do estado nutricional, orientando o adolescente de maneira preventiva acerca das questões alimentares e hábitos de higiene a elas relacionados. Deve também detectar precocemente agravos nutricionais, tanto de carência quanto de excesso, assim como realizar diagnóstico e oferta de assistência clínica na abordagem multiprofissional dos pacientes que desenvolvem transtornos alimentares (anorexia e bulimia nervosa), que incidem de forma predominante na adolescência. As vacinas disponíveis para essa faixa etária devem ser oferecidas. O exame físico completo e os rastreamentos de condições patológicas prevalentes devem ser realizados. Isso tudo configura a assistência integral oferecida pelo médico de adolescentes[2].

De acordo com Reato[3], assumir a adolescência como área de atuação pediátrica é "atender às necessidades de saúde dos adolescentes; acompanhar seu crescimento e desenvolvimento; respeitar sua diversidade e singularidade; escutá-los; sanar suas dúvidas; orientá-los a se protegerem e apoiá-los na busca por um projeto de vida".

A contribuição da chamada epidemiologia do risco foi decisiva na abordagem dos aspectos clínicos e programáticos dos adolescentes, tanto na dimensão individual quanto nas propostas voltadas à saúde coletiva. Ayres et al.[4] resgatam o conceito de vulnerabilidade, que historicamente se articulou a partir da experiência da pandemia de aids, e que se expande para outras áreas da saúde, como a saúde de adolescentes: "... o quadro conceitual da vulnerabilidade sintetiza, sistematiza, aperfeiçoa e enriquece um conjunto de preocupações e proposições que já há mais de um século vem instruindo as teorias e práticas preocupadas com o conhecimento e a intervenção sobre as dimensões sociais dos processos de saúde-doença..."[4].

No entanto, a adoção de abordagens das questões pertinentes à saúde dos adolescentes que enfatizam a vulnerabilidade e o risco, sobretudo no âmbito individual, suscita preconceito e discriminação, marcados por concepções e estereótipos negativos, presentes no senso comum, que atribuem aos adolescentes características de turbulência, de comportamento conflituoso e conturbado.

É curioso observar que o adolescente forma de si mesmo uma imagem bastante positiva, em desacordo com a qual é representado socialmente (o estereótipo do adolescente como problema). No caso clínico relatado, a mãe de Bianca a descreve como alguém muito comunicativa e popular entre os pares; essa característica da filha é relatada à equipe de saúde como um problema, e não como um aspecto positivo de sua personalidade, o que em outros contextos, ou até mesmo em outras faixas etárias, poderia ser destacado no discurso parental como uma vantagem adaptativa para enfrentar as adversidades de seu meio social[1].

Essa imagem negativa reportada aos adolescentes é, infelizmente, partilhada por muitas equipes de saúde. Quando questionados sobre o conceito que os adolescentes têm de si, percebe-se que eles expressam uma autopercepção positiva, definida especialmente pela alegria, bom humor e extroversão. Também apresentam introjetados valores como capacidade de brincar com a vida, prazer em fazer os outros rirem, respeito aos outros, valorização do próprio físico, igualdade entre as pessoas, amizade com franqueza, sinceridade e solidariedade[5]. Aspectos negativos como impulsividade e agressividade são pouco mencionados pelos adolescentes, fato que merece ser considerado na elaboração de estratégias de promoção da saúde e prevenção de situações de risco. Considerar os aspectos vistos como positivos tende a aproximar os adultos dos adolescentes, possibilitando uma convivência mais sadia, fundamental para a individualização/socialização segura no processo de adolescer[5].

Posto, portanto, que a adolescência caracteriza-se por ser um período singular do desenvolvimento humano, marcado por transformações biológicas e psicossociais relevantes, percebe-se a necessidade do atendimento de saúde específico a essa faixa etária.

COMPETÊNCIAS E HABILIDADES DO MÉDICO QUE ATENDE ADOLESCENTES

A boa assistência ao adolescente não se inicia na adolescência. Ela tem suas raízes em promoção, proteção e recuperação da saúde da criança. Evidentemente, essa criança, quando chega à adolescência, possui uma bagagem de experiências de saúde que implicará necessidades qualitativa e quantitativamente diferentes[2]. Nesse novo contexto, o pediatra se redefine e, posta sua condição de clínico-geral por excelência, habituado ao acompanhamento dos parâmetros de crescimento e desenvolvimento, reconhecendo o adolescente como indivíduo progressivamente capaz, passa a atendê-lo de forma diferenciada, estimulando o jovem a obter gradativa responsabilização sobre os aspectos de sua vida.

A prática da medicina do adolescente se alicerça em alguns pré-requisitos, como conhecimento técnico e habilidades de comunicação e escuta. O profissional detentor dessas competências sente-se mais seguro e, por consequência, à vontade com seu cliente adolescente.

Existe vasta literatura sobre as características do adolescente e as questões de saúde referentes a essa faixa etária; bom nível de conhecimento sobre esses temas permite maior tranquilidade e segurança do profissional diante de um quadro potencialmente tão amplo de queixas e possibilidades. Ressalta-se que a medicina de adolescentes é uma área de atuação e não deve ser entendida como uma especialidade fragmentadora do indivíduo.

Atenção especial deve ser dada à qualidade da relação comunicativa entre o binômio profissional-adolescente. A linguagem deve ser clara e objetiva, respeitando-se a maturidade cognitiva do paciente, no contexto de uma postura desprendida do modelo pediátrico utilizado no atendimento de crianças. A relação pediátrica médico/pais da criança é substituída por uma relação mais complexa, médico/adolescente/pais do adolescente.

Os princípios éticos ligados ao exercício da medicina do adolescente respondem a essa nova relação: privacidade, confidencialidade, respeito à autonomia, percepção da maturidade e capacidade de julgamento do cliente adolescente.

A privacidade envolve um contrato entre o adolescente, a família e o médico, sendo importante frisar que não se quer, com essa proposta, alijar a família ou diluir sua responsabilidade, havendo um estímulo constante ao diálogo entre adolescentes e responsáveis, mesmo no espaço privado da consulta: optar pela privacidade não é sonegar aos pais o direito de participar das vivências do adolescente[6].

A confidencialidade é direito do adolescente, reconhecido e assegurado pelo Código de Ética Médica[7]. É importante destacar que a confidencialidade não é um princípio baseado no "escondido", mas, sim, no reconhecimento do indivíduo como sujeito, protagonista de suas ações apoiadas em escolhas responsáveis; a família será a grande aliada para a sustentação dessa abordagem[6].

A habilidade da escuta é fundamental para entendimento das questões apresentadas pelo adolescente e sua família. A entrevista é um exercício de comunicação interpessoal, que engloba a comunicação verbal e a não verbal. Para muito além das palavras, deve-se estar atento a emoções, gestos, postura, tom de voz e expressão facial do cliente.

Durante a anamnese, podem surgir barreiras de comunicação. Além de reconhecê-las e tentar superá-las, o profissional deve explorar as razões que determinam esse comportamento, sejam do paciente/família ou do próprio médico.

Diferentemente da experiência pediátrica, em que o indivíduo se expressava pelos seus pais, no atendimento hebiátrico é oferecido um espaço novo, em que o adolescente pode falar por si. Isso pode se configurar em uma situação inicialmente difícil. Dessa forma, o silêncio, o aparente descompromisso ou o desconforto evidenciado por posturas displicentes podem estar camuflando a dificuldade de lidar com o novo. Queixas aparentemente simples podem esconder outras questões que o adolescente não consegue expressar. A postura empática do profissional permite a melhor aproximação do adolescente com seu médico, facilitando a abordagem de temas mais complexos, como sexualidade e comportamento de risco. Além disso, sugere-se que temas mais difíceis sejam abordados de forma gradativa e em momentos oportunos.

Deve-se ter cuidado para que preconceitos e leituras comportamentais estereotipadas não interfiram na relação entre o adolescente e o médico. E este deve aceitar o adolescente isento de julgamentos quanto às diferenças étnicas, religiosas, posições sociais, questões de gênero e estilos de vida[8].

Existe grande preocupação entre alguns médicos a respeito da aceitação dos pais quanto às particularidades da consulta de seus filhos adolescentes. O temor da não compreensão ou a relutância em não oferecer ao adolescente um espaço privativo de conversa por medo da desaprovação dos pais não encontra respaldo na literatura. Os pais esperam mais do que apenas a verificação do peso e estatura de seus filhos ou as discussões sobre alimentação ou prática de atividade física. Os estudos demonstram que pais identificam necessidades específicas de discussão de seus filhos com seus médicos, e as oportunidades de privacidade e confidencialidade são compreendidas para esse fim[9].

A acolhida deve ser cordial e compreensiva, para que os adolescentes se sintam valorizados e à vontade com o profissional. Uma acolhida hostil, que imponha uma série de exigências, pode afastar o adolescente, perdendo-se a oportunidade de adesão ao serviço. Dadas as características inerentes a essa etapa do desenvolvimento, os jovens podem ter dificuldades no cumprimento de horários e de datas de agendamento. Atento a esses aspectos, o profissional que se propõe ao atendimento de adolescentes deve construir mecanismos de organização da agenda que contemplem tais características. A possibilidade do atendimento não previamente agendado pode ser, por exemplo, uma oportunidade ímpar de abordagem de assuntos importantes e emergentes. A vivência temporal singular do jovem explica por que questões graves e importantes em um determinado momento são negligenciadas em consultas futuras[10].

Muitos profissionais de saúde experimentam certo grau de desconforto quando atendem adolescentes, em função da reputação de que são difíceis, confrontadores, contestadores e, às vezes, irreverentes. Como resultado, tentam controlar a situação com paternalismo exagerado ou autoritarismo, duas posturas antagônicas e igualmente inadequadas.

No contexto da necessidade de um bom vínculo do adolescente com o serviço de saúde, os adolescentes estão mais dispostos a procurar profissionais com quem se sintam confortáveis. Pouco se sabe sobre as preferências dos adolescentes em relação aos prestadores de cuidados nessa faixa etária. Como exemplo, muitos assumem que os adolescentes preferem ser atendidos e examinados por profissionais do mesmo sexo. Entretanto, os estudos sobre esse assunto ainda são escassos e inconclusivos. Kapphahn et al.[8] realizaram um estudo com mais de 5 mil adolescentes sobre suas preferências em relação a vários aspectos da consulta, entre eles o sexo do provedor de saúde. A maioria dos meninos (65%) não demonstrou preferência em relação ao sexo de seu médico e 23% preferiram atendimento por profissionais do sexo masculino[8]. O sexo do médico mostrou-se como uma variável mais importante para as meninas, com 50% delas relatando preferência por serem atendidas por profissionais do sexo feminino, 2% por homens e 48% sem demonstração de preferência[8]. As meninas mais jovens foram mais propensas a preferir profissional do sexo feminino[8]. Van Ness e Lynch realizaram estudo sobre preferência do sexo do médico para o exame geral e genital em 67 adolescentes masculinos; 50,8% demonstraram preferência por uma médica para o exame geral e 49,2% para o exame genital[11]. Diante desses resultados, sugere-se ao profissional que, antes de se preocupar com o eventual desconforto diante do atendimento de um adolescente do sexo oposto ao seu, atente à construção de uma relação de confiança e conforto para o seu paciente, seguramente mais importante para o estabelecimento de vínculo e das escolhas do adolescente.

Na adolescência, pela rapidez com que os eventos ligados ao desenvolvimento ocorrem, a vinda a um local de atendimento pode representar uma oportunidade única para o profissional de saúde interferir em um processo que pode vir a ser desastroso para o sujeito[12]. Nesse contexto, a atuação de equipes multidisciplinares tem sido preconizada. Os membros da equipe interdisciplinar devem interagir mudando o foco da atenção de aspectos específicos da própria disciplina para a prestação de serviços coordenados, centrados no problema, sem, portanto, rígida preocupação com limites disciplinares definidos[12].

ETAPAS DA CONSULTA DO ADOLESCENTE

Não existe um modelo único e universal que sistematize o atendimento dos adolescentes; cada serviço se adapta às especificidades e às características locais e de sua clientela. Os serviços de atenção ao adolescente, por atenderem uma população que está iniciando seu processo de independência junto à família, devem ter suas normas e condutas claras para conhecimento e utilização de seu jovem usuário.

Na Unidade de Adolescentes do ICr-HC-FMUSP, adota-se uma metodologia de atendimento constituída por "tempos" ou etapas (Figura 1.1). Assim, em uma primeira avaliação do paciente ("caso novo"), o adolescente é atendido em uma consulta formatada em três etapas:

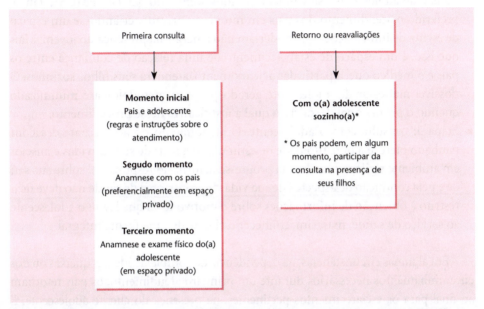

Figura 1.1 Sugestão para atendimento ambulatorial de adolescentes adotado no ICr-HC-FMUSP.

- Etapa 1: acolhimento do adolescente e de sua família. Nesse momento, são explicadas as regras e as etapas do atendimento, os princípios e a finalidade do atendimento hebiátrico e seus diferenciais com o atendimento infantil, e são apresentados os conceitos de privacidade e confidencialidade. Essa apresentação das "regras do jogo" é fundamental para circunscrever a proposta de acompanhamento clínico que está se iniciando. Essa etapa é finalizada com esclarecimento de dúvidas que possam persistir por parte dos pais ou do próprio adolescente. Em virtude de características próprias do desenvolvimento, eventualmente ainda alicerçadas em um pensamento concreto e aliadas a uma percepção distanciada do risco, é desejável que o médico seja claro em suas explicações e exemplifique, em particular, situações relacionadas à necessidade da quebra de sigilo. Dessa forma, futuros impasses em situações em que o sigilo deve ser rompido serão atenuados pela lembrança das "regras do jogo" previamente estabelecidas. É também nesse momento inicial que se instala um importante campo de observações sobre a maturidade do adolescente e as características de sua relação com os pais, informações importantes para a condução das etapas seguintes do atendimento.

- Etapa 2: entrevista com a família. Permite o entendimento da dinâmica da estruturação familiar e o esclarecimento sobre dados pregressos da saúde do adolescente. É importante que o profissional perceba as expectativas da família ao trazer seus filhos para o atendimento. Essa conversa pode acontecer na presença ou não do adolescente. Na Unidade de Adolescentes do ICr-HC-FMUSP, tem-se preferido o atendimento dos pais em momento privado, criando-se um espaço de escuta de informações que poderiam não emergir na presença do jovem. Mais que isso, é um espaço de estabelecimento de uma relação de confiança entre os pais e o médico que, a partir daquele momento, atenderá seus filhos sozinhos. O possível mal-estar do adolescente gerado por essa metodologia é minimizado quando o profissional deixa claro qual a justificativa desse procedimento.
- Etapa 3: consulta com o adolescente. O atendimento do adolescente desacompanhado oferece a oportunidade de estimulá-lo a falar de suas dúvidas e anseios, em ambiente sigiloso e, de forma progressiva, torná-lo responsável sobre sua saúde e pela condução de aspectos de sua vida. O profissional de saúde não deve ficar restrito à obtenção de informações sobre o motivo focal que levou o adolescente ao serviço de saúde, mas, sim, conhecer o cliente de uma forma integral.

Em algumas circunstâncias, na dependência da complexidade das queixas ou dos encaminhamentos necessários durante um primeiro atendimento, os pais retornam ao final para os esclarecimentos pertinentes, na presença do cliente adolescente. É natural que a primeira consulta de um adolescente seja mais longa; atenção integral exige disponibilidade e tempo. Para os pacientes que já estejam vinculados ao serviço, que participam dos atendimentos em consultas de retorno, o atendimento pode ser realizado somente com o adolescente. O espaço de escuta da família é sempre aberto; porém, quando realizado, sempre que possível ocorre na presença do adolescente. O respeito à autonomia e aos princípios éticos que norteiam o atendimento hebiátrico não contempla as "conversas de corredor" ou "segredos" trocados entre familiares e médicos sem o conhecimento do adolescente. A participação da família é altamente desejável, com os limites bem claros e que o jovem, sempre que possível, seja estimulado a envolver sua família na discussão de seus problemas. Ignorar o envolvimento familiar nas questões do adolescente pode inviabilizar o atendimento. O profissional pode ser um facilitador do processo de diálogo entre pais e adolescentes. Entretanto, a ausência dos pais ou responsáveis não deve impedir o atendimento médico do jovem.

EXAME FÍSICO DO ADOLESCENTE

O exame físico é o procedimento que apresenta maior grau de dificuldade para o profissional de saúde pouco habilitado. Isso decorre das escassas discussões

Atendimento de adolescentes e particularidades da consulta médica **13**

proporcionadas pelo currículo médico sobre essa habilidade, além do desconforto causado ao profissional, ao estar diante de um indivíduo questionador e crítico em pleno desenvolvimento físico e sexual. Dadas essas dificuldades, muitos profissionais optam por não realizar o exame físico completo, resultando em oportunidades perdidas no diagnóstico de problemas de saúde, como varicocele, criptorquidia, escoliose, entre outros.

A privacidade deve ser mantida também durante o exame físico. Em relação à presença de outros membros da equipe de saúde durante o exame, a flexibilidade e a ética devem nortear o atendimento de adolescentes em instituições públicas, privadas ou consultórios particulares.

A prévia explicação sobre como será realizado o exame físico é importante para tranquilizar o adolescente e diminuir seus temores. A adoção de um recurso gráfico que mostre a evolução da maturação sexual e sua relação com o crescimento esquelético pode, por exemplo, auxiliar na compreensão da importância do exame genital.

Durante o exame físico, não raro o adolescente encontra-se ansioso ante a perspectiva de achados anormais. Assim, é desejável que o profissional responda a essa expectativa, revelando o que está normal durante a avaliação. O exame físico é uma oportunidade de continuação da anamnese; não raramente, muitas informações emergem do diálogo que se estabelece durante a avaliação dos diversos sistemas orgânicos.

No exame físico, é desejável que o adolescente não esteja despido por completo. Realiza-se o exame em dois tempos: acima e abaixo da cintura, lembrando-se de manter coberta a área não examinada. Outra alternativa seria o uso de aventais para os adolescentes e de luvas para os profissionais, reduzindo os constrangimentos do contato corporal. Um dos momentos mais constrangedores para o cliente é o ato de despir-se; deve-se atentar para o fato de não manter contato visual nesse momento. Estratégias como sair da sala ou realizar anotações no prontuário podem ser adotadas.

O exame físico é um procedimento que requer do profissional, além de conhecimento científico, habilidade técnica e de comunicação para se aproximar do cliente, em pleno desenvolvimento de seu pudor. No momento de transformações puberais, reformulam-se a imagem (ou esquema) corporal, a representação mental do próprio corpo e o modo como ele é percebido pelo indivíduo. O surgimento dos caracteres sexuais secundários desorganiza a imagem e a identidade infantis. O adolescente adquire, agora, um novo *status* e, com o término da puberdade, tem como tarefa psíquica redefinir seu papel e identidade sexual. Nesse contexto, em um corpo em transformação, emerge o pudor característico desse momento. O pudor como sentimento não se caracteriza somente por estar exposto. O pudor é um sentimento circunstancial, caracterizado pela condição e pela situação em que se encontra o sujeito quando seu corpo é submetido à manipulação indesejada ou objeto da palavra do outro. Assim, abordar o pudor apenas pelo viés da exposição corporal ou genital é uma forma reducionista de tratá-lo. Os sentimentos de pudor podem se manifestar na ausência de nudez corporal. Nesse sentido, mais do que a preocupação do profissional com o exame genital, deve-se atentar a todo o processo de aproximação do exame físico do adolescente, desde os triviais momentos de tirar os sapatos para a realização da antropometria ou expor o tórax para a ausculta cardíaca de um jovem.

Uma das características marcantes do exame físico é o seu ritual, cujo *script* deve ser seguido à risca e com precisão de detalhes, não sendo diferente do realizado em qualquer outra faixa etária. Entretanto, o exame físico não pode se tornar um procedimento automático, sem a preocupação de identificar se o cliente está pronto, em condições para ser examinado naquele momento. Deve-se compreender o exame físico do adolescente em uma dimensão com um significado particular, em que podem emergir sentimentos diversos, como satisfação, alegria, tranquilidade, confiança, vergonha, constrangimento e tensão.

Sabe-se que o processo de aproximação do adolescente com seu médico durante toda a consulta pode não ocorrer de forma linear e tranquila; daí torna-se necessário, muitas vezes, parar, refletir e até mesmo retroceder para que o cuidado efetivo seja alcançado.

CONCLUSÕES

Em um ambiente acolhedor ao jovem e com profissionais que representem figuras adultas, capacitadas, empáticas e que sirvam de referência ao adolescente, propiciam-se as melhores condições para o estabelecimento do grande eixo estruturante para a atenção à saúde dessa faixa etária: o bom vínculo. Permeado pelos preceitos biotéticos, o atendimento dos adolescentes é, sim, uma tarefa complexa e desafiadora. Entretanto, o cuidar de adolescentes pode ser gratificante pela possibilidade de o profissional atuar em uma fase de mudanças e transformações marcantes. Nesse momento particular de desenvolvimento, em que comportamentos são estabelecidos e cristalizados, forja-se um espaço de promoção de hábitos saudáveis que podem perpetuar-se para a idade adulta. Confere-se, assim, ao médico de adolescentes um papel importante nesse processo de educação em saúde.

REFERÊNCIAS BIBLIOGRÁFICAS

1. Queiroz LB. A medicina de adolescentes no Estado de São Paulo de 1970 a 1990: uma dimensão histórica [dissertação]. São Paulo: Faculdade de Medicina da Universidade de São Paulo; 2011.
2. Saito MI, Leal MM. Consulta do adolescente. In: Sucupira ACSL, Konsiger MEBA, Saito MI, Bourroul MLM, Zuccolotto SMC. Pediatria em consultório. 5ª ed. São Paulo: Sarvier; 2010. p.925-30.

3. Reato LFN. Introdução. In: Crespin J, Reato LFN. Hebiatria: medicina da adolescência. São Paulo: Roca; 2007.
4. Ayres JRCM, Calazans GJ, Filho HCS, França-Junior I. Risco, vulnerabilidade e práticas de prevenção e promoção da saúde. In: Campos GWS, Bonfim JRA, Minarjo MCS, Akerman M, Drumond Jr M, Carvalho YM. Tratado de saúde coletiva. São Paulo/Rio de Janeiro: Hucitec/Fiocruz; 2006. p.375-418.
5. Assis SG, Avanci JQ, Silva CMFP, Malaquias JV, Santos NC, Oliveira RVC. A representação social do ser adolescente: um passo decisivo na promoção da saúde. Cienc Saúde Coletiva. 2003;8(3):669-80.
6. Saito MI, Leal MM. A sexualidade na adolescência. Pediatria (São Paulo). 2003;25(1/2):36-42.
7. Cohall AT, Cohall R, Ellis JA, Vaughan RD, Northridge ME, Watking-Bryant G. More than heights and weights: what parents of urban adolescents want from health care providers. J Adolesc Health. 2004;34(4):258-61.
8. Conselho Federal de Medicina. Código de Ética Médica. Brasília: Conselho Federal de Medicina; 2010. Disponível em: http://portal.cfm.org.br/index.php?option=com_content&view=category&id=9&Itemid=122. (Acesso em 24/10/2013.)
9. Grossman E, Ruzany MH, Taquette SR. A consulta do adolescente e jovem. In: Ministério da Saúde. Secretaria de Atenção à Saúde. Departamento de Ações Programáticas Estratégicas. Saúde do adolescente: competências e habilidades. Brasília: Ministério da Saúde; 2008. p.41-6. (Série B. Textos básicos de saúde.)
10. Kapphahn CJ, Wilson KM, Klein JD. Adolescent girl's and boy's preferences for provider gender and confidentiality in their health care. J Adolesc Health. 1999;25(2):131-42.
11. Van Ness CJ, Lynch DA. Male adolescents and physician sex preference. Arch Pediatr Adolesc Med. 2000;154(1):49-53.
12. Ruzany MH, Szwarcwald CL. Oportunidades perdidas de atenção integral ao adolescente: resultados de estudo-piloto. Adolesc Latinoam. 2000;2(1):26-35.

2 Puberdade

Lígia Bruni Queiroz
Luiz Eduardo Vargas da Silva

Após ler este capítulo, você estará apto a:

1. Descrever os mecanismos envolvidos no desencadeamento da puberdade.
2. Reconhecer os fenômenos da puberdade normal, identificando os marcos puberais e suas implicações na prática clínica.
3. Identificar e classificar as variações fisiológicas da puberdade.

INTRODUÇÃO

A puberdade caracteriza-se por mudanças biológicas relacionadas ao processo de crescimento físico e à maturação sexual, que se manifestam na adolescência. De acordo com Marshall e Tanner, as transformações puberais englobam o estirão de crescimento, as alterações na composição corporal, o desenvolvimento dos sistemas orgânicos e o desenvolvimento dos órgãos reprodutores e dos caracteres sexuais secundários[1].

A puberdade é desencadeada e regulada por complexos mecanismos neuroendócrinos ainda não totalmente conhecidos e recebe a influência de fatores genéticos, ambientais e individuais[2-4].

O desenvolvimento puberal ocorre a partir da maturação e da reativação do eixo hipotálamo-hipófise-gônada (HHG), que é ativo no feto, mas permanece relativamente "adormecido" durante grande parte da infância, sendo a puberdade o período de transição para o seu funcionamento maduro. Assim, o eixo HHG torna-se novamente ativo no início da puberdade, com o término da supressão do sistema nervoso central (SNC) sobre ele. Neurônios hipotalâmicos especializados passam a secretar o hormônio liberador de gonadotrofinas (GnRH) em ritmo pulsátil, o qual estimula a liberação de gonadotrofinas pela hipófise anterior. Assim, passam para a circulação sanguínea o hormônio luteinizante (LH) e o hormônio foliculestimulante (FSH). No sexo masculino, o LH estimula as células de Leydig a produzir testosterona, enquanto o FSH estimula as células de Sertoli e dá início à espermatogênese. No sexo feminino, o LH estimula as células da teca a produzir androstenediona e testosterona, enquanto o FSH estimula as células da granulosa a produzir estrógenos a partir da aromatização dos andrógenos[4,6] (Figura 2.1).

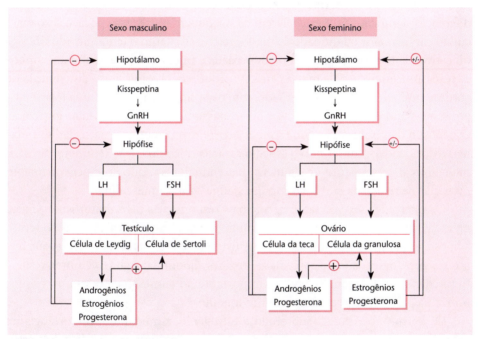

Figura 2.1 Eixo hipotálamo-hipófise-gônada[7].

Embora os mecanismos fisiológicos envolvidos na reativação do eixo neuroendócrino na puberdade não sejam completamente conhecidos, aspectos do crescimento, da composição corporal e do balanço energético parecem ser importantes nesse processo. Dentre os mediadores que possuem um papel-chave em um processo tão complexo, encontra-se a leptina, um hormônio produzido pelos adipócitos, que atua como um sinalizador das reservas de energia para manter, completar e, possivelmente, iniciar a puberdade. Destaque recente também cabe à kisspeptina, um neuropeptídeo produzido no hipotálamo, que parece desempenhar papel central para a secreção de GnRH. A falta de função por mutação no gene receptor da kisspeptina (*Kiss1R*) resulta em hipogonadismo hipogonadotrófico, realçando o papel da kisspeptina como um dos possíveis desencadeantes da puberdade[4-6].

A partir da deflagração do eixo HHG, inicia-se a sequência de transformações no corpo humano rumo ao formato adulto, ressaltando-se o rápido e intenso incremento na estatura e o amadurecimento sexual.

ALTERAÇÃO DA FORMA E DA COMPOSIÇÃO CORPORAL

Na puberdade, estabelecem-se as formas corporais adultas típicas masculinas e femininas, resultantes dos distintos desenvolvimentos esquelético, muscular e do tecido adiposo[8,9]. O dimorfismo sexual existe em pequeno grau ao nascimento, mas diferenças significativas se estabelecem com a puberdade. Nessa época, o sexo masculino ganha maior quantidade de massa magra, enquanto o feminino adquire significativamente mais gordura. É na puberdade e início da idade adulta que ambos os sexos atingem o pico de massa óssea. As proporções corporais e a distribuição de gordura mudam durante a puberdade, com os homens adquirindo uma forma corporal mais androide, enquanto as mulheres assumem uma forma mais ginecoide. O depósito de gordura nas adolescentes ocorre principalmente na região das mamas e dos quadris, conferindo o aspecto característico do corpo feminino. No sexo masculino, o crescimento do diâmetro biacromial, associado ao desenvolvimento muscular na região da cintura escapular, define a forma masculina[8].

Os esteroides sexuais são os principais responsáveis pelo dimorfismo sexual. Eles têm um importante papel no acúmulo, metabolismo e distribuição do tecido adiposo, em ambos os sexos, sendo a testosterona e o estrogênio os principais responsáveis pelo depósito de gordura nas regiões abdominal e gluteofemoral, respectivamente. A testosterona também é importante no aumento da massa magra que ocorre na puberdade, especialmente nos meninos[10,11].

Os hormônios sexuais, sobretudo o estrogênio, também têm importância no desenvolvimento da massa óssea. O estrogênio atua na conservação da massa óssea e é particularmente importante para o início do estirão pubertário e para a indução do fechamento epifisário. A atuação da testosterona também contribui para o estirão, mas falha em exercer seus efeitos na ausência de estrogênio. Por sua vez, a testosterona reduz a reabsorção e aumenta a aposição periosteal óssea, tornando os ossos maiores no sexo masculino[10,11].

A composição corporal do adolescente oscila em função da maturação sexual. A menarca ocorre na fase de desaceleração do estirão de crescimento e é acompanhada de maior acúmulo de tecido adiposo. Para o menino, o pico de velocidade de crescimento (PVC) coincide com a fase adiantada do desenvolvimento do genital, momento em que também ocorre acentuado desenvolvimento de massa magra[8,12,13].

DESENVOLVIMENTO DOS ÓRGÃOS E DOS SISTEMAS

Com exceção do tecido linfoide, que apresenta involução progressiva, todos os órgãos e os sistemas se desenvolvem durante a puberdade, sobretudo os sistemas cardiocirculatório e respiratório. O aumento da capacidade física observado na puberdade é marcante no sexo masculino e resulta do desenvolvimento do sistema cardiorrespiratório, das alterações hematológicas (aumento da eritropoiese) e do incremento da massa muscular, da força e da resistência física[9].

CRESCIMENTO ESQUELÉTICO: ESTIRÃO PUBERAL

Durante a puberdade, ocorre o estirão de crescimento esquelético, que consiste em um processo de crescimento rápido e intenso, com duração de 24 a 36 meses, e que é responsável por cerca de 20% da estatura final[2,3].

Ao se observar o padrão de crescimento humano, torna-se perceptível que, até o término da infância, meninos e meninas crescem de modo semelhante. As meninas iniciam o estirão de crescimento cerca de 2 anos antes que os meninos; portanto, no início da adolescência, elas costumam ser mais altas do que os meninos da mesma idade, situação que se inverte posteriormente. Como os meninos iniciam o estirão de crescimento depois das meninas, partem de um valor de estatura maior no início da fase de aceleração do estirão, decorrente do maior tempo de crescimento pré-estirão. Além disso, o estirão puberal no sexo masculino tem maior magnitude. Tudo isso explica a diferença habitual de estaturas encontrada entre os sexos na adultícia; os homens são, em média, cerca de 13 cm mais altos que as mulheres[2,3].

Na adolescência, o crescimento esquelético pode ser dividido em fases. A fase de crescimento pré-estirão corresponde à velocidade de crescimento da infância, a partir de 3 ou 4 anos de idade, sendo praticamente estável. A velocidade observada nesse período encontra-se entre 4 e 6 cm/ano. Já na fase de aceleração do estirão, a velocidade de crescimento aumenta progressivamente. Segue-se o PVC, no qual a velocidade atinge seu valor máximo, quando os meninos chegam a crescer aproximadamente 10 cm/ano e as meninas, 8 a 9 cm/ano.

Por fim, a fase de desaceleração do estirão caracteriza-se por diminuição da velocidade de crescimento e alcance da estatura final[2,3,5].

O estirão puberal torna-se mais perceptível ao se analisar a curva de velocidade de crescimento (VC), na qual os ganhos de estatura no tempo (cm/ano) são projetados em função da idade (Figura 2.2).

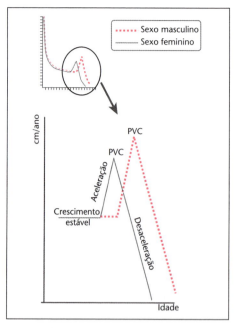

Figura 2.2 Curva de velocidade de crescimento[14].
PVC: pico de velocidade de crescimento.

O aumento na estatura do adolescente resulta da aceleração do crescimento dos membros e do tronco, sendo esse processo não uniforme. Inicialmente, ocorre o estirão dos membros, seguindo uma direção distal-proximal. O crescimento do tronco, embora posterior ao dos membros, representa a maior proporção do ganho estatural na puberdade[2,3].

Uma das questões de maior relevância na compreensão da puberdade é a correlação existente entre a maturação sexual e o crescimento esquelético. Sabe-se que este está mais associado com a maturação biológica do que com a idade cronológica. É frequente que adolescentes da mesma idade, particularmente os mais jovens, estejam em diferentes estágios de desenvolvimento sexual. Essa variabilidade no processo puberal, embora fisiológica, tem implicações clínicas relevantes, a exemplo do prognóstico de estatura final e das diferentes necessidades nutricionais envolvidas em cada etapa do crescimento esquelético. As diferenças maturacionais tendem a desaparecer com o passar dos anos (Figuras 2.3 e 2.4).

MATURAÇÃO SEXUAL

A avaliação da maturação sexual é parte fundamental do diagnóstico de crescimento e desenvolvimento do adolescente. O método de estadiamento puberal mais utilizado baseia-se na série publicada por Marshall e Tanner, consistindo na avalia-

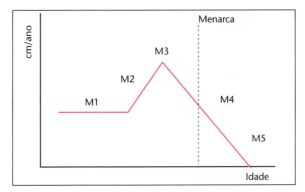

Figura 2.3 Crescimento e maturação sexual no sexo feminino[14].
M1 a M5: estágios do desenvolvimento mamário.

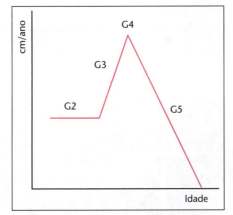

Figura 2.4 Crescimento e maturação sexual no sexo masculino[14].
G2 a G5: estágios do desenvolvimento da genitália externa.

ção por inspeção visual da mama (no sexo feminino), da genitália externa (no sexo masculino) e dos pelos púbicos (em ambos os sexos)[2,3,5,12,15,16].

Em geral, a primeira manifestação da puberdade no sexo feminino é a telarca (surgimento do broto mamário). É comum seu aparecimento unilateral seguido, após alguns meses, do broto contralateral[2,3,12,16].

No sexo feminino, o estadiamento mamário (M) transcorre em uma sequência que parte do estágio infantil (M1), segue pelo aparecimento do broto mamário (M2), passando por estágios intermediários até a configuração da mama do tipo adulto (M5). A classificação do estadiamento da mama, segundo os critérios evolutivos descritos por Marshall e Tanner, é feita da seguinte maneira (Figura 2.5):

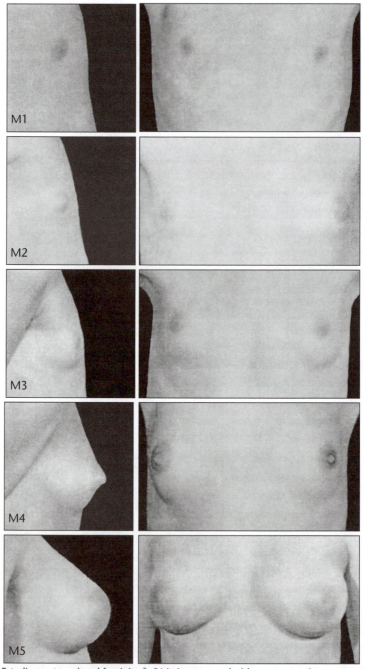

Figura 2.5 Estadiamento puberal feminino[2]. (Veja imagem colorida no encarte.)

- M1: mama pré-púbere. Não se visualiza tecido mamário. Há somente elevação da papila.
- M2: broto mamário, pequena elevação da mama e da papila, e aumento do diâmetro da aréola. O tecido mamário aumentado tem localização subareolar.
- M3: crescimento da mama e da aréola. Não há separação dos contornos das mamas e da aréola. O tecido mamário extrapola os limites da aréola.
- M4: crescimento e projeção da aréola e da papila, formando uma elevação acima do corpo da mama.
- M5: estádio adulto com projeção apenas da papila, pois a aréola retorna para o contorno geral da mama.

A primeira manifestação de puberdade no sexo masculino é, em geral, o aumento do volume testicular, seguindo-se o aparecimento de pelos púbicos e o aumento do pênis, inicialmente em comprimento e depois em largura[2,3,5,15].

O estadiamento puberal no sexo masculino (G) considera o aspecto da genitália externa (pênis e bolsa testicular). Dessa forma, segundo os critérios de Marshall e Tanner, tal estadiamento ocorre na seguinte sequência (Figura 2.6):

- G1: pênis, testículos e escroto de aparência e tamanho infantis.
- G2: início do aumento dos testículos e do escroto; a pele escrotal se torna mais fina e avermelhada; não há aumento do pênis.
- G3: continua o crescimento do escroto e o pênis aumenta principalmente em comprimento.
- G4: continua o crescimento de testículos e escroto, este com pele mais enrugada e escurecida. Há aumento do pênis em comprimento e diâmetro, tornando-se a glande evidente.
- G5: genital adulto em tamanho e forma.

Em ambos os sexos, a inspeção visual dos estágios puberais, segundo os critérios de Marshall e Tanner, é sujeita a certo grau de imprecisão, sobretudo nos seus estágios iniciais, o que confere certa limitação ao método. Por exemplo, a inspeção do broto mamário não permite a distinção entre desenvolvimento do tecido mamário e deposição de gordura, fator importante de confusão. A distinção pode ser mais bem estabelecida pela palpação do tecido mamário subareolar. A inspeção do desenvolvimento genital masculino pode ser ainda mais imprecisa do que a realizada no sexo feminino. Assim, a associação de um método objetivo, como a aferição do volume testicular (mensuração comparativa com os modelos do orquidômetro de Prader – Figura 2.7), torna essa avaliação mais consistente[5].

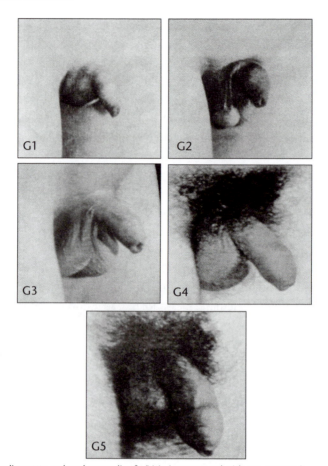

Figura 2.6 Estadiamento puberal masculino[2]. (Veja imagem colorida no encarte.)

Figura 2.7 Orquidômetro de Prader.

Sabe-se que aproximadamente 25% dos adolescentes apresentam pequenas diferenças entre os volumes testiculares direito e esquerdo. Além disso, uma ampla variação do volume testicular é observada em função da idade e mesmo nos diferentes estágios de maturação sexual[15] (Figura 2.8). Com base nos níveis plasmáticos de testosterona, sugere-se que a puberdade ocorra com o volume testicular de 3 mL, mas a maioria dos autores considera o volume testicular de 4 mL como sinal definitivo de início da puberdade. O volume testicular maduro encontra-se entre 12 e 27 mL[5].

Em relação aos pelos corporais, existe ampla variação constitucional quanto a suas características, quantidade e distribuição. A análise isolada da pilificação púbica não é evidência específica do desenvolvimento gonadal, pois pode resultar da produção de andrógenos adrenais, particularmente nos estágios iniciais da puberdade[5].

Entretanto, a pilificação púbica (P) é utilizada no estadiamento puberal de Marshall e Tanner, em ambos os sexos, por meio da observação do tipo de pelo e de sua área de distribuição. O desenvolvimento da pilosidade púbica segue a sequência de estágios assim indicados (Figuras 2.9 e 2.10):

- P1: ausência de pelos púbicos.
- P2: crescimento esparso de pelos finos, curtos, discretamente pigmentados, lisos ou discretamente encaracolados, ao longo dos grandes lábios ou base do pênis.
- P3: os pelos tornam-se mais escuros, espessos e encaracolados, estendendo-se à região púbica.
- P4: pelos do tipo adulto, porém em área de distribuição menor, não atingindo a superfície interna das coxas.
- P5: pelos adultos em tipo e distribuição atingindo a superfície interna das coxas.

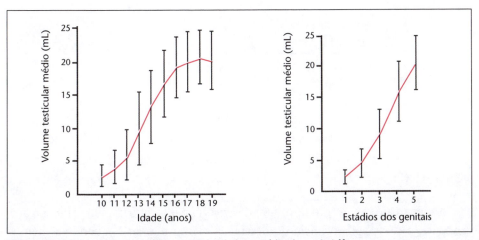

Figura 2.8 Volume testicular médio, segundo idade e estádio de genitais[15].

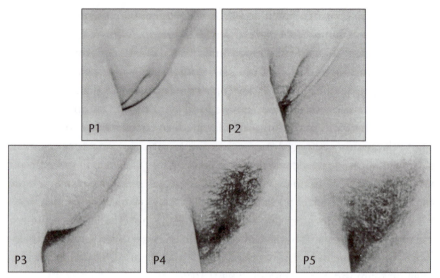

Figura 2.9 Pilificação feminina[2]. (Veja imagem colorida no encarte.)

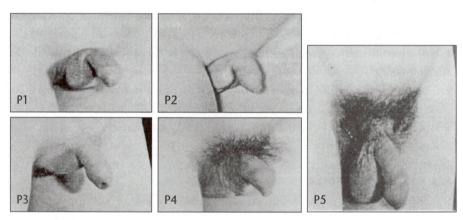

Figura 2.10 Pilificação masculina[2]. (Veja imagem colorida no encarte.)

O estadiamento da pilificação púbica deve ser realizado conjuntamente ao do desenvolvimento de mamas ou genitais, para melhor avaliação da puberdade.

Menarca

A menarca é um evento tardio no desenvolvimento puberal feminino. Ocorre cerca de 2,5 anos após o início do desenvolvimento mamário, quando a menina encontra-se nos estágios de mama 3 ou 4 de Tanner[2,3,16].

É um indicador prognóstico da estatura final, pois ocorre na fase de desaceleração do estirão, após o PVC. O crescimento esquelético é limitado em média a 4 a 6 cm nos 2 a 3 anos pós-menarca[2,3].

Segundo Colli et al., em estudo de 1978 realizado no Brasil, no município de Santo André, SP, a idade média da menarca foi de 12,2 anos (± 1,2 ano)[18].

Os primeiros ciclos menstruais são, em geral, anovulatórios, levando à irregularidade menstrual. O estabelecimento do padrão menstrual ovulatório costuma ocorrer dentro do primeiro ano pós-menarca, sendo que a maioria das adolescentes apresenta regularização dos ciclos menstruais até 2 anos após a primeira menstruação[2,3].

Espermarca

Os termos espermarca, oigarca e ejacularca podem ser encontrados na literatura como referência à primeira ejaculação consciente. Trata-se de um evento significativo na puberdade masculina, considerado por muitos autores como um marcador da maturação biológica. A espermarca é um indicador de maturação gonadal, correspondendo à menarca no sexo feminino; entretanto, é bem menos estudado. Diferentemente da menarca, a espermarca não mostra evidência de correlação com o crescimento esquelético.

A literatura relata a ocorrência da espermarca por volta dos 13 anos, a despeito de diferenças étnicas e geográficas. Em um estudo-piloto com 120 adolescentes, realizado pela Unidade de Adolescentes do Instituto da Criança do Hospital das Clínicas da Faculdade de Medicina da Universidade de São Paulo (ICr-HC-FMUSP) em 1994, observou-se que a idade média da primeira ejaculação consciente foi de 12,8 anos. Nesse estudo, a espermarca mostrou correlação estatisticamente significativa com a idade cronológica e com o volume testicular mediano de 9,5 mL (7,8 a 10,8 mL)[19].

Recentemente, em um grande estudo com 6.200 crianças e adolescentes do sexo masculino de 0 a 19 anos avaliados por um único observador, a idade mediana referida para a primeira ejaculação foi de 13 anos de idade[20]. Nesse estudo, os autores notaram que a espermarca ocorreu significativamente mais cedo nos moradores da zona rural em comparação aos moradores da zona urbana. Tal fato reforça a influência ambiental na puberdade. Outra constatação interessante diz respeito à ocorrência da espermarca antes do que a idade encontrada em estudos anteriores empreendidos no início do século XX, na mesma população, sendo um indicador da tendência secular de crescimento[21].

VARIABILIDADE

A puberdade ocorre de modo fisiológico na segunda década de vida. Entretanto, a idade de início, a duração, a sequência e a amplitude das transformações puberais apresentam grande variabilidade. Dessa forma, adolescentes sadios, de mesma idade cronológica, podem apresentar diferenças físicas marcantes entre si.

Fatores genéticos e características individuais, além de etnia, condições nutricionais, condições geográficas e tendência secular de crescimento, têm sido apontados como determinantes de uma ampla variabilidade fisiológica nas manifestações da puberdade[2,3,5,10].

O reconhecimento da variabilidade fisiológica puberal tem consequências práticas de grande valor no atendimento de adolescentes, tanto do ponto de vista clínico quanto psicoemocional.

Variabilidade Quanto à Idade de Início

O limite etário tradicionalmente estabelecido para o início da puberdade é, no sexo feminino, entre 8 e 13 anos de idade. No sexo masculino, esse limite situa-se entre 9 e 14 anos. Essa definição baseia-se primariamente nas séries publicadas por Marshall e Tanner, nos anos de 1960/1970, e está em concordância com estudos realizados em outros países[2,3].

A partir da década de 1960, nos países desenvolvidos, os dados de referência em relação aos marcos puberais aparentemente haviam se estabilizado. No final da década de 1990, alguns estudos, particularmente os norte-americanos, evidenciaram uma antecipação no início da puberdade no sexo feminino, sem alteração na idade da menarca. Tais estudos não foram conclusivos; portanto, os limites de início da puberdade permanecem os mesmos[22-24]. Já nos países em desenvolvimento, a tendência secular de crescimento ainda pode ser observada em decorrência das mudanças em curso no padrão de vida[21].

Para a população brasileira, consideram-se os limites etários estabelecidos pelo estudo de Santo André (classe IV), de 1978. Esses limites resultam do projeto "Crescimento e Desenvolvimento Pubertário em Indivíduos de 10 a 19 Anos de Idade". Tal estudo forneceu dados concretos para caracterizar a maturação sexual de ambos os sexos em função da idade, do nível socioeconômico e das inter-relações entre as diversas transformações puberais. Foram estudados 3.368 estudantes do sexo feminino e 3.397 estudantes do sexo masculino, de 10 a 19 anos de idade, pertencentes a diferentes estratos socioeconômicos, na sua maior parte residentes no município de Santo André[25].

Segundo esse estudo, os limites etários para a população brasileira coincidem com os já citados, ou seja, para o sexo feminino, a puberdade se inicia entre 8 e 13 anos de idade cronológica e, para o sexo masculino, entre 9 e 14 anos. As idades medianas de início de puberdade foram de 9,7 anos (início do broto mamário, no sexo feminino) e de 10,9 anos (aumento do volume testicular, no sexo masculino)[25].

São chamados maturadores adiantados os adolescentes que iniciam a puberdade antes da média de idade, mas acima dos limites etários inferiores estabelecidos. Em geral, esses adolescentes seguem um padrão familiar de desenvolvimento e não apresentam doenças. Como o processo de maturação sexual mantém forte correlação com a velocidade de crescimento, são adolescentes mais altos e fisicamente mais desenvolvidos do que seus pares da mesma idade, mas essa diferença tende a desaparecer com o tempo, quando todos terão características puberais semelhantes.

Por outro lado, o adolescente que inicia a puberdade tardiamente, distante da média, sem ultrapassar os limites superiores de idade estabelecidos, recebe a denominação de maturador tardio. São adolescentes mais baixos e com menor desempenho físico que seus pares; à medida que a puberdade se desenvolve, essas diferenças tendem a desaparecer. Nesse caso, também o padrão familiar está frequentemente presente.

De modo geral, os maturadores adiantados apresentam PVC de maior magnitude do que os maturadores tardios, enquanto estes exibem um período de crescimento mais prolongado, de modo que, no final, há compensação na estatura do adulto.

Variabilidade Quanto à Duração das Transformações Puberais

O tempo de passagem entre os estágios puberais é variável, e o fato de um adolescente evoluir rapidamente de um estágio para outro não implica necessariamente que também evoluirá com a mesma velocidade nos demais estágios. O menino leva, em média, 3 anos para evoluir do estágio G2 para G5, mas pode levar de 2 a 5 anos. Do mesmo modo, a menina leva, em média, 4 anos para evoluir de M2 para M5, mas essa transição pode levar de 1,5 a 9 anos[2,3,10,15,16].

Variabilidade na Sequência de Eventos

A maioria dos adolescentes apresenta uma sequência esperada no aparecimento dos eventos puberais, mas a variabilidade também está presente nesse caso. Pode-se citar, como exemplo, o fato de alguns adolescentes apresentarem pelos públicos como primeiro sinal de puberdade, em vez do broto mamário ou do aumento do volume testicular; a menarca pode ocorrer no estágio 3 (M3) do desenvolvimento mamário ou, menos frequentemente, no estágio 5 (M5); algumas adolescentes podem não evoluir além do desenvolvimento mamário estágio 4 (M4)[2,3,10,15,16].

Variabilidade Quanto à Magnitude dos Eventos

As características individuais, genéticas e ambientais mostram toda sua expressão na definição do tamanho de mamas, quadris e órgãos genitais; quantidade e distribuição de pelos; distribuição do tecido adiposo; massa muscular; peso; estatura final; PVC; entre outros[2,3,9,13,14].

CONCLUSÕES

A puberdade caracteriza-se por uma série de mudanças corporais e fisiológicas intimamente relacionadas à maturação gonadal e ao desenvolvimento dos caracteres sexuais secundários. Ao mesmo tempo, o organismo amadurece como um todo, permitindo a possibilidade da expressão da individualidade típica do ser humano.

Embora muito já tenha sido esclarecido a respeito das bases neuroendócrinas envolvidas na puberdade, há muito a ser descoberto; ainda persiste um desconhecimento dos mecanismos finos de desencadeamento e regulação do processo de maturação puberal.

A puberdade é fundamentalmente marcada pela variabilidade da época de início, sequência, velocidade e magnitude de suas mudanças. Além disso, está sujeita a influências genéticas e ambientais. O reconhecimento da variabilidade é fundamental para o adequado acompanhamento do adolescente.

REFERÊNCIAS BIBLIOGRÁFICAS

1. Marshall WA, Tanner JM. Puberty. In: Davis JA, Dobbing J. Scientific foundation of paediatrics. Philadelphia: Saunders; 1974.
2. Tanner JM. Growth at adolescence. 2nd ed. Oxford: Blackwell; 1962.
3. Grumbach MM, Styne DM. Puberty: ontogeny, neuroendocrinology, physiology, and disorders. In: Wilson JD, Foster DW, Kronenberg HM, Larsen PR (eds.). Williams' textbook of endocrinology. 9.ed. Philadelphia: WB Saunders; 1998. p.1509-625.
4. Bordini B, Rosenfield RL. Normal pubertal development: part I: the endocrine basis of puberty. Pediatr Rev. 2011;32(6):223-9.
5. Bordini B, Rosenfield RL. Normal pubertal development: part II: clinical aspects of puberty. Pediatr Rev. 2011;32(7):281-92.
6. Nebesio TD, Eugster EA. Current concepts in normal and abnormal puberty. Curr Probl Pediatr Adolesc Health Care. 2007;37(2):50-72.
7. Laan M, Grigorova M, Huhtaniemi IT. Pharmacogenetics of FSH action. Curr Opin Endocrinol Diabetes Obes. 2012;19(3):220-7.
8. Barnes HV. Physical growth and development during. Puberty. Med Clin North Am. 1975;59(6):1305-17.
9. Saito MI, Silva LEV, Leal MM. Adolescência: prevenção e risco. 2.ed. São Paulo: Atheneu; 2008.
10. Wells JCK. Sexual dimorphism of body composition. Best Pract Res Clin Endocrinol Metabol. 2007;21(3):415-30.
11. Loomba-Albrecht LA, Styne DM. Effect of puberty on body composition. Curr Opin Endocrinol Diabetes Obes. 2009;16(1):10-5.
12. Castilho SD, Barros Filho AA. Crescimento pós-menarca. Arq Bras Endocrinol Metab. 2000;44:195-204.
13. Saito MI. A avaliação nutricional na adolescência: a escolha do referencial. J Pediatr (Rio J). 1993;69(3):165-75.

14. Colli AS, Silva LEV. Crescimento e desenvolvimento físico. In: Marcondes E, Vaz FAC, Ramos, JLA, Okay Y. Pediatria básica. Tomo I. 9ª ed. São Paulo: Sarvier. 2002. p.660-5.
15. Marshall WA, Tanner JM. Variations in pattern of pubertal changes in boys. Arch Dis Child. 1969;44(235):291-303.
16. Marshall WA, Tanner JM. Variations in pattern of pubertal changes in girls. Arch Dis Child. 1970;45(239):13-23.
17. Colli AS. Maturação sexual. In: Setian N (coord.). Endocrinologia pediátrica: aspectos físicos e metabólicos do recém-nascido ao adolescente. 2ª ed. São Paulo: Sarvier; 2002. p.37-44.
18. Colli AS. Crescimento e desenvolvimento pubertário em crianças e adolescentes brasileiros. VI. Maturação sexual. São Paulo: Editora Brasileira de Ciências; 1988.
19. Leal MM. Caracterização da espermarca: um projeto piloto. [Dissertação.] São Paulo: Faculdade de Medicina da Universidade de São Paulo, Departamento de Pediatria; 1994.
20. Tomova A, Lalabonova C, Robeva RN, Kumanov PT. Timing of pubertal maturation according to the age at first conscious ejaculation. Andrologia. 2011;43(3):163-6.
21. Karlberg J. Secular trends in pubertal development. Horm Res. 2002;57(Suppl 2):19-30.
22. Pinyerd B, Zipf WB. Puberty – timing is everything! J Pediatr Nurs. 2005;20(2):75-82.
23. Parent AS, Teilmann G, Juul A, Skakkebaek NE, Toppari J, Bourghignon JP. The timing of normal puberty and the age limits of sexual precocity: variations around the world, secular trends, and changes after migration. Endocr Rev. 2003;24(5):668-93.
24. Herman-Giddens ME, Slora EJ, Wasserman RC, Bourdony CJ, Bhapkar MV, Koch GG, et al. Secondary sexual. Characteristics and menses in young girls seen in office practice: a study from the Pediatric Research in Office Settings network. Pediatrics. 1997;99(4):505-12.
25. Marcondes E, Berquó E, Hegg R, Colli AS, Zacchi MAS. Crescimento e desenvolvimento pubertário em crianças e adolescentes brasileiros. I. Metodologia. São Paulo: Brasileira de Ciências; 1982.

Desenvolvimento psicossocial do adolescente

3

Marta Miranda Leal
Lígia Bruni Queiroz

Após ler este capítulo, você estará apto a:

1. Compreender as definições de adolescência e o contexto histórico em que ela se destaca.
2. Entender o desenvolvimento psicossocial do adolescente.
3. Identificar no adolescente as características e os comportamentos normais de seu desenvolvimento psicossocial.
4. Familiarizar-se com alguns dos aspectos do desenvolvimento cerebral do adolescente.

INTRODUÇÃO

As definições de adolescência frequentemente vinculam-se à idade e às transformações anatômicas e fisiológicas características da puberdade. Do ponto de vista cronológico, a Organização Mundial da Saúde (OMS)[1] considera adolescente o indivíduo entre 10 e 19 anos. De acordo com o Estatuto da Criança e do Adolescente (ECA) – Lei n. 8.069, de 13/07/1990[2] –, é considerado adolescente o indivíduo entre 12 e 18 anos de idade.

As mudanças biológicas que determinam o desenvolvimento do corpo infantil para um corpo maduro capaz de se reproduzir, por si só, não transformam o indivíduo em um adulto emocional, social e economicamente independente. Para tanto, o adolescer envolve marcantes transformações comportamentais, mentais e sociais que, ao contrário das modificações físicas universais e visíveis, são vividas de maneira diferente em cada família ou sociedade, sendo singulares a cada indivíduo[3,4].

Destacar alguns acontecimentos históricos que contribuíram para a construção da identidade do adolescente ocidental no último século favorece a compreensão das manifestações psicossociais marcantes nessa faixa etária, as quais se refletem, até mesmo, na prática clínica.

Após a Segunda Guerra Mundial, a humanidade presenciou um forte crescimento econômico, com repercussões na elevação da renda da população e no consumo de produtos industrializados. A mídia passou a exercer, nesse contexto, um papel fundamental, tanto na divulgação de novos produtos quanto na veiculação de modas e tendências, destinados sobretudo aos jovens, à luz da premissa de serem eles indivíduos ainda indefinidos, abertos a mudanças e inovações e suscetíveis a influências políticas e tecnológicas modernizadoras. Tais características são identificadas e exploradas pelos meios de comunicação, que contribuíram, em larga escala, para a construção da identidade do adolescente na sociedade urbana e industrial, marcando seu ingresso no mercado de consumo[5].

Nos países latino-americanos, o adolescente morador da zona urbana, no período compreendido entre as décadas de 1950 e 1980, experimentou profundas transformações em sua maneira de agir, pensar e sentir, em consequência da ampliação do período de escolarização e do gerenciamento do tempo livre. Houve amplo acesso de adolescentes e jovens, oriundos das camadas médias e baixas da população, à escola, despontando para eles um horizonte otimista, com perspectivas de mobilização social e melhoria das condições de vida por meio da escolarização e de novas oportunidades de trabalho.

De forma análoga ao que ocorria na Europa e nos Estados Unidos nas décadas de 1960 e 1970, os jovens da América Latina começavam a se configurar como categoria social distinta, definida por uma condição específica que demarca interesses e necessidades próprias, quase que totalmente desvinculados da ideia de transição.

A expansão da educação, que legitimou a "moratória social" do adolescente no papel de estudante, somada à massificação da televisão e ao crescimento de poderosas indústrias culturais, culminou com fenômenos de divergência entre gerações, como a revolução sexual, o surgimento de consumos culturais tipicamente juvenis e a participação política dos estudantes secundaristas e universitários. O tempo livre desfrutado pelos jovens desperta a preocupação da sociedade adulta e leva à elaboração de uma série de programas esportivos, recreativos e campanhas preventivas de saúde para afastá-los das condutas socialmente reprovadas, como é o caso do consumo de drogas e do livre exercício da sexualidade[6].

DESENVOLVIMENTO DO ADOLESCENTE

No percurso entre a infância e a adultícia, o indivíduo realiza uma incursão em um mundo novo e desconhecido[7], passando por uma verdadeira crise, permeada, sobretudo, pela perda de um mundo infantil vivenciado até então.

Aberastury e Knobel[8] citam os três lutos com os quais o adolescente tem de lidar:

- Luto pelo corpo infantil, que cresce lenta e harmonicamente até a chegada da tempestade puberal.
- Luto pelos pais da infância, vistos pela criança como ídolos, verdadeiros heróis.
- Luto pela identidade e pelo papel infantil.

A elaboração dessas perdas, com a acomodação ao corpo adulto e imagem corporal e com o estabelecimento de novas relações consigo mesmo e com o meio social, particularmente com a família e o grupo de pares[7], é fundamental para o ingresso na vida adulta. Para tanto, estabelecem-se as "tarefas" do desenvolvimento do adolescente:

- Acomodação à nova imagem corporal.
- Aquisição do pensamento abstrato.
- Processo de independência emocional dos pais.
- Estabelecimento de novas relações com o grupo de pares.
- Elaboração da identidade sexual: exercício de sexualidade genital, intimidade e afetividade na relação com parceiro.
- Elaboração da identidade pessoal, incluindo a identidade vocacional (opção profissional) e ideológica (sistema de valores éticos e morais).

A ascensão ao mundo adulto, no entanto, exige do indivíduo maturidade, independência, autodeterminação, responsabilidade e condição socioeconômica para estabelecimento de sua própria família[4], ou seja, espera-se que ele seja economicamente independente, dono do seu destino, capaz de ter sua própria vida fora da sua família de origem.

Na sociedade ocidental moderna, a transição adolescência-adultícia é prolongada e complexa. As novas estruturas das famílias, as mudanças de valores, o aumento do tempo de escolarização, a mudança no conceito do público-privado resultante do acelerado desenvolvimento dos meios de comunicação e a ausência de um ritual definido de passagem somam-se à discrepância temporal entre os processos de maturação biológica, psicológica e social; são inúmeras as variáveis, possibilidades de escolha e oportunidades para a realização de experiências[4,7]. "Quanto mais complexa for a sociedade, maiores os pré-requisitos necessários para que o jovem possa integrar a sociedade adulta. A consequência direta é o prolongamento do processo de transição"[4].

O tempo de duração da adolescência depende não só das características da sociedade de que faz parte, mas também de aspectos próprios do indivíduo, como personalidade e história de vida. Existem indivíduos para quem, em decorrência de questões basicamente socioeconômicas, o processo de adolescer é extremamente curto, e outros cuja adolescência é protelada de maneira interminável[4]. Didaticamente, a adolescência pode ser dividida em inicial, média e tardia. É importante salientar, no entanto, que o adolescer não é um processo contínuo, uniforme e sincrônico, mas com vários períodos de regressão. A demarcação dessas fases, portanto, não é nítida, tendo pouco valor a idade cronológica, embora sua utilização colabore na compreensão de cada um desses momentos[9].

Adolescência Inicial (10 a 13 Anos)

Coincide com as mudanças físicas e o início da reformulação do esquema e da imagem corporal, caracterizado por dúvidas e preocupações com o corpo, frequente comparação com o corpo de outros adolescentes, crescente interesse com questões anatômicas e fisiológicas, e ambiguidade em relação à perda do corpo infantil, ao mesmo tempo assustadora e fascinante[9].

Ocorre o desenvolvimento cognitivo, com a passagem do pensamento lógico e concreto para o abstrato, hipotético-dedutivo. É frequente o "sonhar acordado", não só um componente normal do processo de desenvolvimento intelectual como importante, por permitir ao adolescente um espaço virtual para explorar, atuar, resolver problemas e recriar aspectos de sua vida; necessidade de maior privacidade[9].

Inicia-se a busca de identidade, com tentativas de independência, rebeldia, dificuldade em aceitar conselhos adultos e menor interesse pelas atividades paternas.

As relações interpessoais estão sustentadas por grupos do mesmo sexo[9].

Na evolução da sexualidade, o comportamento é exploratório, destacando-se a atividade masturbatória[9].

Existe ambivalência entre a busca de identidade e a aceitação de responsabilidades[9].

Adolescência Média (14 a 16 Anos)

Grande parte das transformações corporais já aconteceu e o adolescente encontra-se mais preocupado com sua aparência, sendo bastante influenciado pelos ditames da moda. Às vezes, muito tempo é dispendido na tentativa de tornar-se mais atraente[9].

Continua o processo de separação dos pais, iniciado na fase anterior; intenso envolvimento com o grupo de pares; e os comportamentos de risco se originam da necessidade de experimentar o novo e desafiar o perigo, podendo ser incluída a curiosidade sexual e por drogas lícitas e/ou ilícitas. O risco amplifica-se com a presente sensação de onipotência e imortalidade[9].

Medicina de Adolescentes

O desenvolvimento intelectual permite uma visão crítica da sociedade, com o início da elaboração de uma escala própria de valores morais e sociais, o que pode se tornar mais um ponto de conflito com adultos e familiares. Começam a ocorrer preocupações mais consistentes com a vida profissional, com tomadas de decisão e escolhas[9].

Adolescência Tardia (17 a 19 Anos)

Ocorre a estabilização da autoimagem corporal[9].

Alcançando-se a consolidação da identidade com a independência emocional e, algumas vezes até econômica em relação ao núcleo familiar, podem-se assumir responsabilidades e papéis adultos. Com isso, o adolescente pode ser capaz de compreender e aceitar seus pais, e até mesmo buscar conselhos e orientações[9].

É a fase de refinamento dos valores morais, religiosos e sexuais. Os valores do grupo de pares deixam de ser tão importantes, em prol dos próprios valores e identidade[9].

Ocorre o estabelecimento da identidade sexual com relações mais maduras e possivelmente mais estáveis, em que predomina o compartilhamento em detrimento da necessidade de exploração e experimentação características da fase anterior.

É o momento da escolha profissional. Desenvolve-se a capacidade de postergação, compromisso e estabelecimento de limites[9].

O prolongamento da adolescência característico das sociedades ocidentais modernas faz fortalecer-se o conceito de juventude que se estende além da segunda década, até os 25 anos[9].

A Tabela 3.1 resume as tarefas do desenvolvimento nas diferentes fases da adolescência[9].

Tabela 3.1 – Tarefas do desenvolvimento e fases da adolescência

	Adolescência inicial	Adolescência média	Adolescência tardia
Imagem corporal	Início das transformações puberais Fase de dúvidas e preocupações com essas mudanças: "Eu sou normal?", "Que corpo adulto vou ter?"	Grande parte das transformações puberais já se efetivou Preocupação com aparência Influência dos modismos e do grupo Necessidade de lidar com as diferenças entre imagem corporal idealizada e o corpo real	Consolidação da imagem corporal
Pensamento	Evolução do pensamento lógico e concreto (infância) para o pensamento abstrato, hipotético-dedutivo Desenvolvimento da capacidade de introjeção	Desenvolvimento máximo do pensamento abstrato Intenso desenvolvimento intelectual e da capacidade criativa	Preocupações éticas, filosóficas e sociais Idealismo

(continua)

Tabela 3.1 – Tarefas do desenvolvimento e fases da adolescência (*continuação*)

	Adolescência inicial	Adolescência média	Adolescência tardia
Independência	Ainda com forte dependência do meio familiar Limites impostos pela família e pela escola começam a ser testados	Desconstrução das figuras parentais "heroicas" Afastamento progressivo do meio familiar e contestação dos seus valores	Independência psicológica das figuras parentais; mais raramente independência econômica Possibilidade de reaproximação dos pais, em uma relação adulto-adulto
Grupo de pares	Grupo com componentes do mesmo sexo	Grupo com componentes de ambos os sexos Fase de forte vinculação à turma, que substitui a família como maior grupo de referência	Embora a vivência em grupo ainda seja preponderante, as relações individuais começam a ser mais importantes que o grupo
Sexualidade	Curiosidade em relações às mudanças puberais sexuais Autoerotismo	À curiosidade pelo novo soma-se o interesse pela experimentação sexual com um outro	Relacionamento sexual mais maduro, passível de ser vivenciado com responsabilidade e intimidade
Identidade	Início da busca da identidade adulta: "Quem sou eu?" Identificação ainda com as figuras parentais	Contestação dos princípios e valores parentais Busca de outros adultos para identificação Fase de experimentação de papéis	Consolidação da identidade

As características do desenvolvimento psicológico-emocional foram agrupadas por Aberastury e Knobel[8], para fins didáticos, na chamada "síndrome da adolescência normal" (Quadro 3.1), assim denominada com o propósito de atentar para situações próprias do processo de adolescer, muitas vezes consideradas como estados patológicos. A expressão e manifestação da revolução biopsicossocial vivenciada pelo adolescente, no entanto, dependem das características pessoais, do meio social e cultural ao qual pertence[4]. Assim, nenhum jovem tem seu desenvolvimento psicossocial enquadrando-se exatamente nesse conjunto de características que compõe a síndrome da adolescência normal. O conhecimento dessa apresentação esquemática, no entanto, é mais um facilitador para a compreensão desse período da vida e fornece instrumentos para melhor avaliar o comportamento adolescente.

Quadro 3.1 – Síndrome da adolescência normal

Busca de si mesmo e da identidade

As transformações físicas determinam a reformulação da representação mental que o sujeito faz de si mesmo, ou seja, do seu esquema corporal. A maneira como o adolescente vê a si e aos outros, assim como a maneira como os outros agora percebem o adolescente, modificam-se, determinando alterações nas atitudes e na qualidade das relações sociais. O adolescente busca modelos de identificação fora do âmbito familiar, que, em uma sociedade urbana e moderna, são inúmeros. A necessidade de experimentação é inerente a esse processo de busca da formação da identidade adulta

(continua)

Quadro 3.1 – Síndrome da adolescência normal (*continuação*)

Constantes flutuações de humor
Manifestações contraditórias da conduta
Vivência temporal singular

Na busca de sua identidade adulta, o adolescente assume identidades transitórias, circunstanciais, influenciadas geralmente por novos modelos de identificação com colegas de escola ou do grupo a que pertence: técnicos esportivos, artistas, ídolos, lideranças grupais, professores, profissional de saúde, entre outros; distanciando-se dos modelos e padrões familiares. São comuns, nesse processo, contradições nas atitudes e condutas, assim como flutuações frequentes de humor. Insegurança, ansiedade e até mesmo agressividade, quando presentes nessa fase, podem ser uma expressão da dificuldade de lidar com essa plêiade de transformações. O tempo é gerido pelo agora, e a isso soma-se a dificuldade de conviver com as frustrações da espera. Os adolescentes, não raramente, passam para a ação de forma intempestiva, impulsiva e inconsequente, constituindo-se no agir sem pensar (*acting out*)

Desenvolvimento do pensamento abstrato; necessidade de intelectualizar e fantasiar
Atitude social reivindicatória
Crises religiosas

O desenvolvimento do pensamento abstrato permite imaginar experiências sem nunca as ter vivido, e a capacidade de fantasiar faz do adolescer uma fase de muita criatividade. O desenvolvimento intelectual permite uma visão crítica da realidade, particularmente do seu microcosmo (família e escola), que passa a ser questionado sobre seus valores e normas, e leva a preocupações relacionadas a princípios religiosos, éticos, filosóficos e sociais. A capacidade de introjeção permite o desenvolvimento da intimidade e o entendimento de conceitos como privacidade e confidencialidade

Separação progressiva dos pais

Os pais, heróis no universo infantil, passam a ser avaliados de forma crítica e questionados acerca de seus valores e atitudes. Conflitos entre pais e filhos adolescentes estão presentes mesmo nas famílias em que as relações são normalmente harmoniosas, constituindo-se um aspecto do desenvolvimento sadio. O processo de separação é caracterizado por sentimento de ambivalência, em que ambas as partes, pais e filhos, desejam, mas temem, o crescimento e a entrada no mundo adulto

Tendência grupal

O grupo de pares exerce um papel de apoio fundamental nesse afastamento do átomo familiar, tão necessário para o desenvolvimento do adulto saudável. No grupo, todos estão no mesmo momento existencial, vivenciando os mesmos questionamentos, e o adolescente transfere para a turma a dependência que antes tinha da família. O pertencimento a um grupo minimiza a solidão e a insegurança resultante do luto dos pais (heróis) da infância. O grupo fortalece a autoestima e é um universo de identificação no processo de busca de identidade

Evolução da sexualidade

A expressão da sexualidade é marcante nessa fase da vida, e o desenvolvimento genital amplia a necessidade da experimentação para o campo sexual. O caráter de crise exacerba-se diante da discrepância frequente entre a maturidade física e a psicossocial

DESENVOLVIMENTO CEREBRAL NA ADOLESCÊNCIA

As características fenomenológicas do adolescer aqui apresentadas passam a ser mais bem compreendidas, em parte, à luz de estudos a respeito da formação e do amadurecimento cerebral na adolescência, viabilizados pelos avanços tecnológicos nas áreas de neuroimagem e neurociências.

Sabe-se que a adolescência é um período em que os comportamentos de risco e a impulsividade são exacerbados em comparação à infância e à adultícia, o que pode estar relacionado com o processo de maturação cerebral.

Acredita-se que o desenvolvimento do córtex pré-frontal tenha um significativo papel na capacidade de tomada de decisão e de controle cognitivo dos comportamentos impulsivos. Seu amadurecimento ocorre lentamente, só alcançando a plena maturação na idade adulta, quando o córtex pré-frontal está pronto para exercer controle sobre o sistema límbico, sobretudo em situações específicas, como no envolvimento em comportamentos de risco[10].

Por outro lado, o sistema límbico subcortical já está em desenvolvimento na adolescência e amadurece antes do córtex pré-frontal. Esse descompasso permite um período no qual o sistema límbico atua livre do pleno controle cortical pré-frontal (Figura 3.1)[10].

Estudos de neuroimagem, utilizando ressonância magnética funcional, mostram um aumento de atividade nas áreas subcorticais (sistema límbico) quando os adolescentes fazem escolhas que envolvem risco ou perigo; essa ativação é exacerbada quando comparada ao cérebro da criança e do adulto[10].

A falta de sintonia entre os desenvolvimentos límbico e pré-frontal justifica-se pelo ponto de vista evolutivo. A adolescência é um período de aprendizagem em que o indivíduo adquire habilidades para que o processo de separação do seu núcleo familiar protetor seja bem-sucedido. Nessa trajetória, é necessário que o adolescente ouse, o que não é possível sem a exposição a riscos.

Embora a elucidação desses modelos de desenvolvimento cerebral envolvendo um longo período de amadurecimento cortical pré-frontal e uma exacerbação do sistema límbico durante a adolescência sejam fundamentais para compreen-

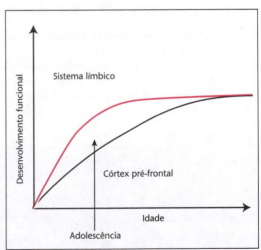

Figura 3.1 Desenvolvimento funcional do sistema límbico e do córtex pré-frontal[10].

der a inclinação dos adolescentes a comportamentos de risco, não são capazes de explicar por si só a sua ocorrência, nem conseguem explicar variações comportamentais entre os indivíduos. Justificar a vulnerabilidade ao uso ou abuso de drogas, aos acidentes e à violência apenas por meio de um processo biológico, sem levar em consideração sua interação com os aspectos ambientais, seria demasiado reducionista.

CONCLUSÕES

A concepção de adolescência é ampla, envolvendo além das transformações puberais, aspectos do desenvolvimento psicossocial. Mais do que um período de transição, a adolescência se impõe como uma categoria social distinta, fruto do meio em que ela se insere. Diante desse cenário, o adolescente apresenta características próprias, partes destas fundamentadas pela sequência da maturação cerebral e que envolve a elaboração da identidade sexual e a busca de uma identidade adulta e da independência emocional e econômica.

REFERÊNCIAS BIBLIOGRÁFICAS

1. Organización Mundial de la Salud. Necesidades de salud de los adolescentes. Genebra: OMS; 1977. 28p. (Série Informes Técnicos, 609.)
2. Brasil. Estatuto da Criança e do Adolescente – Lei nº 8.069, de 13/07/1990. Disponível em: http://www.planalto.gov.br/ccivil_03/leis/l8069.htm.
3. Tiba I. Puberdade e adolescência. Desenvolvimento biopsicossocial. São Paulo: Ágora; 1987.
4. Levisky LD. Adolescência: reflexões psicanalíticas. Porto Alegre: Artes Médicas; 1995.
5. Hobsbawm EJ. Era dos extremos – o breve século XX, 1914-1991. São Paulo: Companhia das Letras; 1997.
6. Abad M. Las políticas de juventude desde la perspectiva de la relacion entre convivencia, cidadania y nueva condicion juvenil. In: 1º Simpósio Internacional sobre Juventude e Violência, Medellín, out. 2001.
7. Azevedo MRD. Desenvolvimento psicossocial na adolescência. In: Crispin J, Reato LFN. Hebiatria: medicina da adolescência. São Paulo: Roca; 2007. p.85-96.
8. Aberastury A, Knobel M. Adolescência normal. 5ª ed. Porto Alegre: Artes Médicas; 1986.
9. Radzik M, Sherer S, Neinstein LS. Psychosocial development in normal adolescents. In: Neinstein LS. Adolescent health care: a practical guide. 5th ed. Baltimore: Williams & Winkins; 2008. p.40-5.
10. Casey BJ, Getz S, Galvan A. The adolescent brain. Dev Rev. 2008;28(1):62-77.

Princípios éticos do atendimento de adolescentes

4

Maria Ignez Saito

> **Após ler este capítulo, você estará apto a:**
>
> 1. Aplicar os princípios éticos de privacidade e confidencialidade que sustentam a proposta de prevenção diante de pacientes adolescentes.
> 2. Conhecer leis e inferências de sustentação legal que diminuem a dicotomia entre ética e lei.
> 3. Ampliar a capacidade de julgamento e diminuir inseguranças, geralmente infundadas, frequentemente vinculadas a preconceitos e estereótipos relacionados aos direitos dos adolescentes, inclusive sexuais e reprodutivos.

INTRODUÇÃO

A atenção integral à saúde é a resposta que os vários grupos de referência devem dar aos indivíduos considerando sua faixa etária, momento de vida e inserção sociocultural. Em relação à saúde do adolescente, é necessário levar em consideração a singularidade desse momento do processo de crescimento e desenvolvimento, marcado pelo impacto de mudanças físicas e psíquicas, vivenciadas de maneira diversa nos diferentes contextos[1].

Os modelos de atendimento até hoje usados apresentam as seguintes semelhanças:

- Baseiam-se na atenção global, que considera o adolescente como um ser humano indivisível.

Medicina de Adolescentes

- Desdobram-se em níveis de atenção primário, secundário e terciário, tendo como enfoque principal a prevenção de agravos e a promoção da saúde.
- São realizados dentro de relevantes princípios éticos.

Se a proposta primordial é a prevenção, deve ficar explícito que ela não pode ser realizada sem rigorosos princípios éticos de privacidade e confidencialidade, que se resumem no respeito à autonomia do cliente adolescente.

Assim, este capítulo discute recomendações que devem ser seguidas em qualquer nível de atuação seja primário, secundário ou terciário, descaracterizando a vinculação exclusiva que existe entre prevenção e atenção primária. Essa assertiva fica clara quando se toma como exemplo a gravidez na adolescência, que pode ser inoportuna para uma adolescente saudável e fatal para outra com doença grave, como lúpus eritematoso.

PRINCÍPIOS ÉTICOS PARA ATENÇÃO INTEGRAL À SAÚDE DO ADOLESCENTE

Privacidade

É direito do adolescente (indivíduos entre 10 e 19 anos, segundo a Organização Mundial da Saúde – OMS) ser atendido sozinho, em um espaço privado de consulta.

- A privacidade será mantida:
  - Durante o exame físico.
  - Não sendo sinônimo de "escondido", e sim de crescimento e responsabilidade.
- Não será mantida:
  - Quando o adolescente não é capaz de informar e/ou compreender.
  - Quando não aceita ficar sozinho na consulta.
  - Em situações de violência, principalmente de caráter sexual, sendo, então, fundamental a presença na sala de outro profissional da equipe, para eventual proteção do médico.

Confidencialidade

Traduz-se por direito a sigilo a noção de que as informações discutidas durante e depois da consulta ou entrevista do adolescente não podem ser repassadas a seus pais e/ou responsáveis sem sua permissão, e isso deve ser mantido por todos os membros da equipe de saúde. Apoia-se no Juramento de Hipócrates e no Código de Ética Médica (CFM, 2009)[2].

Princípios éticos do atendimento de adolescentes

É vedado ao médico:

- Art. 74: revelar segredo profissional referente a paciente menor de idade, inclusive a seus pais ou responsáveis legais, desde que o menor tenha capacidade de avaliar seu problema e de conduzir-se por seus próprios meios para solucioná-lo, salvo quando a não revelação possa acarretar danos ao paciente.
- Art. 78: deixar de orientar seus auxiliares e alunos a respeitar sigilo profissional e zelar para que ele seja mantido.

Quando houver necessidade de quebra de sigilo, não é necessária a anuência do adolescente; entretanto, ele deve ser previamente informado de que isso vai ocorrer, justificando-se os motivos para essa atitude, devendo-se, idealmente e sempre que possível, realizar a quebra do sigilo com a presença do adolescente na sala de atendimento.

O sigilo, portanto, deverá ser mantido diante de algumas situações, como:

- Atividade sexual.
  Quanto a esse aspecto, existem algumas exceções, como situações de violência ou quando um adolescente se nega ao uso de proteção e coloca seu(sua) parceiro(a) em risco.
  Deve-se lembrar que, quanto mais precoce é a atividade sexual, menor é a chance de discernimento por parte do adolescente e maior é a possibilidade não só de abuso sexual, como de indução e/ou sedução para essa prática. É importante lembrar ainda que, segundo o Estatuto da Criança e do Adolescente (ECA)[3] – Lei nº 8.069, de 13/7/1990 –, indivíduos entre 10 e 12 anos não são considerados adolescentes, mas sim crianças.
- Experimentação de drogas.
  Deve-se lembrar, entretanto, que o indivíduo que experimenta tem mais risco do que aquele que recusa e, portanto, os profissionais têm que permanecer atentos.

Algumas situações nas quais o sigilo é rompido são:

- Gravidez.
  Pode ser concedido à adolescente um prazo para que ela revele à família sua condição.
  Se existir a ideia de abortamento, essa adolescente não poderá deixar o consultório, o ambulatório, o hospital ou qualquer serviço de saúde sem que a família compareça e se responsabilize por qualquer decisão a ser tomada. Cabe lembrar que o aborto no Brasil é ilegal, existindo risco à saúde progressivo e inversamente proporcional ao nível socioeconômico.

- Drogadição.
- Recusa a uso de medicamento.
- Tendência suicida ou homicida.
- Violência.

O sigilo não é mantido diante de qualquer tipo de violência, inclusive negligência, sendo obrigatória a denúncia para Conselhos Tutelares e/ou Vara da Infância e Juventude.

Ética e Lei/Ética *versus* Lei

Quando se fala em ética, não se fala obrigatoriamente em lei, embora a dicotomia anteriormente existente tenha sido amenizada pelo ECA[3]. Em nenhum momento, o ECA condicionou o acesso do adolescente a serviços de saúde à anuência de seus pais ou responsáveis.

Já no Código Penal Brasileiro, no art. 154, encontra-se: "revelar a alguém, sem justa causa, segredo de que tenha ciência, em razão de função, ministério, ofício ou profissão, e cuja revelação possa produzir dano a outrem. Pena: detenção de 3 meses a 1 ano."

Contribuem também para suporte legal as seguintes proposições[4]:

- O plano de ação da Conferência Mundial de População e Desenvolvimento (Cairo, 1994), que introduziu o conceito de direitos sexuais e reprodutivo na normativa internacional, inseriu os adolescentes como sujeitos que deverão ser alcançados pelas normas, pelos programas e pelas políticas públicas.
- A Conferência da Organização das Nações Unidas (ONU) (Cairo +5). Em 1999, a ONU realizou um processo de revisão do programa avançando nos direitos dos jovens. Na revisão do documento, deixaram de ser incluídos os direitos dos pais em todas as referências aos adolescentes, garantindo os direitos dos adolescentes à privacidade, ao sigilo, ao consentimento informado, à educação sexual (inclusive no currículo escolar), à informação e à assistência à saúde reprodutiva.
- A Declaração dos Direitos Sexuais, que considera o direito:
  - À liberdade sexual.
  - À autonomia sexual, à integridade sexual e à segurança do corpo sexual.
  - À privacidade sexual.
  - À igualdade sexual ao prazer sexual.
  - À emoção na sexualidade.
  - À livre associação sexual.
  - A tomar decisões reprodutivas, livres e responsáveis.
  - À informação baseada no conhecimento científico.

- À educação sexual integral.
- À atenção à saúde sexual.

A partir da Declaração Universal dos Direitos Humanos, adotada em 1948, a comunidade internacional, por intermédio da ONU, vem firmando convenções que estabelecem estatutos comuns que garantam a não violação de um elenco de direitos considerados básicos à vida digna, chamados Direitos Humanos.

Em 1989, a ONU adotou a Convenção sobre os Direitos da Criança, ratificada pelo Brasil em 1990, introduzindo:

- O valor intrínseco da criança e do adolescente como ser humano.
- A necessidade especial de respeito à sua condição de pessoa em desenvolvimento.
- O reconhecimento como sujeitos de direito.
- Sua prioridade absoluta nas políticas públicas.

Entretanto, ainda são observadas as seguintes barreiras para a implementação desses direitos:

- Escassos recursos financeiros.
- Fortes desigualdades sociais, econômicas e políticas.
- Contínua discriminação contra a mulher.
- Discriminação racial.
- Altos níveis de desemprego da população jovem.
- Ausência de oportunidades vocacionais e educacionais.

A solução para a implementação desses direitos fundamenta-se em:

- Proteção e promoção de cidadania dos adolescentes.
- Compromisso ético.
- Direito universal à informação.
- Ausência de preconceito.
- Respeito aos marcos legais, como o publicado em 2005 pelo Ministério da Saúde[5], chamado "Saúde, um Direito dos Adolescentes".

As instâncias gestoras do Sistema Único de Saúde (SUS) obrigam-se a garantir, em toda a rede de serviços, programas de atenção integral à saúde em todos os ciclos vitais que incluem, entre outros aspectos:

- Assistência à contracepção.

- Atendimento pré-natal e assistência ao parto, ao puerpério e ao neonato.
- Controle das doenças sexualmente transmissíveis (DST).
- Controle e prevenção do câncer cervicouterino, de mama e de pênis.
- Introdução de vacina contra papilomavírus humano (HPV) no calendário oficial, ampliando a cobertura vacinal para os níveis menos favorecidos.

QUESTIONAMENTOS E RESOLUÇÕES

Como entre os profissionais que lidam com adolescentes persistiam inseguranças e questionamentos em relação aos direitos sexuais e reprodutivos dessa faixa etária, em 2002, a Unidade de Adolescentes do Instituto da Criança do HC-FMUSP (Profa. Dra. Maria Ignez Saito e Dra. Marta Miranda Leal) organizou o Fórum 2002 – Contracepção, adolescência e ética[6,7], que reuniu profissionais das áreas de saúde, justiça e ligados a comissões de ética e bioética, cujas conclusões serviram de base para as diretrizes da Sociedade Brasileira de Pediatria (SBP) e da Federação Brasileira das Sociedades de Ginecologia e Obstetrícia (Febrasgo), publicadas em 2004, no *Jornal de Pediatria*[8], e contribuíram com a publicação do Marco Legal "Saúde, um Direito dos Adolescentes" do Ministério da Saúde, 2005.

São importantes conclusões desse fórum:

- O respeito à autonomia da criança e do adolescente, o que implica privacidade e confidencialidade, faz com que esses indivíduos passem de objeto a sujeito de direito.
- O adolescente tem direito a educação sexual, acesso a informação sobre contracepção, confidencialidade e sigilo sobre sua atividade sexual e sobre prescrição de métodos anticoncepcionais, respeitadas as ressalvas citadas (art. 74 do Código de Ética Médica). O profissional que assim se conduz não fere nenhum preceito ético, não devendo temer nenhuma penalidade legal.
- A prescrição de anticoncepcional à adolescente menor de 14 anos deve ser criteriosa, não constituindo ato ilícito por parte do médico, desde que não haja situação de abuso ou vitimização.
- Em relação ao temor da prescrição de anticoncepcionais para menores de 14 anos (violência presumida de estupro), todos os representantes da área jurídica presentes foram unânimes em afirmar que a presunção de estupro deixa de existir ante a informação de que o profissional possui de sua não ocorrência. É importante ter presente a gravidade da acusação de estupro (crime hediondo e inafiançável) para parceiro inocente.

Para dirimir dúvidas relacionadas à contracepção de emergência, a mesma Unidade de Adolescentes organizou o Fórum 2005 – Adolescência e contracepção de emergência[9], publicado na íntegra pela *Revista Paulista de Pediatria* em 2007. São conclusões importantes desse evento:

- A contracepção de emergência usada no Brasil não tem caráter abortivo.
- A contracepção de emergência cumpre papel de destaque dentro da proposta de educação sexual, posto que seu caráter emergencial pode preceder o próprio processo educativo, sem deixar de fazer parte desse em suas etapas[9].
- A contracepção de emergência vai ao encontro de seu imediatismo, das constantes mudanças de pensar e sentir, colocando-se, portanto, como opção relevante de prevenção[9].
- Os estudos até agora realizados não vinculam a contracepção de emergência ao aumento de promiscuidade nem ao abandono de outros métodos anticoncepcionais[10-13].
- A contracepção de emergência deve fazer parte da educação sexual para ambos os sexos e tem como objetivo principal o resgate do ser humano como sujeito de suas ações e escolhas, constituindo-se em proposta eficaz de prevenção.
- A anticoncepção de emergência apresenta papel fundamental nas adolescentes portadoras de doenças crônicas, pois, muitas vezes, diante da doença de base, uma gravidez não planejada pode significar risco à vida dessas adolescentes.

As conclusões do evento foram de grande valia para a elaboração da Resolução nº 1.811 do CFM, de 2006[14]. Essa resolução retira da anticoncepção de emergência qualquer atributo abortivo e libera seu uso para todas as etapas da vida reprodutiva, o que inclui os adolescentes.

CONCLUSÕES

Os direitos sexuais e reprodutivos na adolescência se revestem, ainda nos dias de hoje, de aspectos polêmicos, entre os quais se destacam os religiosos, morais, sociais, econômicos e históricos, entre outros, sempre motivadores de novas discussões.

Assim, o exercício da sexualidade nesse período da vida, embora deva ser entendido como direito, se inadvertido ou irresponsável, envolve riscos como gravidez inoportuna, aborto, DST, que podem comprometer não só o projeto de vida, mas até mesmo a própria vida, tornando-se impostergável a proposta preventiva.

O texto apresentado instiga os profissionais de saúde à reflexão a partir de inferências legais e éticas que procuram combater preconceitos e estereótipos inaceitáveis dentro da Medicina de Adolescentes, convidando os mesmos profissionais a priorizar valores de saúde que permitam a prevenção utilizando princípios éticos e legais de respeito à autonomia.

REFERÊNCIAS BIBLIOGRÁFICAS

1. Saito MI. Atenção integral à saúde do adolescente. In: Saito MI, Silva LEV, Leal MM. Adolescência: prevenção e risco. 2ª ed. São Paulo: Atheneu; 2008. p.209-15.
2. Código de Ética Médica. Resolução do Conselho Federal de Medicina nº 1.931, de 17 de setembro de 2009.
3. Brasil. Estatuto da Criança e do Adolescente. Lei nº 8.069, de 13 de julho de 1990.
4. Saito MI, Colli AS, Leal MM. Unidade de Adolescentes – Instituto da Criança do Hospital das Clínicas da Faculdade de Medicina da Universidade de São Paulo. In: Saito MI, Silva LEV, Leal MM. Adolescência: prevenção e risco. 2ª ed. São Paulo: Atheneu; 2008. p.13-28.
5. Brasil. Ministério da Saúde. Secretaria de Atenção à Saúde. Área de Saúde do Adolescente e do Jovem. Marco legal: "saúde, um direito dos adolescentes". Brasília: Ministério da Saúde; 2005.
6. Saito MI, Leal MM. O exercício da sexualidade na adolescência: a contracepção em questão. Pediatria (São Paulo). 2003;25:36-42.
7. Saito MI. Adolescência, sexualidade e educação sexual. Rev Pediatr Mod. 2001;36(Nº espec):3.
8. Sociedade Brasileira de Pediatria & Federação Brasileira das Sociedades de Ginecologia e Obstetrícia. Adolescência, anticoncepção e ética – diretrizes. J Pediat. 2004;80(1).
9. Saito MI, Leal MM. Adolescência e contracepção de emergência: Fórum 2005. Rev Paul Pediatr. 2007;25(2):180-6.
10. Figueiredo R. Contracepção de emergência no Brasil: necessidade, acesso e política nacional. Rev Saúde Sexual e Reprodutiva, setembro 2004. Disponível em: http://www.aads.org.br/revista/set04.html#seis.
11. Free C, Lee RM, Ogden J. Young women's account's of factors influencing their use and non-use of emergency contraception: in-depth interview study. BMJ. 2002;325(7377):1393-7.
12. Pollack JS, Daley AM. Improve adolescent's acssess to emergency contraception. Nurse Pract. 2003;28(8):11-23.
13. Irwin CE. Emergency contraception for adolescents: the time to act is now. J Adolesc Health. 2004;35(4):257-8.
14. Brasil. Resolução nº 1.811 do Conselho Federal de Medicina. Diário Oficial da União, 14 de dezembro de 2006.

O adolescente e a doença crônica

5

Luiz Eduardo Vargas da Silva
Lígia Bruni Queiroz
Marta Miranda Leal
Cybeli Ribeiro Amado

Após ler este capítulo, você estará apto a:

1. Compreender a relevância da doença crônica na adolescência.
2. Entender as particularidades da adolescência que podem repercutir na evolução da doença crônica.
3. Compreender aspectos da não adesão e sugerir maneiras de abordagem dessa problemática.
4. Entender o processo de transição do adolescente com doença crônica para o acompanhamento na clínica de adultos.

INTRODUÇÃO

Na busca da individualidade, o adolescente passa por mudanças físicas, pelo amadurecimento psíquico e refaz suas relações sociais. O adolescente em desenvolvimento depara-se, portanto, com desafios internos (crise de identidade, adaptação a uma nova imagem corporal e desempenho de um novo papel na sociedade) e externos (aceitação e pertencimento ao grupo, estabelecimento de novos vínculos familiares e afetivos, entre outros). O processo de amadurecimento nessa etapa da vida é natural e esperado, ainda que vivenciado como crise, diante de tantas transformações.

Esse percurso pode se tornar ainda mais crítico quando a ele se associa um problema crônico de saúde. A confrontação com as limitações impostas pela doença crônica, a necessidade de consultas médicas e de exames laboratoriais frequentes, as internações, o uso regular de medicações, tudo isso gera um grande fardo para o adolescente, comprometendo o processo de individualização.

Os grandes avanços da medicina ocorridos nos últimos 40 anos proporcionaram um aumento na sobrevida de crianças e adolescentes portadores de um amplo espectro de condições crônicas.

A prevalência das doenças crônicas entre adolescentes é de difícil estabelecimento pela falta de informações adequadas que foquem especificamente esse grupo etário, bem como pela diversidade metodológica dos estudos e das definições usadas para a caracterização da condição crônica[1].

Entre os muitos aspectos envolvidos na definição de doença crônica no adolescente, encontram-se: duração; idade de início; condição congênita ou adquirida; gravidade da doença; limitações às atividades próprias da idade; se aparente ou não; sobrevida esperada; prejuízos cognitivos, emocionais e sociais; distúrbios sensoriais; dificuldades de comunicação, entre outros. Dependendo dos critérios utilizados, pode-se caracterizar como doença crônica desde situações clínicas mais brandas, como rinite alérgica leve ou distúrbios visuais corrigidos por lentes, até condições de maior gravidade, como doenças autoimunes e oncológicas[1].

Nos países ocidentais, cerca de 10% dos adolescentes sofrem de alguma condição crônica. Globalmente, as taxas chegam até 15% nos adolescentes do sexo masculino, residentes de zona rural, de classe social desfavorecida e de famílias de baixa escolaridade[1].

O manejo de qualquer doença crônica durante a adolescência é um desafio para a equipe de saúde. O conhecimento dos aspectos próprios da adolescência – fase de rápido crescimento físico, intenso desenvolvimento psíquico e importante processo de individualização e socialização – é necessário e fundamental na abordagem desses pacientes.

O escopo deste capítulo é abordar, de modo geral, o impacto de uma enfermidade crônica nos processos de puberdade, socialização e escolarização, relacionamento com a família, desenvolvimento da sexualidade, alcance de autonomia e independência, adesão ao tratamento e transição para a clínica de adultos.

ADOLESCER COM DOENÇA CRÔNICA

Toda mudança é uma vivência de crise. Fazem parte da crise da adolescência, além das modificações físicas e dos ajustes hormonais e fisiológicos, o desenvolvimento intelectual, a construção de uma identidade adulta, a mudança na relação de dependência com a família e a contestação de seus valores, a tendência grupal, o desempenho de novos papéis sociais e o desenvolvimento da sexualidade. Trata-se de um momento fundamental para o desenvolvimento da autoestima e da autoconfiança.

A sobreposição da doença crônica e das necessidades impostas pelo seu tratamento exacerbam a crise da adolescência.

> "Já são tantos os limites, as dificuldades para formular a mim mesmo, o que eu quero, as confusões, as indecisões, os medos... A doença se superpõe a tudo isso. É intolerável"[2].

Puberdade

A puberdade, caracterizada pelas rápidas transformações físicas da adolescência e seus ajustes fisiológicos, impõe ao organismo uma grande demanda. Na presença de um agravo constante ao organismo, como aquele decorrente da doença crônica, o início da puberdade, em geral, é postergado, privilegiando a manutenção da vida em detrimento do crescimento e do desenvolvimento físico. Outras doenças crônicas podem, por condições inerentes a elas, ao contrário, adiantar o desenvolvimento da puberdade. Portanto, não é incomum que adolescentes portadores de doenças crônicas se afastem da média do desenvolvimento puberal de seus pares.

Uma vez que o adolescente portador de doença crônica evolua na puberdade, sua condição de saúde pode ser modificada em virtude do intenso crescimento físico, da maior demanda energética, das modificações na composição corporal, das oscilações hormonais e da alteração da farmacocinética das drogas. Isso requer adequações terapêuticas para o controle da doença. Pode-se citar o exemplo do diabete melito, no qual o aumento dos níveis do hormônio de crescimento na puberdade dificulta a ação insulínica, o que requer um ajuste de doses da terapia com insulina para o controle da doença[1].

Mudanças Psicológicas e Socialização

A puberdade leva à descoberta de um corpo sempre novo, com a permanente necessidade de adaptação às constantes mudanças. Para os adolescentes com doenças crônicas, principalmente se aparentes, as possíveis diferenças físicas dificultam essa adaptação, podendo influenciar negativamente a autoestima, causando insegurança. Existem evidências de que questões de identidade, autoimagem e desenvolvimento do eu são afetados pela doença crônica de modo geral. Os adolescentes com alterações na aparência física parecem ser de alto risco para o desenvolvimento de dificuldades de adaptação social, o que é exacerbado em uma cultura na qual o corpo é valorizado em demasia[1].

No adolescente portador de doença crônica, a separação progressiva dos pais, tão importante no processo de entrada no mundo adulto, em geral é postergada

Medicina de Adolescentes

e caracterizada por uma grande tensão entre o adolescente e sua família. Assim, a independência em relação aos pais deve ser encorajada, respeitando-se a singularidade de cada adolescente e de sua família e as características da doença. Cabe aos profissionais de saúde que trabalham junto a esses pacientes e suas famílias auxiliá-los no processo de alcance da maior independência possível.

Em meio ao processo de separação dos pais, o adolescente assume o grupo como uma forte referência, pelo qual deve ser aceito e se tornar pertencente. No grupo, a princípio, todos são iguais, devem atuar da mesma forma e seguir as mesmas regras. Se a doença limita a participação na atividade grupal, torna-se difícil a sensação de pertencimento, seus vínculos podem ser mais frouxos ou até mesmo não se firmarem. Frequentemente, adolescentes "diferentes" são excluídos e/ou se sentem excluídos. Se por um lado isso pode fazer com que o adolescente se isole, por outro pode gerar a busca permanente de superar as diferenças, incorrendo em comportamentos de risco em uma tentativa de desafiar a doença e até a própria morte.

O imediatismo dos jovens pode ser reforçado diante da ideia da morte. Muitos querem viver tudo rapidamente, buscando extrair da vida o que acreditam ser o máximo de emoção, prazer e realização.

A onipotência própria do adolescente vincula-se ao pensamento mágico: "Como levar a doença a sério? Como dispor-me às orientações, medicamentos, dietas... que o médico propõe se sou, na verdade, invulnerável? Se a morte é para mim tão remota que é uma preocupação que pode ser, sem medo, adiada"[2].

O próprio desenvolvimento do pensamento abstrato traz questionamentos mais elaborados em relação aos porquês da saúde ou da doença. Uma adolescente portadora de lúpus eritematoso juvenil pergunta, em uma atividade em grupo: "por que o lúpus é uma doença tão traiçoeira, que ataca quando a gente menos espera?". Também as questões de cunho existencial podem surgir de modo inesperado. Essas, obviamente, não podem ser respondidas de modo simplista, mas consideradas dentro de um espaço que possibilite a reflexão, sem a necessidade de se chegar a uma resposta.

Escolarização

Outro aspecto de importância para a adolescência é a escola, espaço fundamental para o desenvolvimento e o aprendizado intelectual, palco de vivências afetivas e de estabelecimento de vínculos de amizades.

Os adolescentes portadores de doença crônica são mais propensos às faltas escolares em função de sua condição e das necessidades impostas pelo tratamento. Na verdade, os adolescentes com doença crônica perdem mais dias de escola do que poderia ser atribuído às necessidades do tratamento, talvez por causa da dificuldade de adaptação ao ambiente escolar. A frequência escolar também é afetada por aspectos psicológicos presentes nesses adolescentes. Na escola, o doente crônico pode se deparar com o preconceito, levando aos sentimentos de exclusão, baixa autoestima e apatia[1].

Por outro lado, para uma minoria de adolescentes portadores de doenças crônicas e/ou suas famílias, o processo de escolarização é tido como prioritário, fazendo com que períodos de provas e cobranças pelo bom desempenho incompatibilizem o cuidado ideal imposto pela doença.

Algumas condições crônicas frequentemente induzem à hospitalização; idealmente, o período da internação poderia ser aproveitado como um espaço de aprendizado, com supervisão de professores, permitindo a continuidade do processo de escolarização.

Desenvolvimento Sexual

O desenvolvimento da sexualidade é de extrema importância na vida do indivíduo, principalmente quando se compreende seu significado além do ato sexual em si, tratando-se de uma forma de expressão humana. Na adolescência, o desenvolvimento sexual envolve questões relacionadas a construção da própria identidade, maturidade física, imagem corporal e autoestima, relacionamentos afetivos e aspirações referentes ao futuro. Assim, a sexualidade sofre influências sociais e culturais que incluem a família, a comunidade, a escola, os amigos, a mídia e outros grupos de referência.

É difícil aceitar o exercício da sexualidade de adolescentes e jovens portadores de doenças crônicas como um fato natural; assim, o despertar sexual gera nas famílias dúvidas e angústias. Diante desse cenário, alguns pais preferem manter esses indivíduos em uma posição infantil e quase assexuada. Do mesmo modo, as dificuldades impostas pela condição crônica podem levar alguns desses jovens a adiar por mais tempo o ingresso na adolescência.

O grupo de amigos proporciona importantes vivências de afeto e de interação. As relações tornam-se mais íntimas, dando oportunidades para amizades, paqueras e namoros. Como já citado, os adolescentes portadores de doenças crônicas lidam com graus variáveis de isolamento social, que podem limitar as interações com seus pares e a possibilidade de envolvimento afetivo, aspectos relevantes para o desenvolvimento da sexualidade. Em contraponto, o grupo, muitas vezes, não sabe lidar com o que é "diferente", não facilitando a integração.

As características da adolescência normal, como a onipotência e a ideia de invulnerabilidade, também podem ser grandes riscos diante da vivência da sexualidade. A crença de que "nada acontece comigo" e a negação da doença, associadas ao desejo de se igualar aos demais, favorecem o envolvimento do adolescente com doença crônica no exercício da atividade sexual despreparada, desprotegida e, até mesmo, indesejada. Estudos populacionais apontam que adolescentes portadores de doenças crônicas têm maiores taxas de atividade sexual e de práticas sexuais de risco do que controles saudáveis. As consequências de tais comportamentos podem ser aborto, gravidez precoce, doenças sexualmente transmissíveis (DST) e HIV/aids[3,4].

Conviver com a ideia da finitude é uma contradição quase incompreensível nessa fase da vida. De um lado está a doença com suas limitações, incômodos e a proximidade da morte; do outro, o impulso vital da juventude, com seu desejo de liberdade e um futuro a ser conquistado. Para o sexo feminino, o desejo de engravidar, ainda que inconsciente, coloca-se como a possibilidade de resolução desse conflito. O anseio de gerar filhos sadios é uma tentativa do resgate da própria vida.

Assumir que o adolescente portador de doença crônica também se desenvolve sexualmente torna imperativa a criação de espaços e de oportunidades para que o direito à sexualidade seja discutido de forma franca e clara, respeitando-se os aspectos da privacidade e do sigilo, contribuindo para o exercício de uma vida sexual mais saudável e segura.

ADESÃO AO TRATAMENTO

"As prescrições, dietas, medicamentos me obrigam a admitir que ela faz parte de mim. Sinto ganas de mandar para o inferno a doença, juntamente com tudo que admite sua existência: médicos e prescrições"[2].

A adesão é um grande impasse quando se lida com o adolescente e a doença crônica. Em decorrência de seu processo de maturação psíquica, os adolescentes com condições crônicas frequentemente têm dificuldades de seguir o regime terapêutico. A adesão ao tratamento requer apropriadas capacidades cognitivas e de organização pessoal, além da conscientização de que o tratamento é necessário e benéfico[5,6].

Na adolescência, há uma relativa inabilidade de planejar e se preparar para diferentes situações. Há, também, imaturidade de conceber consequências futuras, além da vivência da invulnerabilidade. Esses aspectos do desenvolvimento tornam improvável que um discurso sobre possíveis complicações e agravos futuros faça o adolescente ter melhor adesão. Percebe-se que, algumas vezes, só a vivência de situações-limite cria a possibilidade de mudança da postura do adolescente em relação à doença crônica.

As necessidades relacionadas ao tratamento podem entrar em conflito com as vivências próprias da adolescência, como observado, por exemplo, no processo de individualização no qual a vinculação ao grupo é primordial. Diante do grupo, o adolescente pode se recusar a usar medicações e a se submeter às restrições dietéticas.

A sensação de que as medicações são desnecessárias, o esquecimento e o medo dos efeitos colaterais são outras razões para a não adesão.

> "Ouvir as explicações do médico sobre o funcionamento do meu corpo, antecipar algumas modificações, comentar outras já ocorridas e, sobretudo, explicar-me detalhadamente quando algo não está como deveria, o porquê de suas orientações, tratamentos, exames... é fundamental"[2].

Enquanto na infância os regimes terapêuticos encontram-se sob a responsabilidade e a colaboração quase exclusiva dos pais, na adolescência, espera-se a participação progressiva do jovem no tratamento e no cuidado com o próprio corpo. A adesão ao tratamento envolve um processo ativo, intencional e responsável de autocuidado, no qual o adolescente incorpora no tempo as medidas necessárias para manter a sua saúde, com a colaboração dos pais e dos profissionais que o assistem. Assumir um papel superprotetor na tentativa de poupar o jovem, não lhe permitindo implicação efetiva no tratamento, nem o pleno conhecimento sobre a doença e seu curso, é um complicador para o processo de adesão. A conscientização e a aceitação da doença trazem sofrimento ao adolescente e sua família, mas são fundamentais para o desenvolvimento de todo o potencial do jovem e a reformulação de seus projetos de vida diante das limitações impostas pela doença e seu tratamento.

O estabelecimento de uma relação de confiança entre o adolescente e o profissional que o atende é a base do processo terapêutico, e o médico não deve estar preocupado apenas com a doença e com a eficácia do tratamento, mas, sim, ser realmente atento às necessidades, à ansiedade, aos medos, aos projetos e aos sonhos de seu paciente adolescente. A relação de confiança também deve se estender à família, que precisa confiar e compreender para que possa colaborar na atuação dos profissionais de saúde.

O desafio do médico é colocar a doença como parte de uma realidade que não pode ser negada, mas que deve ser integrada à vida. Obviamente, isso não é uma questão de fácil execução, tratando-se mais de um processo que deve ser individualizado e que necessita do acompanhamento e apoio de toda a equipe de saúde.

Diante da não adesão, cabe aos profissionais envolvidos no atendimento compreender o contexto específico em que ela ocorre, envolver o paciente e sua família na problemática e acionar os recursos de auxílio para cada caso. Nessas situações, o estabelecimento de maior proximidade entre um membro da equipe e o adolescente é de fundamental importância. Com isso, busca-se criar uma parceria, um ponto de referência e de acolhimento para se possibilitar melhor adesão. Pode-se, a partir daí, estabelecer nova regularidade de consultas; adequar, dentro do possível, o tratamento ao estilo de vida do paciente; providenciar avaliação pelo serviço social ou acompanhamento psicológico.

Dentre os espectros de gravidade das doenças crônicas, há situações que possibilitam tempo maior para o processo de implicação do jovem com a adesão ao tratamento. O impasse acontece nos casos em que a gravidade e a complexidade da doença não permitem esse tempo. Um exemplo são os adolescentes transplantados, em que o não uso de imunossupressores pode levar à perda do órgão e até mesmo à morte. Estabelece-se aí a urgência das medidas citadas que possam ajudar no processo da adesão. Enquanto a adesão não se efetiva, cabe à família supervisionar, por exemplo, o uso da medicação.

Mais uma vez, coloca-se a relevância da parceria entre o paciente, sua família e o profissional de saúde na decisão de estratégias de manejo, à luz do processo de desenvolvimento, das crenças de saúde e das metas pessoais do adolescente.

TRANSIÇÃO

Um grande número de adolescentes portadores de doença crônica chegará à adultícia e, consequentemente, será transferido para o atendimento de adultos. O termo transição é atribuído ao período de preparação, vivência e cuidados pós--transferência da pediatria para a clínica de adultos.

A transição deve levar em conta, além dos aspectos particulares do paciente e de sua família, as peculiaridades de cada doença e dos serviços de atendimento pediátrico e de adultos disponíveis. Trata-se, portanto, de um processo amplo e complexo que será abordado aqui em seus aspectos gerais.

A despeito dos numerosos estudos durante as últimas décadas, a transição continua a ser um grande desafio para adolescentes, pais e profissionais de saúde. Os adolescentes vivenciam sua transferência para os serviços de adultos de forma desarticulada, e ajustar-se a ela é difícil. Tanto os pacientes quanto seus pais têm dificuldades de deixar o ambiente pediátrico ao qual estão familiarizados. Os profissionais de saúde pediátricos também apresentam sentimentos conflituosos acerca do processo de transição que envolve delegar autonomia aos seus pacientes e confiar nos serviços aos quais eles serão encaminhados. Por outro lado, os serviços de adulto nem sempre estão preparados para receber os pacientes jovens[7].

Os adolescentes com doenças crônicas têm um vínculo com a equipe pediátrica que transcende os aspectos meramente técnicos. Em um estudo realizado com adolescentes portadores de HIV, a respeito do processo de transição, ao serem interrogados sobre seus sentimentos enquanto sob os cuidados da equipe pediátrica/hebiátrica, foram relatados sentimentos de afetividade, confiança, fé e sensação de acolhimento[8]. A mudança para a equipe de adulto, por si só, é assustadora, pois deve levar em consideração a vivência anterior em um ambiente conhecido e acolhedor.

Os estudos a respeito do processo de transição procuram oferecer sugestões baseadas em pesquisas, protocolos e experiências que possam nortear os serviços no planejamento para uma transferência mais bem-sucedida: o processo de transição deve ser planejado com antecedência, pois quanto mais tempo de preparo o adolescente tiver, melhor será o seu ajuste. Deve-se apresentar a transição de forma positiva, incentivando a autonomia do adolescente de forma progressiva, e envolver os jovens no planejamento e na preparação para a transição. Sugere-se, ainda, eleger um profissional específico como coordenador para o processo de transição e oferecer atendimento simultâneo ao jovem por ambas as clínicas, pediátrica e de adulto, durante um breve período, até que a transferência ao serviço de adulto se efetive por completo[8,9].

CONCLUSÕES

Os grandes avanços da medicina propiciaram que um número cada vez maior de crianças e adolescentes chegue à adultícia como portador de doença crônica. Conviver com uma condição crônica não é simples em uma fase na qual as transformações físicas, psíquicas e sociais são rápidas e intensas. Os próprios pediatras, diante das súbitas mudanças comportamentais dos adolescentes, percebem dificuldades no manejo da doença, o que os leva a repensar estratégias de abordagem das problemáticas emergentes.

A adesão é um dos grandes impasses vivenciados na clínica dos especialistas que lidam com adolescentes portadores de doença crônica. Certas características da adolescência, como as vivências de risco, o pensamento mágico, a sensação de invulnerabilidade, dentre outras, podem prejudicar a adesão ao tratamento. Compreender esses aspectos e compartilhar essas dificuldades com a equipe de saúde tende a contribuir para a melhor abordagem do processo de adesão.

Por fim, cuidar de crianças e adolescentes com doença crônica durante anos e transferi-los para um serviço de cuidados de adultos nem sempre é tarefa fácil, tanto para a equipe pediátrica quanto para os pacientes e seus familiares. Portanto, planejar a transição de adolescentes e jovens para a clínica de adultos é fundamental para a manutenção do processo de bons resultados e eficácia no acompanhamento e no tratamento de pacientes vivendo com doenças crônicas.

REFERÊNCIAS BIBLIOGRÁFICAS

1. Suris JC, Michaud PA, Viner R. The adolescent with a chronic condition. Part I: developmental issues. Arch Dis Child. 2004;89(10):938-42.
2. Infante DP. A relação médico-adolescente. Comunicação (Roche). 1985;6(1).

3. Valencia LS, Cromer BA. Sexual activity and other high-risk behaviors in adolescents with chronic illness: a review. J Pediatr Adolesc Gynecol. 2000;13(2):53-64.
4. Michaud PA, Suris JC, Viner R. The adolescent with a chronic condition – epidemiology, developmental issues and health care provision. Genebra: OMS; 2007. Disponível em: http://whqlibdoc.who.int/publications/2007/9789241595704_eng.pdf. (Acesso em 18/03/2014.)
5. Michaud PA, Suris JC, Viner R. The adolescent with a chronic condition. Part II: healthcare provision. Arch Dis Child. 2004;89(10):943-9.
6. Kyngäs H, Kroll T, Duffy M. Compliance in adolescents with chronic diseases: a review. J Adolesc Health. 2000;26(6):379-88.
7. Fegran L, Hall EO, Uhrenfeldt L, Aagaard H, Ludvgsen MS. Adolescents' and young adults' transition experiences when transferring from paediatric to adult care: a qualitative metasynthesis. Int J Nurs Stud. 2014;51(1):123-35.
8. Valenzuela JM, Buchanan CL, Radcliffe J, Ambrose C, Hawkins LA, Tanney M, et al. Transition to adult services among behaviorally infected adolescents with HIV – a qualitative study. J Pediatr Psychol. 2011;36(2):134-40.
9. Lugasi T, Achille M, Stevenson M. Patients' perspective on factors that facilitate transition from child-centered to adult-centered health care: a theory integrated metasummary of quantitative and qualitative studies. J Adolesc Health. 2011;48(5):429-40.

Atenção integral ao adolescente com deficiência mental: potencialidades e vulnerabilidades

6

Maria José Carvalho Sant'Anna
Ana Beatriz Bozzini
Carla Mele Lucato
Giovana Chekin Portella

Após ler este capítulo, você estará apto a:

1. Identificar a necessidade da abordagem de saúde integral dos adolescentes com deficiência mental.
2. Conhecer os fundamentos da orientação relacionada ao desenvolvimento da sexualidade.
3. Compreender as principais intervenções em saúde que o médico de adolescentes pode exercer com essa população.

"A sexualidade é a mais normal das características humanas e é sentida de maneira idêntica por deficientes e não deficientes."
(Craft & Craft,1978)

INTRODUÇÃO

Com o avanço dos tratamentos e cuidados voltados às doenças crônicas, houve um aumento significativo da sobrevida das doenças que cursam com deficiência mental (DM). De uma forma muito rápida, os profissionais de saúde se viram confrontados com uma nova realidade: a entrada de muitos adolescentes portadores de DM para os serviços de saúde e o desafio de adequar a atenção a esses jovens, inclusive ao exercício da sexualidade. À medida que ocorre o aprimoramento no atendimento às necessidades dos adolescentes com deficiência mental, esses jovens passam a viver com mais qualidade. Ao mesmo tempo que a integração na comunidade oferece grandes vantagens, não se pode esquecer que esses indivíduos ficam mais expostos a vulnerabilidades e responsabilidades. Por isso, desde a infância e principalmente na adolescência é necessário desenvolver neles autoconhecimento, capacidade de escolha, crítica, estímulo à autonomia, preparação para o trabalho e exercício da sexualidade. Os adolescentes com DM precisam ser preparados para uma vida plena. Têm sido observadas importantes conquistas e mudanças na visão social sobre essas pessoas e a inclusão ocorre cada vez com mais frequência. Nas comunidades em que ela ocorre, a deficiência passa a ser vista como uma diversidade natural.

DESENVOLVIMENTO PUBERAL

Na puberdade, os adolescentes se defrontam com um físico sempre novo, sendo, para eles, muito importante a imagem corporal, por meio da qual se fazem atraentes, desejados, normais. Jovens com DM frequentemente apresentam alterações na aparência física, o que pode ser fator de risco para o desenvolvimento de dificuldades de adaptação social, e ainda mais exacerbado quando se vive em uma sociedade que cultua o corpo. Blum[1] reporta que, entre os muitos mitos relacionados ao atendimento de jovens com deficiência, existe a crença de que pessoas com deficiência não estão satisfeitas com sua aparência.

Joav Merrick[2], em 2004, e Bononi & Sant'Anna, em 2009[3], constataram que o desenvolvimento puberal dos portadores da síndrome de Down (SD) é similar ao de outros adolescentes. Estudos hormonais nessa mesma pesquisa também comprovaram que os hormônios na maturação sexual de meninas com SD estão em níveis iguais aos de outras meninas, sendo a média de idade da menarca em portadoras de SD de 12,5 anos, aproximadamente, enquanto nas outras é de 12,1 anos. Muitas mulheres com SD apresentam ciclos menstruais regulares.

SEXUALIDADE

Assuntos sobre sexualidade são tão importantes para adolescentes com DM quanto para outros adolescentes com desenvolvimento neuropsicomotor normal. Adolescentes com DM têm as mesmas necessidades, desejos e interesses que os outros jovens e passam pelas mesmas transformações – físicas, emocionais e sociais[4]. Contudo, sexualidade é um assunto mais complicado em pessoas com déficit cognitivo, em que o componente sexual do desenvolvimento é geralmente negado pelos pais e cuidadores. A presença da sexualidade nessa população é frequente-

Atenção integral ao adolescente com deficiência mental: potencialidades e vulnerabilidades

mente vista mais como um problema do que um atributo humano positivo[5,6]. Pais de adolescentes com DM frequentemente evitam o assunto por medo: medo de que falar sobre isso possa promover o interesse sexual; medo de situações embaraçosas; medo de abuso sexual, gravidez e doenças sexualmente transmissíveis (DST)[1]. Apesar de haver um crescente reconhecimento da necessidade de informação dos pais, poucos recebem orientação ou educação em sexualidade para seus adolescentes com DM. Esse desconhecimento muitas vezes leva à escolha de um modelo de educação disfuncional[7].

A aproximação recomendada para ajudar esses jovens a desenvolver sua sexualidade se baseia em educar ambos: os adolescentes, aprendendo com seus déficits, e seus pais, provendo-os com a informação necessária sobre sexualidade[8].

A sexualidade é um processo dinâmico que inclui não só o ato sexual, mas também os interesses e as fantasias, orientação sexual, atitudes em relação ao sexo e a conscientização de papéis e costumes socialmente definidos[1].

Dessa forma, a educação sexual é essencial para todas as crianças e jovens para a vivência de uma sexualidade mais positiva, gratificante e saudável, fornecendo informações tanto afetivas quanto sexuais. E será mais importante ainda para aqueles que têm limitações ao longo da vida, porque têm menos experiências com seus pares e, com frequência, são superprotegidos pelos pais e profissionais.

É importante lembrar que o exercício da sexualidade está sempre presente, independentemente do grau de deficiência mental, variando suas manifestações. Tal discussão vem sempre acompanhada de preconceito e discriminação, principalmente quando se trata de paciente com DM, gerando inúmeras polêmicas. Esses jovens apresentam uma variedade de manifestações em relação à sexualidade e à saúde reprodutiva, refletindo o estágio de desenvolvimento, as experiências e as circunstâncias de vida. Master e Johnson[4] discutem a importância de reconhecer que as pessoas deficientes não são iguais em suas capacidades de aprendizado, independência, estabilidade emocional e habilidade social.

Nesse grupo, questões referentes à sexualidade (incluindo gravidez e contracepção) são frequentemente esquecidas. Vários estudos demonstram que, nos pacientes gravemente comprometidos, em que o isolamento social e a autoimagem dificultam a vivência da sexualidade, a demanda para o seu exercício não é diferente dos indivíduos saudáveis. Sempre presente, ela pode se expressar em seu componente afetivo (sentimento de bem-querer), erótico (desejo, excitação e prazer) ou afetivo-erótico (associação que torna a relação mais genuína).

Brunnberg et al.[9] compararam a incidência de abuso com uso de força na primeira relação sexual de adolescentes com e sem deficiência. O estudo foi realizado com 2.254 estudantes da Suécia com 17 e 18 anos a partir de duas pesquisas: Life and Health – Young People, 2005 e 2007. O achado principal do estudo evidencia que a utilização de força é mais comum entre adolescentes com alguma incapacidade (4%) do que entre os que não relatam nenhum tipo de deficiência (1,6%); e é ainda mais comum entre aqueles com múltiplas deficiências (10,4%). Essa distribuição é semelhante entre meninos e meninas, apesar de a incidência de mulheres abusadas ser bem maior.

As informações sobre sexualidade devem englobar: relacionamento com outras pessoas no convívio social, informações sobre diferenças entre os sexos, compreensão fisiológica e psicológica de desenvolvimento sexual e orientação sobre comportamentos adequados.

INTERAÇÃO SOCIAL E FAMILIAR

Crianças e adolescentes portadores de DM são sujeitos capazes muitas vezes de tomar decisões sobre como organizar a sua própria vida e sobre o que consideram mais oportuno, tendo em conta as suas capacidades (dentre elas, a área afetivo-sexual). Reprimir essa área não vai fazer com que ela desapareça, e tratá-los como pessoas assexuadas leva à angústia e, muitas vezes, à revolta e à agressividade. Entende-se, assim, que a DM não representa um atributo da pessoa, mas um estado particular de funcionamento.

O rótulo de deficiente mental, quase sempre usado de maneira indiscriminada, mascara as diferenças e particularidades de cada caso. Apesar de não serem todos iguais em suas capacidades de aprendizado e independência, estabilidade social e percepção da sexualidade, quase todos são capazes de compreender algum nível de conhecimento sexual e habilidade social. Os mais comprometidos têm problemas mais centrados em questões de higiene e cuidados pessoais, tornando necessário, na maioria das vezes, diminuir ou eliminar fluxos menstruais, por exemplo.

Maya Plaks et al.[10] realizaram um programa de educação sócio-sexual com um grupo de dez adolescentes com DM e seus pais separadamente, tendo enfoque na autoidentificação do adolescente, aceitação do déficit de desenvolvimento, independência, estabelecimento de amizades e relações íntimas, conhecimento e desenvolvimento sexuais e habilidades de proteção. Três questionários foram aplicados antes e depois da intervenção, que ocorreu por 10 semanas com dois encontros semanais, e os resultados permitiram algumas inferências sobre os pais. Eles diferem entre si no grau de aceitação da deficiência dos adolescentes. Alguns sentem vergonha da limitação de seus filhos e tentam passar para eles que podem fazer tudo que adolescentes normais fazem, acreditando, dessa forma, transmitir o sentimento de que a criança é normal. Outros pais são orgulhosos por seus filhos serem especiais e pelos investimentos que fazem para seu desenvolvimento. A maioria dos familiares não revela ao adolescente que ele tem uma síndrome

Atenção integral ao adolescente com deficiência mental: potencialidades e vulnerabilidades   63

genética, pois acreditam que os jovens não são capazes de entender o significado disso, e confessam-se receosos com a discussão do assunto. Também discutem sobre a culpa em ter transmitido um "gene defeituoso" ao seu filho. Algumas mães relataram que, desde o nascimento de seu filho, abandonaram seus empregos e se dedicaram integralmente a ele e suas deficiências. Os autores discutem ainda que, quando os jovens negam suas limitações, estão mais expostos a abusos e relacionamentos frustrantes. O autoconhecimento adequado é a base para encontrar uma referência social apropriada, o que leva a relações sociais iguais e mútuas. As ações do grupo enfatizaram o encorajamento à independência do adolescente e sua identidade. As conclusões do estudo baseada em escalas quantitativas e qualitativas refletem que programas de educação social e sexual têm grande importância para adolescentes com deficiência neurogenética do desenvolvimento. Esses programas deveriam ter início antes da adolescência, desde a infância até a idade adulta.

Ainda há muitas crenças e tabus relacionados ao deficiente mental, desde que são assexuados até serem indivíduos com a sexualidade exacerbada; muitas vezes são tratados como eternas crianças. A maioria das famílias assume atitude superprotetora, mantendo-os em uma posição infantil e quase assexuada. Para o adolescente com alguma limitação, a esperada independência progressiva dos pais é retardada ou mesmo ausente. É necessário o processo de transferência das responsabilidades, que deve ter ritmo próprio para cada adolescente, família e limitação, encorajando o diálogo e incentivando o jovem a ocupar seu lugar na sociedade. Cabe ao profissional que trabalha com esses pacientes auxiliá-los, bem como suas famílias, no processo de alcance do grau máximo possível de independência. Familiares, médicos e professores acabam subestimando as capacidades desses indivíduos, acreditando que eles nunca se tornarão sexualmente ativos.

A DM por si só não determina o comportamento sexual. Apesar do isolamento social que muitos adolescentes com DM vivem, trabalhos[3,11] mostram que muitos desses jovens gostariam de ter vida sexual, casar e ter filhos. Esses adolescentes têm menores oportunidades de convívio com seus semelhantes, o que dificulta suas aspirações; têm maiores probabilidades de ficarem isolados da sociedade, o que proporciona dificuldades e inabilidade em encontrar seus pares e parceiros. Adolescentes "diferentes" são excluídos ou sentem-se excluídos. Há por parte deles, então, uma tentativa permanente de superar as diferenças, muitas vezes incorrendo em comportamentos de riscos cada vez maiores, se necessário, como atividade sexual sem preparo ou proteção adequados e até mesmo sem desejo. Para um adolescente comprometido, a relação sexual pode significar ser atraente, amado, escolhido, mesmo que não tenha havido afeto.

O isolamento social se configura como causa e consequência para esses jovens receberem cada vez menos informação sobre sexualidade, reprodução e contracepção. Pais, professores e médicos não se sentem à vontade para discutir o tema, fazendo com que a maioria não receba educação sexual. Castelao et al.[12] avaliaram portadores de SD e a própria equipe de saúde; e encontraram que os pais veem seus filhos como eternas crianças e têm medo que assumam vida sexual com seus riscos. Profissionais da saúde também não estão preparados para a orientação do exercício da sexualidade nesses adolescentes. Os pais devem ser chamados e com eles discutidos os tabus existentes, para que, de forma integrada e sem contradições, seja possível trabalhar com esses jovens a orientação sexual no sentido amplo. Eles necessitam participar ativamente do processo, tendo espaço para expor suas dúvidas e fazer perguntas[13].

Pueschel et al.[14] investigaram a percepção dos pais nas interações sociais, interesse no sexo oposto, função sexual e questões sobre educação sexual em jovens com SD. Encontraram que 40% dos meninos e 22% das meninas se masturbavam. Mais da metade dos adolescentes mostrou interesse no sexo oposto e aspirações sociais.

Em estudo de 2009, Sant'Anna et al.[15] encontraram que adolescentes portadores da SD apresentavam desenvolvimento normal no exercício de sua sexualidade, dificuldades importantes em sua autonomia e dificuldades escolares, necessitando de cuidadosas intervenções para que sua interação social fosse a melhor possível; estavam satisfeitos com sua imagem corporal; tinham perspectivas de trabalho, de encontrar um parceiro e viverem uma vida normal, casando e tendo filhos. De todos os entrevistados, 36% afirmaram que sabiam o que era desejo sexual, 50% disseram que já haviam sentido. Ao serem questionados sobre masturbação, 18% disseram saber o que era; 42% dos jovens responderam que costumavam se masturbar e, destes que praticavam, 24% o faziam diariamente; 75% o faziam em local privado e 25% em local público. Com relação ao beijo, 42% afirmaram já terem beijado, sendo que 85,7% dos beijos foram somente "selinhos". A média de idade para o primeiro beijo foi de 12,9 anos, e a média de idade do(a) parceiro(a) desse primeiro beijo foi de 16,1 anos; 28,6% dos(as) parceiros(as) também eram portadores de SD.

Portanto, o médico tem papel fundamental, pois, muitas vezes, é a única referência na orientação sexual desses pacientes. Dessa forma, é necessário criar espaços dentro da consulta médica, em que ele tenha a possibilidade de abordar e discutir aspectos da sexualidade, orientar métodos contraceptivos e alertar quanto aos riscos e à prevenção de DST.

INTERVENÇÕES EM SAÚDE

A equipe de saúde que trabalha com paciente com DM e suas famílias deve estar sensibilizada quanto a problemas e preocupações desses jovens. Devem discutir os mitos geralmente difundidos e encaminhar com maior objetividade os problemas frequentemente ignorados. Com orientação, os jovens podem construir relacionamentos sexuais saudáveis; porém, sem assistência, é mais provável que fiquem socialmente isolados por suas próprias fantasias e pelos estereótipos e crenças erradas da sociedade. Sem desconsiderar o grau de deficiência, os educadores, sejam pais, professores ou equipe médica, devem tratá-los como sujeito, oferecendo espaço para que possam falar sobre dúvidas, desejos, limitações e possibilidades, permitindo que sempre haja espaço para lidar com questões do cotidiano.

Um dos aspectos fundamentais do desenvolvimento das habilidades sociais é ajudar o jovem no entendimento real do seu grau de incapacidade. A conscientização e a aceitação da DM trazem sofrimento ao adolescente e à sua família, mas são fundamentais para o desenvolvimento de todo o potencial do jovem e reformulação de seus projetos de vida diante das limitações impostas pela doença. Não se deve permitir que a DM oculte o indivíduo e que usurpe a atenção que a ele deveria ser dirigida, levando em consideração seus desejos, riscos e responsabilidades.

É nesse contexto de medo e incertezas que o médico deve auxiliar o adolescente a se desenvolver. A família, muitas vezes, não consegue responder todas as questões do indivíduo, atendendo-as de maneira incompleta ou até errônea. Assume o médico papel de conselheiro, fornecendo os conhecimentos necessários para que nada falte ao paciente e a sua família.

É responsabilidade do profissional que atende esses jovens abordar as questões de forma clara e objetiva, proporcionando condições para o exercício de uma vida sexual saudável e segura. Além de entender as possibilidades sexuais, discutir e orientar o paciente deficiente e seus pais em relação à sexualidade, o médico deve alertá-los sobre a possível maior vulnerabilidade desses pacientes (por terem baixa capacidade de autoproteção, podem ser vítimas de abuso sexual). Para alguns, apenas a educação sexual será suficiente; para outros, deve-se orientar sobre contracepção. Desde a infância, esses indivíduos devem conhecer atitudes saudáveis em relação ao seu corpo. Qualquer que seja o interesse ou conhecimento sexual, eles devem entender tudo que for possível sobre sexualidade. Se for oferecida a vantagem da integração, eles precisarão de orientação quanto às habilidades e atitudes apropriadas de comportamento social. É necessário enfatizar a importância do esclarecimento da sexualidade e de métodos contraceptivos a esses jovens, seus pais e educadores, de forma individualizada ou por programas educacionais[5].

Segundo Elkins[6], sempre deve-se discutir sobre crescimento físico normal e como evitar abuso sexual, enquanto Blum[1] afirma que, ao atender jovens com DM, é primordial que haja orientações sobre higiene, menstruação, masturbação, DST/Aids, contracepção e casamento.

Se a adolescência é um período de desafios e confrontos para o jovem com habilidades cognitivas normais, esses problemas podem ser bem maiores para o jovem com DM. Adolescentes com DM vivenciam graus variáveis de isolamento social, limitando as oportunidades de interação e de envolvimento afetivo que fazem parte do aprendizado e da descoberta sexual, o que torna essa vivência mais difícil. Muitos não possuem capacidade de responder à demanda de seu ambiente ou de seu próprio desejo de independência.

Os portadores de DM grave geralmente têm problemas com questões de higiene e cuidados pessoais. Programas de treinamento de comportamento, como métodos de higiene íntima para as meninas, apresentam bons resultados nos jovens com deficiência leve ou moderada. Sant'Anna et al.[15], ao avaliarem a autonomia desses jovens, encontraram que 2/3 deles eram capazes de tomar banho sozinhos, 78% de realizar as necessidades fisiológicas sem ajuda, 76% faziam a higiene bucal corretamente e 70% eram responsáveis por sua higiene íntima, porém poucos eram capazes de usar transporte público sozinhos. Quando perguntados sobre o que se sentem capazes de fazer sozinho, a minoria acreditava ser capaz de fazer tudo o que lhes é pedido; 10% se sentiam totalmente dependentes. Siemaszko[7], ao estudar a história menstrual de jovens com SD, encontrou que apenas 44% eram autônomas quanto à higiene menstrual, 44% necessitavam de alguma ajuda e 12% eram totalmente dependentes.

Todas essas considerações levam à reflexão sobre a necessidade de orientação global aos pacientes com deficiência mental, cujo objetivo não deve ser apenas o uso de preservativos ou pílulas anticoncepcionais, mas, sim, o resgate do indivíduo enquanto sujeito de suas ações, avaliando suas limitações individuais[16]. O jovem com DM, como qualquer outro adolescente, tem necessidade de expressar seus sentimentos de maneira própria e intransferível. A repressão da sexualidade pode alterar seu equilíbrio interno, diminuindo as possibilidades de se tornar um ser psiquicamente integral. Quando bem encaminhada, a sexualidade melhora o desenvolvimento afetivo, facilitando a capacidade de se relacionar, melhorando a autoestima e a adequação à sociedade. As informações sempre devem ser repetidas e acompanhadas em longo prazo, para garantir o sucesso do aprendizado. Sempre que possível, é importante estimular dramatização e utilizar material audiovisual.

CONCLUSÕES

DM é um jeito diferente de estar na vida, uma condição de vida[11]. As crianças e os adolescentes acometidos têm vivências e dificuldades em suas diferentes fases de desenvolvimento e necessitam do estímulo ao autocuidado e ao desenvolvimento da sua sexualidade na forma mais saudável possível. Pais, educadores e profissionais de saúde devem estar preparados para discutir temas como anticoncepção, DST, masturbação, gravidez e tudo que abrange a sexualidade, mas de forma adequada, com responsabilidade e respeito.

Assim, para maior inclusão, esses pacientes devem sofrer intervenções precoces por equipe multidisciplinar, para que seu desenvolvimento e interação social sejam os melhores.

REFERÊNCIAS BIBLIOGRÁFICAS

1. Blum RW. Sexual health contraceptive needs of adolescents with chronic conditions. Arch Pediatr Adolesc Med. 1997;151(3):290-7.
2. Merrick JR. Adolescents with Down syndrome. Int J Adolesc Med Health. 2004;16(1):13-9.
3. Bononi BM, Sant'anna MJC, Oliveira ACV, Renattini TSM, Pinto CF, Passarelli MLB, et al. Sexuality and persons with Down syndrome. A study from Brazil. Int J Adolesc Med Health. 2009;21(3):319-26.
4. Master WH, Johnson VE, Kolodony RC. Sexualitiy in mentally retarded adolescents. In: Master and Johnson on sex and human loving. Boston: Little Bronwn; 1988. p.500-51.
5. Gejer D. Sexualidade e anticoncepção no adolescente deficiente mental. In: Crespin J, Reato LFN. Hebiatria – medicina da adolescência. São Paulo: Roca; 2007. p.457-62.
6. Elkins TE, Haefner HK. Sexually related health care for developmentally disabled adolescents. Adolesc Med State Art Rev. 1992;(3):331-8.
7. Siemasko K, Savaglio R, Goddard P, Coronel O, Alvarez R, Rodriguez L, et al. Menarche, menstrual cycles and menstrual hygiene in adolescents with Down syndrome. Rev Soc Argent Ginecol Infanto Juvenil. 1998;5(2):57-63.
8. Goldstein H. Menarche, menstruation, sexual relations and contraception of adolescents females with Down syndrome. Eur J Obstet Gynecol Reprod Biol. 1988;27(4):343-9.
9. Brunnberg E, Bostrom ML, Berglund M. Sexual force at sexual debut. Swedish adolescents with disabilities at higher risk than adolescents without disabilities. Child Abuse Negl. 2012;36(4):285-95.
10. Plaks M, Argaman R, Stawski M, Qwiat T, Polak D, Gothelf D. Social-sexual education in adolescents with behavioral neurogenetic syndromes. Isr J Psychiatry Relat Sci. 2010;47(2):118-24.
11. Brasil. Ministério da Saúde. Diretrizes de atenção à saúde da pessoa com síndrome de Down. Brasília: Ministério da Saúde; 2012.
12. Castelao TB, Schiavo MR, Jurberg P. Sexuality in Down syndrome individuals. Rev Saúde Pública. 2003;37(1):32-9.
13. Daquinta R, Nadiezhma. Programa de educación sexual "Venga la Esperanza". Sexual Education Program: Mediciego. 2004;10(1).
14. Pueschel SM, Scola PS. Parent's perception of social and sexual functions in adolescents with Down syndrome. J Ment Defic Res. 1988;32(Pt 3):215-20.
15. Sant'Anna et al. Down syndrome and sexuality. In: Omar H, Greydanus DE, Patel DR, Merrick J (eds.). Adolescence and chronic illness: a public health concern. New York: Science Publishers; 2009. p.283-90.
16. Eastgate G. Sex, consent and intellectual disability. Aust Fam Physician. 2005;34(3):163-6.

7

Atenção primária à saúde de adolescentes: vulnerabilidade e integralidade na construção do cuidado

Mariana Arantes Nasser
Luciana Nogueira Fioroni
José Ricardo de Carvalho Mesquita Ayres

Após ler este capítulo, você estará apto a:

1. Caracterizar os princípios da atenção primária em saúde, reconhecendo a sua potencialidade para o cuidado integral do adolescente e da população adolescente de determinado território.

2. Compreender o conceito de vulnerabilidade e a sua possibilidade de contribuição para a identificação das necessidades de adolescentes, bem como a ordenação das finalidades do serviço de saúde, visando a contemplar os direitos humanos de adolescentes e a favorecer a emergência de caminhos para a cidadania e a transformação social.

3. Aplicar a integralidade como princípio para o trabalho em atenção primária em saúde e como conceito operacional que pode favorecer o cuidado do adolescente, a partir da análise e da organização do trabalho, combinando os eixos das necessidades, finalidades, articulações e interações.

INTRODUÇÃO

Embora a hebiatria seja hoje uma área de atuação pediátrica com serviços oferecidos em diversas instituições ambulatoriais e hospitalares, públicas e privadas, é preciso considerar que um enorme contingente de adolescentes brasileiros procura diariamente os serviços de atenção primária à saúde (APS), de caráter não especializado, seja em unidades básicas de saúde (UBS) de formato tradicional ou em unidades de saúde da família (USF). É assim que acontece efetivamente grande parte dos atendimentos a esse segmento populacional no cotidiano do Sistema Único de Saúde (SUS), bem como dos sistemas de saúde de outros países da América Latina e de outros continentes. Cabe considerar que mesmo os adolescentes que não demandam ativamente assistência médica são uma população de grande relevância para as ações de promoção da saúde e prevenção de agravos – tão necessárias aos compromissos de qualquer sistema de saúde. Isso significa dizer que, não obstante a importância dos serviços de especialidade e de referência em hebiatria, torna-se indispensável pensar a atenção à saúde de adolescentes no âmbito da atenção primária[1,2]. Profissionais de medicina, hebiatras e não hebiatras, enfermeiros e técnicos, psicólogos, fonoaudiólogos, assistentes sociais, entre outros, devem estar preparados para acolher e responder adequadamente a essa importante demanda à APS.

Neste capítulo, será possível apreender os princípios do cuidado integral aos adolescentes na APS, conhecer as suas principais necessidades de saúde e refletir sobre as ferramentas conceituais e operacionais de que os profissionais de saúde podem lançar mão, com destaque para as noções de integralidade e vulnerabilidade.

ATENÇÃO PRIMÁRIA À SAÚDE E CUIDADO À SAÚDE DE ADOLESCENTES

Os serviços de APS podem ser definidos como o espaço de operação e integração de ações de promoção da saúde, prevenção de agravos, recuperação e reabilitação da saúde de indivíduos, famílias e comunidades em uma dada região, sendo a primeira alternativa de atendimento ao usuário, responsável por resolver suas necessidades básicas de saúde. Eles constituem, portanto, a porta de entrada para o sistema e também têm o papel de coordenação do cuidado em seus diferentes níveis[3]. A APS tem como princípios universalidade, acessibilidade, coordenação do cuidado, do vínculo e da continuidade, integralidade, responsabilização, humanização, equidade e participação social[3,4].

Algumas das potencialidades da APS decorrem de sua proximidade ao território – entendido como o espaço geopolítico[5] em que se concretizam as condições materiais de vida dos indivíduos, suas experiências culturais, interações cotidianas e redes de sociabilidade, e, ainda, no qual se constroem projetos pessoais e compartilhados de felicidade que, em última análise, devem ser a referência das práticas de cuidado[6]. Essa perspectiva favorece não apenas o conhecimento da situação de saúde e de doença dos usuários, mas também a interação entre usuários e equipe e a articulação com outros equipamentos sociais[7]. Nesse contexto, são desenvolvidas práticas de grande complexidade, relativas tanto aos processos fisiopatológicos do adoecimento como às situações com as quais a APS deve lidar cotidianamente e que implicam o manejo de aspectos sociais, culturais e econômicos diretamente relacionados às demandas de saúde[8].

Quando se trata de adolescentes, essas últimas considerações são particularmente importantes, porque, ainda que em alguns momentos eles possam experimentar adoecimentos, até mesmo crônicos, essas condições não são as mais prevalentes. Os adolescentes demandam dos serviços, em particular, apoio para seu desenvolvimento físico e psicossocial e suportes de diversas ordens para a construção de sua identidade e de suas relações como sujeito social e cidadão. Por isso, a proximidade com uma APS de qualidade, sensível e próxima ao seu cotidiano e à sua realidade social é fundamental para a saúde dos adolescentes[1,2].

O direito do adolescente à saúde é assegurado por documentos locais, nacionais e internacionais que fazem menção aos serviços necessários, às características do sistema e aos princípios para o seu atendimento[9-13]. A história desses serviços também pode ser tomada como um testemunho da construção e das tensões diante do direito à saúde do adolescente e das propostas para a sua efetivação, além de denotarem a constituição de um campo de saberes e práticas – a atenção integral à saúde do adolescente[14]. Nesse campo, interagem dois núcleos indissociáveis: a clínica, centrada no indivíduo, e a saúde coletiva, focada na dimensão populacional[14]. A integração entre essas duas dimensões é um dos objetivos da APS.

Considerando os desafios colocados por essa complexa interface entre APS e atenção integral à saúde de adolescentes[15], destacam-se como elementos fundamentais na atenção a adolescentes em toda UBS ou USF: a investigação das necessidades de adolescentes do território, o desenho específico de atividades voltadas para esse grupo, o desenvolvimento de tecnologias materiais e relacionais adequadas a elas, o incentivo à participação de adolescentes nos rumos de seu próprio cuidado e de sua comunidade. Vulnerabilidade e integralidade são dois conceitos centrais nesse processo, pois sua operação pode favorecer a atenção à saúde de adolescentes na APS.

NECESSIDADES DE SAÚDE DE ADOLESCENTES E O CONCEITO DE VULNERABILIDADE

Adolescentes, familiares e cuidadores buscam a unidade de saúde por alguns motivos principais, como as preocupações com o corpo, seja como autoimagem ou como representação social; dúvidas sobre o estágio de desenvolvimento puberal; dificuldades para enxergar, ouvir ou falar; dúvidas sobre como cuidar do próprio corpo e da saúde; queixas clínicas (acne, dismenorreia, cefaleia, entre outras); demanda própria ou de seus familiares por avaliações de saúde periódicas; doenças crônicas, como diabete e hipotireoidismo; descobertas da adolescência (primeiro beijo, primeiras responsabilidades); influências de questões do cotidiano para a saúde (vivências na escola ou no trabalho, relações com a família, namoro, dúvidas sobre sexualidade, percepções sobre drogas, exposição a situações de violência ou de humilhação); e planos para o futuro[16].

Para identificar as necessidades subjacentes, é importante que, no encontro com adolescentes, familiares/cuidadores e equipes, sejam adotados dispositivos para a escuta efetiva e o diálogo, de modo a reconhecer as singularidades e as dimensões sociais e culturais e favorecer a construção de respostas adequadas. Por outro lado, o olhar epidemiológico sobre o território favorece a identificação de fatores de risco e vulnerabilidades, bem como de instituições da comunidade, com vista a possíveis articulações nas ações de cuidado. Portanto, tomar os adolescentes como indivíduos pertencentes a um grupo social vinculado a um território e entendido da forma como descritos anteriormente contribui para o conhecimento de suas necessidades e a constituição de vínculos e intervenções mais adequadas e responsáveis.

Como dispositivo conceitual que traz oportunidades para o trabalho prático, aponta-se a importância de considerar a vulnerabilidade, na medida em que ela contribuir para a identificação das necessidades de adolescentes, bem como das finalidades do serviço para o seu atendimento. Existe interface marcante entre o conceito de vulnerabilidade e o tema dos direitos humanos, de forma que sua utilização é mobilizadora porque pode implicar a formulação de respostas sociais[17]. A vulnerabilidade pode ser compreendida e trabalhada a partir de três dimensões inter-relacionadas:

- Individual: condições materiais, cognitivas e comportamentais de cada sujeito que podem expô-lo a limitações e adoecimentos ou, em direção inversa, proteger e promover sua saúde.
- Social: condições de vida do indivíduo que possibilitam a ampliação ou a limitação de seus cuidados com a saúde, como aspectos ambientais, saneamento e aspectos culturais e políticos, como relações de gênero, raça, religião, oportunidades de educação e de participação política etc.
- Programático: disponibilidade e acesso a insumos que possibilitem transformações pessoais, familiares e comunitárias favoráveis à melhor proteção contra adoecimentos e à promoção da saúde e dos direitos humanos de indivíduos e grupos populacionais[18].

Para aprender e intervir sobre situações de vulnerabilidade, é importante que o atendimento a adolescentes não se prenda a modelos estereotipados de diagnóstico e conduta, mas torne-se um espaço no qual se busque interpretar as necessidades de cuidado conforme as condições concretas de vida e relacionamento com suas famílias e comunidades, identificando recursos e estratégias adequados para prevenção, tratamento e recuperação de danos à saúde e potencialização de seus projetos de felicidade[1,6]. O objetivo de conhecer as relações entre aspectos individuais, sociais e programáticos de vulnerabilidade e facilitar a sua compreensão pelo próprio sujeito adolescente é contribuir efetivamente para sua superação.

PROMOÇÃO DA INTEGRALIDADE NO CUIDADO DE ADOLESCENTES

Se a APS reclama uma abordagem ampla da saúde, a resposta das unidades básicas a essa ampliação também precisa ser diferenciada. É nesse sentido que se reforça a importância do princípio da integralidade na organização do cuidado[15]. A Figura 7.1 apresenta um esquema do cuidado integral de adolescentes na APS.

A integralidade pode ser definida a partir de compromissos práticos que se distribuem em quatro eixos inter-relacionados: atenção às necessidades efetivas (qualidade e natureza da escuta, acolhimento e resposta às demandas), diversificação e integração de diversas finalidades do trabalho em saúde (graus e modos de integração entre as ações de promoção da saúde, prevenção de agravos, tratamento de doenças e sofrimentos e recuperação da saúde/reinserção social), articulação de saberes e competências (interdisciplinaridade, intersetorialidade) e enriquecimento

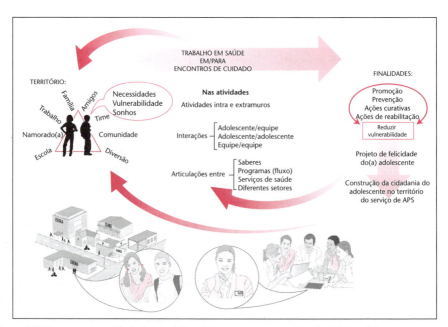

Figura 7.1 Esquema do cuidado integral de adolescentes na atenção primária à saúde.

Atenção primária à saúde de adolescentes: vulnerabilidade e integralidade na construção do cuidado

das interações (comunicação efetiva entre os indivíduos, em sua plena condição de sujeitos e no cotidiano das práticas de cuidado)[19].

A principal finalidade do cuidado de adolescentes na APS é contribuir para que eles possam trilhar os caminhos que desejam, como um horizonte sempre móvel a ultrapassar. Para tanto, é preciso trabalhar articuladamente a educação em saúde, a promoção da saúde, a prevenção de riscos e a atenção aos adoecimentos (agudos e crônicos). Tornam-se úteis, portanto, instrumentos para a compreensão das necessidades dos adolescentes, dispondo de uma gama diversificada de atividades, com conteúdos e formatos que permitam realizar os objetivos do cuidado integral. O atendimento motivado por uma queixa não deve se destinar unicamente a respostas por meio de ações curativas e de reabilitação; vale aproveitar cada contato com o serviço para abordar outros aspectos da vida do adolescente e fazer proposições ativas sobre as medidas para a promoção da saúde e a prevenção de agravos. Por outro lado, é importante que existam espaços diversos de interação, como os grupos de discussão e as atividades compartilhadas, além de momentos de privacidade para o acolhimento das demandas individuais, específicas e de maior intimidade. Cada encontro com o adolescente é uma oportunidade de trabalho que objetiva apoiar seus caminhos. Visitas de profissionais da equipe aos domicílios, à comunidade e aos equipamentos sociais (por exemplo, escolas) também podem ser exploradas.

É preciso construir articulações entre o programa ou a equipe de profissionais responsáveis pela atenção aos adolescentes, a UBS e outros serviços de saúde, incluindo os níveis secundário e terciário; é necessário ainda o desenvolvimento de parcerias com outros órgãos de setores como educação, cultura e assistência social. Tendo em vista a presença do serviço de APS no território, também é muito importante buscar articulações com associações comunitárias e grupos relacionados aos movimentos sociais atuantes nesse cenário, particularmente as iniciativas de jovens que tenham suas respectivas necessidades como foco.

As interações entre os sujeitos envolvidos no cuidado da saúde são um delicado núcleo desse trabalho, uma vez que é possível afirmar que ele ocorre, efetivamente, apenas por um legítimo encontro entre sujeitos. Por isso, as interações entre adolescentes e seus pares, adolescentes e familiares/cuidadores, adolescentes e equipe de saúde e entre profissionais da equipe não podem depender exclusivamente da intenção de cada ator envolvido. As interações precisam ser propiciadas de modo técnico e institucional, isto é, com base em conhecimentos, dispositivos favorecedores e arranjos gerenciais.

Nesse sentido, é possível utilizar alguns arranjos e instrumentos propiciadores[20], como:

- Entrevistas ou depoimentos que ultrapassem a lógica da anamnese formal e dos diagnósticos clínicos e possibilitem a emergência de narrativas de vida.
- Modalidades de atendimento em grupo, buscando a interação entre os sujeitos adolescentes e a construção de conhecimentos, além da vivência lúdica de possibilidades de conduzir suas vidas com vista à proteção de agravos e à busca de seus projetos pessoais.
- Trabalho em equipes multiprofissionais, com mobilização de diferentes conteúdos e habilidades com compartilhamento de responsabilidades e apoio mútuo.
- Conhecimento e construção de parcerias com outros serviços de saúde e outros setores como forma de identificar possibilidades sinérgicas para o cuidado de adolescentes, favorecer a coordenação da atenção e permitir intercâmbios de saberes e recursos entre profissionais e serviços.
- Adoção de mecanismos gerenciais democráticos que contribuam para a potencialização da equipe.
- Estímulo e reconhecimento da participação de adolescentes em colegiados gestores e outros espaços para decisões que influenciem na sua saúde, como indivíduos e membros de uma comunidade.

Um exemplo de roteiro de entrevista[21], voltado a produzir narrativas dos jovens sobre sua saúde e suas necessidades, utilizado no Centro de Saúde-Escola Samuel Barnsley Pessoa da Faculdade de Medicina da Universidade de São Paulo (FMUSP), pode ser visto na Figura 7.2.

CONCLUSÕES

Em síntese, o objetivo do cuidado integral do adolescente na APS transcende a atenção às queixas clínicas mais prevalentes e diz respeito, principalmente, à redução de vulnerabilidades para agravos e ao apoio para a identificação e para a construção de projetos de felicidade de adolescentes.

PROGRAMA DE ATENÇÃO À SAÚDE DO ADOLESCENTE
"Vida e cuidado com a saúde"
Equipe multiprofissional

CENTRO DE
SAÚDE-ESCOLA
Samuel Pessoa
FMUSP-BUTANTÃ

Matrícula: Data: Atividade:

Nome: Apelido: Idade:

Autopreenchimento: ( ) Sim   ( ) Não   Por quê? _____

Sáude

Como está a sua saúde?

( ) Ruim   ( ) Mais ou menos   ( ) Boa

Por quê?
_____
_____
_____

Corpo

Você se acha:	Você se acha:	Você se acha:
Alto(a) ❏	Magro(a) ❏	Branco(a) ❏
Baixo(a) ❏	Gordo(a) ❏	Negro(a) ❏
Normal ❏	Normal ❏	Pardo(a) ❏
		Amarelo(a) ❏
		Indígeno(a) ❏

Você tem alguma dificuldade para: Já aconteceu a primeira:

Enxergar?   ♀ Menstruação
Escutar?   ♂ Ejaculação
Falar?   ( ) Não ( ) Sim,   com _____ anos

O que você pensa sobre seu corpo?   O que você faz para cuidar de você?
_____   _____
_____   _____
_____   _____

Cotidiano

Você está estudando atualmente? Em que ano? Onde?
_____
_____

Quais as histórias e os acontecimentos mais importantes na escola?
_____
_____

Você está trabalhando? O que faz?
_____
_____

(continua)

Figura 7.2 Ficha "Vida e cuidado com a saúde", utilizada para depoimentos e narrativas dos adolescentes[21].

Quando você não está estudando ou trabalhando, o que você faz com seu tempo?

As pessoas da sua casa o(a) ajudam ou atrapalham? Como?

Como você consegue dinheiro para fazer as coisas?

Você paquera ou namora? Já teve ou tem relações sexuais? Com menino ou menina?

Você conversa sobre sexualidade com alguma pessoa? Com quem você conversa e de que jeito?

As drogas, o álcool, o cigarro entram na sua vida? Como? O que você acha disso?

Lembre-se dos tipos de violência que existem. Você se sente exposto à violência (na rua, na escola, na sua comunidade, na sua casa etc.)?

Você ou sua família já viveram situações de discriminação ou humilhação? Por qual motivo?

Você tem algum apelido chato de que não gosta? Qual? Por que não gosta?

Vida

Três coisas legais de sua vida hoje:
1.
2.
3.

Três coisas ruins de sua vida hoje:
1.
2.
3.

Um fato que marcou sua vida:

Desejos para o futuro:

Se quiser, complete sua ficha com um desenho sobre ser adolescente:

Assinatura do(a) adolescente: _____   Profissional: _____

Figura 7.2 (*continuação*) Ficha "Vida e cuidado com a saúde", utilizada para depoimentos e narrativas dos adolescentes[21].

REFERÊNCIAS BIBLIOGRÁFICAS

1. Ayres JRCM. Ação programática e renovação das práticas médico-sanitárias: saúde e emancipação na adolescência. Saúde Debate. 1994;18(42):54-8.
2. Ayres JRCM, França Júnior I. Saúde do adolescente. In: Schraiber LB, Nemes MIB, Mendes-Gonçalves RB (orgs.). Saúde do adulto: programas e ações na unidade básica. São Paulo: Hucitec; 2000. p.66-85.
3. Brasil. Ministério da Saúde. Portaria n. 648, de 28 de março de 2006. Aprova a Política Nacional de Atenção Básica, estabelecendo a revisão de diretrizes e normas para a organização da Atenção Básica para o Programa Saúde da Família (PSF) e o Programa Agentes Comunitários de Saúde (PACS), 2006. Disponível em: http://dtr2001.saude.gov.br/sas/PORTARIAS/Port2006/GM/GM-648.htm. (Acesso 04 mar 2013.)
4. Starfield B. Atenção primária: equilíbrio entre necessidades de saúde, serviços e tecnologia. Brasília: Unesco/Ministério da Saúde; 2002.
5. Santos M. O retorno do território. In: Santos M, Souza MAA, Silveira ML (orgs.). Território: globalização e fragmentação. São Paulo: Hucitec/Annablume; 2002.
6. Ayres JRCM. O cuidado, os modos de ser (do) humano e as práticas de saúde. Saúde Soc. 2004;13(3):16-29.
7. Oliveira GN, Furlan PG. A co-produção de projetos coletivos e diferentes "olhares" sobre o território. In: Campos GWS, Guerrero AVP. Manual de práticas de atenção básica: saúde ampliada e compartilhada. São Paulo: Aderaldo e Rothschild; 2008. p.247-72.
8. Schraiber LB, Mendes-Gonçalves RB. Necessidades de saúde e atenção primária. In: Schraiber LB, Nemes MIB, Mendes-Gonçalves RB (orgs.). Saúde do adulto: programas e ações na unidade básica. São Paulo: Hucitec; 2000. p.29-47.
9. Brasil. Ministério da Saúde. Secretaria de Atenção à Saúde. Departamento de Ações Programáticas Estratégicas. Diretrizes nacionais para a atenção integral à saúde de adolescentes e jovens na promoção, proteção e recuperação da saúde. Brasília: Ministério da Saúde; 2010. (Série A, Normas e Manuais Técnicos.)
10. Brasil. Ministério da Saúde. Secretaria de Atenção à Saúde. Área de Saúde do Adolescente e do Jovem. Marco legal: "saúde, um direito dos adolescentes". Brasília: Ministério da Saúde; 2005. (Série A. Normas e Manuais Técnicos.)
11. São Paulo. Secretaria Municipal de Saúde de São Paulo. Portaria n. 527, de 2004. Dispõe sobre o direito à atenção à saúde de crianças e adolescentes em serviços do município de São Paulo. Disponível em: http://www.prefeitura.sp.gov.br/cidade/secretarias/saude/legislacao/index.php?p=6291. (Acesso em 03 mar 2013.)
12. Organizações da Nações Unidas. Revisão da IV Conferência Internacional sobre População e Desenvolvimento. New York: ONU; 1999.
13. Brasil. Palácio do Governo. Casa Civil. Lei n. 8.069, de 13 de julho de 1990. Dispõe sobre o Estatuto da Criança e do Adolescente e dá outras providências. Disponível em: http://www.planalto.gov.br/ccivil_03/Leis/L8069.htm. (Acesso em 20 fev 2013.)
14. Queiroz LB, Ayres JRCM, Saito MI, Mota A. Aspectos históricos da institucionalização da atenção à saúde do adolescentes no Estado de São Paulo, 1970-1990. História, ciências, saúde. Manguinhos, Rio de Janeiro. 2013;20(1):49-66.
15. Ayres JRCM, Carvalho YM, Nasser MA, Saltão RM, Mendes VM. Caminhos da integralidade: adolescentes e jovens na atenção primária à saúde. Interface – Comunicação, Saúde e Educação. 2012;16(40):243-57.
16. Programa de Atenção à Saúde na Adolescência, Centro de Saúde-Escola Samuel B. Pessoa/Faculdade de Medicina da Universidade de São Paulo. Folheto "Saúde de adolescentes e jovens: você sabia que todos os adolescentes e jovens têm direito à saúde?". São Paulo: CSE Butantã FMUSP; 2011.

Medicina de Adolescentes

17. Ayres JRCM, Paiva V, França Junior I. From natural history of disease to vulnerability: changing concepts and practices in contemporary Public Health. In: Parker R, Sommer M (orgs.). Routledge Handbook in Global Public Health. Abingdon, Oxon: Taylor and Francis; 2011. p.98-107.

18. Ayres JRCM, França Junior I, Calazans GJ, Saletti Filho HC. O conceito de vulnerabilidade e as práticas de saúde: novas perspectivas e desafios. In: Czeresnia D, Freitas CM (orgs.). Promoção em saúde: conceitos, reflexões e tendências. Rio de Janeiro: Fiocruz; 2003. p.123-38.

19. Ayres JRCM. Organização das ações de atenção à saúde: modelos e práticas. Saúde Soc. 2009; 18(2):11-23.

20. Ayres JRCM, Carvalho YM, Nasser MA, Mendes VM, Fioroni, LN, Saltão RM, et al. Caminhos da integralidade na atenção primária à saúde: recursos conceituais e instrumentos práticos para a educação permanente da equipe – adolescência e juventude. Centro de Saúde-Escola Samuel B. Pessoa/Faculdade de Medicina da Universidade de São Paulo (FMUSP). Disponível em: http://medicina.fm.usp.br/cseb. (Acesso em 20 mar 2013.)

21. Programa de Atenção à Saúde na Adolescência, Centro de Saúde-Escola Samuel B. Pessoa/Faculdade de Medicina da Universidade de São Paulo (FMUSP). Ficha "Vida e cuidado com a saúde". São Paulo: CSE Butantã FMUSP; 2005/2010.

Seção II

Prevenção de agravos e promoção da saúde

Prevenção de doenças do adulto e rastreamento em saúde do adolescente

8

Benito Lourenço

Após ler este capítulo, você estará apto a:

1. Identificar o impacto que alguns aspectos da saúde da criança e do adolescente têm sobre a saúde do adulto.
2. Compreender os fatores de risco para doença cardiovascular e as estratégias para rastreamento e detecção precoce.
3. Compreender a estratégia de rastreamento para a infecção pelo vírus da imunodeficiência humana em adolescentes.
4. Compreender as recentes mudanças na estratégia de rastreamento do câncer de colo uterino na população adolescente.

INTRODUÇÃO

O processo do cuidado integral à saúde é missão básica do médico de adolescentes e também envolve aspectos da atenção primária à saúde (APS). Ambos envolvem a promoção da saúde, a redução de risco ou a manutenção de baixo risco, o rastreamento e a detecção precoce de doenças, assim como o tratamento e a reabilitação. Na atenção à saúde do adolescente, alguns rastreamentos oportunísticos se mesclam com o cuidado clínico cotidiano, seja por iniciativa do paciente ou do profissional.

O exame de indivíduos assintomáticos para a identificação presuntiva de doença não reconhecida anteriormente é denominado rastreamento (equivalente ao *screening* comumente utilizado na língua inglesa). O rastreamento é uma extensão lógica do princípio de que o prognóstico de uma doença é quase sempre melhor quando o paciente procura assistência logo após o surgimento dos primeiros sintomas. A detecção de doença antes mesmo do indivíduo apresentar sintomas permite instituir o tratamento em fases ainda mais iniciais, diminuindo a morbidade e a mortalidade decorrentes da doença.

O conhecimento de que exames de laboratório são capazes de revelar a existência de doença não reconhecida e assintomática tem sido difundido para parcelas cada vez maiores da população. A crença de que o rastreamento automaticamente reduziria a chance de desenvolver determinadas doenças, ou suas consequências mais graves, provavelmente explica a grande procura dos pacientes pelos exames chamados de *check-up*.

Entretanto, deve-se ter atenção ao atual processo de medicalização intenso que pode gerar intervenções excessivas, tanto diagnósticas quanto terapêuticas, por vezes danosas[1]. Nesse contexto, está o recente reconhecimento da iatrogenia como importante causa de má saúde, o que deu origem, entre os médicos generalistas europeus, ao conceito e à prática da prevenção quaternária, relacionada a toda ação que atenua ou evita as consequências do intervencionismo médico excessivo[2]. Muitos testes de rastreamento tornaram-se rotineiros na prática médica antes de uma clara evidência de seus benefícios. Hoje quase anedótica, foi comum nos consultórios pediátricos a solicitação da tríade "hemograma, exame de urina e exame de fezes". Atualmente, sabe-se que, para diversos testes laboratoriais, não há benefício; mais que isso, a realização de alguns exames parece ser até mesmo prejudicial. O título de um editorial publicado no *British Medical Journal*, por exemplo, alertou para essa possibilidade: "Screening could seriously damage your health"[3].

Prevenção, em um senso estrito, significa evitar o desenvolvimento de um estado patológico e, em um senso amplo, inclui todas as medidas, entre elas as terapias definitivas, que limitam a progressão da doença. Uma distinção é feita entre a intervenção que impede a ocorrência da doença antes de seu aparecimento – prevenção primária – da intervenção que diagnostica precocemente, detém ou retarda a sua progressão ou suas sequelas em qualquer momento da identificação – prevenção secundária[4]. O conceito de "doença", entretanto, vem se modificando ao longo do tempo, quando se observa certo rebaixamento dos limiares para essa designação. Assim, os fatores de risco estão sendo agora considerados equivalentes a "doenças" e a diferença entre prevenção e cura está se tornando cada vez mais indistinta[4].

O controle dos fatores de risco pela intervenção individual muitas vezes é incluído como uma medida de promoção da saúde no sentido de que há uma convergência entre comportamentos incluídos em "estilos de vida saudável" e os que controlam ou minimizam fatores de risco, os quais previnem eventos ou doenças específicas na população.

A prevenção de doenças compreende três categorias: manutenção de baixo risco, redução de risco e detecção precoce[5]:

- Manutenção de baixo risco: tem por objetivo assegurar que as pessoas de baixo risco para problemas de saúde permaneçam com essa condição e encontrem meios de evitar doenças.
- Redução de risco: foca nas características que implicam risco moderado a alto entre os indivíduos ou segmentos da população e busca maneiras de controlar ou diminuir a prevalência da doença.
- Detecção precoce: visa a estimular a conscientização dos sinais precoces de problemas de saúde – tanto entre usuários leigos quanto em profissionais – e rastrear pessoas sob risco, de modo a detectar um problema de saúde em sua fase inicial, se essa identificação precoce traz mais benefícios que prejuízos aos indivíduos.

A detecção precoce pode ser realizada tanto nos encontros clínicos – em que o paciente procura o serviço por algum motivo – quanto nos encontros em que não há demanda por cuidado, como na busca de atestados. As estratégias para a detecção precoce são o diagnóstico precoce e o rastreamento. A primeira diz respeito à abordagem de indivíduos que já apresentam sinais e/ou sintomas de uma doença, enquanto a segunda é uma ação dirigida à população assintomática, na fase subclínica do problema em questão.

Para a implantação de programas de rastreamento, o problema clínico a ser rastreado deve atender a alguns critérios:

1. A doença deve representar um importante problema de saúde pública que seja relevante para a população.
2. A história natural da doença ou do problema clínico deve ser bem conhecida.
3. Deve existir estágio pré-clínico (assintomático) bem definido, durante o qual a doença possa ser diagnosticada.
4. O benefício da detecção e do tratamento precoce com o rastreamento deve ser maior do que se a condição fosse tratada no momento habitual do diagnóstico.
5. Os exames que detectam a condição clínica no estágio assintomático devem estar disponíveis e ser aceitáveis e confiáveis.
6. O custo do rastreamento deve ser razoável e compatível.
7. O rastreamento deve ser um processo contínuo e sistemático[5].

O profissional de saúde deve sempre explicar ao paciente os riscos e benefícios de qualquer programa ou procedimento de rastreamento e este deve consentir a sua realização. Da mesma forma, cada vez que o paciente estiver preocupado e demandar uma intervenção de rastreamento (*check-up*, por exemplo) e que não corresponda às recomendações de melhor comprovação científica, o profissional tem a responsabilidade ética de esclarecer os motivos da não indicação do procedimento

PREVENÇÃO PEDIÁTRICA DE DOENÇA CARDIOVASCULAR

e pactuar com ele para, juntos, decidirem a melhor opção para prevenir doenças e manter a saúde.

PREVENÇÃO PEDIÁTRICA DE DOENÇA CARDIOVASCULAR

A maioria das doenças crônicas comuns do adulto tem sua origem na faixa etária pediátrica. Esse reconhecimento tem levado a uma imensa mudança do entendimento sobre as origens e o desenvolvimento das doenças, como hipertensão, dislipidemia e diabete melito tipo 2 (DM2), com maior foco sobre como diferentes fatores de risco e de proteção influenciam o caminho da saúde do indivíduo. Avanços científicos nas ciências básicas, clínicas e epidemiológicas revelam como diferentes estressores e exposições, agindo durante "janelas de vulnerabilidade" ou períodos sensíveis do desenvolvimento, podem interferir no crescimento, na diferenciação dos tecidos e na sua função.

Dessa forma, à luz dessa explosão de novos dados científicos sobre a importância dos primeiros anos de vida para a saúde e desenvolvimento do adulto, pediatras desempenham um papel importante na abordagem dos antecedentes pediátricos às doenças cardiovasculares (DCV) do adulto. O processo de aterosclerose pode iniciar-se na infância e, também na criança, sua intensidade, extensão e prevalência parecem estar relacionadas à ocorrência e à gravidade dos fatores de risco cardiovasculares descritos tradicionalmente em adultos[6-8]. Para a maioria das crianças e adolescentes, as mudanças ateroscleróticas vasculares são pouco relevantes; entretanto, em algumas, o processo é acelerado e progressivo por causa da presença de fatores de risco identificáveis (obesidade e hipertensão) e/ou de doenças associadas a eventos cardiovasculares precoces (diabetes, por exemplo).

A aterosclerose é um processo no qual o desfecho (doença cardiovascular) pode ser remoto para a pediatria. Os eventos clínicos, como infarto do miocárdio, acidente vascular encefálico, doença arterial periférica e ruptura de aneurisma de aorta, representam o estágio final do processo de aterosclerose vascular. Patologicamente, o processo se inicia com o acúmulo reversível de lípides na camada íntima endotelial, progredindo para um estágio de revestimento fibroso da placa aterosclerótica, culminando na trombose, ruptura vascular ou síndromes isquêmicas agudas. As atuais recomendações, portanto, apontam aos pediatras dois objetivos principais para a prevenção da aterosclerose e, por conseguinte, das doenças cardiovasculares[7,9]:

- Prevenção dos fatores associados com o processo de aterosclerose, realizada por meio do estímulo constante para adesão a estilos de vida saudável (nutrição adequada, prática de atividade física e não exposição ao tabagismo) – denominada prevenção primordial.

Prevenção de doenças do adulto e rastreamento em saúde do adolescente

- Identificação precoce e tratamento da criança e do adolescente com risco para doença cardiovascular – denominada prevenção primária.

Algumas condições sabidamente associadas ao processo aterosclerótico e potencializadoras e, portanto, do risco de doença cardiovascular futura devem ser rastreadas pelo pediatra e pelo médico de adolescentes. O Quadro 8.1 apresenta algumas situações que devem ser identificadas.

Quadro 8.1 – Situações relacionadas ao risco de doença cardiovascular[7,9]
Obesidade e sobrepeso
Hipertensão
Dislipidemia
Exposição ao tabaco
Doenças de alto risco para complicação cardiovascular (p. ex., diabete melito, hipercolesterolemia familiar e doença renal crônica)
História familiar positiva (pais, irmãos, avós e tios) de evento cardiovascular precoce (p. ex., doença coronariana, acidente vascular encefálico e morte súbita), antes dos 55 anos de idade em homens e antes de 65 anos em mulheres

Assim, durante as consultas de rotina do adolescente, realiza-se a pesquisa dos fatores de risco para doença cardiovascular, por meio de:

- Obtenção periódica da história sobre a exposição ao cigarro (tabagismo ativo e passivo), rotina alimentar e frequência da prática de atividade física.
- Identificação da história familiar sobre doenças cardiovasculares, sistematicamente realizada na admissão do adolescente e atualizada, na medida em que o paciente cresce.
- Medida da pressão arterial, com a análise dos valores de acordo com o sexo, a idade e a estatura do paciente, utilizando tabelas referenciais adequadas para a classificação dos níveis pressóricos[10].
- Aferição de peso e estatura, com cálculo do índice de massa corporal (IMC) e classificação nutricional do paciente.
- Rastreamento com lipidograma, inicialmente entre 9 e 11 anos de idade e, novamente, entre 17 e 21 anos de idade.
- Particularização do acompanhamento dos pacientes com doenças de alto risco cardiovascular, como os portadores de hipercolesterolemia familiar, diabete (tipos 1 e 2), doença renal crônica, receptores de transplantes cardíacos, doença de Kawasaki, pacientes com doenças inflamatórias crônicas e pacientes que tiveram doença oncológica.

O sobrepeso e a obesidade são evidentes fatores de risco para o desenvolvimento de doença vascular, e o excesso de peso na adolescência resulta em efeitos adversos na saúde antes mesmo da idade adulta. Dessa forma, a obesidade é, seguramente, o fator de risco mais claro e persistente na trajetória da infância para a vida adulta. A maior parte dos adolescentes com excesso de peso na adolescência, cerca de 80%, continua a ter um elevado índice de massa corporal na idade adulta[6,7].

A importância da dislipidemia e a associação causal com a aterogênese em adultos estão bem estabelecidas. Na última década, entretanto, a importância da dislipidemia estendeu-se à faixa etária pediátrica, quando o início da sequência fisiopatogênica descrita anteriormente passou a ser verificada desde tenra idade. O fator de maior influência na aceleração da progressão da aterosclerose é a dislipidemia, especialmente quando os níveis de colesterol total (CT), LDL-colesterol (LDL-C) e triglicérides (TG) estão elevados e a concentração de HDL-colesterol (HDL-C) está reduzida.

A indicação clássica de investigação de dislipidemia na população pediátrica é preconizada, segundo a Sociedade Brasileira de Cardiologia, em diretrizes publicadas em 2013[11], quando:

- Avós, pais, irmãos e primos de primeiro grau apresentam dislipidemia ou manifestação de aterosclerose prematura.
- Há clínica de dislipidemia.
- Há outros fatores de risco cardiovascular.
- Há outras doenças, como hipotireoidismo, síndrome nefrótica ou imunodeficiência.
- Há utilização de contraceptivos, imunossupressores, corticosteroides, antirretrovirais ou outras drogas que possam induzir a elevação do colesterol.

Em 2011, uma recomendação referendada pela Academia Americana de Pediatria[7] e Academia Americana de Cardiologia[9], com ações integradas para a redução do risco cardiovascular, baseadas em evidências, concluiu que apenas o uso da história familiar para identificação dos pacientes a serem rastreados não era suficiente. Dessa forma, preconiza-se que seja realizado um rastreamento universal em crianças de 9 a 11 anos (antes do início puberal) e outro, novamente, entre 17 e 21 anos. Os valores aceitáveis, limítrofes e considerados aumentados do perfil lipídico, segundo essa recomendação, encontram-se na Tabela 8.1.

Com a grande prevalência das condições de excesso nutricional (sobrepeso e obesidade) em pediatria, tem ocorrido grande aumento na detecção de dislipidemias nessa população. Inicialmente focada na identificação do aumento da fração LDL-C, atualmente o padrão dislipidêmico mais observado no adolescente obeso é a elevação do TG, com níveis normais ou pouco aumentados de LDL-C e níveis reduzidos de HDL-C.

Tabela 8.1 – Valores aceitáveis, limítrofes e elevados do perfil lipídico de crianças e adolescentes[7,9]

Parâmetro	Valores aceitáveis (mg/dL)	Valores limítrofes (mg/dL)	Valores elevados (mg/dL)
Colesterol total (CT)	< 170	170 a 199	> 200
Fração LDL (LDL-C)	< 110	110 a 129	> 130
Triglicérides (TG)			
▪ 0 a 9 anos	< 75	75 a 99	> 100
▪ 10 a 19 anos	< 90	90 a 129	> 130
Fração não HDL (CT – HDL-C)	< 120	120 a 144	> 145
Fração HDL (HDL-C)	> 45	40 a 45	< 40

Tem se dado grande importância para os valores do chamado colesterol não HDL (não HDL-C), como preditor significativo da presença de aterosclerose em crianças e persistência da dislipidemia na idade adulta, mais do que a mensuração do CT, LDL-C e HDL-C isoladamente. Uma grande vantagem desse parâmetro é que pode ser calculado em um lipidograma não colhido em jejum, facilitando o processo de triagem. O valor é obtido pela subtração do HDL-C do valor do CT[7,9].

À medida que a epidemia de obesidade se desenvolve, mais atenção tem sido dispensada para os conceitos de programação metabólica em fases iniciais da vida e o risco do desenvolvimento das síndromes metabólicas relacionadas.

O termo "síndrome metabólica" (SM) refere-se ao agrupamento de fatores de risco que amplificam o risco para doenças cardiovasculares e diabete melito tipo 2. A Federação Internacional de Diabetes (IDF) a define, em adultos, pela presença de obesidade central, com aumento da circunferência abdominal (maior que 90 cm em homens e 80 cm em mulheres) e a presença de pelo menos dois dos seguintes fatores de risco:

- Pressão arterial sistólica (PAS) > 130 mmHg ou pressão arterial diastólica (PAD) > 85 mmHg.
- HDL-C < 40 mg/dL em homens ou < 50 mg/dL em mulheres.
- Nível de triglicérides > 150 mg/dL.
- Nível de glicose plasmática em jejum ≥ 100 mg/dL ou diabete tipo 2 diagnosticado previamente[12].

Entretanto, a definição pediátrica é mais complexa e não existe consenso, por causa das mudanças nas características metabólicas e clínicas associadas à infância e à puberdade. A definição da SM utilizada para crianças e adolescentes consiste em uma extrapolação da definição do adulto. Em 2007, a IDF publicou um consenso na tentativa de definição da SM em pediatria[13]. Assim, a SM não deve ser diagnosticada em menores de 10 anos de idade, embora o controle de peso nessa faixa etária deva ser fortemente encorajado. Para adolescentes maiores de 16 anos, são aplicados os mesmos critérios usados para adultos. Para adolescentes entre 10 e 16 anos, os critérios são parecidos com os dos adultos, exceto a circunferência da cintura, que deve ser maior que o percentil 90, e o nível de colesterol HDL, que deve ser maior que 40 mg/dL, em meninos e meninas (como um dos quatro possíveis fatores de risco clínicos)[13].

O DM é uma doença que requer atenção médica contínua, particularmente pelos riscos das complicações a longo prazo. A recente epidemia de obesidade na faixa etária pediátrica foi acompanhada por um aumento da prevalência de DM2. Em resposta a esse aumento de frequência, várias organizações, como a Academia Americana de Pediatria (AAP) e a Associação Americana de Diabetes (ADA), propõem diretrizes para a identificação precoce de crianças e adolescentes com risco para DM2[14,15]. De forma geral, recomendam que crianças e adolescentes com diagnóstico de sobrepeso ou obesidade e que apresentem outros dois fatores de risco sejam triados com dosagem de glicemia em jejum (GJ) ou teste de tolerância oral à glicose (TTOG), a cada 2[14] ou 3[15] anos, iniciando-se aos 10 anos de idade ou após o início da puberdade, conforme apresentado na Tabela 8.2. A Sociedade Brasileira de Diabetes considera a maior suspeita clínica no jovem obeso que apresente, durante a puberdade, sinais de resistência à insulina, como acantose *nigricans*, dislipidemia (elevação de triglicérides e redução de HDL-C), hipertensão e síndrome de ovários policísticos.

Embora a GJ e o TTOG sejam recomendados como testes triadores, eles também são utilizados para o diagnóstico do diabete. Em 2010, a ADA modificou as diretrizes para o diagnóstico de DM, acrescentando também a dosagem de hemoglobina glicada (HbA1c) para o diagnóstico de diabete (HbA1c $\geq$ 6,5%) ou pré-diabete (HbA1c entre 5,7 e 6,4%), tanto em adultos quanto em crianças[15]. A maior vantagem da dosagem da hemoglobina glicada é a não nessidade de jejum para a realização do exame e tem sido um parâmetro relacionado em estudos epidemiológicos às complicações do diabetes.

Tabela 8.2 – Triagem para diabete melito tipo 2 em crianças e adolescentes assintomáticos[15]

Critério necessário	Sobrepeso/obesidade (IMC > percentil 85 ou > escore z +1)
Associados a dois dos seguintes fatores de risco	▪ História familiar de DM2 em parentes de primeiro ou segundo graus ▪ Grupo étnico de risco: nativos americanos, afro-americanos, hispânicos e latinos (lembrar da miscigenação ocorrida no Brasil) ▪ Sinais de RI ou condições associadas a ela (acantose *nigricans*, hipertensão, dislipidemia, síndrome dos ovários policísticos ou antecedente de restrição do crescimento intrauterino) ▪ História materna de diabetes gestacional
Idade de início	10 anos ou início da puberdade
Frequência	A cada 3 anos

IMC: índice de massa corporal; DM2: diabete melito tipo 2; RI: resistência à insulina.

TRIAGEM PARA A INFECÇÃO PELO HIV EM ADOLESCENTES

A testagem e o aconselhamento referentes à infecção pelo vírus da imunodeficiência humana (HIV) representam uma porta de entrada importante e essencial para a prevenção dessa condição. O conhecimento precoce do seu estado de positividade para o HIV maximiza a oportunidade para o acesso aos cuidados e ao tratamento, reduzindo significativamente a morbidade e a mortalidade relacionadas ao vírus. Aqueles que são HIV negativos podem continuar a fazer esforços para se proteger do risco de contrair o HIV por meio de métodos de prevenção baseados em evidências: sexo seguro e uso de preservativos, por exemplo. Os pediatras e hebiatras podem desempenhar, portanto, um papel fundamental na prevenção e no controle da infecção pelo HIV.

A Organização Mundial da Saúde (OMS), o Programa Conjunto das Nações Unidas sobre HIV/aids (Unaids) e muitas outras organizações têm endossado o conceito de "acesso universal" ao conhecimento do estado sorológico[16].

Pessoas que estão sendo testadas para o HIV devem dar o seu consentimento para o exame. Devem ser informados de todo o processo de triagem e aconselhamento, os serviços que estarão disponíveis, dependendo dos resultados, e seu direito de recusar o teste. Testagem obrigatória ou compulsória nunca é apropriada, independentemente da fonte da coerção: prestadores de cuidados de saúde, parceiros, familiares, empregadores ou outros.

A confidencialidade é outro ponto a ser pensado quando se faz a triagem da infecção pelo HIV. No conceito clássico, confidencialidade significa que o conteúdo das discussões entre a pessoa testada e o profissional de saúde, provedor de testes, bem como os resultados, não será divulgado a terceiros sem o consentimento da pessoa testada.

O acesso ao exame anti-HIV é um direito de todos os cidadãos independentemente de sua idade. A infecção pelo HIV é uma realidade entre os adolescentes, que necessitam de atenção especial às suas necessidades por meio de testagens em serviços amigáveis a essa população. A maioria dos adolescentes sexualmente ativos não percebe o risco que corre para a infecção pelo HIV e nunca foi submetida a qualquer tipo de testagem[17]. Obtendo uma história sexual adequada e criando uma atmosfera favorável, não discriminatória e de não julgamento, o pediatra pode promover um espaço importante para o aconselhamento e a discussão sobre a infecção pelo HIV e propor a testagem sorológica[17].

Algumas recomendações internacionais apontam a testagem universal e rotineira de todos os pacientes assistidos em unidades de saúde, dos 13 aos 64 anos de idade[16]. A AAP, em sua mais recente recomendação, sugere o rastreamento pelo menos uma vez entre 16 e 18 anos de idade, em áreas nas quais a prevalência da infecção é maior que 0,1%. Em áreas e comunidades de menor prevalência, a testagem rotineira deve ser encorajada para todos os adolescentes sexualmente ativos e com outros fatores de risco para infecção pelo HIV[17].

TRIAGEM PARA O CÂNCER DE COLO DO ÚTERO EM ADOLESCENTES

Decisões de quem rastrear e de quando rastrear para a detecção de lesões precursoras do câncer de colo do útero e suas fases iniciais, assintomáticas, são complexas e requerem uma análise cuidadosa das vantagens e desvantagens, como também dos custos decorrentes dessas ações.

A realização periódica do exame citopatológico continua sendo a estratégia mais adotada para o rastreamento do câncer de colo uterino. O exame de Papanicolaou consiste no estudo das células descamadas esfoliadas da parte externa (ectocérvice) e interna (endocérvice) do colo do útero e é atualmente o meio mais utilizado na rede de atenção básica à saúde por ser indolor, barato, eficaz e poder ser realizado em qualquer lugar, por qualquer profissional treinado. Esse exame é oferecido gratuitamente pelos municípios e pelo Ministério da Saúde, por meio do Programa Nacional de Controle do Câncer do Colo do Útero.

As indicações de rastreamento do câncer de colo do útero com o exame citopatológico evoluíram neste século, particularmente para a população de meninas adolescentes. No final da década de 1990, a clássica indicação para o começo do rastreamento estava relacionada à iniciação da atividade sexual pela adolescente, evoluindo, posteriormente, para a indicação desse exame após 3 anos da prática sexual. As várias sociedades científicas nacionais e internacionais reavaliaram esse conceito e, atualmente, não mais indicam a realização dessa triagem na adolescente, postergando-a para os 21 anos de idade[18-22]. Ainda assim, vários profissionais têm dúvidas práticas sobre esse tema, particularmente em adolescentes com múltiplos parceiros ou adolescentes grávidas, indicando exames por vezes desnecessários[23].

A infecção persistente, provocada por um ou mais dos tipos oncogênicos de papilomavírus humano (HPV), é uma causa necessária da neoplasia cervical. A exposição ao HPV, entretanto, não é preditiva de quais mulheres evoluirão com alterações cervicais. A patogênese da infecção pelo HPV não está totalmente esclarecida. Os eventos carcinogênicos presumivelmente dependem não somente do tipo do vírus (alto risco oncogênico), mas também de aspectos imunológicos inerentes ao hospedeiro e fatores ambientais, como influências hormonais e tabagismo, apontados como cofatores, cuja real participação ainda está por ser determinada. Sabe-se que a infecção pelo HPV pode persistir ou ser transitória, por conta da participação ou não dos cofatores citados. A persistência da infecção é necessária para a displasia e a posterior evolução para o câncer no colo do útero[23].

O câncer de colo do útero é precedido por uma longa fase de doença pré-invasiva, denominada neoplasia intraepitelial cervical (NIC). A NIC é categorizada em graus (1, 2 e 3), dependendo da proporção da espessura do epitélio, que apresenta células maduras e diferenciadas. Os graus mais graves (2 e 3) apresentam maior proporção da espessura do epitélio composto de células indiferenciadas e são consideradas as lesões reais precursoras do câncer de colo do útero. A maioria das NIC 1 regride em períodos entre 12 e 24 meses ou não progride a NIC 2 ou 3 e, portanto, não é considerada lesão precursora.

A biologia do colo uterino da adolescente também deve ser compreendida: metaplasia escamosa é um achado normal e significa troca do epitélio colunar pelo epitélio escamoso. Esse processo é bastante ativo na adolescência e parece facilitar a replicação do HPV, explicando porque adolescentes têm altas taxas de infecção por esse vírus.

A prevalência da infecção pelo HPV na população adolescente é alta, variando entre 35 e 45%[23]. Entretanto, entre a população de 15 a 25 anos, 80 a 90% das infecções são transitórias. Estudos, em jovens, demonstram que cerca de 50% das infecções por HPV tornam-se indetectáveis até 9 meses depois da infecção e 90% de resolução em 2 anos[24]. Entretanto, a reinfecção é frequente. Entre mulheres com uma primeira infecção, 70% têm uma segunda infecção. Entre essas mulheres com duas infecções, 60% têm outra infecção dentro de 3 anos. A testagem para detecção de HPV não é recomendada em nenhuma circunstância para a população adolescente[25]. Assim como a infecção pelo HPV, algumas alterações citológicas dela decorrentes são frequentemente observadas em adolescentes e podem aparecer logo após o início da atividade sexual pela jovem. Existe boa evidência que, em adolescentes, mais de 90% dos achados citológicos anormais e NIC 1 regridem em até 3 anos[25].

Um falso argumento a favor do rastreamento de adolescentes é que, se não for realizado, as NIC 2 e 3 não serão diagnosticadas e essas meninas se constituirão em um grupo de alto risco para progressão para câncer invasivo. Enquanto essa situação tem altas taxas de persistência e progressão na idade adulta, requerendo tratamento excisional ou ablativo, isso parece não ser válido para a população adolescente; a regressão é frequente e a progressão é baixa[23,25]. A progressão para o câncer, mesmo em estágios NIC 3, é muito pequena. Em mulheres de 20 a 24 anos, a progressão estimada anual de NIC 3 para câncer é 0,5%[25]. Esses dados epidemiológicos sustentam a preferência pela observação clínica da paciente ao invés de uma intervenção.

Pelos motivos expostos e, sendo o câncer de colo uterino raro antes de 21 anos, existe evidência atual de que, independentemente da história sexual, o rastreamento antes dessa idade poderia levar mais a prejuízos do que benefícios. As baixas taxas de anormalidades citológicas e a lenta velocidade de evolução, se não houver regressão, indicam que a conduta conservadora, com apenas a observação, é preferível para o cuidado de adolescentes com anormalidade no exame citológico.

Além disso, um fato importante recentemente demonstrado é que o tratamento de lesões precursoras do câncer do colo (procedimentos excisionais) em adolescentes e mulheres jovens está associado ao aumento da morbidade obstétrica e neonatal, como parto prematuro[26,27]. Portanto, reduzir as intervenções no colo do útero em mulheres jovens se justifica, tendo em vista que a maioria não tem prole definida. Cabe ainda ressaltar a importância do impacto psíquico que o diagnóstico de uma doença sexualmente transmissível e precursora de câncer tem em adolescentes e jovens adultas na construção da autoimagem e da sexualidade.

Tais fatos vêm sendo considerados em recentes recomendações de diversos países, nos quais modificações têm ocorrido no sentido de retardar o início do rastreamento do câncer de colo uterino. Novas publicações também têm apresentado manejo menos invasivo diante de achados citológicos e histológicos anormais em mulheres jovens, particularmente nas adolescentes[28].

Nos Estados Unidos, a Sociedade Americana de Câncer (ACS) indicava o rastreio após o início da atividade sexual. Posteriormente, passou a recomendar que fosse realizado a partir dos 18 anos e, em 2002, passou a adotar 3 anos depois do início da atividade sexual, com limite máximo aos 21 anos[21]. Em 2009, o American College of Obstetricians and Gynecologists (ACOG) eliminou a regra de 3 anos depois do início da atividade sexual e passou a recomendar o rastreio apenas a partir dos 21 anos de idade[19]. Na Europa, na maioria dos países, o rastreamento do câncer do colo do útero é iniciado preferencialmente entre 25 e 30 anos de idade[20]. Uma publicação recente da OMS orienta para a realização sistemática de rastreamento de câncer de colo uterino para as mulheres com mais de 30 anos, exceção para as mulheres infectadas pelo HIV, que devem ter o seu rastreamento adiantado[29]. O documento ainda ressalta a importância da prevenção primária com a imunização para o HPV.

Nas diretrizes brasileiras atuais, publicadas pelo Ministério da Saúde, em 2011, em parceria com a Federação Brasileira das Associações de Ginecologia e Obstetrícia[18] e a Associação Brasileira de Patologia do Trato Genital Inferior e Colposcopia, a sugestão é de que as mulheres que iniciam vida sexual em idades mais jovens, antes de 21 anos, não devem realizar exame colpocitológico. O início do rastreamento deve ser, portanto, após os 21 anos para mulheres imunocompetentes que já iniciaram vida sexual, independentemente do número de parceiros ou da prática sexual.

Em resumo, a incidência do câncer do colo do útero em adolescentes é muito baixa e o rastreamento é menos eficiente para detectá-los. Retardar o início do rastreamento até os 21 anos é uma medida segura, baseada em evidências e suportada por diversas recomendações internacionais. O início mais precoce representaria um importante aumento de diagnósticos de lesões de baixo grau, consideradas não precursoras e representativas apenas da manifestação citológica da infecção pelo HPV, que têm grande probabilidade de regressão e resultariam em um número significativo de colposcopias e procedimentos diagnósticos e terapêuticos desnecessários. Dessa forma, reduzem-se os custos e a ansiedade, sem aumento da frequência de câncer cervical.

A testagem para HPV não é recomendada para essa população; existem altos riscos de aquisição, desaparecimento e reaquisição. A prevenção primária com a vacinação para o HPV é a atitude mais sensata a ser preconizada pelo médico.

CONCLUSÕES

O importante papel de reconhecimento, influência e redirecionamento para trajetórias mais saudáveis de vida, reforçando comportamentos positivos e respondendo aos fatores de risco é, portanto, função do pediatra e do médico de adolescentes no contexo de uma nova puericultura, com vistas a uma vida adulta mais saudável.

Diante de um cenário em que é sabido que doenças do adulto iniciam-se precocemente na infância e na adolescência, ou têm seus fatores de risco conhecidos e que podem ser detectados precocemente, justifica-se o princípio de que a prevenção se inicia na pediatria. Para tanto, o rastreamento consiste em uma estratégia válida para a detecção precoce de alguns agravos.

É fundamental que o leitor reconheça que a decisão clínica envolve muito mais do que a evidência científica. Embora ela a contemple e nela se fundamente, os médicos devem compreender que a decisão clínica é individualizada para cada paciente ou situação.

REFERÊNCIAS BIBLIOGRÁFICAS

1. Tesser CD. Medicalização social: o excessivo sucesso do epistemicídio moderno na saúde. Interface – Comunic, Saúde, Educ. 2006;10(19):61-76.
2. Gérvas J, Starfield B, Heath I. Is clinical prevention better than cure? Lancet. 2008;372(9654):1997-9.
3. Stewart-Brown S. Screening could seriously damage your health (editorial). BMJ. 1997;314(7080):533-4.
4. Starfield B, Hyde J, Gérvas J, Heath I. The concept of prevention: a good idea gone astray? J Epidemiol Community Health. 2008;62(7):580-3.
5. Ministério da Saúde. Secretaria de Atenção à Saúde. Departamento de Atenção Básica. Rastreamento/Ministério da Saúde, Secretaria de Atenção à Saúde, Departamento de Atenção Básica. Brasília: Ministério da Saúde; 2010.
6. Balakrishnan PL. Identification of obesity and cardiovascular risk factors in childhood and adolescence. Pediatr Clin North Am. 2014;61(1):153-71.
7. Expert Panel on Integrated Guidelines for Cardiovascular Health and Risk Reduction in Children and Adolescents, National Heart, Lung, and Blood Institute. Expert panel on integrated guidelines for cardiovascular health and risk reduction in children and adolescents: summary report. Pediatrics. 2011;128(Suppl 5):S213-S256.
8. Berenson GS, Srinivasan SR, Bao W, Newman WP, Tracy RE, Wattigney WA. Association between multiple cardiovascular risk factors and atherosclerosis in children and young adults. The Bogalusa Heart Study. N Engl J Med. 1998;338(23):1650-6.

9. Daniels SR, Pratt CA, Hayman LL. Reduction of risk for cardiovascular disease in children and adolescents. Circulation. 2011;124(15):1673-86.
10. National High Blood Pressure Education Program Working Group on High Blood Pressure in Children and Adolescents. The fourth report on the diagnosis, evaluation, and treatment of high blood pressure in children and adolescents. Pediatrics. 2004;114(Suppl 2):555-76.
11. Xavier HT, Izar MC, Faria Neto JR, Assad MH, Rocha VZ, Sposito AC, et al. V Diretriz Brasileira de Dislipidemias e Prevenção da Aterosclerose. Arq Bras Cardiol. 2013;101(Supl 1):1-22.
12. Alberti KG, Zimmet P, Shaw J. Metabolic syndrome – a new world-wide definition. A consensus statement from the International Diabetes Federation. Diabet Med. 2006;23(5):469-80.
13. Zimmet P, Alberti KG, Kaufman F, Tajima M, Silink M, Arslanian S, et al. IDF Consensus Group. The metabolic syndrome in children and adolescents: an IDF consensus report. Pediatr Diabetes. 2007;8(5):299-306.
14. American Diabetes Association. Type 2 diabetes in children and adolescents. Pediatrics. 2000;105(3 Pt 1):671-80.
15. American Diabetes Association. Standards of medical care in diabetes – 2010. Diabetes Care. 2010;33(Suppl. 1):S11-S61.
16. Branson BM, Handsfield HH, Lampe MA, Janssen RS, Taylor AW, Lyss SB, et al. Revised recommendations for HIV testing of adults, adolescents, and pregnant women in health-care settings. MMWR Recomm Rep. 2006;55:1-17.
17. American Academy of Pediatrics. Committee on Pediatric Aids. Adolescents and HIV infection: the pediatrician's role in promoting routine testing. Pediatrics. 2011;128(5):1023-9.
18. Ministério da Saúde. Instituto Nacional de Câncer. Diretrizes Brasileiras para o rastreamento do câncer do colo do útero. Rio de Janeiro: Ministério da Saúde/Instituto Nacional de Câncer; 2011. 93p.
19. Committee on Practice Bulletins American College of Obstetricians and Gynecologists. ACOG Practice Bulletin nº 131: Screening for cervical cancer. Obstet Gynecol. 2012;120(5):1222-38.
20. Arbyn M, Martin-Hirsch P, Buntin F. European Guidelines for Quality Assurance in Cervical Cancer Screening. 2nd ed. Summary document. Ann Oncol. 2010;21(3):448-58.
21. Smith RA, Cokkinides V, Brooks D, Saslow D, Shah M, Brawley OW. Cancer screening in the United States, 2011: a review of current American Cancer Society guidelines and issues in cancer screening. CA Cancer J Clin. 2011;61(1):8-30.
22. Moyer VA. Screening for cervical cancer: US Preventive Services Task Force Recommendation Statement. Ann Intern Med. 2012;156(12):880-91.
23. Spyrida LB, Brown J, Zhang H, Burgis JT. Delaying pap test screening in the adolescente population: an evidence-based approach. J Pediatr Gynecol. 2014;27(1):3-5.
24. Winer RL, Hughes JP, Feng Q, Xi LF, Cherne S, O'Reilly S, et al. Early natural history of incident, type-especific human papillomavirus infections in newly sexually active young women. Cancer Epidemiol Biomarkers Prev. 2011;20(4):699-707.
25. Moscicki A, Cox JT. Practice improvement in cervical screening and management: symposium on management of cervical abnormalities in adolescents and young women. J Low Genit Tract Dis 2010;14(1):73-80.
26. Boardman LA, Robison K. Screening adolescents and young women. Obstet Gynecol Clin North Am. 2013;40(2):257-68.
27. Kyrgiou M, Koliopoulos G, Martin-Hirsch P, Arbyn M, Prendiville W, Paraskevaidis E. Obstetric outcomes after conservative treatment for intraepithelial or early invasive cervical lesions: systematic review and meta-analysis. Lancet. 2006;367(9509):489-98.
28. Massad LS, Einstein MH, Huh WK, Einstein MH, Hun WK, Katki HA, et al. Updated guidelines for the management of abnormal cervical cancer screening tests and cancer precursors. J Low Genit Tract Dis. 2013;17(5 Suppl 1):S1-S27.
29. World Health Organization. WHO Guidance note: Comprehensive cervical cancer prevention and control: a healthier future for girls and women. Genebra: OMS; 2013.

Atividade física e esporte em adolescentes: avaliação pré-participação

9

Liane Hülle Catani

Após ler este capítulo, você estará apto a:

1. Identificar os principais aspectos que devem ser valorizados no exame clínico e histórico antes da liberação do adolescente para a prática de atividades físicas e esportes.

2. Avaliar a necessidade de exames complementares e/ou discussão com especialistas antes da liberação esportiva.

3. Compreender como são classificados os esportes de acordo com o risco de contato e colisão, os seus componentes estático e dinâmico, além de sua importância para a adequada orientação.

INTRODUÇÃO

A prática de atividades físicas e esportes oferece bem-estar e ensina disciplina, trabalho em equipe, liderança e cooperação, assim como a habilidade de compartilhar, controlar o estresse e competir.

A participação esportiva também encoraja o hábito da atividade física, fundamental diante do aumento alarmante de sedentarismo, sobrepeso e obesidade na infância[1].

Do ponto de vista de saúde pública, adolescentes aparentemente saudáveis podem participar de atividades de baixa e moderada intensidade, lúdicas e de lazer sem a obrigação de avaliação pré-participação formal, embora atualmente, nas escolas, tem-se observado maior preocupação com exigência de liberação médica para a prática de atividades físicas. Entretanto, quando o objetivo for a participação competitiva ou atividades de alta intensidade, a avaliação médico-funcional ampla deve ser obtida por meio de avaliação clínica pré-participação (APP) completa[2].

Ao realizar avaliação clínica do adolescente para início de atividade esportiva ou já engajado em competições, é fundamental analisar as características específicas do esporte em questão. Com essa finalidade, utiliza-se a classificação dos esportes com base na intensidade dos componentes estático e dinâmico (Figura 9.1) e também na probabilidade de contato e colisão. Essas classificações devem ser usadas pelo médico quando são avaliadas as características de força, capacidade cardiopulmonar, massa corporal e achados ao exame físico, permitindo melhor orientação quanto à liberação para determinada atividade[3].

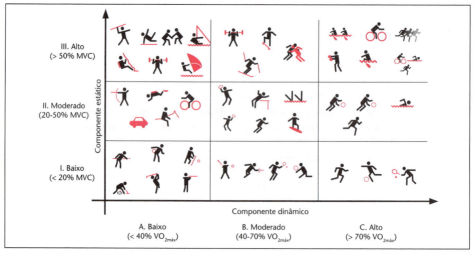

Figura 9.1 Classificação dos esportes quanto à intensidade de seus componentes (estático e dinâmico)[3].
%$VO_{2máx}$: percentual do consumo máximo de oxigênio; %MVC: percentual da contração voluntária máxima.

A classificação dos esportes quanto a contato e risco de colisão é feita da seguinte maneira:

- Alto risco de contato e colisão: basquetebol, boxe, futebol, rúgbi, handebol, lutas, artes marciais, polo aquático e ciclismo.
- Contato limitado: canoagem, ginástica, esgrima, voleibol, arco e flecha.
- Sem contato: corrida, vela, natação, tênis, dardo, disco e tiro esportivo.

OBJETIVOS E CARACTERÍSTICAS DA AVALIAÇÃO PRÉ-PARTICIPAÇÃO

Os objetivos da APP são[1,4]:

- Maximizar a participação segura de crianças e adolescentes.

- Identificar problemas médicos que coloquem em risco a vida durante a participação esportiva.
- Identificar condições que necessitem de tratamento antes ou durante a participação.
- Identificar e reabilitar lesões musculoesqueléticas.
- Identificar e tratar condições que interfiram no desempenho esportivo.
- Impedir restrições desnecessárias.
- Permitir a orientação quanto aos esportes apropriados conforme o resultado de sua avaliação.

Como objetivos secundários, a avaliação permite ainda avaliar aspectos de saúde geral, aconselhamento sobre hábitos e estilo de vida saudáveis e o impacto da atividade em seu cotidiano.

Além disso, o contato do médico com os pais permite orientá-los quanto aos cuidados gerais de alimentação, sono, hidratação e questões de segurança na prática esportiva.

A APP inclui dados antropométricos, esporte praticado (detalhando a idade do início da prática e rotina de treinamento), questionário do histórico médico e exame físico completo com avaliação da maturidade sexual. Após essa etapa, são feitas orientações e a liberação (ou não) para a prática esportiva.

A avaliação clínica pode ser realizada de diferentes maneiras: em sala fechada, onde os atletas permanecem em fila e são avaliados individualmente; em sistema de estações, dividindo as tarefas ou os sistemas com a avaliação de diferentes profissionais; ou em atendimento individual, que apresenta maior benefício quanto a privacidade e estreitamento da relação médico-paciente.

Deve ser realizada anualmente e com antecedência suficiente, cerca de 4 a 6 semanas antes do início dos treinamentos, para que, em caso de o adolescente estar envolvido em treinamentos organizados e temporada de competição, possa ser cuidadosamente avaliado e tratado.

A APP não substitui as consultas de rotina ao hebiatra, em que aspectos preventivos são englobados, e, ao contrário, também as consultas de rotina não substituem a APP, a não ser que incluam aspectos específicos dos esportes.

HISTÓRICO MÉDICO (ANAMNESE)

O histórico detalhado identifica a maioria dos problemas dos jovens atletas. A principal característica para avaliação dos diferentes sistemas está na utilização de questionário sistemático e dirigido para diagnosticar situações que causem problemas ou possam levar à morte súbita durante a prática esportiva, embora mesmo com a avaliação cuidadosa alguns casos fatais possam ocorrer[1,5,6].

É fundamental que o questionário seja respondido juntamente com os pais, para obtenção de histórico detalhado[1,5,6].

Dentre os principais aspectos que devem constar na anamnese dirigida, estão o histórico de doenças e lesões prévias, uso de drogas e medicamentos que interfiram na prática esportiva, alergias, causas potenciais de morte súbita decorrente de problemas cardiovasculares, alterações neurológicas que predisponham a acidente e concussões, tolerância ao calor ou frio, sinais de asma induzida pelo esforço, alterações oftalmológicas, transtornos alimentares e imunização. Questionar sobre lesões anteriores merece destaque diante da necessidade de reabilitação, bem como uma avaliação especializada de eventuais fatores anatômicos e desequilíbrios musculares. As questões sobre processos inflamatórios agudos, principalmente febris, afastam temporariamente o paciente das atividades físicas. Em atletas do sexo feminino, dados sobre a menarca e menstruação revelam a maturação sexual e apontam eventuais distúrbios, como amenorreia ou oligomenorreia, que devem ser investigados[1,5,6].

Uma vez que, epidemiologicamente, as causas de eventos fatais não traumáticos relacionados aos esporte estão, em sua maioria, relacionadas ao sistema cardiovascular, devem receber atenção especial os dados de história clínica pessoal e familiar que podem alertar para a presença de doenças cardiovasculares (Academia Americana de Cardiologia)[1,5,6]:

- Queixa de dor ou desconforto torácico relacionados ao exercício.
- Síncopes sem causa aparente.
- Falta de ar ou fadiga exagerada ligadas à atividade física.
- Histórico anterior de sopro cardíaco.
- Histórico de hipertensão.
- Morte súbita, inesperada e precoce (< 50 anos) em familiares.
- Doença cardíaca incapacitante em parente direto (< 50 anos).
- Histórico familiar de doenças como cardiomiopatia hipertrófica, síndrome de Marfan e arritmias.

EXAME FÍSICO

A avaliação clínica de adolescentes envolvidos em atividades esportivas segue a semiologia tradicional, porém com maior ênfase em pontos eventualmente salientados no histórico. Ao longo dos anos, as avaliações devem dar especial atenção aos sistemas cardiovascular e musculoesquelético, por suas alterações fisiológicas adaptativas ao esporte e maior risco de lesões[4,6-8].

Antropometria

Verificação de peso, altura e cálculo do índice de massa corporal [IMC = peso (kg)/altura² (m)]. As curvas de altura, bem como as de IMC, podem ser encontradas no endereço eletrônico www.who.int/childgrowth/standards.

Adolescentes extremamente magros ou obesos devem ser investigados com relação a variação rápida de peso, hábitos alimentares e imagem corporal.

Um aspecto de especial importância é o achado de baixo peso em mulheres atletas com alterações menstruais, osteopenia e transtornos alimentares (tríade da mulher atleta), que necessitam de avaliação cuidadosa, incluindo o cálculo do percentual de gordura corporal, e restrição da atividade física, dependendo da intensidade da desnutrição. O Colégio Americano de Medicina do Esporte recomenda que adolescentes menores de 16 anos com percentuais de gordura corporal total < 7%, maiores de 16 anos com percentual de gordura < 5% e meninas com percentual de gordura < 12% devem receber avaliação médica antes da liberação para atividades físicas e competição.

Olhos

Adolescentes devem ser avaliados quanto à presença de anisocoria e eventual deficiência de acuidade visual.

Pele

Aqueles que apresentam doenças infecciosas e contagiosas de pele – impetigo, *tinea corporis*, escabiose, molusco contagioso e herpes – devem ser tratados antes da liberação para a prática esportiva com contato físico próximo ou compartilhamento de equipamentos, como na ginástica artística.

Gânglios

O achado de linfonodomegalia não é um critério de desqualificação, mas deve ser prontamente investigado por potencial relação com doenças infecciosas ou processos malignos de base.

Aparelho Respiratório

Tosse seca durante o exercício e chiados à ausculta pulmonar sugerem asma induzida pelo esforço. Se for adequadamente tratada, não interfere na prática de atividades físicas.

Abdome

Organomegalias são condições que devem ser bem investigadas antes da liberação. Da mesma forma, a presença de rim único deve ser bem avaliada com relação à atividade ou ao esporte a ser praticado, principalmente se houver risco de contato e colisão.

Aparelho Geniturinário

Criptorquidia em crianças e adolescentes não desqualifica para a prática de esportes de contato e colisão desde que seja utilizada proteção específica. Investigar a presença de hérnias.

Maturação Sexual

Do início da infância à maturação, o ser humano passa por vários estágios de desenvolvimento, que incluem pré-puberdade, puberdade, pós-puberdade e maturação. Para cada uma dessas etapas há uma fase correspondente de treinamento esportivo: iniciação (pré-puberdade), formação esportiva (puberdade), especialização (pós-puberdade) e alto desempenho (maturidade)[4,9-12].

Embora cada etapa corresponda mais ou menos à determinada faixa etária, é importante entender que os programas de treinamento precisam ser elaborados segundo o estágio de maturação, e não de acordo com a idade cronológica, pois as exigências e necessidades individuais variam bastante. Crianças de mesma idade cronológica podem diferir em vários anos quanto à maturação biológica. Além disso, embora a criança com maturação precoce possa mostrar melhoras acentuadas a princípio, quase sempre aquela com maturação tardia será melhor atleta em longo prazo[4,9-12].

Durante a fase de desenvolvimento puberal, segundo os critérios de Tanner[10] (classificação baseada no desenvolvimento mamário, no sexo feminino, e no desenvolvimento genital, no sexo masculino, além de pelos púbicos em ambos os sexos), o corpo do adolescente apresenta períodos de diminuição de tecido gorduroso e ganho de massa muscular. Reconhecer essas modificações relacionadas ao desenvolvimento puberal auxilia o médico na melhor orientação à prática esportiva e na prevenção de lesões. No sexo feminino, o momento do pico na velocidade de crescimento corresponde ao estágio M3 (critérios de Tanner – desenvolvimento mamário); nesse período, também existe menor ganho de massa gordurosa, facilitando a adequação do peso mediante a prática de exercícios físicos. Em meninos, o ganho de massa muscular corresponde ao pico de velocidade de crescimento (classificação G4 de Tanner – desenvolvimento genital), embora o ganho de força muscular só ocorra na etapa seguinte.

Assim, entre G4 e G5, o adolescente pode aparentar uma força muscular que, na verdade, ainda não tem, propiciando lesões por treinamento com cargas de peso inadequadas. Antes do estádio 5 de Tanner, o adolescente deve priorizar o número de repetições em exercícios com peso; posteriormente, passa a um aumento de carga com a finalidade de aumento de força e massa muscular concomitante[4,9-12].

Não existe um padrão, por exemplo, relacionado à idade cronológica; cada adolescente deve ser avaliado individualmente para indicação da quantidade e da qualidade das atividades físicas. O melhor critério de avaliação é o estádio puberal, alcançado em diferentes idades, mas que permite uma orientação segura[4,9-12].

A avaliação da maturidade física também pode ser utilizada como preditora de lesão. Esse aspecto adquire especial importância quando se avalia o tipo de esporte que o adolescente pratica ou deseja praticar. Esportes de contato praticados por adolescentes imaturos fisicamente ou no estirão de crescimento os colocam em risco de lesões, como as de uso excessivo ou lesão da placa epifisária[4,9-12].

Avaliação Cardiovascular

O exame cardiovascular em adolescentes envolvidos na prática de atividades físicas ou esportiva tem como principal objetivo detectar anormalidades, por vezes silenciosas, que possam colocar em risco a vida desse paciente ou necessitar de tratamento ou orientações para a prática segura, avaliar e analisar o impacto dos treinamentos intensivos e contínuos no aparelho cardiovascular e determinar a capacidade funcional[5-7,13-18].

Essa avaliação pré-participação deve ser realizada em todos os adolescentes e em atletas anualmente, uma vez que adaptações funcionais ocorrem ao longo dos anos e devem ser diferenciadas de alterações estruturais[5-7,13-18].

O exame cardiovascular deve incluir, mas não ser limitado a[5-7,13-18]:

- Medida da pressão arterial e do pulso em repouso.
- Ausculta cardíaca cuidadosa em diferentes posições.
- Palpação dos pulsos femorais e verificação de sua simetria em relação aos dos membros superiores.
- Palpação do *ictus cordis* e análise de sua localização.
- Reconhecimento de sinais físicos da síndrome de Marfan.

Medida da pressão arterial

A hipertensão arterial é a alteração cardiovascular mais comumente encontrada em atletas competitivos em diferentes idades e em adolescentes, principalmente com sobrepeso e/ou obesidade, que desejam iniciar um programa de exercícios. O

102 Medicina de Adolescentes

diagnóstico de hipertensão se baseia na presença de níveis de pressão arterial persistentemente acima de certos limites em ao menos duas ocasiões diferentes. Em crianças e adolescentes, hipertensão é definida quando a pressão sistólica ou diastólica encontra-se igual ou acima do percentil 95 para sexo, idade e altura.

Embora não esteja diretamente relacionada à morte súbita durante a prática esportiva, a hipertensão pode estar relacionada à lesão de órgãos-alvo e ser o gatilho para o desencadeamento de arritmias que podem resultar em morte.

O adolescente que apresentar pressão arterial acima do percentil 90 deve ser reavaliado para confirmação de pré-hipertensão. Valores acima do percentil 95, devidamente confirmados (aferições repetidas em ocasiões diferentes), levam ao diagnóstico de hipertensão e determinam investigação detalhada.

O diagnóstico e a conduta diante da participação em atividades esportivas podem ser assim resumidos:

- Pré-hipertensão: pressão sistólica e/ou diastólica > p90 < p95. Em adolescentes, PA ≥ 120 × 80 mmHg é considerada pré-hipertensão mesmo abaixo do p90 para sexo, idade e estatura. Modificar hábitos de vida, sem restrição à prática esportiva.
- Hipertensão sustentada: pressão sistólica e ou diastólica ≥ p95:
  - ECO – hipertrofia do ventrículo esquerdo (VE): limitar participação até a normalização da PA.
  - Estágio 1 (PA sistólica ou diastólica ≥ p95 ≤ p99 + 5 mmHg): sem lesão de orgão-alvo – liberado.
  - Estágio 2 (PA sistólica ou diastólica > p99 + 5 mmHg ou lesão de órgão-alvo): restrição principalmente em esportes de alto componente estático, como ginástica artística, fisiculturismo, levantamento de pesos, ciclismo, remo, lançamento de dardo (ver Figura 9.1) até a normalização da pressão com tratamento.

Exame dos pulsos arteriais

A palpação sistemática dos pulsos de artérias em quatro membros é fundamental, pois a diminuição da amplitude ou a ausência em membros inferiores deve levantar a possibilidade de coarctação de aorta. Por outro lado, assimetria ou amplitudes diferentes podem representar arterites.

Ausculta cardíaca

O paciente deve ser auscultado em ambiente silencioso e rotineiramente em diferentes decúbitos (deitado, sentado), já que a alteração das características do sopro ou mesmo o seu desaparecimento falam a favor da presença de um sopro cardíaco fisiológico ou "inocente". Atenção especial deve ser dada à ausculta do dorso, uma vez que a presença de sopro é sempre patológica. A ausculta da primeira bulha (fechamento das valvas atrioventriculares) deve ser avaliada nos focos do ápice (mitral e tricúspide) e a segunda, nos focos da base (pulmonar e aórtico). A ausculta da segunda bulha é fundamental na avaliação de um paciente com sopro, uma vez que a alteração de hipo ou hiperfonese, segunda bulha única, ou desdobramento amplo e fixo, indica anormalidades. A grande maioria dos sopros encontrados na criança e nos adolescentes é sistólica e pode ser inocente ou patológica. O sopro diastólico isolado é bastante raro e sempre patológico. Outro tipo de sopro possível é o contínuo, geralmente patológico, exceto o zumbido venoso audível na face anterior do pescoço, que é um sopro inocente e desaparece à compressão da vasculatura local ou lateralização do pescoço.

Os sopros cardíacos inocentes são de baixa intensidade (até 3+/6+) e sem a presença do frêmito à palpação. Habitualmente os sopros inocentes são sopros suaves, musicais.

Dessa forma, sopros de maior intensidade, com ou sem a presença de frêmito, com timbre mais rude, irradiação para outras áreas e associação com sons cardíacos anormais (cliques e estalidos) devem ser avaliados como patológicos.

Existem condições médicas que realmente colocam em risco a vida durante a atividade esportiva. A morte súbita em jovens atletas apresenta prevalência de 1:100.000 a 1:300.000, sendo maior no sexo masculino e relacionada em grande parte às alterações cardiovasculares.

Condições cardiovasculares relacionados à morte súbita – cardiomiopatia hipertrófica (CMH), anomalias de coronária, miocardite, ruptura aórtica (síndrome de Marfan), displasia arritmogênica de ventrículo direito, síndrome do QT longo, síndrome de Wolff-Parkinson-White e estenose aórtica – habitualmente são suspeitadas diante de histórico familiar, pessoal e exame clínico, mas algumas vezes a suspeita surge somente nos exames complementares. Outra situação relacionada à morte súbita é o trauma torácico fechado (*commotio cordis*).

A síndrome de Marfan (e doenças relacionadas) é uma doença autossômica dominante do tecido conectivo, com prevalência de 1:5.000 a 1:10.000 na população geral. Clinicamente, caracteriza-se por uma série de anormalidades, variando em gravidade e envolvendo os sistemas ocular, esquelético e cardiovascular. Alterações esqueléticas incluem aracnodactilia, estatura elevada, grande envergadura, frouxidão ligamentar, escoliose e deformidade torácica. Do ponto de vista cardiovascular, pode ocorrer progressiva dilatação da aorta, predispondo a dissecções e rupturas.

Prolapso da valva mitral por malformação no tecido valvar pode levar a insuficiência valvar, disfunção ventricular e arritmias, conforme a gravidade.

Considerando que pacientes com síndrome de Marfan apresentam elevada estatura, frequentemente aqueles com fenótipo leve estão envolvidos em esportes que exigem esse atributo. Na suspeita clínica da síndrome, é obrigatória a avaliação especializada antes da liberação para atividades físicas e participação esportiva.

Sistema Musculoesquelético

É fundamental na APP, identificando repercussão de lesões antigas, bem como potenciais alterações que possam predispor a novas lesões[6,8,19].

Existem dados conflitantes sobre a habilidade de predizer o risco de lesões por meio da avaliação musculoesquelética. Uma vez que a maioria das lesões é reincidente, uma história de lesão anterior pode ser o melhor preditor de problemas futuros. Adolescentes com histórico de lesões anteriores devem ser avaliados por especialista[6,8,19].

Em indivíduos assintomáticos, o chamado "exame ortopédico de 2 minutos" é uma forma rápida de triagem na detecção de alterações musculoesqueléticas e pode ser realizado pelo hebiatra[6,8,19]:

- Inspeção em pé, de frente para o médico, observando-se simetria do tronco e extremidades superiores.
- Flexão à frente, extensão, rotação e flexão lateral do pescoço (mobilidade da coluna cervical).
- Levantamento e abaixamento dos ombros sob resistência das mãos do examinador (força do trapézio).
- Rotação interna e externa dos ombros (mobilidade da articulação glenoumeral).
- Extensão e flexão dos cotovelos (amplitude de movimento).
- Pronação e supinação dos cotovelos (amplitude de movimento dos cotovelos e punhos).
- Fechamento e abertura das mãos separando os dedos (amplitude do movimento de mãos e dedos).
- Deambulação agachado (mobilidade do quadril, dos joelhos e dos tornozelos; força e equilíbrio).
- Inspeção do paciente em pé, de costas para o observador (simetria do tronco, extremidades superiores).
- Inspeção com vista lateral, paciente com extensão das costas, em pé (verificar se existe dor, sinais de espondilose ou espondilolistese).
- Paciente em pé, joelhos estendidos, de frente e de costas para o médico, flexão das costas e movimento de tocar os pés (amplitude do movimento da coluna torácica e lombossacra; curvatura da coluna e flexibilidade dos isquiotibiais).
- Paciente em pé, inspeção das extremidades inferiores e contração dos músculos do quadríceps (alinhamento e simetria).
- Paciente em pé, equilíbrio sobre a ponta dos pés e depois sobre os calcanhares (simetria das panturrilhas, força, equilíbrio).

Outro aspecto importante a ser avaliado é a detecção de adolescentes com síndrome de hipermobilidade articular familiar (SHMAF), que representa uma variação da mobilidade das articulações normais sem a presença de doença do tecido conjuntivo, com maior prevalência em meninas e que predispõe a lesões musculoligamentares. A identificação de pacientes com a SHMAF, antes do início de atividades físicas e esportes competitivos, permite o preparo adequado desses atletas ou até mesmo a contraindicação de atividades de alto impacto articular, com a finalidade de reduzir a chance de lesões[6,8,19].

Deve-se lembrar que o exame físico e a anamnese, ao longo do tempo, podem e devem ser direcionados ao esporte praticado. Esse método enfatiza as áreas e problemas específicos relacionados a cada esporte[6,8,19].

EXAMES COMPLEMENTARES

De uma forma geral, não são obrigatórios na avaliação. Sua solicitação deve ser norteada pela avaliação clínica, embora, em muitos serviços e nos atletas de alto rendimento, o controle anual inclua avaliação da hematimetria, função renal e hepática, perfil hormonal e função tireoidiana, protoparasitológico de fezes e urina tipo I, bem como exames cardiológicos de controle[5,18,20].

Quanto aos exames complementares para a avaliação cardiovascular pré-participação, este permanece um tema controverso, embora exista tendência atual de que seja realizado pelo menos eletrocardiograma antes da participação em esportes competitivos. Outros exames estão condicionados aos achados de anamnese, exame físico e para avaliação das adaptações cardiovasculares ao esporte ao longo dos anos, em atletas de alto rendimento[5,18,20].

CONCLUSÕES

A avaliação pré-participação esportiva realizada de forma detalhada e sistemática é fundamental para a prática segura de atividades físicas e esportes em adolescentes, determinando se ele está qualificado para determinada atividade ou se são necessárias novas avaliações. Muitas vezes, o paciente necessita apenas ser reorientado para prática compatível com seu desenvolvimento ou com as alterações diagnosticadas, permitindo encontrar uma atividade adequada à sua condição. Esses aspectos devem ser muito bem esclarecidos ao paciente e seu responsável. Ao término da avaliação, é importante que o médico forneça por escrito a sua autorização ou consinta a participação com restrições ou, ainda, informe se aguarda outras avaliações para liberar ou não o paciente[6,21].

REFERÊNCIAS BIBLIOGRÁFICAS

1. Metzl JD. Preparticipation examination of the adolescent athlete: part 1. Pediatr Rev. 2001;22(6):199-204.
2. Lazzoli JK, Nobrega ACL, Carvalho T, Oliveira MAB, Teixeira JAC, Leitão MB, et al. Atividade física e saúde na infância e adolescência. Rev Bras Med Esporte. 1998;4(4):107-9.
3. Mitchell JH, Kaskell W, Snell P, van Camp SP. Task force 8: classification of sports. J Am Coll Cardiol. 2005;45(8):1364-7.
4. Group on Science and Technology, American Medical Association, Chicago. Athletic preparticipation examinations for adolescents. Arch Pediatr Adolesc Med. 1994;148(1):93-4.
5. Behera SK, Pattnaik T, Luke A. Pratical recommendations and perspectives on cardiac screening for health pediatric athletes. Curr Sports Med Reports. 2011;10(2):90-8.
6. Barrett JR, Kuhlman GS, Stanitski CL, Small E. Avaliação física prévia. In: Sullivan JA, Anderson SJ. Cuidados com o jovem atleta. Barueri: Manole; 2004. p.43-56.
7. Metzl JD. Preparticipation examination of the adolescent athlete: part 2. Pediatr Rev. 2001;22(7):227-39.
8. Report of the board of trustees sports medicine: athletic preparticipation examinations for adolescents. Arch Pediatr Adolesc Med. 1994;148(1):93-8.
9. Bompa TO. Treinamento total para jovens campeões. Barueri: Manole; 2002.
10. Monte O, Longui CA, Calliari LEP, Kochi C. Endocrinologia para o pediatra. 3ª ed. São Paulo: Atheneu; 2008. Apêndice p.79-82.
11. Lima MS. Exercícios físicos na adolescência. In: Françoso LA, Mauro ANMF. Manual de atenção à saude do adolescente. São Paulo: CODEPPS/SMS; 2006. p.65-8.
12. Kreipe RE, Gewnater HL. Physical maturity screening for participation in sports. Pediatrics. 1985;75(6):1076-80.
13. Mastrocinque TH. Hipertensão arterial. In: Françoso LA, Mauro ANMF. Manual de atenção à saude do adolescente. São Paulo: CODEPPS/SMS; 2006. p.189-200.
14. National High Blood Pressure Education Program Working Group on High Blood Pressure in Children and Adolescents. The fourth report on the diagnosis, evaluation, and treatment of high blood pressure in children and adolescents. Pediatrics. 2004;114(2 Suppl 4):555-76.
15. Kaplan NM, Gidding SS, Pickering TG, Wright JT. Task force 5: systemic hypertension. J Am Coll Cardiol. 2005;45(8):1346-8.
16. Maron BJ, Doerer JJ, Tammy S, Hass RN, Tierney DM, Mueller FO. Sudden deaths in young competitive athletes: analysis of 1866 deaths in the United States 1980-2006. Circulation. 2009;119(8):1085-92.
17. Von Kodolitsch Y, Robinson PN. Marfan syndrome: an update of genetics, medical and surgical management. Heart. 2007;93(6):755-60.
18. Ghorayeb N, Costa RVC, Castro I, Daher DJ, Oliveira Filho JA, Oliveira MAB, et al. Diretriz em Cardiologia do Esporte e do Exercício da Sociedade Brasileira de Cardiologia e da Sociedade Brasileira de Medicina do Esporte. Arq Bras Cardiol. 2013;100(1Supl.2):1-41.
19. Lompa PA, Scho CL, Muller LM, Mallmann LF. Incidência de lesões esportivas em atletas com e sem síndrome de hipermobilidade articular familiar. Rev Bras Ortop. 1998;33(12):933-8.
20. Corrado D, Pellicia A, Heidbuchel H, Sharma S, Link M, Basso C, et al. Recommendations for interpretation of 12-lead electrocardiogram in the athlete. Eur Heart J. 2010;31(2):243-59.
21. Rice SG, Council on Sports Medicine and Fitness. Medical conditions affecting sports participation. Pediatrics. 2008;121(4):841-8.

Imunização do adolescente 10

Marcelo Genofre Vallada

Após ler este capítulo, você estará apto a:
1. Verificar a importância da análise do histórico vacinal do adolescente em todas as consultas.
2. Orientar o paciente adolescente com relação à atualização de sua carteira de vacinação.

INTRODUÇÃO

A adolescência é um momento complexo, caracterizado por crescimento muito rápido e mudanças físicas visíveis. Há grande anseio por independência e liberdade, e, não raramente, o adolescente adota alguns comportamentos de risco, em parte por causa de um senso de invencibilidade. Esses comportamentos, associados aos baixos índices de imunização frequentemente encontrados entre os adolescentes, tornam comuns nessa população a ocorrência de doenças passíveis de prevenção pela vacinação, com piora da qualidade de vida e aumento dos custos relacionados à saúde.

As consultas médicas de rotina na adolescência não são frequentes, de modo que em toda consulta o pediatra deve reservar um momento para verificar a situação vacinal de seu paciente e prescrever as vacinas pendentes, esclarecendo o papel

Medicina de Adolescentes

delas para a preservação da saúde e a importância de verificar o cumprimento das prescrições anteriores[1].

PRINCÍPIOS DA VACINAÇÃO DO ADOLESCENTE

Toda oportunidade deve ser aproveitada para a avaliação da situação vacinal do adolescente. Mesmo nas consultas ambulatoriais geradas por ocorrência bem determinada, como lesões esportivas, infecções agudas ou orientação de contracepção de emergência, deve-se verificar a carteira de vacinação e proceder às orientações necessárias. Se a administração da vacina não puder ser realizada imediatamente por alguma contraindicação circunstancial, deve-se orientar sua aplicação assim que for possível. A programação proposta de atualização das vacinas deve ser realizada por escrito, no receituário médico, e não apenas verbalmente. Também é importante a anotação no prontuário da prescrição realizada, para que nas consultas seguintes se possa verificar o cumprimento do esquema proposto.

Para a atualização da carteira vacinal é importante uma boa anamnese, que considere as vacinas anteriores que o paciente já recebeu, quais doenças ele já teve e para quais já se perdeu a oportunidade de prevenção pela vacinação, assim como a presença de condições que possam contraindicar alguma vacina, como doenças que comprometam o sistema imunológico ou a utilização de drogas imunossupressoras ou, ainda, a possibilidade de gravidez e a existência de condições de risco para doenças específicas, como contato próximo com pessoas doentes ou atividades esportivas e de lazer com exposição a microrganismos passíveis de proteção pela vacinação[2-5].

Geralmente, não há contraindicação para a administração de mais de uma vacina ao mesmo tempo, e essa estratégia permite que a atualização da carteira vacinal ocorra mais rapidamente, diminuindo o risco de abandono quando há várias vacinas a serem administradas. Quando forem necessárias duas ou mais doses de um mesmo produto para se completar o esquema vacinal, o intervalo mínimo preconizado deve ser respeitado. Quando há intervalo maior do que o preconizado para as diferentes doses de um mesmo produto, para a maioria das vacinas não é necessário que o esquema seja reiniciado; basta completar as doses pendentes.

CALENDÁRIO VACINAL

Há diferentes calendários vacinais que podem ser utilizados pelo pediatra como referência para a programação da vacinação de seu paciente adolescente, tanto nacionais como internacionais. O calendário do Ministério da Saúde só recomenda as vacinas disponíveis no Programa Nacional de Imunização (PNI) para essa faixa etária, sendo que algumas vacinas importantes não são previstas. A Sociedade Brasileira de Pediatria e a Associação Brasileira de Imunizações (SBIM) têm calendários mais completos, nos quais estão incluídas vacinas que atualmente só estão disponíveis na rede privada. O pediatra deve considerar qual a melhor indicação para seu paciente e discutir com o adolescente e com a família os benefícios das vacinas prescritas e os custos destas. Não é aceitável que o pediatra tome para si a decisão de não recomendar uma determinada vacina que julgue importante, apenas por considerar que pode causar um gasto para aquela família superior às suas possibilidades financeiras. A decisão deve ser da família, e essa decisão deve ser respeitada. A Tabela 10.1 apresenta uma sugestão de calendário vacinal com as vacinas atualmente disponíveis no Brasil e que todo adolescente deveria ter registrado em sua carteira de vacinação. Algumas delas só estão disponíveis na rede privada.

Tabela 10.1 – Sugestão de imunizações para adolescentes		
Vacina	Nº de doses	Intervalo entre doses
Hepatite A	2 doses	6 meses
Hepatite B	3 doses	1 mês entre 1ª e 2ª dose; 5 meses entre 2ª e 3ª dose
Hepatite A + B	3 doses	1 mês entre 1ª e 2ª dose; 5 meses entre 2ª e 3ª dose
Tdap	1 dose	Dose única (no reforço ou uma das doses do esquema inicial)
Pneumocócica 23 valente	1 ou 2 doses	Intervalo de 5 anos (indicada para grupos de risco)
Influenza (gripe)	1 dose	Repetição anual
Febre amarela	1 dose (para as áreas recomendadas)	Reforço a cada 10 anos
Tríplice viral (sarampo, caxumba e rubéola)	2 doses	Intervalo de 1 mês
Varicela	2 doses	Intervalo de 1 mês
Papilomavírus humano	3 doses	1 a 2 meses entre 1ª e 2ª dose; 4 a 5 meses entre 2ª e 3ª dose (de acordo com a formulação)
Meningococo C ou A-C-W135-Y	1 dose	Dose única

Tdap: vacina tríplice acelular contra difteria, tétano e coqueluche.

PRINCIPAIS VACINAS

Hepatite B

A vacinação contra a hepatite B faz parte do PNI em razão da grande prevalência da infecção e de suas altas morbidade e mortalidade, principalmente quando ocorre na infância[6]. A vacina é produzida com a utilização de tecnologia de DNA recombinante, com a produção do antígeno de superfície (HBsAg) em leveduras. A vacina é imunogênica, eficaz e segura. Após o esquema completo de três doses, cerca de 95% dos adolescentes desenvolvem anticorpos em títulos protetores. Os níveis de anticorpos induzidos pela vacinação podem decair com o passar do tempo, porém a memória imunológica permanece intacta por mais de 20 anos. Para adolescentes com função imunológica normal, não se recomenda a pesquisa rotineira de anticorpos após um esquema completo de vacinação nem a aplicação de doses de reforço[6].

Hepatite A

A transmissão da hepatite A ocorre por via fecal-oral e, com a melhora das condições de saneamento no Brasil, houve grande mudança de sua epidemiologia nos últimos anos. Assim, cada vez é maior o número de adolescentes e adultos jovens que ainda são suscetíveis à doença. Isso é importante porque uma das suas principais características é o fato de crianças apresentarem doença oligossintomática ou infecção assintomática, enquanto em adolescentes e adultos, na maioria das vezes, ela se manifesta com alterações clínicas exuberantes[7].

A vacina é constituída pelo vírus inativado pelo formol e é muito imunogênica. Após a primeira dose, 95% dos indivíduos desenvolvem títulos protetores de anticorpos, sendo que praticamente 100% dos vacinados estão protegidos após a segunda dose. Essa proteção é duradoura, e não há indicação de revacinação.

Sarampo, Caxumba e Rubéola

O sarampo, a caxumba e a rubéola são doenças virais altamente contagiosas, que atualmente estão controladas no Brasil graças à alta cobertura vacinal. São todas doenças de transmissão respiratória, cuja gravidade é maior em populações específicas, como o sarampo no lactente jovem e a rubéola na gestante[8]. A imunização de rotina é realizada com a vacina tríplice viral, na qual se encontram os três vírus em uma forma atenuada. Assim, a vacina é contraindicada em gestantes e pessoas com doenças que comprometam o sistema imunológico ou que façam uso de drogas imunossupressoras. Após a segunda dose, mais de 99% dos adolescentes sadios desenvolvem títulos protetores de anticorpos. Entre 5 e 15% dos vacinados apresentam febre e exantema nas 2 primeiras semanas após a vacinação e até 25% podem apresentar sintomas articulares, como dor e edema, que são mais frequentes em mulheres.

Varicela

Apesar de não ser comum, é possível que crianças não vacinadas contra a varicela cheguem à adolescência sem ter se infectado pelo vírus selvagem. Nessa idade, o quadro clínico da doença é mais exuberante, com maior risco de complicações. A vacina de varicela é constituída pelo vírus da varicela atenuado, sendo também contraindicada em gestantes e pessoas com doenças que comprometam o sistema imunológico ou que façam uso de drogas imunossupressoras[9]. Aproximadamente 78% dos adolescentes desenvolvem anticorpos após a primeira dose, e uma segunda dose administrada após intervalo de 4 a 8 semanas induz a resposta de anticorpos em até 99% dos vacinados. A vacina de varicela pode ser utilizada na profilaxia pós--exposição: quando administrada até 72 horas após o contato com um doente com varicela, a vacina é 70 a 90% eficaz na prevenção da doença[9].

Tétano, Difteria e Coqueluche

Apesar de a grande maioria dos adolescentes já ter recebido o esquema primário da vacina tríplice bacteriana na infância, geralmente com duas doses de reforço, uma vez que a proteção não é permanente para nenhuma das três doenças, é indicada uma dose de reforço 10 anos após a última dose, geralmente entre 14 e 15 anos de idade. No PNI, está disponível a vacina dupla (dTpa) para tétano e difteria. Uma vez que se detectou aumento da incidência da coqueluche em adolescentes e adultos jovens em todos os países, inclusive no Brasil, deve-se dar preferência para o reforço com a vacina tríplice acelular, apresentação de reforço (tipo adulto – dTpa). A vacina pode ser administrada em gestantes, preferencialmente após a 27ª semana de gravidez[10].

Meningococo

Na doença invasiva pelo meningococo, o tipo C ainda é o mais prevalente no Brasil, mas a sua importância varia de região para região. E em algumas regiões, pode-se observar pequeno aumento de outros tipos, como o W135. A adolescência é um momento em que há aumento do risco de exposição à bactéria e consequente desenvolvimento de doença invasiva. Apesar de a vacina conjugada induzir a formação de memória imunológica, o título de anticorpos pode cair com o passar dos anos, sendo recomendado que todos os adolescentes que nunca foram vacinados ou que receberam uma dose da vacina na infância, há mais de 5 anos, sejam vacinados. Se disponível, deve-se dar preferência à vacina quadrivalente (A-C-W135-Y), pelo aumento dos casos associados aos tipos não C, ainda que esse aumento por enquanto seja pequeno[11].

Pneumococo

A vacinação pneumocócica é recomendada nessa faixa etária apenas para aqueles com risco aumentado de doença, como adolescentes com pneumopatias crôni-

Medicina de Adolescentes

cas, cardiopatas, fumantes ou adolescentes com doenças que comprometam o sistema imunológico ou que façam uso de drogas imunossupressoras[12].

Papilomavírus Humano

O papilomavírus humano (HPV) está associado ao câncer de colo uterino e a outras formas de câncer anogenitais, bem como às verrugas genitais. Cerca de 40 dos 100 tipos descritos do vírus podem infectar e causar doença no ser humano. Os tipos 16 e 18 estão associados à maior parte dos casos de câncer de colo uterino, e os tipos 6 e 11 a cerca de 90% dos casos de condiloma. A transmissão acontece por contato direto, geralmente por via sexual. O risco de infecção é muito alto, admitindo-se que cerca de 40% das mulheres, 24 meses após o início da atividade sexual, já têm evidências de infecção pelo HPV. Há duas vacinas licenciadas para o HPV, ambas de subunidade, as quais contêm apenas o antígeno L1 do capsídeo viral, obtido por meio de técnicas de DNA recombinante. As duas vacinas são bastante imunogênicas e eficazes, com mais de 99% das pacientes desenvolvendo anticorpos 1 mês após o término do esquema de três doses[13,14].

A vacina do laboratório GlaxoSmithKline (GSK) contém os antígenos dos HPV 16 e 18, e a vacina do laboratório MSD contém os antígenos dos HPV 6, 11, 16 e 18. Ambas estão licenciadas para uso em meninas a partir de 9 anos de idade, porém a vacina da MSD é a única atualmente licenciada para uso em meninos, também a partir dos 9 anos de idade[15].

CONCLUSÕES

A avaliação da situação vacinal do adolescente deve fazer parte rotineira da consulta, e nenhuma oportunidade para se completar o calendário vacinal deve ser perdida. Mesmo as vacinas que ainda não fazem parte do PNI devem ser apresentadas, deixando a critério da família a decisão final de tomá-las ou não.

REFERÊNCIAS BIBLIOGRÁFICAS

1. Beharry MS, Coles MS, Burstein GR. Adolescent immunization update. Pediatr Infect Dis J. 2011;30(9):787-90.
2. Fay KE, Lai J, Bocchini JA Jr. Update on childhood and adolescent immunizations: selected review of US recommendations and literature: part 1. Curr Opin Pediatr. 2011;23(4):460-9.
3. Katz JA, Capua T, Bocchini JA Jr. Update on child and adolescent immunizations: selected review of US recommendations and literature. Curr Opin Pediatr. 2012;24(3):407-21.
4. Lai J, Fay KE, Bocchini JA. Update on childhood and adolescent immunizations: selected review of US recommendations and literature: part 2. Curr Opin Pediatr. 2011;23(4):470-81.

5. PCDC. General recommendations on immunization: recommendations of the Advisory Committee on Immunization Practices. MMWR. 2011;60(No. RR-2):1-61.
6. Huang LM, Lu CY, Chen DS. Hepatitis B virus infection, its sequelae, and prevention by vaccination. Curr Opin Immunol. 2011;23(2):237-43.
7. Matheny SC, Kingery JE. Hepatitis A. Am Fam Physician. 2012;86(11):1027-34.
8. White SJ, Boldt KL, Holditch SJ, Poland GA, Jacobson RM. Measles, mumps, and rubella. Clin Obstet Gynecol. 2012;55(2):550-9.
9. Flatt A, Breuer J. Varicella vaccines. Br Med Bull. 2012;103(1):115-27.
10. Bechini A, Tiscione E, Boccalini S, Levi M, Bonanni P. Acellular pertussis vaccine use in risk groups (adolescents, pregnant women, newborns and health care workers): a review of evidences and recommendations. Vaccine. 2012;30(35):5179-90.
11. Deeks ED. Meningococcal quadrivalent (serogroups A, C, w135, and y) conjugate vaccine (Menveo): in adolescents and adults. BioDrugs. 2010;24(5):287-97.
12. Icardi G, Sticchi L, Bagnasco A, Iudici R, Durando P. Pneumococcal vaccination in adults: rationale, state of the art and perspectives. J Prev Med Hyg. 2012;53(2):78-84.
13. Goldstone SE, Vuocolo S. A prophylactic quadrivalent vaccine for the prevention of infection and disease related to HPV-6, -11, -16 and -18. Expert Rev Vaccines. 2012;11(4):395-406.
14. McKeage K, Romanowski B. AS04-adjuvanted human papillomavirus (HPV) types 16 and 18 vaccine (Cervarix®): a review of its use in the prevention of premalignant cervical lesions and cervical cancer causally related to certain oncogenic HPV types. Drugs. 2011;71(4):465-88.
15. Heesch CB, Hayney MS. Quadrivalent human papillomavirus vaccine: updated recommendations for males. J Am Pharm Assoc (2003). 2012;52(2):289-90.

Seção III

Aspectos nutricionais da adolescência

Comportamento alimentar do adolescente e orientação nutricional 11

Maria Sylvia de Souza Vitalle

Após ler este capítulo, você estará apto a:

1. Reconhecer as principais características do comportamento alimentar de adolescentes.
2. Recomendar alimentação adequada aos adolescentes de ambos os sexos.
3. Orientar o adolescente a ter um estilo de vida saudável.

INTRODUÇÃO

A adolescência é um período único na vida, em que há intenso crescimento físico e desenvolvimento psicossocial e cognitivo. Há importante aumento das necessidades nutricionais, e as necessidades calóricas e proteicas são grandes. O aumento de atividade física associado a hábitos alimentares inadequados, menstruação e gravidez contribuem para acentuar o potencial risco nutricional a que estão sujeitos esses indivíduos. De modo geral, é possível afirmar que os principais problemas nutricionais que afetam os adolescentes ao redor do mundo são: problemas de crescimento, magreza e excesso nutricional; retardo de crescimento uterino em adolescentes grávidas; deficiência de ferro e anemia; deficiência de iodo; deficiência de vitamina A; deficiência de cálcio; deficiência específica de outros nutrientes, como zinco, folatos e vitamina D[1].

As mudanças rápidas e intensas pelas quais a sociedade vem passando desde o último século, desde a alimentação até o estilo de vida, são decorrentes, em última análise, da industrialização, da urbanização, do desenvolvimento econômico e da globalização dos mercados, que impactam de modo importante o estado nutricional das populações. Embora existam resultados positivos decorrentes dessas mudanças, como melhorias no padrão de vida e no acesso a serviços, e diminuição da pobreza e da exclusão social, como contraponto negativo houve o desencadeamento de um padrão alimentar inadequado[2], diminuição da atividade física e aumento correspondente em doenças da nutrição e relacionadas à dieta[3]. As mudanças na economia mundial contribuíram para as mudanças de hábitos alimentares e estilo de vida, promovendo, por exemplo, o aumento do consumo de dietas de alta densidade energética, ricas em gordura, especialmente gordura saturada, e pobre em carboidratos, que se aliou ao declínio no gasto de energia propiciado pelo estilo de vida sedentário, transporte motorizado, surgimento de dispositivos de economia de trabalho em casa, no ambiente de trabalho e de lazer, que favoreceram a substituição de tarefas manuais e físicas exigentes por outras mais leves e de menor gasto energético.

As mudanças nos padrões de alimentação e no estilo de vida propiciaram o aumento no surgimento de doenças relacionadas a dieta e alimentação, e em idades cada vez mais precoces; obesidade, diabete melito, doenças cardiovasculares, hipertensão arterial, acidente vascular cerebral e várias formas de câncer são causas cada vez mais frequentes de incapacidades e mortes prematuras, impondo encargos adicionais ao orçamento nacional de saúde, já sobrecarregado[4].

Define-se comportamento alimentar como todas as etapas que envolvem o processo de seleção, aquisição, conservação, modo de preparo e ingestão do alimento, e são vários os fatores que influenciam esse comportamento (biológicos, sociais, econômicos, culturais, psicológicos e antropológicos). O comportamento alimentar relaciona-se principalmente com situações fisiológicas e ambientais. As situações fisiológicas referem-se a sentir fome para garantir a alimentação, a fim de que se atendam às necessidades energéticas e se mantenham os processos vitais; as ambientais se referem à satisfação do apetite.

A alimentação da população adolescente é marcada, atualmente, pelo consumo de alimentos inadequados, com baixo valor nutritivo, alta densidade calórica e redução do consumo de frutas e vegetais. As mudanças no estilo de vida da sociedade são fatores relevantes para as mudanças alimentares, pois favorecem o consumo de dieta composta por alimentos industrializados, rica em açúcares e gordura, que são potencialmente causadores de problemas. Associada à mudança alimentar houve diminuição da atividade física, com aumento de tempo ocupado em atividades televisivas, com computadores, uso de *video games* e participação em redes sociais na internet.

O consumo alimentar na adolescência alicerça-se no comportamento característico desse período, comendo o que quer e quando quer e omitindo refeições, principalmente o desjejum. O consumo inadequado, tanto na qualidade quanto na quantidade alimentar, e a ausência de horários de alimentação, aliados à pressão do grupo e da mídia por uma imagem corporal idealizada, podem levar o adolescente a fazer dietas impróprias (dietas da moda), além de consumir alimentos fora de casa, dando preferência a lanches, que, de modo geral, não atendem às necessidades de crescimento e desenvolvimento. Ingerem alimentos com altos teores de açúcares, sódio e gorduras, ultraprocessados, frituras, *fast foods* e refrigerantes, com baixos teores de micronutrientes e alto conteúdo energético, em detrimento do consumo de carnes, frutas e vegetais, ficando vulneráveis para serem vítimas potenciais de várias doenças[5-8]. Como características comumente observadas estão: uso de suplementos nutricionais; transgressão dos horários convencionais de refeição; preferência por refeições em locais não convencionais; substituição de refeições convencionais (café da manhã, almoço ou jantar) por lanches ou "beliscos", alimentos de rápido preparo, invariavelmente ricos em sódio, calorias e gorduras; preferência por alimentos com elevado conteúdo energético e ricos em proteína; rejeição a alimentos ricos em vitaminas, minerais e fibras, como frutas e hortaliças; realização de refeições na companhia de outros adolescentes, que se alimentam de modo semelhante ao seu; rejeição ou ingestão insuficiente de alimentos fonte de cálcio (em especial o leite, por considerá-lo um alimento "infantil"); restrição à ingestão de alimentos e de nutrientes para atingir determinado fim ou para contestar a autoridade paterna e os valores familiares, sem buscar orientação adequada.

EPIDEMIOLOGIA

A saúde pública[9] tem se ocupado cada vez mais com o consumo alimentar[10], particularmente dos adolescentes, por causa da relação entre dietas inadequadas nessa fase da vida e o surgimento de doenças crônicas na vida adulta. Deve-se ainda enfatizar que o estudo dos conjuntos ou grupos alimentares, portanto, do perfil alimentar, expressa melhor a dieta de uma dada população do que os nutrientes avaliados isoladamente.

Enquanto o consumo médio de frutas e hortaliças ainda é metade do valor recomendado pelo *Guia Alimentar para a População Brasileira*[11] e manteve-se estável na última década, os alimentos ultraprocessados, como doces e refrigerantes, têm o seu consumo aumentado a cada ano.

O consumo alimentar sofre influência das diferenças de renda. Observa-se que a dieta dos brasileiros de menor renda apresenta melhor qualidade, predominando o consumo de arroz e feijão aliados a alimentos básicos, como peixes e milho. À medida que aumenta a renda das famílias, observa-se o aumento da frequência de ingestão de alimentos de baixa qualidade nutricional, com destaque para doces, refrigerantes, pizza, salgados fritos e assados.

O grupo etário também exerce forte influência no padrão de consumo, e os adolescentes respondem pelo pior perfil de dieta no Brasil, com menores frequências de consumo de feijão, saladas e verduras.

Residir em zonas rural ou urbana é outra variável importante que atua no padrão alimentar, pois brasileiros residentes na zona rural consomem com mais frequência alimentos básicos, com melhor qualidade da dieta, com predomínio de alimentos como arroz, feijão, batata-doce, mandioca, farinha de mandioca, frutas e peixes. Na zona urbana, há maior consumo de alimentos ultraprocessados. As regiões geográficas também revelam, no consumo alimentar de sua população, sua identidade e cultura, embora de modo geral venha se observando que, apesar de algumas regiões resistirem com suas tradições culturais às mudanças, em outras há franca descaracterização e perda da identidade cultural alimentar: a Região Norte se caracteriza por maior consumo de farinha de mandioca, açaí e peixe fresco; o Nordeste, por ovos e biscoitos salgados; o Centro-Oeste, por arroz, feijão, carne bovina e leite; Sudeste e Sul, pelo consumo de pão francês, massas e batata inglesa, queijos, iogurtes e refrigerantes.

Ressalta-se a influência do atual estilo de vida sobre o acesso e a ingestão dos alimentos, pois favorece a realização de maior número de refeições fora do domicílio. Dessa forma, em torno de 16% das calorias são oriundas da alimentação realizada fora de casa e é composta, na maioria das vezes, por alimentos industrializados e ultraprocessados, como refrigerantes, cerveja, sanduíches, salgados e salgadinhos industrializados. Esse padrão de alimentação muitas vezes é repetido no domicílio.

Os indicadores de saúde e nutrição refletem as desigualdades de renda e raça que ainda persistem no país, apontando que mulheres negras e de baixa renda apresentam percentuais mais elevados de doenças crônicas quando comparadas a mulheres brancas da mesma idade e de renda mais alta. No sexo masculino, observa-se que a obesidade é mais prevalente entre aqueles de renda mais elevada, embora venha crescendo em todos os estratos.

ORIENTAÇÃO NUTRICIONAL

Nesse período da vida, as necessidades nutricionais são complexas e apresentam variações individuais importantes, que necessitam ser respeitadas. A nutrição tem papel de destaque, pois este é um período de crescimento acelerado, em que se ganha 50% do peso final e 25% da estatura final.

A Lei nº 11.947/2009[12,13] dispõe as novas diretrizes para a alimentação escolar e estendeu o programa para toda a rede pública de educação básica, de jovens e de adultos e exigiu que no mínimo 30% do total dos recursos repassados pelo Fundo Nacional de Desenvolvimento da Educação (FNDE)[14] para a execução do Programa Nacional de Alimentação Escolar pelas entidades executoras sejam investidos na compra direta de produtos da agricultura familiar[15]. Como um dos benefícios diretos, entre outros, essas medidas estimulam o desenvolvimento econômico das comunidades locais de forma sustentável.

Principais Características da Alimentação Saudável

- Variada: promover o consumo de vários tipos de alimentos que forneçam os diferentes nutrientes necessários para o organismo, evitando a monotonia alimentar que limita o acesso a esses nutrientes.
- Colorida: promover a apresentação atrativa das refeições, além de garantir a variedade principalmente em termos de vitaminas e minerais.
- Harmoniosa: tanto em quantidade quanto em qualidade dos alimentos consumidos, para se alcançar uma nutrição adequada.
- Segura: do ponto de vista de contaminação físico-química e biológica e dos possíveis riscos à saúde. Garantia do alimento seguro para consumo populacional.

Deve-se respeitar e valorizar as práticas alimentares culturalmente identificadas, bem como as diversas significações culturais dadas ao alimento.

A alimentação saudável baseada em alimentos *in natura* e produzidos regionalmente, com o apoio e o fomento de agricultores familiares e cooperativas para a produção e a comercialização de legumes, verduras e frutas é alternativa relevante para que, além da melhoria da qualidade da alimentação, estimule geração de renda para comunidades. As práticas de marketing, de modo geral, associam a alimentação saudável ao consumo de alimentos industrializados especiais e não privilegiam os alimentos não processados e menos refinados, como a mandioca, que é um alimento (tubérculo) saboroso, muito nutritivo, típico e de fácil produção em várias regiões brasileiras e tradicionalmente saudável.

Pilares da Alimentação Saudável para Adolescentes

Flexibilidade é a regra. Deve-se discutir sempre a proposta de orientação (Quadro 11.1) com o adolescente, a fim de que ocorram efetivamente mudanças de atitudes e de hábitos alimentares. Nunca se deve abordar a alimentação de forma monótona (listagens de nutrientes, cobranças), para não haver desestímulo e abandono das orientações pela impossibilidade de segui-las.

122 Medicina de Adolescentes

Quadro 11.1 – Alimentação saudável para adolescentes

- Aumentar e variar o consumo de frutas, legumes e verduras de sua preferência: comer diariamente pelo menos 3 porções de legumes e verduras como parte das refeições e 3 porções ou mais de frutas nas sobremesas e lanches

- Comer feijão pelo menos 1 vez/dia, no mínimo 4 vezes/semana; comer feijão com arroz todos os dias ou, pelo menos, 5 vezes/semana. Esse prato brasileiro é uma combinação completa de proteínas e bom para a saúde. Comer arroz, massas e pães todos os dias

- Evitar/reduzir o consumo de: alimentos industrializados com muito sal (hambúrguer, lanches de *fast-food*, charque, salsicha, linguiça, presunto, salgadinhos, conservas de vegetais, sopas, molhos e temperos prontos); alimentos gordurosos, como carne com gordura aparente, salsicha, mortadela, frituras e salgadinhos de pacote; sal (retirar o saleiro da mesa); doces, sorvetes, bolos, biscoitos, doces/biscoitos recheados, sobremesas doces e outros alimentos ricos em açúcar; refrigerantes e sucos industrializados; alimentos de preparo instantâneo e bebida alcoólica

- Fazer pelo menos 3 refeições (café da manhã, almoço e jantar) e 2 lanches por dia

- Beber pelo menos 2 L de água por dia. Dar preferência ao consumo de água nos intervalos das refeições

- Não omitir refeições

- Apreciar a refeição, comer devagar

- Manter o peso dentro de limites saudáveis

- Ser ativo e tornar a vida mais saudável

- Praticar pelo menos 30 minutos de atividade física todos os dias e evitar bebidas alcoólicas e fumo

- Não ficar horas em frente à televisão ou ao computador

- Incluir diariamente 6 porções do grupo do cereais (arroz, milho, trigo, pães e massas), tubérculos (batatas) e raízes (mandioca/macaxeira/aipim) nas refeições. Dar preferência aos grãos integrais e aos alimentos naturais

- Consumir diariamente 3 porções de leite e derivados e 1 porção de carnes, aves, peixes ou ovos. Retirar a gordura aparente das carnes e a pele das aves antes da preparação

- Consumir, no máximo, 1 porção/dia de óleos vegetais, azeite, manteiga ou margarina

- Dar atenção aos rótulos dos alimentos, escolher aqueles com menores quantidades de gorduras trans

- Lembrar que, para manter, perder ou ganhar peso, é necessário procurar a orientação de um profissional de saúde

- Escolher sempre alimentos saudáveis nos lanches da escola e nos momentos de lazer

Observar a fase de maturação sexual em que o adolescente se encontra, pois as necessidades nutricionais aumentam durante o estirão pubertário. O pico máximo de ingestão calórica coincide com o pico de velocidade máxima de crescimento, podendo haver aumento real de apetite nessa fase. Deve-se estar atento para:

- Na fase de repleção, evidente nas meninas, imediatamente antes do aumento da velocidade de crescimento, deve haver ganho de peso e, muitas vezes, desaceleração do crescimento.
- Verificar a atividade física habitual (tipo, intensidade e frequência) ou sedentarismo.
- Aferir uso de contraceptivo oral, pois ele afeta o metabolismo dos carboidratos, das proteínas, dos lipídios, de vitaminas e de sais minerais, podendo haver aumento dos níveis de triglicérides e dos níveis plasmáticos de vitamina A, dimi-

nuição da albumina plasmática e dos níveis circulantes de vitamina C, de ácido fólico, de peroxidase, de vitamina B12 e de riboflavina.

- Verificar o consumo de álcool – o uso crônico pode atuar nocivamente no apetite, no aparelho digestivo e no sistema nervoso, e promover alterações na biodisponibilidade de alguns nutrientes e diminuição dos níveis séricos de HDL.
- Gravidez e lactação durante o crescimento da adolescente resultam em aumento das necessidades nutricionais. Deve-se lembrar que o crescimento da adolescente não termina antes de 4 anos pós-menarca.
- O hábito de fazer dietas pode causar deficiências nutricionais. Não impor, mas orientar sobre dietas restritivas.
- Verificar a presença de transtornos alimentares. Padrões de beleza física incompatíveis com a constituição orgânica podem desencadear transtornos como anorexia nervosa, bulimia e compulsão alimentar.
- Fazer diagnóstico individual do estado nutricional e acompanhamento da velocidade de crescimento.
- Monitorar as variações do índice de massa corporal (IMC). Na presença de aumento do IMC nos últimos 12 meses de acompanhamento, atentar para comorbidades: história familiar de doença cardiovascular prematura, hipertensão arterial, obesidade, diabete melito, preocupação com o próprio peso, elevação da lipidemia e possibilidade de anemia.

CONCLUSÕES

O novo perfil epidemiológico nacional, que se caracteriza por emergência e predomínio das doenças nutricionais crônicas não transmissíveis (obesidade, diabete, dislipidemias, hipertensão e certos tipos de câncer, entre outras) e pela manutenção das deficiências nutricionais, exige constante monitoramento do setor da saúde.

Inúmeros fatores interferem no consumo alimentar durante a adolescência[16]: imagem corpórea, valores socioculturais, situação financeira da família, alimentos consumidos fora de casa, influência da mídia, hábitos alimentares, disponibilidade de determinados alimentos e facilidade de preparo, entre outros.

A alimentação saudável se fundamenta conceitualmente na manutenção das práticas alimentares que tenham significação social e cultural dos alimentos, sendo ainda garantidos acesso, sabor, custos acessíveis, possibilidade de ser variada, colorida, harmoniosa e segura. Assim, é de extrema relevância resgatar as práticas socioculturais e estimular a produção e o consumo de alimentos saudáveis regionais (como legumes, verduras e frutas), não esquecendo os aspectos comportamentais e afetivos relacionados às práticas alimentares.

Medicina de Adolescentes

A alimentação é agente promotor de saúde e é de extrema importância na adolescência, sendo necessária a satisfação dos requerimentos nutricionais para que os adolescentes tenham pleno desenvolvimento físico e emocional, que atenda suas necessidades sociais e culturais.

REFERÊNCIAS BIBLIOGRÁFICAS

1. World Health Organization. Adolescent nutrition: a neglected dimensionl, 2013. Disponível em: https://apps.who.int/nut/ado.htm. (Acesso 20 jun 2013.)
2. Bezerra IN, Souza AM, Pereira RA, Sichieri R. Consumo de alimentos fora do domicílio no Brasil. Rev Saúde Pública. 2013;47(1Supl):200S-11S.
3. Ministério da Saúde. Secretaria de Atenção à Saúde. Departamento de Atenção Básica. Política Nacional de Alimentação e Nutrição. Brasília: Ministério da Saúde; 2012.
4. World Health Organization. Nutrition in transition: globalization and its impact on nutrition patterns and diet-related diseases. Disponível em: https://apps.who.int/nut/trans.htm. (Acesso 20 jun 2013.)
5. Vitalle MSS. Crescimento e maturação sexual. In: Vitalle MSS, Medeiros EHGR. Adolescência: uma abordagem ambulatorial. Barueri: Manole; 2007.
6. Vitalle MSS, Medeiros EHGR. Deficiência de ferro na puberdade. In: Braga JAP, Vitalle MSS, Amâncio OMS. O ferro e a saúde das populações. São Paulo: Roca; 2006. p.87-100.
7. Vitalle MSS, Fisberg M. Deficiência de ferro entre adolescentes. Jornada Científica do Nisan: II Jornada de Anemia Carencial e Segurança Alimentar no Brasil. São Paulo. 2007/2008. p.170-3.
8. Veiga GV, Costa RS, Araújo MC, Souza AM, Bezerra IN, Barbosa FS, et al. Inadequate nutrient intake in Brazilian adolescents. Rev Saúde Pública. 2013;47(Suppl 1):212s-21s.
9. Ministério da Saúde. Secretaria de Atenção à Saúde. Departamento de Atenção Básica Política Nacional de Alimentação e Nutrição. Departamento de Atenção Básica. Brasília: Ministério da Saúde, 2012; Política Nacional de Alimentação e Nutrição. Disponível em: http://nutricao.saude.gov.br. (Acesso 21 jun 2013.)
10. Souza AM, Pereira AR, Yokoo EM, Levy RB, Sichieri R. Alimentos mais consumidos no Brasil: Inquérito Nacional de Alimentação 2008-2009. Rev Saúde Pública. 2013;47(1Supl):190S-9S.
11. Ministério da Saude. Guia Alimentar para a população brasileira. Promovendo a alimentação saudável. Disponível em: http://bvsms.saude.gov.br/bvs/publicacoes/guia_alimentar_populacao_brasileira_2008.pdf. (Acesso 22 jun 2013.)
12. Brasil. Lei nº 11.947, de 2009. Disponível em: http://www.planalto.gov.br/ccivil_03/_ato2007-2010/2009/lei/l11947.htm. (Acesso 22 jun 2013.)
13. REBRAE. Rede Brasileira de Alimentação e Nutrição Escolar. Disponível em: http://www.rebrae.com.br. (Acesso 22 jun 2013).
14. Fundo Nacional de Desenvolvimento da Educação. Disponível em: http://www.fnde.gov.br. (Acesso 22 jun 2013.)
15. Freitas MCS, Minayo MCS, Ramos LB, Fontes FV, Santos LA, Souza EC, et al. Escola: lugar de estudar e de comer. Ciênc Saúde Coletiva. 2013;18(4):979-85.
16. Santos CC, Ressel LB, Alves CN, Wilhmein LA, Stumm KE, Silva SS. A influência da cultura no comportamento alimentar de adolescentes: uma revisão integrativa das produções em saúde. Adolec & Saúde. 2012;9(4):37-43.

Metabolismo ósseo, cálcio e vitamina D   12

Tamara Beres Lederer Goldberg
Cristina Maria Teixeira Fortes
Maria Regina Moretto
Cilmery Suemi Kurokawa

Após ler este capítulo, você estará apto a:

1. Compreender os mecanismos fisiopatológicos que interferem na incorporação e na remodelação da massa óssea em adolescentes.
2. Identificar os principais aspectos clínicos e as manifestações significativas relativas ao tema em pacientes adolescentes.
3. Compreender os métodos de diagnóstico e as técnicas utilizadas para acompanhamento do incremento ou não da massa óssea.
4. Adotar medidas preventivas relacionadas ao incremento da massa óssea e os meios de tratamento.

INTRODUÇÃO

Puberdade e Metabolismo Ósseo

O período da puberdade é caracterizado por profundas alterações biológicas e endócrinas, sendo que as manifestações externas se revelam pelo crescimento físico e pela maturação sexual, processos dinâmicos que envolvem transformações nos níveis molecular, celular e somático do organismo[1-5].

O crescimento físico sofre influências hormonais cujo conhecimento é importante na compreensão das mudanças observadas durante a puberdade e suas possíveis variações e anormalidades. Os aspectos nutricionais relacionados com o crescimento físico merecem também grande atenção, uma vez que a nutrição desempenha um importante papel na regulação de hormônios, como gonadotrofinas, hormônio de crescimento (GH), regulação de esteroides gonadais e nas concentrações do fator de crescimento *insulin-like* (IGF-1). Além dessa atuação, a nutrição proporciona energia e nutrientes necessários ao crescimento e à mineralização do esqueleto[1-5].

Essas alterações evidenciam-se de maneira bastante diferenciada de acordo com o sexo e a etapa na qual o adolescente se encontra. Sabe-se que as adolescentes apresentam seu pico máximo de velocidade de crescimento (PVC) em média 2 anos antes do que adolescentes do sexo masculino. Os adolescentes experimentam vários tipos de maturação, incluindo a cognitiva, expressa pelo desenvolvimento dos pensamentos operacionais formais; a psicossocial, caracterizada pela definição da própria identidade, pela busca de autonomia, pelo questionamento dos padrões familiares e pela interação grupal; além das alterações biológicas conceituadas como puberdade. As mudanças psicossociais também se refletem sobre o crescimento e o desenvolvimento físico decorrente dos hábitos alimentares adotados pelo adolescente[3,5,6].

O total de massa óssea adquirido no período entre 10 e 20 anos é considerado um dos fatores de proteção mais importantes na prevenção da osteopenia/osteoporose e fraturas por fragilidade, que ocorrem durante a adultícia e a senilidade. Em mulheres saudáveis, 40% do pico de massa óssea é acumulado durante os anos de adolescência. Frequentemente, mulheres adolescentes alcançam 92% de seu conteúdo mineral ósseo total por volta de 18 anos de idade, e 99%, até 26 anos[7,8].

Muitos autores defendem que a mineralização óssea começa na vida fetal e continua durante a infância e a adolescência, e estabiliza-se entre 21 e 25 anos de idade. Assim, compreender e avaliar a aquisição da massa óssea em população de adolescentes pode ser determinante na prevenção da osteoporose, que atualmente é considerada um grave problema de saúde pública, com alto impacto econômico, onerando muito os custos em relação à saúde[9-14].

Diante desse contexto, compreender os aspectos responsáveis pela aquisição e pela manutenção da massa óssea é extremamente importante, pois ela é responsável pela integridade estrutural do esqueleto, que se constitui no maior reservatório dos íons cálcio e fosfato, na ordem de 99 e 90%, respectivamente[15,16].

Os ossos são um tecido metabolicamente ativo que sofre um processo contínuo de renovação e remodelação. Essa atividade é consequência, em sua maior parte, da atividade de dois tipos celulares principais, característicos do tecido ósseo: os osteoblastos e os osteoclastos. Um terceiro tipo celular, os osteócitos, derivados dos osteoblastos, é metabolicamente menos ativo e sua função ainda não foi totalmente esclarecida. O tecido ósseo exerce duas funções primordiais, uma mecânica, relacionada com a proteção de órgãos nobres e apoio à sustentação contra a gravidade, e uma metabólica, bastante complexa e não menos importante[17,18].

A modelação e a remodelação óssea caracterizam-se por um processo cíclico de produção e reabsorção cujo equilíbrio se modifica ao longo da vida; contudo, no período da infância e da adolescência, ocorre predomínio da formação óssea sobre a reabsorção; na idade adulta, ambos os processos se estabilizam e a partir dos 45 a 50 anos, principalmente no sexo feminino, ocorre o predomínio da reabsorção[16].

O processo de remodelação óssea se desenvolve com base em dois processos antagônicos, porém acoplados: a formação e a reabsorção óssea. O conjunto dos dois processos é mantido em longo prazo por um complexo sistema de controle. Uma série de condições como idade, mobilidade diminuída, ação de algumas drogas, baixo consumo de cálcio, doenças osteometabólicas, entre outros fatores, pode alterar esse equilíbrio, levando ao predomínio de um sobre o outro, com consequências metabólicas (hiper ou hipocalcemia) e/ou mecânicas (osteoporose)[9,19,20].

Nutrientes e Massa Óssea

Entre os principais estudos que avaliam o papel dos nutrientes na determinação do pico de massa óssea, a ingestão dietética de cálcio recebe destaque. Além desse nutriente, para evitar deficiências clássicas, deve haver um suprimento adequado de fósforo, magnésio, energia, proteína, zinco, cobre, vitamina C, que devem ser adquiridos por meio de fontes alimentares, e a adequação de vitamina D, que é sintetizada por meio da ingestão e da exposição aos raios solares[21,22]. O reconhecimento da ação dos fatores nutricionais sobre o ganho de massa óssea conduz à possibilidade de intervenção precoce, com o intuito de prevenir o aparecimento de quadros de osteopenia/osteoporose. Embora essas doenças se manifestem nos idosos, sua predisposição tem início na infância e na adolescência[8,15,22,23].

A recomendação para o consumo de cálcio é baseada na relação entre a ingestão de cálcio e a saúde óssea e depende da idade e do estado fisiológico. Durante a adolescência, a quantidade preconizada de ingestão de cálcio, de acordo com a *Dietary Reference Intake (DRI)* (IOM, 2010), é de 1.300 mg/dia, para ambos os sexos[23].

Observam-se certos impedimentos entre os adolescentes que os comprometem a atingir uma excelente saúde óssea. A maior causa de inadequação da ingestão desse mineral é o declínio geral da ingestão de laticínios durante esses anos. Muitos adolescentes não tomam mais leite por várias razões; alguns são intolerantes, não apreciam o gosto ou consideram o leite "bebida de criança" e na maioria dos casos há substituição por outros tipos de bebidas, como sucos e refrigerantes[5,21,23].

Em artigos recentemente publicados, Hill et al.[24,25] apontam, por meio da construção de um modelo matemático, que a ingestão de cálcio por adolescentes parece ser o fator externo mais importante implicado na retenção de cálcio pelo esqueleto, sendo que a variação do percentual de retenção de cálcio é de 15 a 21,7%, respectivamente, nos adolescentes dos sexos feminino e masculino. Caso a ingestão seja inferior à recomendada pela DRI (IOM, 2010)[23], a retenção de cálcio pelo esqueleto ficará prejudicada e, consequentemente, o conteúdo mineral ósseo se apresentará em condição abaixo da ideal, podendo favorecer a ocorrência de fraturas entre adolescentes.

A vitamina D – D3 (colecalciferol) e D2 (ergocalciferol) –, considerada pró-hormônio lipossolúvel, também é amplamente estudada. A maior parte da vitamina D3 é formada quando o 7-di-hidrocolesterol presente na pele é exposto aos raios solares ultravioletas B e convertido em provitamina D3. Pequena parte da vitamina D3 é proveniente da ingestão de fontes animais, como óleo de fígado de bacalhau, salmão, sardinha etc. A vitamina D2 é produzida externamente por irradiação do ergosterol, nas plantas, sendo absorvida pela dieta. As formas precursoras da vitamina D são convertidas em 25-hidroxivitamina D [25(OH)D] (calcidiol), que é a maior fração circulante e cuja dosagem revela o estado da vitamina D nos indivíduos. Não há consenso sobre o ponto de corte para considerá-la reduzida, entretanto, promulgam-na como deficiente ou insuficiente quando sua concentração sanguínea é < 20 ng/mL (50 nmol/L). Cientes de que a oferta de 400 UI/dia de vitamina D talvez não eleve as concentrações sanguíneas a níveis superiores a 40 nmol/L, sua recomendação para todos os adolescentes passou a ser de 600 UI/dia[23,26,27].

Osteoporose

Duas são as formas clássicas de osteoporose: primária e secundária, geralmente consequente a outras doenças. A forma primária ou do tipo I cursa com alta reabsorção óssea, decorrente de atividade osteoclástica acelerada e denominada como osteoporose pós-menopausa, geralmente presente em mulheres a partir de 50 anos. A osteoporose do tipo II apresenta o processo de reabsorção normal ou ligeiramente aumentado associado a uma atividade osteoblástica diminuída, resultando no decréscimo da formação óssea. Esse tipo refere-se à osteoporose senil ou de involução, frequentemente evidenciada nas mulheres mais idosas[10,28,29], a partir de 70 anos, e também nos homens, quando ultrapassam essa faixa etária.

Em qualquer uma dessas formas, a osteoporose cursa silenciosa e assintomática por longos períodos. As primeiras manifestações clínicas ocorrem quando já houve perda de 30 a 40% da massa óssea. No homem, a perda de massa óssea é mais lenta do que a verificada na mulher, sendo que a osteoporose primária se manifesta, via de regra, somente após 70 anos. Nesse grupo, a espoliação óssea é gradual e não se acelera como ocorre com a mulher exposta às alterações resultantes da menopausa[10,28,29].

A dimensão desse grave problema de saúde pública, quando se considera o crescimento acelerado da população da faixa etária representada pelos idosos, contrasta com as dificuldades terapêuticas existentes em se estimular a reparação do tecido ósseo e aumentar a resistência óssea, uma vez que estas já tenham sido perdidas. Tal situação tem resultado em sérias preocupações dos órgãos de saúde pública, no estímulo à prevenção da perda do capital mineral ósseo e à realização de *screening* de massa óssea, para permitir, de forma precoce, a identificação de indivíduos ainda com menor acometimento da densidade mineral óssea.

O aumento da incidência de fraturas ocorre em dois momentos críticos: na infância/pré-adolescência e na senilidade. Isso se encontra fortemente relacionado a momentos em que a densidade mineral óssea apresenta-se diminuída. Durante o estirão puberal, ocorre um significativo aumento do comprimento e das demais dimensões dos ossos, não ocorrendo, contudo, aumento simultâneo na densidade mineral óssea, que somente acontece pouco tempo depois, com o avanço da puberdade, resultante da exposição à cascata hormonal, própria desse momento da vida.

Densidade Mineral Óssea

Nos últimos anos, o desenvolvimento de métodos para avaliar a massa óssea com grande acurácia permitiram obter melhor compreensão da dinâmica do tecido ósseo. A densitometria óssea obtida por atenuação de raio X de dupla energia (DXA) propicia uma análise altamente precisa, rápida, não invasiva e com baixa exposição à radiação, sendo adequada para avaliação de crianças e adolescentes.

A densitometria óssea obtida pelo DXA é um método quantitativo de avaliação da massa óssea extremamente útil, pois, além de possibilitar o diagnóstico como proposto pela Organização Mundial da Saúde (OMS), permite a estimativa de quanto a densidade e o conteúdo mineral ósseo estão dentro da faixa de normalidade para idade, gênero e etnia ou aquém dele, permitindo a utilização de seus resultados para estimar a taxa de perda óssea, bem como para se estimar o risco de fraturas. Isso coloca a densitometria óssea em lugar de destaque no armamento diagnóstico para os profissionais de saúde interessados em doenças ósseas[7,13,14,30-33].

Muitos autores relatam que o pico de massa óssea e os locais específicos para a avaliação da densidade mineral óssea (DMO) são indicadores importantes para prevenir a osteopenia e/ou osteoporose precoce. A DMO é considerada uma medida pontual estática e, portanto, não reflete as alterações dinâmicas às quais o tecido ósseo se submete, sendo seu resultado considerado apenas um momento de um quadro evolutivo. Para suprir essa limitação e, dessa forma, melhorar a sensibilidade e a especificidade na avaliação do risco de fraturas, o uso de alguns marcadores

Medicina de Adolescentes

biológicos vem sendo recomendado para permitir o conhecimento do processo da remodelação óssea[7,34,35].

Marcadores de Remodelação Óssea

A remodelação óssea é dependente da ação dos osteoblastos e osteoclastos sobre a matriz orgânica e os minerais presentes nos ossos. Os osteoblastos sintetizam e mineralizam a matriz proteica com cristais de hidroxiapatita e colágeno do tipo I, sendo mediada pela fosfatase alcalina óssea (FAO) e pela osteocalcina (OC). Os osteoclastos são o principal tipo celular envolvido na reabsorção da matriz óssea e sua atividade é avaliada por marcadores de reabsorção óssea, CTx (C-telopeptídio) ou NTx (N-telopeptídio)[19,28,29,32,36].

Na realidade, como o processo de formação é estritamente ligado ao de reabsorção, um marcador que avalia o processo de reabsorção pode, em algumas situações, também refletir o processo de formação. Isso ocorre quando o tecido ósseo se encontra em equilíbrio, durante o intervalo entre a terceira e a quinta décadas de vida, quando os indivíduos em geral se apresentam em estabilidade do ponto de vista do ganho de massa óssea.

Assim, é possível antever que os marcadores de formação óssea se encontram proporcionalmente mais elevados durante a infância e a adolescência do que os de reabsorção. Alguns fatores são determinantes para a remodelação óssea, como genética, idade, sexo, estágio pubertário, estilo de vida, nutrição, atividade física e presença de doenças ósseas e/ou crônicas, que podem alterar seus valores, mesmo durante a trajetória evolutiva da adolescência[19,37-39].

Nas mulheres pós-menopausa, os marcadores também tendem a elevar-se, com os marcadores de reabsorção apresentando aumento maior que os de formação. Em outras fases do ciclo vital feminino, como durante a gravidez e a lactação, o metabolismo ósseo também é mais acelerado, resultando em aumento dos níveis dos marcadores de formação e reabsorção.

Um importante aspecto que deve ser salientado é a grande variabilidade que os marcadores apresentam no decorrer do dia, em especial quando medidos na urina, em que podem apresentar oscilações em seus resultados de 30% em um mesmo indivíduo, em condições basais. Outros fatores podem também interferir nos níveis dos marcadores bioquímicos do metabolismo ósseo, independentemente de alterações na remodelação de longa duração. Assim, a remodelação óssea apresenta um ritmo circadiano, com maiores níveis durante a noite. Em função disso, a primeira urina da manhã ou amostra de soro coletada nesse horário reflete o pico de reabsorção óssea e apresenta valores seguramente mais altos que uma amostra colhida em outro horário[38,40].

Quanto aos marcadores séricos de formação, um aspecto importante a se considerar quanto à indicação e à interpretação dos valores é a significativa diferença de meia-vida biológica entre a FAO, em torno de 1,6 dia, e a OC, inferior a 1 hora. Logo, fenômenos agudos são mais bem representados pelas concentrações de OC, enquanto as concentrações de FAO são mais estáveis e reprodutíveis[31-33]. Em função de todos os aspectos discutidos, a interpretação correta dos valores de marcadores bioquímicos do metabolismo ósseo requer conhecimento das reais condições da coleta da amostra, bem como da condição geral e específica do paciente.

Assim, vários pesquisadores sugerem que, entre os marcadores de formação óssea, destacam-se a OC e a FAO, que se mostram mais sensíveis para avaliar níveis de formação óssea. Já em relação aos marcadores de reabsorção óssea, algumas pesquisas sugerem o telopeptídio carboxiterminal (s-CTX) como um bom marcador[31-33,35].

A FAO encontrada no tecido ósseo é uma glicoproteína que se localiza na membrana celular dos osteoblastos. Sua função ainda não foi totalmente esclarecida, mas está certamente envolvida no processo de mineralização óssea. A fosfatase alcalina (FA) é medida por meio de sua atividade e corresponde à soma das diversas isoformas presentes no soro. Em condições normais, as duas formas predominantes em circulação (> 90% do total) de fosfatase alcalina são a óssea e a hepática, em quantidades equivalentes. A outra forma circulante, em concentrações significativas, é a forma intestinal, que representa menos de 5% do total. A FAO é o marcador de formação óssea mais frequentemente utilizado[18,35].

A OC é a proteína não colágena mais abundante nos ossos e na dentina óssea, perfazendo 1 a 2% do total de proteína óssea. Uma fração da OC migra em direção à corrente sanguínea, na qual é rapidamente eliminada pelos rins, apesar de ser depositada em quantidade significativa na matriz óssea. Além disso, não pode ser considerada um marcador de reabsorção óssea, pois é totalmente destruída quando da reabsorção promovida pelos osteoclastos. As concentrações da FAO e da OC estão elevadas na adolescência e no período neonatal, quando o crescimento ósseo é mais acentuado, atingindo níveis dez vezes superiores aos evidenciados entre adultos[18,35,40].

Em relação aos marcadores de reabsorção óssea, é citado o s-CTX, que se apresenta mais sensível quando avaliado no soro e, também, mais específico às respostas terapêuticas do que outros marcadores de reabsorção óssea.

Concentrações elevadas de s-CTX são encontradas em pacientes com reabsorção óssea aumentada e utilizadas para auxiliar o monitoramento da eficácia da terapia com antirreabsortivos ósseos, quando esses medicamentos são utilizados para pacientes portadores de osteoporose ou de outras doenças osteometabólicas[18,35,40].

Embora o "marcador bioquímico ideal" ainda não tenha sido determinado, novas pesquisas e ensaios estão se desenvolvendo rapidamente, com o intuito de

Medicina de Adolescentes

isolá-los como ferramenta importante na avaliação e no controle do capital mineral ósseo. Não resta dúvida de que dosagens desses marcadores são incapazes de predizer as taxas de formação e reabsorção óssea. Elas podem, no entanto, auxiliar no diagnóstico e no prognóstico evolutivo de doenças osteometabólicas e, associadas ao DXA, também favorecer a avaliação desde o momento da aquisição do pico de massa óssea, intercorrências sofridas durante a idade adulta até a perda da massa óssea, observada no climatério e na senilidade.

Estudos sobre Densidade Mineral Óssea em Adolescentes Brasileiros

Se, por um lado, muito se tem discutido na literatura internacional sobre o incremento da massa óssea de crianças e adolescentes saudáveis, no Brasil, poucas investigações se dedicaram a esse tema, sendo que uma parcela considerável dessa produção está sendo desenvolvida por pesquisadores da Faculdade de Medicina de Botucatu (Unesp), que atuam na Disciplina de Medicina do Adolescente.

Toda essa preocupação se fundamenta na busca da prevenção primária da osteoporose e na tentativa de se reduzir, caso possível, os riscos de desenvolvê-la.

Assim, vislumbrou-se a necessidade de avaliar a DMO em função das faixas etárias, da maturidade esquelética e do desenvolvimento dos caracteres sexuais secundários, para que se delineassem os anos críticos de maior acréscimo de massa óssea.

Silva et al. avaliaram a densidade mineral óssea (DMO) e o conteúdo mineral ósseo (CMO) de 61 adolescentes saudáveis e eutróficos do sexo masculino, residentes em Botucatu (SP, Brasil), de acordo com as faixas etárias e com o desenvolvimento dos caracteres sexuais secundários e demonstraram incrementos com o avançar da idade, revelando diferenças estatísticas significativas a partir de 14 anos, bem como quando eles atingiam estágios mais evoluídos de maturação sexual, estando em G4 pelos critérios propostos por Tanner. Esses autores consideraram esses momentos assinalados como os períodos críticos para o incremento da massa óssea[4,5,14,41].

Trabalho com características semelhantes foi desenvolvido por Moretto et al.[13] focando especificamente o sexo feminino na faixa etária entre 10 e 20 anos incompletos. Os autores verificaram que a DMO dessas 101 adolescentes, em todos os três sítios avaliados (colo do fêmur, região lombar e corpo total), foi crescente das menores para as maiores idades, sendo que as diferenças significativas surgiram quando essas meninas apresentavam 13 e 14 anos e quando se encontravam no estágio M3 de desenvolvimento mamário. No tocante aos trabalhos citados, os autores colocaram como critérios de inclusão ter índice de massa corporal (IMC) adequado para o gênero e para a idade, portanto entre o 5º e o 85º percentil nos gráficos de IMC, elaborados pelo Center for Disease Control and Prevention[42]. A importância desses estudos se deve aos critérios de inclusão rígidos adotados, diferentes daqueles apresentados em vários trabalhos divulgados até o presente momento na literatura científica consultada[12,13].

CONCLUSÕES

Estima-se que a incidência de fraturas ósseas por fragilidade resultante da baixa massa óssea quadruplicará nos próximos 50 anos, em decorrência do aumento da expectativa de vida. No entanto, infere-se que a osteopenia e a osteoporose poderiam deixar de ser uma preocupação para os adultos e idosos, bem como para os departamentos e órgãos de saúde, se a DMO, adquirida até o final da adolescência e começo da idade adulta fosse maximizada. Assim, pediatras e hebiatras têm a responsabilidade de garantir as condições necessárias para que crianças e adolescentes desenvolvam a melhor qualidade possível do seu ganho de massa óssea, evitando fraturas na idade adulta, uma vez que se sabe que a osteoporose do adulto é inversamente proporcional ao pico de massa óssea adquirida nas 2 primeiras décadas da vida.

REFERÊNCIAS BIBLIOGRÁFICAS

1. Biro FM, Huang B, Crawford PB, Lucky AW, Striegel-Moore R, Barton BA, et al. Pubertal correlates in black and white girls. J Pediatr. 2006;148(2):234-40.
2. Marshal WA, Tanner JM. Puberty. In: Falkner F, Tanner JM. Human growth. 2nd ed. New York: Plenum; 1986. v.2.
3. Neinstein LS. Adolescent health care: a pratical Guide. 4th ed. Philadelphia: Lippincott Williams & Wilkins; 2002.
4. Silva CC, Goldberg TBL, Teixeira AS, Dalmas JC. Mineralização óssea em adolescentes do sexo masculino: anos críticos para a aquisição da massa óssea. J Pediatr. 2004;80(6):461-7.
5. Silva CC, Teixeira AS, Goldberg TBL. Impacto da ingestão de cálcio sobre a mineralização óssea de adolescentes. Rev Nutr. 2004;17(3):351-9.
6. Outila TA, Kärkkäinen MUM, Lamberg-Allardt CJE. Vitamin D status affects serum parathyroid hormone concentrations during winter in female adolescents: associations with forearm bone mineral density. Am J Clin Nutr. 2001;74(2):206-10.
7. Harel Z, Gold M, Cromer B, Bruner A, Stager M, Bachrach L, et al. Bone mineral density in postmenarchal adolescent girls in the United States: associated biopsychosocial variables and bone turnover markers. J Adolesc Health. 2007;40(1):44-53.
8. Rabinovich CE. Osteoporosis: a pediatric perspective. Arthritis Rheum. 2004;50(4):1023-5.
9. Baroncelli GI, Bertelloni S, Sodini F, Saggese G. Osteoporosis in children and adolescents. Paediatr Drugs. 2005;7(5):295-323.
10. Camargo MBR, Cendoroglo MS, Ramos LR, Latorre MRDO, Saraiva GP, Lage A, et al. Bone mineral density and osteoporosis among a predominantly caucasian elderly population in the city of São Paulo, Brazil. Osteoporose Int. 2005;16(11):1451-60.
11. Goldberg TBL, Silva CC, Hong SN, Kurokawa CS, Capela RC, Dalmas JC. Bone biomarkers and bone mineral density in healthy male adolescents: impact of biological maturation. In: Abstract of the 50th Annual Meeting of the European Society for Pediatric Research, 2009, October, 9-12; Hamburg. Acta Paediatr. 2009;98(Suppl 460):146.

134   Medicina de Adolescentes

12. Goldberg TBL, Fortes CMT, Kurokawa CS, Silva CC, Moretto MR, Nunes HRDC. Relationship between bone age and pubertal breast stage to bone biomarkers and bone mineral density in healthy brazilian female adolescents. Arch Dis Child. 2012;97(Suppl 2):126.
13. Moretto MR, Silva CC, Kurokawa CS, Fortes CMT, Capela RC, Teixeira AS, et al. Bone mineral density in healthy female adolescents according to age, bone age and pubertal breast stage. Open Orthop J. 2011;5:324-30.
14. Silva CC, Goldberg TBL, Teixeira AS, Dalmas JC. Bone mineralization in brazilian adolescents: the years of maximum bone mass incorporation. Arch Latinoam Nutr. 2007;57(2):118-24.
15. Jackman LA, Millane SS, Martin BR, Wood OB, McCabe GP, Peacock M, et al. Calcium retention in relation to calcium intake and postmenarcheal age in adolescent females. Am J Clin Nutr. 1997;66(2):327-33.
16. Khan K, Mckay H, Kannus P, Bailey D, Wark J, Bennell K. Physical activity and bone health. Champaign: Human Kinetics; 2001. p.275.
17. Goldberg TBL. Modelação e remodelação óssea e suas relações com os eventos pubertários. [Tese de livre-docência.] Botucatu: Universidade Estadual de Botucatu, Faculdade de Medicina de Botucatu; 2006.
18. Seibel MJ. Nutrition and molecular markers of bone remodelling. Curr Opin Clin Nutr Metab Care. 2002;5(5):525-31.
19. Fares JE, Choucair M, Nabulsi M, Salamoun M, Shahine C, Fuleihan GE. Effect of gender, puberty, and vitamin D status on biochemical markers of bone remodeling. Bone. 2003;33(2):242-7.
20. Soyka LA, Fairfield WP, Klibanski A. Clinical review 117: hormonal determinants and disorders of peakbone mass in children. J Clin Endocrinol Metab. 2000;85(11):3951-63.
21. Mosca LN, da Silva VN, Goldberg TBL. Does excess weight interfere with bone mass accumulation during adolescence? Nutrients. 2013;5(6):2047-61.
22. Prentice A, Schoenmakers I, Laskey MA, Bono S, Fiona Ginty F, Goldberg GR. Symposium on 'Nutrition and health in children and adolescents'. Session 1: Nutrition in growth and development. Nutrition and bone growth and development. Proceedings of the Nutrition Society. 2006;65(4):348-60.
23. Institute of Medicine (US). Dietary references intakes for calcium and vitamin D. Washington: National Academy Press; 2010. Disponível em: http://books.nap.edu/openbook.php?record_id=13050. (Acesso 05 jul 2012.)
24. Hill KM, Braun M, Kern M, Martin BR, Navalta JW, Sedlock DA, et al. Predictors of calcium retention in adolescent boys. J Clin Endocrinol Metab. 2008;93(12):4743-8.
25. Hill KM, Braun MM, Egan KA, Martin BR, McCabe LD, Peacock M, et al. Obesity augments calcium-induced increases in skeletal calcium retention in adolescents. Clin Endocrinol Metab. 2011;96(7):2171-7.
26. Ganji V, Zhang X, Tangpricha V. Serum 25-hydroxyvitamin D concentrations and prevalence estimates of hypovitaminosis D in the U.S. population based on assay-adjusted data. J Nutr. 2012;142(3):498-507.
27. Madhusmita M. Vitamin D insufficiency and deficiency in children and adolescents. Disponível em: http://www.uptodate.com.
28. Brown JP, Albert C, Nassar BA, Adachi JD, Cole D, Davison KS, et al. Bone turnover markers in the management of postmenopausal osteoporosis. Clin Biochem. 2009;42(10-11):929-42.
29. Cremers S, Garnero P. Biochemical markers of bone turnover in the clinical development of drugs for osteoporosis and metastatic bone disease: potential uses and pitfalls. Drugs. 2006;66(16):2031-58.
30. Jürimäe J, Mäestu J, Jürimäe T. Bone turnover markers during pubertal development: relationships with growth factors and adipocytokines. Med Sport Sci. 2010;55:114-27.
31. Rauchenzauner M, Schmid A, Heinz-Erian P, Kapelari K, Falkensammer G, Griesmacher A, et al. Sex-and age-specific reference curves for serum markers of bone turnover in healthy children from 2 months to 18 years. J Clin Endocrinol Metab. 2007;92(2):443-9.

32. van Coeverden SCCM, Netelenbos JC, de Ridder CM, Roos JC, Popp-Snijders C, Delemarre-van de Waal HA. Bone metabolism markers and mass in health puberal boys and girls. Clin Endocrinol. 2002;57(1):107-16.
33. Yilmaz D, Ersoy B, Bilgin E, Gumuser G, Onur E, Pinar ED. Bone mineral density in girls and boys at different pubertal stages: relation with gonadal steroids, bone formation markers, and growth parameters. J Bone Miner Metab. 2005;23(6):476-82.
34. Banfi G, Lombardi G, Colombini A, Lippi G. Bone metabolism markers in sports medicine. Sport Med. 2010;40(8):697-714.
35. Saraiva GL, Lazaretti-Castro M. Marcadores bioquímicos da remodelação óssea na prática clínica. Arq Bras Endocrinol Metab. 2002;46(1):72-8.
36. Krupa B, Miazgowski T. Bone mineral density and markers of bone turnover in boys with constitutional delay of growth and puberty. J Clin Endocrinol Metab. 2005;90(5):2828-30.
37. Lima F, Falco V, Baima J, Carazzato JG, Pereira RM. Effect of impact load and active load on bone metabolism and body composition of adolescent athletes. Med Sci Sports Exerc. 2001;33(8):1318-23.
38. Mora S, Pitukcheewanont P, Kaufman FR, Nelson JC, Gilsanz V. Biochemical markers of bone turnover and the volume and the density of bone in children at different stages of sexual development. J Bone Miner Res. 1999;14(10):1664-71.
39. Specker B. Are ativity and diet really important for children's bones? Nutr Today. 2002;37(2):44-9.
40. Miura M. Biochemical markers of bone turnover. New aspect. An automated assay for measuring bone markers. Clin Calcium. 2009;19(8):1160-9.
41. Silva CC, Goldberg TBL, Teixeira AS, Dalmas JC. Análise preditiva da densidade mineral óssea em adolescentes brasileiros eutróficos do sexo masculino. Arq Bras Endocrinol Metab. 2006;50(1):105-13.
42. 2000 CDC growth charts for the United States: methods and development. National Center for Health Statistics. Vital Health Stat. 2002;11(246). Disponível em: http://www.cdc.gov/growthcharts/2000growthchart-us.pdf.
43. Siervogel RM, Demerath EW, Schubert C, Remsberg KE, Chumlea WC, Sun S, et al. Puberty and body composition. Horm Res. 2003;60(Suppl 1):36-45.

13 Anemia ferropriva na adolescência

Marlene Pereira Garanito

> **Após ler este capítulo, você estará apto a:**
> 1. Definir a anemia ferropriva na adolescência.
> 2. Compreender a patogênese da ferropenia na adolescência.
> 3. Identificar as condições de risco e as medidas de prevenção da anemia ferropriva.
> 4. Estabelecer o diagnóstico precoce e o tratamento da anemia ferropriva.

INTRODUÇÃO

A deficiência de ferro é o distúrbio nutricional mais prevalente no mundo, em especial nos países em desenvolvimento; sua investigação justifica-se não somente pela prevalência, mas também pelas repercussões que acarreta no desenvolvimento individual[1,2]. Essa deficiência, associada ou não à anemia, causa prejuízos em curto e longo prazos. Na adolescência, é uma condição complexa porque vários fatores podem estar envolvidos, uma vez que essa etapa da vida é marcada por intensas mudanças fisiológicas e psicológicas, além da presença de interferentes socioculturais, como estabelecimento da imagem corporal, influência de pares e mídias. Associa-se a isso a possibilidade de condições econômicas desfavoráveis[2,3].

Serão abordados neste capítulo a prevalência de anemia ferropriva na adolescência, as peculiaridades da patogênese dessa condição nessa faixa etária, as repercussões clínicas e o manejo desses pacientes.

EPIDEMIOLOGIA

A Organização Mundial da Saúde (OMS) estima que a deficiência de ferro ocorra entre 66 e 80% da população mundial, o que evidencia a gravidade do problema em saúde pública, tanto em países desenvolvidos quanto naqueles em desenvolvimento[2].

De acordo com estimativas, a prevalência de anemia ferropriva durante a adolescência é de 27% nos países em desenvolvimento e de 6% nos países desenvolvidos, com predomínio no sexo feminino[2-4].

No Brasil, apesar da ausência de um levantamento multicêntrico, existe o consenso na comunidade científica de que a anemia ferropriva tem alta prevalência em todo o território nacional, atingindo todas as classes sociais; em revisão de estudos regionais, estima-se uma taxa de 20% de anemia entre os adolescentes[5].

PATOGÊNESE

Durante a adolescência, ocorre aumento da necessidade diária de ferro em virtude da expansão do volume sanguíneo, da perda sanguínea menstrual nas adolescentes e do aumento da massa muscular do estirão pubertário[2,3]. Além disso, a presença de outros fatores associados, como ingestão deficiente de ferro, doenças crônicas, perda menstrual excessiva, desnutrição e excesso de atividade física, podem causar ferropenia ou anemia ferropriva[3].

Em adolescentes do sexo masculino, a menor prevalência de deficiência de ferro pode ser explicada pelo aumento fisiológico dos níveis de hemoglobina, causado pela maturação sexual. Nas meninas, esse aumento, mesmo que esperado, acaba superado pela perda sanguínea das primeiras mentruações[6].

O consumo alimentar nesse período colabora muito para a deficiência de ferro, uma vez que se baseia em valores socioeconômicos e socioculturais, imagem corporal, situação financeira familiar, modismos alimentares, alimentos consumidos fora de casa, preferência por lanches e produtos com excesso de açúcar e gorduras, bem como influência de amigos e da mídia – contexto que também predispõe ao sobrepeso e à obesidade.

Doenças que cursam com perda sanguínea, como doença inflamatória intestinal, devem ser consideradas, pois esses pacientes apresentam maior risco de desenvolver ferropenia e anemia; nos pacientes desnutridos, além da ingestão inadequada de alimentos, devem-se considerar como outras possíveis causas as síndromes de má absorção, que provocam o achatamento e a atrofia das vilosidades intestinais e, portanto, comprometem a absorção de micronutrientes[3].

A perda menstrual excessiva, sugerida pela presença de coágulos, é definida como um volume superior a 80 mL/mês, podendo estar associada ou não à irregularidade menstrual nos primeiros 2 a 3 anos após a menarca[3].

Com relação aos adolescentes atletas, a anemia pode estar associada a vários fatores, como:

- Pseudoanemia dilucional: causada por maior expansão do volume plasmático em relação à massa eritrocitária, normalizando-se dentro de 3 a 5 dias após o término dos treinos.
- Hemólise intravascular: relacionada a trauma mecânico dos eritrócitos nos vasos dos membros inferiores, decorrente de corrida extenuante.
- Perda de ferro pelo trato gastrointestinal e urinário: vasoconstrição após treinos excessivos, com isquemia transitória de vasos esplâncnicos e renais[5,7,8].

MANIFESTAÇÕES CLÍNICAS

Embora a anemia seja a manifestação mais proeminente da deficiência de ferro, é fundamental o conhecimento de que, mesmo na ausência da anemia, os pacientes podem apresentar sequelas clinicamente significativas, relacionadas à carência de ferro[9].

Os sinais e os sintomas são diversos e ocorrem de acordo com a velocidade de instalação da anemia. Os mais comuns são:

- Palidez cutaneomucosa.
- Fraqueza muscular.
- Taquicardia.
- Perversão alimentar ("pica").
- Tonturas.
- Retardo no crescimento e ganho de peso.
- Claudicação intermitente e sinais de insuficiência cardíaca.

Além disso, os pacientes podem apresentar maior suscetibilidade a infecções, em razão do comprometimento da imunidade; alterações de humor, do desenvolvimento escolar e da aprendizagem (aquém do esperado, por causa da diminuição da função neurocognitiva); e diminuição do desempenho físico[3,9].

DIAGNÓSTICO

O diagnóstico baseia-se na história completa, com foco nos possíveis sinais e sintomas, no exame físico detalhado, considerando o estadiamento sexual do paciente, e em exames laboratoriais[3].

Do ponto de vista laboratorial, a OMS considera anemia o valor de hemoglobina (Hb) inferior a 12 g/dL nas adolescentes e nos meninos com idade inferior a 14 anos e 11 meses; e para os adolescentes com idade igual ou superior a 15 anos, define-se anemia como Hb inferior a 13 g/dL[2]. Associados a esses dados, o número de eritrócitos baixo e alguns índices hematimétricos específicos, como volume corpuscular médio (VCM) baixo, coeficiente de variação do volume eritrocitário (RDW) aumentado e reticulocitopenia menor que 0,5% sugerem deficiência de ferro[10]. Ademais, ainda considerando as alterações que podem ocorrer no hemograma, a plaquetose com contagem de plaquetas entre 500.000 e 700.000/mm[3] é vista com frequência na deficiência de ferro[9].

Perante a hipótese de deficiência de ferro, deve-se quantificar o ferro corpóreo. Contudo, até o momento, não há consenso internacional sobre os indicadores a serem utilizados para essa avaliação, uma vez que cada indicador tem suas próprias limitações, em virtude de baixa sensibilidade ou especificidade, ou porque sofre modificações em condições diferentes[2].

Até o momento, a ferritina é o indicador mais precoce e específico de ferropenia, quando em níveis inferiores a 12 ng/mL. No entanto, em estados infecciosos, inflamatórios ou malignos, pode estar aumentada por se tratar de um reagente de fase aguda. A saturação de transferrina baixa e a capacidade total de ligação de ferro aumentada também são indicadores para o estado ferropênico. Todavia, esses marcadores isolados não são aceitos para o diagnóstico de ferropenia e, portanto, quando possível, a dosagem de ferritina deve ser priorizada[3].

TRATAMENTO

É fundamental que a causa da anemia seja reconhecida e, quando possível, eliminada. A reposição de ferro por via oral (VO) é o tratamento de escolha para a maioria dos casos e, habitualmente, é eficiente na correção de anemia[11]. A dose preconizada é de 3 a 5 mg/kg/dia de ferro elementar, dividido em duas a três tomadas, até a normalização dos valores da Hb (por volta de 4 a 8 semanas) e a restauração dos estoques normais de ferro do organismo – de 2 a 6 meses ou até a obtenção de ferritina sérica maior que 50 ng/mL[9,12]. Na prática, a dose máxima de ferro preconizada é de 150 a 200 mg/dia de ferro elementar, pois acima de 200 mg a mucosa intestinal atua como barreira, impedindo a absorção do metal, e a proporção de ferro absorvido diminui significativamente[12].

Apesar da eficácia e da efetividade dos compostos com sal ferroso, estes estão associados à elevada frequência de efeitos adversos, como náuseas, vômitos, epigastralgia, dispepsia, desconforto abdominal, diarreia e obstipação, fatores que podem determinar menor tolerância e pior adesão ao tratamento[12].

O uso de ferro parenteral é restrito para casos de perdas acima da capacidade absortiva de ferro, doenças que cursam com má absorção (p.ex., doença celíaca), pacientes comprovadamente refratários ao tratamento por via oral (VO), em razão dos efeitos colaterais importantes, ou de difícil adesão ao período de administração do ferro[11].

Com relação à prevenção, alguns autores defendem a reposição de ferro em adolescentes, por causa da alta prevalência de ferropenia nessa população, principalmente nas adolescentes e em esportistas. Contudo, ainda não há consenso na literatura e, com isso, a prevenção primária de ferropenia em adolescentes, até o momento, não é preconizada[3].

Portanto, em virtude da discrepância das recomendações de prevenção de ferropenia em adolescentes, essa decisão pode ser individualizada de acordo com os fatores de risco de cada paciente (baixa renda socioeconômica, desnutrição, obesidade, atividade física significativa, dieta pobre em ferro, doença crônica ou história de perda menstrual > 80 mL/mês), e os adolescentes devem ser triados com hemograma e ferritina[3].

CONCLUSÕES

Na adolescência, a deficiência de ferro é uma condição comum, complexa e de etiologia multifatorial. Deve-se atentar principalmente ao momento pubertário e aos hábitos alimentares, bem como ao fato de que a instalação da deficiência de ferro ocorre, geralmente, de forma gradual e que, portanto, os sintomas podem ser sutis e, muitas vezes, inespecíficos, podendo passar despercebidos pelos familiares.

Apesar de até o momento não existir consenso internacional sobre os indicadores a serem utilizados para a avaliação da deficiência de ferro, a ferritina é o indicador mais precoce e específico de ferropenia.

O tratamento deve ser preferencialmente por via oral, mas, em casos selecionados, o uso de ferro parenteral está indicado. Com relação à prevenção, a reposição de ferro como medida profilática de ferropenia em adolescentes não é recomendada e, em função da discrepância entre as recomendações, essa decisão pode ser individualizada de acordo com os fatores de risco.

REFERÊNCIAS BIBLIOGRÁFICAS

1. Juliano BA, Frutuoso MFP, Gambardella AMD. Anemia em adolescentes segundo maturação sexual. Rev Nutr. 2004;17(1):37-43.
2. Ferrari M, Mistura L, Patterson E, Sjöstrom M, Díaz LE, Stehle P, et al. Evaluation of iron status in European adolescents through biochemical iron indicators: the HELENA study. Eur J Clin Nutr. 2011;65(3):340-9.
3. Garanito MP, Pitta TS, Carneiro JDA. Deficiência de ferro na adolescência. Rev Bras Hematol Hemoter. 2010;32(Supl. 2):45-8.

4. Kara B, Cal S, Aydodan A, Sarper N. The prevalence of anemia in adolescents: a study for Turkey. J Pediatr Hematol Oncol. 2006;28(5):316-21.
5. Nunes SMT, Yuyamada LKO, Guedes DP, Oliveira MC. Anemia ferropriva em atletas adolescentes da Fundação Vila Olímpica de Manaus-AM. Acta Amazônica. 2008;38(2):263-6.
6. Soekarjo DD, de Pee S, Bloem MW, Tjiong R, Yip R, Schreurs WH, et al. Socio-economic status and puberty are the main factors determining anaemia in adolescent girls and boys in East Java, Indonesia. Eur J Clin Nutr. 2001;55(11):932-9.
7. Merckel D, Huerta M, Grotto I, Blum D, Tal O, Rachmilewitz E, et al. Prevalence of iron deficiency and anemia among strenuously trained adolescents. J Adolesc Health. 2005;37(3):220-3.
8. Olsson KS, Marsell R, Ritter B. Iron deficiency and iron overload in Swedish male adolescents. J Intern Med. 1995;237(2):187-94.
9. Andrews NC, Ullrich CK, Fleming MD. Disorders of iron metabolism and sideroblastic anemia. In: Orkin SH, Nathan DG, Gisburg D, Look AT, Fisher DE, Lux SE (eds.). Hematology of infancy and childhood. 7th ed. Philadelphia: Saunders Elsevier; 2009. p.521-70.
10. Garanito MP. Interpretação do hemograma na criança. In: Carneiro JDA (coord.). Hematologia pediátrica. Barueri: Manole; 2008. p.16-28. (Coleção Pediatria. Instituto da Criança HC-FMUSP/ editores Benita G. Schvartsman, Paulo Taufi Maluf Jr.; nº 1.)
11. Machado RR. Anemias carenciais. In: Carneiro JDA (coord.). Hematologia pediátrica. Barueri: Manole; 2008. p.40-63. (Coleção Pediatria. Instituto da Criança HC-FMUSP/editores Benita G. Schvartsman, Paulo Taufi Maluf Jr.; nº 1.)
12. Cançado RD. Tratamento da anemia ferropênica: alternativas ao sulfato ferroso. Rev Bras Hematol Hemoter. 2009;31(3):121-2.

14 Obesidade na adolescência

Louise Cominato
Lígia Bruni Queiroz

> **Após ler este capítulo, você estará apto a:**
> 1. Reconhecer a importância da obesidade no contexto da saúde dos adolescentes.
> 2. Diagnosticar a obesidade e suas comorbidades.
> 3. Descrever as bases terapêuticas da obesidade.

INTRODUÇÃO

A obesidade é uma doença de etiologia multifatorial que pode acometer precocemente a criança e o adolescente, com importantes repercussões e comorbidades na vida adulta. É considerada, pela Organização Mundial da Saúde (OMS), como um dos mais graves problemas de saúde pública do século XXI. Sua prevalência vem aumentando em todo o mundo, principalmente nas áreas urbanas[1]. Estima-se que existam, no mundo, 500 milhões de adultos e 12 milhões de crianças e adolescentes obesos, um número de casos triplicado nos últimos 30 anos[2].

No Brasil, segundo dados do IBGE de 2008/2009, cerca de 20% da população entre 10 e 19 anos está acima do peso[3].

Os adolescentes obesos sofrem com os problemas psicossociais relacionados ao excesso de peso e com as complicações clínicas secundárias à obesidade, como hipertensão arterial e diabete melito tipo 2 (DM2).

Este capítulo tem como objetivo central, além de trazer contribuições atuais sobre a patogênese e a abordagem terapêutica da obesidade, compartilhar tanto o enfoque mais abrangente, característico do atendimento de obesos no Ambulatório de Adolescentes, quanto o trabalho específico do grupo BOIA (Brigada contra a Obesidade na Infância e Adolescência) da Unidade de Endocrinologia Infantil, ambos do Instituto da Criança do Hospital das Clínicas da Faculdade de Medicina da Universidade de São Paulo (ICr-HC-FMUSP).

PATOGÊNESE

A obesidade é uma doença que envolve aspectos genéticos, metabólicos, nutricionais, socioeconômicos, culturais, psicológicos e ambientais.

O controle da ingestão de nutrientes e o decorrente estado de equilíbrio homeostático dependem de uma série de sinais periféricos que atuam diretamente sobre o sistema nervoso central (SNC), levando a respostas adaptativas apropriadas. A ingestão alimentar e o gasto energético são regulados pela região hipotalâmica do cérebro, na qual também quimicamente se codifica a expressão do apetite. O entendimento atual do sistema envolvido na regulação hipotalâmica do apetite sugere a existência de dois grandes grupos de neuropeptídios envolvidos nos processos orexígenos e anorexígenos. Os principais neuropeptídios orexígenos são o neuropeptídio Y (NPY) e o peptídeo agouti (AgRP); os anorexígenos são, entre outros, o hormônio alfamelanócito estimulador (alfa-MSH) e o transcrito relacionado à cocaína e à anfetamina (CART). Os neurônios que expressam esses neuropeptídios interagem entre si e com sinais periféricos, de origem adipocitária e intestinal, atuando na regulação do controle alimentar e do gasto energético.

O tecido adiposo hoje é considerado não somente um local destinado ao armazenamento de energia, mas também um importante e ativo orgão endócrino que secreta uma variedade de moléculas bioativas denominadas adipocinas (ou adipocitoquinas). Estas moléculas modulam vários processos fisiológicos como a regulação da sensibilidade à insulina, o metabolismo da glicose e dos lípides e a inflamação[4].

A partir da descoberta da leptina, várias outras substâncias foram identificadas como sendo produzidas por esse tecido e chamadas de adipocinas. A leptina foi descoberta em estudos com ratos deficientes de leptina (ob/ob) que apresentavam hiperfagia, obesidade e hipogonadismo e tinham seu quadro revertido após a administração dessa adipocina. A leptina atua em um complexo mecanismo de regulação do apetite localizado no hipotálamo; seu receptor é expresso no núcleo arqueado no hipotálamo ventromedial. Em humanos obesos, os níveis de leptina geralmente são altos, mostrando um estado de resistência a esse hormônio, e não de ausência, como apresentavam os ratos ob/ob[4-6]. A leptina atua no SNC através de mediadores, como o neuropeptídeo Y, o peptídeo agouti (AgRP), o hormônio liberador de corticotropina (CRH), a colecistocinina (CKK), entre outros.

A adiponectina é uma adipocina que apresenta efeitos benéficos, como aumento da sensibilidade à insulina, ação anti-inflamatória e antiaterogênica. Diferentemente das outras adipocinas, suas concentrações estão significativamente reduzidas na obesidade, constuindo-se o único hormônio secretado especificamente pelos adipócitos, que é regulado negativamente pela obesidade e pelo padrão de distribuição de gordura central[5,7].

A resistina é uma proteína com propriedades inflamatórias que induz a resistência à insulina. A interleucina-6 e o TNF-alfa são fatores inflamatórios produzidos no tecido adiposo e associados ao aumento da resistência à insulina. PAI-1 é o fator que inibe a ativação do plasminogênio; seu aumento na circulação favorece a aterosclerose e os processos tromboembólicos[5].

Portanto, quando há excesso de tecido adiposo, há aumento da produção das adipocinas, porém, em uma situação pró-inflamatória de diminuição da produção de adiponectina, gerando uma situação favorável à resistência à insulina e a maior risco de desenvolvimento de DM2[6].

A absorção ou mesmo a presença de alimento no trato gastrointestinal contribuem para a modulação do apetite. O trato gastrointestinal possui diferentes tipos de células secretoras de peptídeos que, combinados com outros sinais, regulam o processo digestivo e atuam no SNC para a regulação da fome e da saciedade. A colecistocinina (CCK) foi um dos primeiros neuropeptídios descobertos relacionados à promoção da saciedade. Outro inibidor da ingestão alimentar é o peptídeo YY (PYY). A alimentação da vida moderna, rica em carboidratos e pobre em fibras, é rapidamente absorvida no trato gastrointestinal antes de chegar à porção distal do intestino delgado e, assim, não estimula a produção de peptídeos intestinais, que levariam à saciedade.

Observa-se, portanto, que a obesidade é determinada pela associação de diversos fatores; essa multicausalidade dificulta seu tratamento. A descrição de numerosas substâncias envolvidas na regulação do apetite e no controle do peso, a identificação de todos os centros envolvidos e as evidências de suas inter-relações demonstram a complexidade do comportamento alimentar e da homeostase energética.

DIAGNÓSTICO E IDENTIFICAÇÃO DAS COMORBIDADES

Para identificar o aumento de peso, é preciso que o adolescente tenha um acompanhamento periódico em serviço de saúde, no qual sejam avaliadas as medidas antropométricas e, precocemente, detectado qualquer desvio da normalidade. Durante o acompanhamento de rotina, deve-se considerar o diagnóstico nutricional familiar, pois pais obesos têm até 80% de chance de ter filhos obesos[8].

Na avaliação do adolescente, obtém-se o índice de massa corporal (IMC), calculado a partir da divisão do peso (em quilogramas) pela altura (em metros) ao quadrado, e esse valor deve ser plotado em curva de referência para a idade e o sexo (Figuras 14.1 e 14.2). De acordo com os critérios da OMS (2006-2007), o adolescente com IMC acima do escore z +1 (correspondente ao percentil 85) é classificado como sobrepeso e aquele acima do escore z +2 (percentil 97) é considerado obeso. O indivíduo com IMC acima do escore z +3 é considerado obeso grave[1].

Realizado o diagnóstico de obesidade, torna-se necessária a investigação de comorbidades como dislipidemias, esteatose hepática, hipertensão arterial sistêmica, resistência à insulina e diabete melito, condições já observadas entre crianças e adolescentes[9].

No Ambulatório de Obesidade do ICr-HC-FMUSP, no Grupo BOIA, adolescentes entre 10 e 19 anos são avaliados mensalmente por equipe multidisciplinar.

Além da avaliação clínica, ocorrem reuniões multidisciplinares antes de cada consulta, com participação de pacientes e acompanhantes. Nessas reuniões, temas

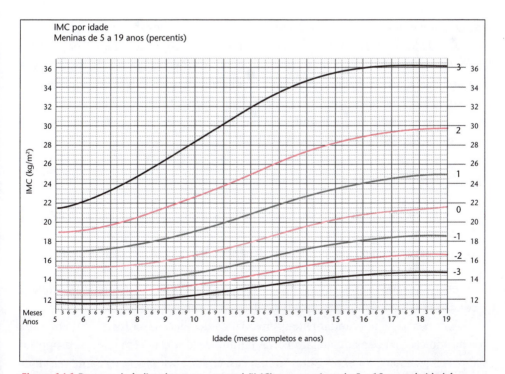

Figura 14.1 Escore z de índice de massa corporal (IMC) para meninas de 5 a 19 anos de idade[1].

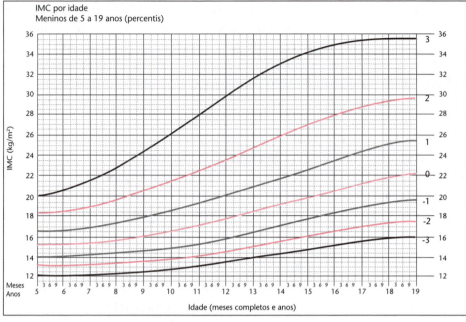

Figura 14.2 Escore z de índice de massa corporal (IMC) para meninos de 5 a 19 anos de idade[1].

como alimentação saudável, atividade física e complicações associadas à obesidade são abordados na forma de palestras e dinâmicas de grupo, com participação ativa dos envolvidos. Para rastrear as principais complicações da obesidade, além da avaliação clínica, são avaliados perfil lipídico, glicemia e insulinemia em jejum, curva glicêmica de 2 horas, enzimas hepáticas e ultrassonografia de abdome. Polissonografia, teste ergométrico e monitoração ambulatorial da pressão arterial (MAPA) podem ser necessários em casos específicos.

BASES TERAPÊUTICAS

O tratamento adequado deve ser multidisciplinar, personalizado, adaptado à idade, ao estadiamento puberal, ao grau de obesidade, às complicações metabólicas e às repercussões físicas e emocionais do paciente, envolvendo mudanças no estilo de vida, suporte psicológico, manejo das complicações crônicas, terapia medicamentosa e, por vezes, intervenção cirúrgica, na tentativa de atingir a adequada redução ponderal sem repercussões no desenvolvimento.

Um dos aspectos fundamentais envolvidos no sucesso terapêutico da obesidade na adolescência é a adesão familiar. A família deve aderir às mudanças propostas ao paciente, e não somente cobrar mudanças. Outra abordagem bastante relevante é envolver o próprio adolescente nas propostas de mudança de estilo de vida, por meio de combinados estabelecidos em cada consulta, o que permite o protagonismo e a implicação do paciente em seu tratamento e em suas conquistas.

As orientações alimentares dirigidas ao adolescente devem contemplar as peculiaridades de cada contexto de vida, considerando que alguns jovens já começam a fazer suas refeições longe de seus familiares muitas vezes na escola ou no trabalho. Hábitos pouco saudáveis como o da omissão do desjejum ou de outras refeições devem ser desestimulados, com adoção de estratégias alternativas que permitam uma nutrição mais saudável. Por exemplo, na impossibilidade do almoço adequado, torna-se possível enriquecer nutricionalmente um lanche rápido em vez de veementemente o proibir.

A abordagem dietética é parte fundamental do tratamento da obesidade[10]. Deve-se compreender, entretanto, que as variáveis relacionadas ao fenômeno da obesidade transcendem os maus hábitos alimentares, envolvendo também outros aspectos, como a rotina alimentar e a importância do sono, da atividade física e do bem-estar físico e psíquico, de uma forma mais ampla.

Educação alimentar é um passo importante. A explicação sobre o funcionamento dos alimentos, quais alimentos podem ser ingeridos em maior quantidade e a importância dos horários devem ser enfatizados. Essas orientações devem ser fornecidas tanto para o adolescente quanto para a família. Um instrumento bastante útil nesse momento é a pirâmide alimentar (Figura 14.3).

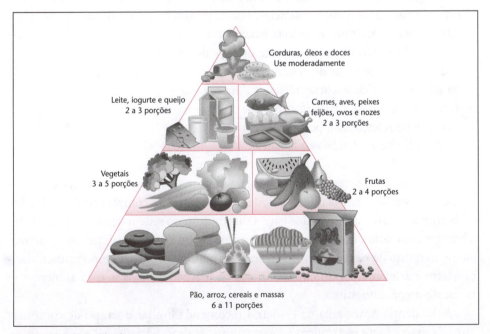

Figura 14.3 Pirâmide alimentar.

Algumas informações oferecidas no grupo BOIA são:

- Manter horário adequado para as refeições, sem omissão ou jejum prolongado.
- Fazer 5 a 6 refeições diárias, divididas em café da manhã, lanche, almoço, lanche da tarde, jantar e ceia. Muitos brasileiros, em especial os obesos, pulam o café da manhã, contribuindo para o aumento de ingestão hipercalórica em outros momentos do dia e facilitando o ganho de peso.
- Comer devagar. Quando se come muito depressa, não há tempo para que haja estímulo do centro da saciedade. A "dica" é descansar os talheres na mesa após levá-los à boca.
- Evitar comer em frente à televisão. Quando há distração, a tendência é comer mais.
- Iniciar as refeições comendo salada. A sensação maior de fome deve ser saciada com verduras e legumes crus para depois iniciar a ingesta de alimentos mais calóricos.
- Não beber sucos com açúcar ou refrigerantes durante as refeições. Esses alimentos são hipercalóricos e necessitam de pouco trabalho do organismo para serem metabolizados, ou seja, não há muito gasto de energia para serem digeridos, além de serem absorvidos rapidamente no trato gastrointestinal, diminuindo o estímulo à saciedade.
- Preparar alimentos cozidos, grelhados, assados, refogados ou sopas. Retirar as gorduras e peles das carnes antes do preparo.
- Não ingerir frituras, empanados, alimentos à milanesa ou à parmegiana, salgadinhos de pacote, maionese, manteiga, *bacon*, presunto gordo, mortadela, linguiça, salsicha, mostarda, *catchup*, geleias, balas, sorvetes, chocolates, refrigerantes e doces em geral. Esses são alimentos hipercalóricos e de pouco valor nutritivo.
- Usar adoçante no lugar do açúcar. Os adoçantes mais usados e seguros para uso na adolescência são aspartame, *stevia* e sucralose.
- Tomar em torno de 2 L de água por dia.
- Não repetir refeições ou porções de alimentos.
- Evitar substituir refeição por lanche.

A prática de esportes deve ser incentivada respeitando-se as limitações e preferências individuais. Entretanto, a atividade física deve ser compreendida de forma mais ampla, a partir de estímulos para a diminuição do sedentarismo, com atenção a hábitos cotidianos, como andar mais a pé ou de bicicleta ou utilizar escadas, que auxiliam muito na perda e na manutenção do peso[11]. Atividades como música, dança, teatro e artes colaboram na diminuição da inatividade e da ingesta alimentar e no aumento da autoestima.

A Academia Americana de Pediatria recomenda limitar o tempo de computador, televisão e jogos eletrônicos a, no máximo, 2 horas diárias[12].

Orientam-se exercícios aeróbicos, com duração inicial de 30 minutos, aumentando até 1 hora, pelo menos 4 vezes por semana. São propostas ações em grupo com atividade física para estímulo dos pacientes no dia da consulta médica.

Os adolescentes obesos geralmente apresentam baixa autoestima e têm maior risco de depressão e ansiedade generalizada[13]. Sabe-se que, nesses casos, o alimento é tido como fonte de prazer, o que acentua e perpetua a obesidade, tornando o adolescente ainda mais isolado, diminuindo sua aceitação pelo grupo e por si mesmo, levando a segregação, inatividade e depressão apática – um ciclo difícil de ser quebrado. A psicoterapia auxilia o obeso a lidar com tudo isso.

Tratamento Medicamentoso

A terapia medicamentosa tem como objetivo diminuir o apetite, alterar a absorção do alimento ou, ainda, aumentar a termogênese.

Os medicamentos devem ser usados com muita cautela, pois há poucos estudos de uso em adolescentes. Somente sibutramina e orlistat encontram-se liberados para uso clínico.

O orlistat inibe a lipase no trato gastrointestinal, diminuindo a absorção de gordura alimentar em cerca de 30%. Seus principais efeitos colaterais são diarreia e flatulência. Há estudos mostrando que costuma ser mal tolerado pelo adolescente, tendo alto índice de abandono[14]. Como há perda de vitaminas lipossolúveis com esse tratamento, é necessária reposição se o uso for por período maior que 3 meses[14].

A sibutramina é um inibidor da recaptação de serotonina e noradrenalina que tem como efeito reduzir a sensação de fome, aumentar a saciedade após as refeições e aumentar a termogênese. Está indicado para pacientes que se alimentam frequentemente e com fome exagerada. Seus efeitos colaterais mais frequentes são: aumento da pressão arterial, boca seca, constipação e insônia. Há estudos com pacientes a partir de 13 anos que mostram boa eficácia em relação ao grupo controle que recebeu placebo. Boa adesão e poucos efeitos colaterais aparecem nesses estudos[15,16].

Na Unidade de Obesidade do ICr-HC-FMUSP, estudou-se um grupo de adolescentes obesos em uso de sibutramina comparados a um grupo que recebeu placebo. Os resultados mostraram maior perda de peso no grupo que recebeu sibutramina, com consequente melhora de diversos parâmetros metabólicos. A medicação foi bem tolerada e nenhum paciente abandonou o estudo em razão de efeito colateral importante[16].

Cirurgia Bariátrica

Diante de adolescentes com obesidade grave associada a comorbidades limitantes e falha no tratamento convencional e medicamentoso, a cirurgia bariátrica surge como uma alternativa para o controle dessa doença. Antes de partir para esse tratamento mais radical, a equipe médica, os pacientes e seus familiares devem ser orientados sobre a cirurgia e as complicações que podem ocorrer durante e após o procedimento.

No Brasil, o Ministério da Saúde recomenda que a cirurgia bariátrica seja realizada somente em idade acima de 16 anos.

Os critérios para a indicação de cirurgia em adolescentes precisam ser mais conservadores, pois as complicações da obesidade são menos graves, os tratamentos clínico e comportamental são mais bem sucedidos e esses pacientes viverão mais tempo com as complicações cirúrgicas, se ocorrerem. Os pacientes podem ainda estar em fase de crescimento e isso deve ser levado em consideração antes de optar pelo tratamento cirúrgico.

Os procedimentos mais utilizados em adolescentes são as cirurgias restritivas, em que o objetivo é diminuir o volume gástrico (p.ex., gastroplastia e banda gástrica), e as cirurgias mistas tipo Fobi-Capela, que diminuem o volume gástrico e alteram o trânsito do intestino delgado (derivação jejunal em Y de Roux), diminuindo a absorção intestinal.

As complicações pós-cirúrgicas mais frequentes são: vômitos, diarreia, desidratação, embolia pulmonar, estenose da banda gástrica, hérnia incisional, obstrução intestinal, deficiência de vitaminas e micronutrientes, em especial ferro, cálcio, vitaminas do complexo B e ácido fólico, desnutrição calórico-proteica e distúrbios psicológicos[17].

Em 2004, vários serviços americanos se reuniram e estabeleceram critérios para indicação de cirurgia bariátrica em adolescentes[17]:

- Tentativa por mais de 6 meses com tratamento convencional sem resposta.
- Maturidade psicológica.
- Obesidade grave: IMC > 40 com comorbidades maiores ou IMC > 50 com comorbidades menores.
- Compreensão sobre o procedimento cirúrgico e evolução pós-cirurgia.
- Concordância com a orientação de não engravidar por pelo menos 1 ano pós--cirurgia.
- Capacidade de aderir às orientações nutricionais pós-cirurgia e disposição para manter a decisão.
- Concordar com o tratamento cirúrgico.
- Capacidade de decisão.
- Apoio e envolvimento familiar.

São consideradas complicações maiores: DM2, apneia obstrutiva do sono e pseudotumor cerebral. São complicações menores: hipertensão arterial, dislipidemia, esteatose hepática, estase venosa, significativa limitação nas atividades de vida diárias, infecções de pele, incontinência urinária, refluxo gastroesofágico, artropatias limitantes e problemas psicossociais.

Todos os pacientes precisam ser avaliados por equipe multidisciplinar composta por endocrinologistas, pediatras, cirurgiões, nutricionistas, nutrólogos e psicólogos para orientações e avaliação das condições para cirurgia.

Após a cirurgia, o acompanhamento pela mesma equipe deve ser frequente e mantido por longo prazo para garantia de sucesso do tratamento.

Após acompanhamento e tratamento de centenas de adolescentes obesos nesta última década, mais de 40 pacientes foram submetidos à cirurgia bariátrica no ICr--HC-FMUSP; todos com IMC > 40 (a grande maioria apresentava IMC > 50), com comorbidades graves associadas e idade óssea acima de 15 anos. Todos esses pacientes tinham sido submetidos a tratamento ambulatorial prolongado sem sucesso. As técnicas cirúrgicas utilizadas foram gastrectomia vertical isolada ou Santoro III, técnica mais fisiológica, em que se faz gastrectomia vertical preservando o piloro e mantendo cerca de 100 mL de estômago, com aproximadamente 3 m de intestino delgado, sem alça exclusa, sendo, portanto, menos disabsortiva que as outras técnicas mais utilizadas[18,19].

CONCLUSÕES

O aumento da prevalência da obesidade em adolescentes tem alarmado os especialistas que ainda buscam melhor compreensão acerca de um problema de saúde tão grave e com tantas comorbidades. A percepção precoce do ganho de peso excessivo em um adolescente é passo fundamental para que se tomem medidas preventivas em relação aos futuros danos à sua saúde, bem como conscientizar pais e pacientes sobre a gravidade do problema.

As opções terapêuticas ainda são limitadas e baseiam-se em mudanças de estilo de vida. O tratamento medicamentoso é restrito e um número de pacientes com complicações graves podem ser submetidos à cirurgia bariátrica que, em muitas ocasiões, é a única alternativa para um paciente que apresenta muitas comorbidades e tem uma má qualidade de vida.

Com o conhecimento mais amplo da fisiopatologia desse complexo distúrbio metabólico, talvez se possa desenvolver terapêuticas mais eficientes, que promovam melhores resultados e evitem tantas sequelas de médio e longo prazos nos adolescentes.

REFERÊNCIAS BIBLIOGRÁFICAS

1. World Health Organization. Diet and physical activity. Disponível em: http://www.who.int/dietphysicalactivity/childhood/en/

2. Ogden CL, Carroll MD, Curtin LR, McDowell MA, Tabak CJ, Flegal KM. Prevalence of overweight and obesity in the United States, 1999-2004. JAMA. 2006;295(13):1549-55.
3. Instituto Brasileiro de Geografia e Estatística. Pesquisa de Orçamentos Familiares. Obesidade infantil – 2008-2009. Disponível em: http://www.ibge.gov.br/home/presidencia/noticias/imprensa/ppts/0000000108.pdf.
4. Kershaw EE, Flier JS. Adipose as an endocrine organ. J Clin Endocrinol Metab. 2004;89(6):2548-56.
5. Kwon H, Pessin JE. Adipokines mediate inflammation and insulin resistance. Frontiers in Endocrinology. 2013;71(4):1-10.
6. Fonseca-Alaniz MH, Takada J, Alonso-Vale MIC, Lima FB. Adipose tissue as an endocrine organ: from theory to practice. J Pediatr (Rio J). 2007;83(5 Suppl):S192-203.
7. Hotta K, Funahashi T, Arita Y, Takahashi M, Matsuda M, Okamoto Y, et al. Plasma concentrations of a novel, adipose-specific protein, adiponectin, in type 2 diabetic patients. Arterioscler Thromb Vasc Biol. 2000;20(6):1595-9.
8. Sowan NA, Stember RN, Marilyn L. Parental risk factors for infant obesity FAAN 2000. MCN Am J Matern Child Nurs. 2000;25(5):234-40.
9. Daniels SR. Cardiovascular disease risk factors and atherosclerosis in children and adolescents. Curr Atheroscler Rep. 2001;3(6):479-85.
10. American Heart Association, Gidding SS, Dennison AB, Birch LL, Daniels SR, Gilman WM. Dietary recommendations for children and adolescents: a guide for practitioners. Pediatrics. 2006;117(2):544-59.
11. Goldfield GS, Mallory R, Parker T, Cunningham T, Legg C, Lumb A. Effects of open-loop feedback on physical activity and television viewing in overweight and obese children: a randomized, controlled trial. Pediatrics. 2006;118(1):157-66.
12. Committee on Comunications, American Academy of Pediatrics. Policy statement: children, adolescents, and television. Pediatrics. 1995;96(4 Pt 1):786-7.
13. Falkner NH, Sztainer DN, Story M, Jeffery RW, Beuhring T, Resnick MD. Social, education, and psychological correlates of weight status in adolescents. Obes Res. 2001;9(1):32-43.
14. Oskan B, Bereket A, Turan S, Keskin S. Addition of orlistat to conventional treatment in adolescents with severe obesity. Eur J Pediatr. 2004;163(12):738-41.
15. Godoy-Matos A, Carraro L, Vieira A, Oliveira J, Guedes EP, Coutinho W, et al. Treatment of obese adolescents with sibutramine: a randomized, double-blind, controlled study. J Clin Endocrinol Metab. 2005;90(3):1460-5.
16. Franco RR. O efeito da sibutramina na perda de peso de adolescentes obesos. [Dissertação.] São Paulo: Faculdade de Medicina da Universidade de São Paulo; 2012.
17. Inge TH, Krebs NF, Garcia VF, Skelton JA, Guice KS, Strauss RS. Bariatric surgery for severely overweight adolescents: concerns and recommendations. Pediatrics. 2004;114(1):217-23.
18. Santoro S, Malzoni CE, Velhote MC, Milleo FQ, Santo MA, Klajner S, et al. Digestive adaptation with intestinal reserve: a neuroendocrine-based operation for morbid obesity. Obes Surg. 2006;16(10):1371-9.
19. Velhote MC, Damiani D. Bariatric surgery in adolescents: preliminary 1-year results with a novel technique (Santoro III). Obes Surg. 2010;20(12):1710-5.

Transtornos alimentares na adolescência 15

Maria Teresa Martins Ramos Lamberte
Lígia Bruni Queiroz

Após ler este capítulo, você estará apto a:

1. Identificar os quadros clínicos que suscitam a investigação de possíveis casos de transtornos alimentares na adolescência.

2. Fazer o diagnóstico diferencial entre os comportamentos ou sintomas alimentares transitórios da adolescência e aqueles encontrados na psicopatologia dos transtornos alimentares.

3. Reconhecer a importância do trabalho interdisciplinar, por meio das áreas médicas e da psicanálise, desde o diagnóstico até a construção e a sustentação de um processo terapêutico.

INTRODUÇÃO

Os transtornos alimentares (TA) são importantes quadros sintomatológicos na atualidade, embora tenham sua origem em tempos remotos. Trata-se de sintomas de caráter interdisciplinar por excelência, por apresentarem importante agravo clínico, muitas vezes com situação de risco, decorrentes de causação psíquica.

Este capítulo traz seus principais elementos clínicos que se mantiveram irredutíveis ao longo das épocas, expressando seus aspectos estruturais e articulando-os também às variáveis fenomênicas, estas, sim, passíveis de diferentes nuances em sua forma de apresentação, decorrentes dos valores e das condições culturais, com destaque para os aspectos aos quais os sintomas respondem na atualidade.

CRITÉRIOS DIAGNÓSTICOS

Os manuais de classificação diagnóstica de emprego e reconhecimento internacionais sofreram mudanças em sua última atualização, nas quais nota-se o significativo remanejamento da nomeação diagnóstica de uma vertente mais nosológica para mais nosográfica, "ateórica" acerca da investigação sobre a causa "... à medida que desloca a nomeação para o âmbito mais descritivo e sintomático, distanciando-se da problemática da etiologia, esta mais do âmbito nosológico"[1]. Assim, contidos nos novos sistemas classificatórios, os TA compreendem certas categorias de síndromes comportamentais contempladas nos atuais sistemas classificatórios de transtornos mentais. No Manual Diagnóstico e Estatístico dos Transtornos Mentais, 4.ed., 2000 (DSM-IV) figuram anorexia nervosa (AN), bulimia nervosa (BN) e transtornos alimentares sem outras especificações (TASOE). Já a Classificação Internacional de Doenças, 10.ed., 1993 (CID-10) enumera a AN, a BN e os transtornos alimentares atípicos[2] (Tabela 15.1).

Em relação aos critérios diagnósticos da AN, o DSM-V[3] (2013) atualiza o capítulo de transtornos alimentares e modifica dois critérios diagnósticos. No critério A, a palavra "recusa" é retirada do texto, pois o enfoque diagnóstico passa a ser o comportamento de restrição calórica; já o termo "recusa" implicaria intenção por parte do paciente, algo supostamente difícil de ser identificado. Nota-se especialmente nesta mudança o deslocamento restrito aos aspectos descritivos e objetiváveis do sintoma – classificação mais nosográfica – distanciando-se da vertente etiológica, a exemplo do modelo anterior, no qual, encontrava-se referência a doenças e síndromes, esse mais vetorizado ao campo da nosologia – estudo das doenças, investigação das causas e, nesse caso, acerca do envolvimento do aspecto subjetivo no sintoma. A outra modificação retira a amenorreia do critério diagnóstico D, o que possibilita a ampliação do transtorno para homens, meninas pré-menarca, mulheres em uso de anticoncepcional oral e mulheres menopausadas. Em alguns casos, a paciente exibe todos os sinais e sintomas de AN, apresentando, contudo, ciclos menstruais. Portanto, a retirada da amenorreia dos critérios diagnósticos favorece a identificação precoce do transtorno alimentar em questão, possibilitando uma abordagem terapêutica mais adequada[4].

Tabela 15.1 – Critérios diagnósticos para anorexia nervosa conforme o DSM-IV e a CID-10

DSM-IV	CID-10
A. Perda de peso e recusa* em manter o peso dentro da faixa normal (≥ 85% do esperado)	Perda de peso e manutenção em pelo menos 15% abaixo do esperado ou IMC ≤ 17,5 kg/m²
B. Medo mórbido de engordar mesmo estando abaixo do peso	Perda de peso autoinduzida pela evitação de alimentos que engordam

(continua)

Tabela 15.1 – Critérios diagnósticos para anorexia nervosa conforme o DSM-IV e a CID-10 (*continuação*)

DSM-IV	CID-10
C. Perturbação no modo de vivenciar o baixo peso, influência indevida do peso sobre a autoavaliação e negação do baixo peso	Medo de engordar e percepção de estar muito gorda(o)
D. Amenorreia* por 3 ciclos consecutivos	Distúrbio endócrino envolvendo o eixo hipotálamo--hipófise-gonadal (amenorreia)
Subtipos: 1. Restritivo (dieta e exercícios apenas); diuréticos podem estar presentes 2. Compulsão periódica/purgativo (presença de episódios de compulsão e/ou purgação, além de dieta e exercícios)	Se o início é pré-puberal: a sequência de eventos da puberdade é demorada ou mesmo detida. * Vômitos autoinduzidos, purgação e uso de inibidores do apetite e/ou diuréticos podem estar presentes

* Modificações realizadas pelo DSM-V, 2013[3].

No tocante à BN, o DSM-V modifica a frequência dos episódios de compulsão alimentar e os comportamentos compensatórios inadequados, reduzindo-os para uma vez na semana (Tabela 15.2).

Tabela 15.2 – Critérios diagnósticos para bulimia nervosa conforme o DSM-IV e a CID-10

DSM-IV	CID-10
Episódios recorrentes de compulsão alimentar (excesso alimentar + perda de controle)	Episódios recorrentes de hiperfagia (2 vezes/semana* por 3 meses) nos quais grandes quantidades de alimento são consumidas em curtos períodos
Comportamentos compensatórios para prevenir ganho de peso, como vômito autoinduzido, abuso de laxantes, diuréticos ou outras drogas, dieta restrita ou jejum, ou, ainda, exercícios vigorosos	Preocupação persistente com o comer e desejo irresistível por comida
Frequência dos episódios compulsivos e compensatórios: em média, pelo menos, 2 vezes/ semana* por 3 meses	Atitudes para neutralizar o ganho de peso por meio de vômitos autoinduzidos, abuso de laxantes, períodos alternados de inanição, uso de anorexígenos ou diuréticos
Influência indevida do peso/forma corporal sobre a autoavaliação	Autopercepção de estar muito gordo, com pavor intenso de engordar e com prática de exercícios excessivos ou jejuns
Diagnóstico de anorexia nervosa ausente	Pacientes diabéticos podem negligenciar o tratamento insulínico (evitando a absorção da glicose sanguínea)
Subtipos: 1. Purgativo (vômitos induzidos, abuso de laxantes, diuréticos ou enemas) 2. Não purgativo (apenas jejum e exercícios para compensar ingestão calórica)	

* Modificações realizadas pelo DSM-V, 2013[3].

Embora os critérios diagnósticos dos TA estejam estabelecidos pela CID-10 e pelo DSM-IV/DSM-V, há uma gama de situações clínicas associadas a comportamentos alimentares que não se ajustam aos quadros típicos das síndromes descritas, o que leva mais de 50% dos casos encontrados na comunidade a serem agrupados nas categorias de TA atípicos ou TASOE[5,6].

Os TASOE, previstos pelo DSM-IV, são TA cujos espectros comportamentais não preenchem critérios diagnósticos para AN e BN e incluem um padrão nosológico particular, denominado de transtorno de compulsão alimentar periódica (TCAP), descrito no apêndice B do DSM-IV. Para o diagnóstico de tais transtornos devem estar presentes os seguintes comportamentos:

- Comer rapidamente.
- Comer até se sentir cheio.
- Comer grandes quantidades de alimentos quando não se está fisicamente com fome.
- Comer sozinho em razão do embaraço pela quantidade de alimentos.
- Sentir repulsa de si mesmo, depressão ou demasiada culpa após a compulsão; presença de acentuada angústia pela compulsão alimentar; frequência e duração da compulsão: 2 dias/semana por 6 meses; não são utilizados métodos compensatórios inadequados[1].

O DSM-V retira o TCAP dos TASOE, sendo agora reconhecido como uma categoria independente de TA, modificando apenas a frequência dos episódios de compulsão para, em média, pelo menos 1 vez/semana, nos últimos 3 meses[3].

PREVALÊNCIA DE ANOREXIA NERVOSA E BULIMIA NERVOSA

A AN prevalece em adolescentes e mulheres jovens, com proporção de cerca de 6 a 10 mulheres para cada homem acometido[7], sendo o pico de incidência dos TA na adolescência entre 15 e 19 anos, no sexo feminino[8].

Apesar de não serem transtornos mentais muito frequentes (AN tem prevalência que varia de 0,3 a 0,9%, e a BN, em torno de 1 a 2%, no sexo feminino), compreendem situações potencialmente letais, visto que, dentre os distúrbios psiquiátricos, a AN apresenta a maior taxa de mortalidade, com cerca de 5,6% por década[8], sobretudo por causa de complicações clínicas associadas à desnutrição.

ETIOPATOGENIA

Embora haja diferentes concepções sobre a etiopatogenia dos TA, pode-se seguramente afirmar que há a participação do psíquico no adoecimento[9]. Entre os vários tipos de compreensão e abordagem, destacam-se duas correntes na atualidade: a que considera o determinismo inconsciente do sintoma como expressão do conflito psíquico referenciada pela psicanálise, como será desenvolvido mais adiante neste capítulo; e a corrente cognitiva comportamental, de compreensão provinda da psicologia comportamental, behaviorista. Há, ainda, determinada corrente, na atualidade, que reflete certo "ateorismo" sobre a participação dos determinantes psíquicos no adoecimento, com base na qual o transtorno psiquiátrico, ao contrário de doença psiquiátrica, é assim denominado por considerar que ainda não exista claramente uma etiopatogenia definida[9], donde as explicações etiológicas multifatoriais, ou seja, a existência de diversos fatores interagindo entre si para causar o transtorno. São os chamados fatores predisponentes, precipitantes e mantenedores dos TA. Nessa abordagem, são desconsideradas a causalidade psíquica e a psicopatologia como fatores etiopatogênicos.

Entende-se como fatores predisponentes os que estão relacionados com o maior risco de um indivíduo desenvolver TA, como traços de personalidade (comportamentos obsessivos e perfeccionismo); presença de outros transtornos psiquiátricos, como depressão e ansiedade; tendência à obesidade; alterações nos níveis de noradrenalina e de serotonina; puberdade adiantada; antecedente de abuso sexual; fatores genéticos/hereditários; e fatores socioculturais, como o ideal de magreza. Os fatores precipitantes dos TA geralmente são a dieta e a presença de eventos "estressores", como doença, gravidez e crise familiar, os quais isoladamente não são suficientes para produzir o TA, e sim em razão da interação com os fatores de risco citados. Por fim, os fatores mantenedores dos TA são as alterações fisiológicas e psicológicas produzidas pelos próprios sintomas alimentares, como a desnutrição e os episódios de purgação, perpetuando o transtorno. A privação alimentar favorece episódios de compulsão e estes interferem no metabolismo da glicose e insulina, e a primeira desencadeia pensamentos obsessivos sobre a comida e também maior necessidade de controle. Ademais, a magreza, vista como símbolo de sucesso, pode atuar como fator mantenedor da AN[10].

CLÍNICA DOS TRANSTORNOS ALIMENTARES NA ADOLESCÊNCIA

Papel do Hebiatra

Na adolescência, o diagnóstico dos TA pode ser ainda mais desafiador, uma vez que os sintomas diagnósticos e os comportamentos relacionados à alimentação podem estar sobrepostos entre as categorias nosológicas, e as justificativas e interpretações subjetivas para determinados comportamentos podem ser obscuras, dificultando o raciocínio diagnóstico[9].

A preocupação dos pais relacionada ao padrão alimentar dos filhos adolescentes é bastante frequente nas consultas hebiátricas. Durante a anamnese, deve-se interrogar diretamente o adolescente acerca dos seus hábitos alimentares, permitindo-lhe, com isso, autonomia e protagonismo. Deve-se lembrar de que o adolescente adquire constante e progressiva independência dos pais e familiares, inclusive no âmbito alimentar, podendo inclusive fazer suas refeições em ambientes de estudo e/ou trabalho, dependendo de sua rotina de vida. Associado a essa crescente autonomia, o adolescente pode ser influenciado, de forma ainda mais incisiva do que a criança, pelo apelo do grupo e da mídia, o que o inclina a consumir a dieta da moda, *fastfoods* ou, por outro lado, favorece hábitos alimentares restritivos, a exemplo do vegetarianismo e outras modalidades de restrição alimentar[9].

A presença transitória de alguns hábitos alimentares ditos inadequados na adolescência pode estar relacionada ao processo normal de desenvolvimento dessa faixa etária, sem que haja necessariamente implicação entre eles e a suspeita de TA. Entretanto, se adolescentes que se apresentam na consulta são extremamente preocupados com o corpo, com o peso e com a autoimagem, e/ou que tenham o hábito de fazer dietas e detenham um conhecimento profundo sobre valor calórico dos alimentos, e/ou pratiquem exercícios físicos de forma exaustiva, tudo isso deve ser considerado fator de risco para o desenvolvimento de TA nessa faixa etária. Embora possam ser pistas valiosas no processo de investigação diagnóstica de tais transtornos, esse tipo de sintoma pode não chamar a atenção dos pais e da comunidade para a questão dos TA, sendo comum o retardo dos familiares na procura por tratamento especializado[9].

No caso da AN, dado o grau de emagrecimento, o paciente pode se encontrar sob riscos clínicos decorrentes do processo de inanição e caquexia. Já na BN, ainda que haja menor número de complicações clínicas, quando a frequência dos vômitos e o uso de laxantes são excessivos, há de se considerar a presença dos distúrbios metabólicos e hidroeletrolíticos, sendo fundamental o hebiatra reconhecê-los prontamente e estar apto para tomar as difíceis decisões junto à família a respeito da modalidade de tratamento proposta para cada situação.

As complicações clínicas emergenciais e os critérios de internação dos TA na adolescência são: IMC < 75% do previsto para sexo e idade ou perda de peso persistente, apesar do manejo adequado para o ganho ponderal (AN); recusa persistente em se alimentar (AN); gordura corpórea < 10% do peso (AN); bradicardia < 50 bpm, hipotensão sistólica < 90 mmHg, arritmia cardíaca (AN); hipotermia (AN); síncope; desidratação, hipocalemia (K sérico < 3,2 mEq/L), hipomagnesemia, alcalose metabólica, hiponatremia (BN); varizes esofágicas, hematêmese, ruptura esofágica (BN); risco de suicídio; falência de tratamento ambulatorial[11,12].

Na ausência de algum desses critérios, recomenda-se que o paciente portador de TA seja preferencialmente acompanhado ambulatorialmente.

Aspectos Interdisciplinares do Tratamento: Interface com a Saúde Mental

O diálogo entre hebiatra, psiquiatra e psicanalista no tratamento de adolescentes portadores de TA é de fundamental importância. Deve acontecer desde o processo diagnóstico e mesmo durante o tratamento, envolvendo a anamnese junto ao paciente e à família, a investigação laboratorial dos distúrbios associados e dos prováveis diagnósticos diferenciais, o esclarecimento da suspeita diagnóstica e o encaminhamento especializado.

Deve-se ter a possibilidade de discussão clínica com o especialista em saúde mental, sobretudo na efetivação diagnóstica e no tratamento, que é complexo e exige cuidados em sua elaboração, uma vez que não é inócuo e pode trazer agravos imaginários, caso haja precipitação na sua transmissão, potencializando algum processo subjetivo que talvez pudesse ser transitório e intensificando um agravo, de forma iatrogênica. Na ausência de um vínculo de confiança entre o pediatra e a família, pode haver resistências e dificuldades por parte dos pais em aceitarem a hipótese diagnóstica de TA, fazendo com que o paciente seja submetido a avaliações com numerosos profissionais (endocrinologistas, nutricionistas, gastroenterologistas etc.), o que pode postergar ainda mais o início do tratamento adequado.

Cabe aos especialistas estarem conscientes sobre esses aspectos, propiciando um "território" de escuta e de leitura dos elementos que estão em jogo em cada caso clínico que se apresente como anúncio de anorexia. É importante esse cuidado, sob o risco de ratificar casos clínicos que não se enquadrem no sintoma, podendo se tratar de uma potencialização imaginária (seja por parte da influência da mídia – anorexia como um sintoma da "moda") ou de pressupostos sobre a adolescência, prescrevendo uma tipologia do "aborrecente". Deve-se lembrar de que, nesses casos, a inflação imaginária no entorno do adolescente concorrerá ao risco de potencialização de uma problemática que poderia ser transitória, levando a descaminhos para quadros mais graves, considerando a vulnerabilidade inerente à adolescência.

Diagnósticos Diferenciais

Em relação aos diagnósticos diferenciais dos TA na infância e adolescência, o pediatra deve afastar as possíveis causas orgânicas dos sintomas alimentares, como tumores do sistema nervoso central, síndromes consumptivas, síndromes de má absorção intestinal, diabete melito e infecções[12]. Deve-se lembrar que não existe um exame que comprove a existência de TA, portanto, a normalidade de todos os exames subsidiários em um paciente com AN ou BN não exclui a suspeita diagnóstica, e pode até servir de oportunidade para se reforçar positivamente o tratamento, como maneira de evitar as possíveis alterações laboratoriais e a piora clínica.

O acompanhamento pediátrico ambulatorial deve ser mantido em sua condição interdisciplinar, principalmente com psicoterapeuta, psiquiatra, psicanalista, assim como também os demais especialistas. Deve-se manter o diálogo com o intuito de acompanhar e tratar as possíveis manifestações clínicas dos pacientes com

TA, além de monitorar as repercussões, sobretudo da AN, no tocante à caquexia, à amenorreia e ao hipoestrogenismo prolongados nos diversos sistemas e aparelhos (com destaque para o ósseo, o ginecológico, o cardiovascular e o endocrinológico)[9].

Aspectos Psicopatológicos

Anorexia mental e bulimia são quadros clínicos que se caracterizam em sua causalidade como sintomas psíquicos e que cursam com agravos à condição clínica, muitas vezes colocando o paciente em situação de risco. Assim, é de fundamental importância reconhecer a interface que se estabelece no processo terapêutico, uma vez que o sintoma, apesar de ter como base as questões psíquicas, via de regra, é endereçado primeiramente ao campo médico (hebiátrico, no caso da adolescência), por conta dos agravos clínicos que provoca.

Anorexia e bulimia

Anorexia e bulimia são expressões e matizes distintas de uma mesma estrutura: a mesma problemática que se apresenta com diferentes modalidades de respostas, graduações e vertentes que se compõem, a cada caso, como potenciais possibilidades de arranjos sintomáticos. Pode-se situar a bulimia como expressão variante dentro da problemática fundamentada para a anorexia, não se opondo como antítese, mas como uma das manifestações possíveis de ocorrerem na desestabilização (ou vacilação) da recusa alimentar e na desconstrução do sintoma, sobretudo durante o tratamento de um caso de anorexia. O sujeito, em sua vacilação no sintoma, pode bascular nesses momentos para expressões que vão de certa voracidade, seguida de atos purgativos (vômitos). Assim, será utilizada, para fins didáticos, a menção especialmente direcionada aos quadros de anorexia.

Sintoma psíquico e sintoma médico

É necessário, primeiramente, destacar algumas particularidades da definição de sintoma psíquico, a fim de situar as diferenças desse com o conceito de sintoma, tal como é tomado pelo campo médico. A partir das bases psicanalíticas, que trouxeram inestimáveis contribuições à psiquiatria[13] – e mesmo ao corpo teórico e da práxis médica[14] –, o sintoma expressa algo sobre o mal-estar do falante, sob a forma de uma linguagem cifrada, antieconômica e perturbadora, mas que, paradoxalmente, está endereçada como apelo a algum outro, em um pedido de ajuda, incluindo de tal modo a ordem da alteridade e da disposição ao laço[15,16].

Assim, para além de algo que não vai bem (e, nesse sentido, aproxima-se do sintoma médico), o sintoma psíquico da anorexia coloca-se para o psicanalista como um enigma, uma cifra de sentido sobre a verdade do sofrimento subjetivo do paciente. A elucidação do sintoma, por meio do trabalho de escuta sob transferência, faz parte de um propósito de desamarração do nó e de dissolução da toxicidade e do risco mortífero que o sintoma comporta. Mais do que eliminá-lo, o sintoma deve ser escutado e tratado sob transferência.

Os quadros clínicos dos TA são facilmente notáveis e causam intensa angústia nos envolvidos mais próximos do paciente, em geral, os pais, no caso da adolescência. São expressões de grande sofrimento, não só do paciente, como também de seus acompanhantes (aliás, por vezes, no início do tratamento, o jovem é ironicamente o que menos se diz incomodado com seu sintoma alimentar, isso quando não o nega, o que é frequente acontecer).

E de qual sofrimento psíquico se trata então nos sintomas alimentares? Se for mensagem, destinada a quem?

Acolhendo a apreensão daqueles que acompanham um jovem com expressivo emagrecimento, nos casos de anorexia, seja na clínica médica ou em psicanálise, a tônica mais aparente situa-se na relação que ele passa a ter com a alimentação e seu consequente emagrecimento, o estranhamento e estremecimento com a imagem corporal. Mas a problemática não reside somente aí. Esta é uma primeira configuração que, por vezes, é entendida como sendo o núcleo central do problema: a questão com a imagem corporal. Isso levou a certa "psicologização" reducionista por muitos autores e até à banalização midiática. Mas há outras ordens de questões conflitivas envolvidas, como aquelas relacionadas aos laços parentais e à própria sexualidade: a questão da falta, que, em psicanálise, se relaciona ao conceito de castração*.

A matriz dos temores que o jovem apresenta, sobretudo o temor em "engordar" ou "ser gorda", está ligado a algo que responde por uma "fantasmática" (fantasia fundamental e inconsciente, a qual se voltará nos próximos tópicos) construída na constituição subjetiva. Ou seja, temores que respondem por um determinismo inconsciente, referentes ao lugar que esse jovem situou-se, ou não, no desejo/sintoma do casal parental. E, assim, esses temores referem-se, também, ao sintoma em sua dimensão discursiva, na medida em que os pais, ou aqueles que encarnam as funções materna e paterna, estão envolvidos como coadjuvantes, na constelação do complexo sintomático (na trama e no drama que aí se estabelece), dentre os elementos que o constituem.

A angústia se apresenta dramática no campo familiar, transbordando e, por vezes, deslocada em impulsos de agressividade, na tentativa de controle dos acompanhantes diante da frustração como pais e do terror acerca do risco de morte do

---

* Castração: conceito psicanalítico fundamentado por Freud, refere-se à etapa da constituição subjetiva chamada "complexo de Édipo", na qual há a simbolização da falta na infância[17] e, por conseguinte, o acesso às questões da sexualidade.

jovem. Em contraponto a essa enorme e progressiva preocupação e vigilância que lhe recaem vinda dos outros, de seu entorno, o jovem vai assumindo uma posição cada vez mais rígida, dissociada e desimplicada, como em um tácito pacto de guerra.

Estabelece-se, então, um grande teatro, no qual há um "dar a ver" espetacularmente dramático. Incluem-se nessa configuração, por vezes, muitos profissionais aos quais os pais recorrem, em geral da área de saúde. Assim, no acolhimento e na oferta de tratamento, deve-se estar advertido de que se mantenham os contornos distintos em relação à confusão das queixas e afetos envolvidos nas complexas configurações desses quadros clínicos.

Fome *versus* apetite

De que fome se trata, ou ainda, de que ausência de fome se trata, nos casos de anorexia? Em qual medida se aproximam e se afastam as dimensões biológicas e subjetivas, marcadas pela fome e o apetite?

A relação com o alimento sempre será marcada pelo caráter subjetivo, ultrapassando a condição puramente instintiva e unicamente de sobrevivência, o que permite avançar no entendimento da psicopatologia dos sintomas alimentares[9]. Há dois conceitos que fundamentam essa diferença: instinto e pulsão. Para a espécie humana, o término da maturação biológica acontece após o nascimento, nos primeiros anos, concomitante à conquista da linguagem, à constituição da subjetividade e ao processo de desenvolvimento das aquisições; todos resultantes da condição de sua singularidade, a partir das vertentes: histórica, genética e contingencial.

Assim, para o *Homo sapiens* há uma ruptura com a ordem puramente instintual das satisfações das necessidades vitais biologicamente determinadas. Para o humano, essas experiências, como o alimentar, a função excretória etc., serão atravessadas por uma rede de sentido simbólico e pela libido das pulsões: oral, anal, do olhar e da voz – diferente de "instintos" – e constituirão a organização do campo pulsional (a partir de uma primeira e mítica experiência de completude do bebê). A cada nova busca de satisfação, restará uma nostalgia da experiência anterior, a qual, por não ser possível sua plena e exata reedição e ser, portanto, inapreensível em sua plenitude, sempre deixará um "resto" de insatisfação[18]. A partir desse resto, como mito de uma perda inaugural (perda de satisfação), ocorre a condição da falta, irredutível, deixando sempre haver algo que escapa. Ou seja, a marca da incompletude acontece como condição estrutural para a espécie[18].

Assim, pode-se dizer que: primeiro, os objetos de busca de satisfação e de prazer não se encaixam em uma harmonia perfeita com a estrita necessidade e não são predeterminados biologicamente (como puro instinto, presente e determinado nas outras espécies); segundo, as satisfações serão sempre parciais, fazendo com que o humano lance-se *a posteriori* em suas buscas objetais; ainda que perfaça novos

Transtornos alimentares na adolescência **163**

caminhos e circuitos, sempre resultará um elo perdido, mítico, de uma primeira satisfação[19]. Situando-nos especialmente na questão alimentar, há como correlato da diferença conceitual entre instinto e pulsão a diferença contida no binômio: fome e apetite. A fome, mais rigorosamente, pode ser situada próxima à vertente do registro biologicamente determinado, enquanto o apetite diz respeito ao caráter mais subjetivo na relação do sujeito com o alimento e com as satisfações pulsionais[20].

Anorexia: aspectos estruturais sobre a lógica do sintoma

Quando se depara com alguém que manifesta restrição grave, recusa ou descontrole em relação a sua atitude ou autonomia alimentar, as questões subjetivas envolvidas costumam ser entendidas de maneira unicamente "negativa", porém são mais complexas que o simples "negar" ou "recusar-se a se alimentar". Desde Lacan[21,22], quando propõe que o anoréxico tem fome, sim, e tem fome de nada, de vazio, muito se pode avançar na superação de um entendimento mais previsível para compreensão do sintoma alimentar.

A partir da lógica do sintoma psíquico, regido por um determinismo do inconsciente, pode-se considerar que a condição da falta apresenta-se paradoxalmente no conflito do "dar a ver" e esconder (encenada como sintoma histérico) em sua constelação dramática, contendo dissociação e conversão histéricas[23-25]. Ou seja, a problemática da falta para o sujeito está deslocada e convertida para o alimento. Com a leitura desses elementos, ampliou-se o entendimento dos quadros clínicos e novas perspectivas se deram na proposição de tratamento, como será visto adiante. Assim, pode-se considerar que há aspectos subjetivos que são estruturais na anorexia, que perfazem uma lógica e são situáveis na problematização da falta (mencionada anteriormente) como elemento fundante para a condição do humano em sua condição desejante[25].

Pode-se situar três eixos ou dimensões que se articulam nos sintomas alimentares na adolescência: o eixo do sintoma (elementos lógicos); a problemática estrutural própria da adolescência e a própria particularidade da condição subjetiva do paciente, enquanto eixo amarrador dos aspectos: subjetivo, histórico e contingencial.

Primeiro eixo do sintoma: a lógica do sintoma na anorexia

Os casos de TA, tomando como paradigma a anorexia, contêm uma lógica que se expressa de maneira emblemática. Os elementos do sintoma estão presentificados dramaticamente e ao mesmo tempo se mantêm como mensagem cifrada; a problemática do sujeito em relação à falta encontra-se aí aficcionada – nos dois sentidos, de fixação e ficção. Por fixação, entende-se fixidez, fixação do excesso, do transbordamento, no sentido de desproporcionalidade e toxicidade de gozo, com relação à economia libidinal[26,27]. No caso, a pulsão oral "traduzida" ou tematizada

164 Medicina de Adolescentes

na problemática alimentar pela fixação por manter a falta, o vazio desproporcional e, em exponencial, beirar o limite, com o "quase" desaparecimento[28]. E por ficção, referente ao ficcional, entende-se a dimensão fantasmática que o sintoma atualiza. Trata-se de uma "outra cena"** que diz respeito à instância psíquica e inconsciente[29-31]. Essa que se encena no sintoma de maneira subliminar, silenciosa e ruidosa ao mesmo tempo, encortinando, encobrindo e paradoxalmente deixando a mostra o do que se trata. Ou seja, desvela e vela, assim, o que se mantém como um conflito inconsciente: a atualização da falta e a posição do sujeito diante dela[32].

Segundo eixo: problemática própria da adolescência

As questões que envolvem a adolescência estão diretamente ligadas ao primeiro eixo – não por acaso a anorexia é bastante encontrada na adolescência – na medida em que essa etapa é marcada por operações estruturais da constituição da subjetividade[9]. Na adolescência, a reabertura das questões que envolveram as operações psíquicas marcadas na infância estará essencialmente ligada à problemática do jovem púbere, em seu avatar no advento das mudanças corporais e, com essas, todo um chamado a responder a partir de outro lugar simbólico[33].

A esse trabalho subjetivo, podem-se referir dois constructos freudianos: o caráter traumático da sexualidade (assim como a morte) para a condição do humano, pois não há representação psíquica para seu enfrentamento, devendo a cada um sua subjetivação[19]. E a sexualidade como bifásica[34], marcada pelos tempos: da primeira infância, escondida pelo chamado tempo da latência (situável na chamada idade escolar), e a época da puberdade, na qual as mudanças corporais, hormonais, determinadas pelo biológico, enfim, incidirão como um real desestabilizador para o sujeito. Esse momento impõe um corte e relança questões sobre a existência e a sexualidade, com as quais cada um deverá "se virar", a partir de sua condição subjetiva.

A adolescência é então reconhecida pela psicanálise como um momento lógico da constituição da subjetividade que impõe o trabalho psíquico de ruptura com a condição infantil[33,35]. Essa é uma época na qual há separação, perdas, esvaziamento e/ou relançamento de referências, junto ao advento de experiências.

O luto da condição infantil, enfim, como trabalho psíquico, irá se impor, de tal ordem radical, nessa etapa, que se dará como verificação de estrutura[33,35]. Assim, as abordagens dos sintomas na adolescência devem considerar a dimensão de um empreendimento psíquico imenso com base nas motivações impostas na subjetividade de

---

** Recalque, histeria, dissociação e conversões histéricas, castração, gozo, economia libidinal, fantasma. Outra cena são conceitos complexos que, embora não seja cabível desenvolvê-los neste capítulo, foram mencionados por ser fundamental sua localização para o entendimento mínimo sobre o determinismo inconsciente do sintoma. Aconselha-se, assim, ao leitor que tiver interesse em um entendimento mais rigoroso sobre o tema, buscar as referências na bibliografia indicada.

cada um. E os quadros alimentares não escapam dessa condição estrutural, sobretudo a anorexia, na medida em que problematiza a relação do sujeito com a falta e o desejo.

Terceiro eixo: condição subjetiva

Por fim, a condição subjetiva é a dimensão amarradora dos aspectos subjetivo, histórico e contingencial, que dará liga e validade dentre os três eixos, à medida que traz a impressão digital, o traço particular, à dimensão histórica e contingencial do falante. Deve-se considerar a articulação entre dois aspectos:

- A dimensão do sujeito, ou subjetiva, inscrevendo sua temporalidade: em suas vacilações, decisões, saídas, ensaios e recuos.
- Ordem dos acontecimentos, que lhe recaem como vindos de fora, como a dimensão social, a discursiva, enfim, a ordem contingencial (p.ex., chegada de um irmãozinho, separação dos pais etc.).

Assim, pode-se considerar a anorexia como uma resposta subjetiva em sua problemática com o Outro*** e com a falta, frente à condição desejante, na reabertura de uma interrogação quanto à existência "ao ser" e "ao ter". Nesse sentido, a psicopatologia da anorexia encontra-se intrínseca às questões estruturais advindas na etapa da adolescência, conforme já mencionado[9,35].

CONSIDERAÇÕES SOBRE TRANSTORNOS ALIMENTARES NA ATUALIDADE

Anorexia e Cultura

É um fato irredutível sermos seres vocacionados à cultura e estarmos, como espécie, banhados por nossa condição histórica. Esta é a articulação possível entre a vertente clínica e os produtos culturais: os valores produzidos nos discursos da cultura subscrevem, ratificam, potencializam e mesmo podem servir de vetores e canalizadores para as modalidades de transbordamento do ser, estas, sim, como questões inerentes ao sujeito.

As questões subjetivas estão incluídas na cultura, perfazendo uma dialética, na qual esses mesmos produtos culturais serão elementos aos quais cada um se situará. Assim, pode-se refletir sobre a dimensão histórica e causal dos sintomas alimentares – particularmente a anorexia – como quadro nosológico que foi clinicamente estabelecido ao longo de diferentes épocas e possivelmente sobre sua maior incidência na atualidade.

Nas diversas sociedades e em seus tempos historicamente determinados, há expressões de sofrimento que ganham maior relevância, emblematizando aspectos de

---

*** "Outro" refere-se ao campo simbólico, da ordem da alteridade.

Na Atualidade

cada época, às quais o humano, em sua condição singular e inserido em seu coletivo, poderá encarnar e prestar-se como portador.

Na Atualidade

Vive-se um momento histórico no qual se inscreve como possibilidade uma condição de sutura à falta. Isso ocorre frente ao excesso de ofertas de produtos de consumo, próprios desta época, junto ao relançamento de novos valores para o vetor de "felicidade", principalmente pelos discursos hegemônicos do capitalismo e do cientificismo[36]. Certamente, cada época é marcada por seus ideais e pode-se reconhecer, na atualidade, o acento no ideal de consumo prescrevendo novas formas de subjetivação ao mal-estar – a nomeação do sofrimento –, a relação de cada um frente à falta[37]. Vai-se inscrevendo, sub-repticiamente – de maneira mais perniciosa que o próprio consumismo reconhecido e criticado como alienante – um novo *modus vivendi*. Nele, nomeiam-se como patológicos os vários estados de insatisfação aos quais se recai na vida – muitas vezes potencializados pelo imperativo do "tem que ser feliz" –, havendo no momento atual uma proliferação de "doentes" por carência de consumo. Ocorre, assim, uma patologização da vida, muitas vezes autenticada pelo que se chama de "cientificismo" (diferente do científico, aqui colocado como certa degradação ou declínio desse)[36].

A falta de que se trata aqui – determinante da condição subjetiva de cada um e de sua condição desejante – é acometida pela falsa promessa de plenitude das sociedades atuais; à medida que as insuficiências de cada um são nomeadas como defeitos – ou falhas. Verifica-se uma potencialização da dramaticidade do sofrimento, que se torna patologizado e medicalizado pela cultura do imperativo do bem-estar.

Assim, algumas das principais consequências são: novas formas de sofrimento e a dramaticidade criada na cultura do espetáculo[38,39]. Isso propicia gerações de "sofredores" infantis e de dependentes de cuidados/suturas, bem como elide a condição de enigma e os impasses a que cada um, frente à falta, é levado, em sua temporalidade, a posicionar-se em sua condição desejante, acerca de suas escolhas.

Muitos dos sintomas ditos como crescentes e até situados como epidêmicos na atualidade são multiplicações dessa lógica que, em última instância, "curto-circuita" os tempos de vazio que propiciem a descontinuidade tão fundamental do sujeito. Esses vazios se situam nos tempos de resposta, nos silêncios, nas formas de laço, nas escansões e são necessários na narrativa e na subjetividade de cada um. Não é por acaso que as patologias ligadas à oralidade, como as adições e os sintomas alimentares, estejam em evidência.

Nota-se, então, fomentada pelo imaginário social, a compulsão pelo "preenchimento" que, por se manter na mesma tecla da miséria narrativa, na repetição, paradoxalmente, revira o sujeito a se escarificar e a se lesionar na carne, no afã compulsivo de mais furos a serem abertos, e suturados, e abertos...[40,41]. É provável, desse modo, que as adições e os comportamentos autolesivos estejam em proximidade de alinhamento lógico – ainda que em diferentes fenomenologias –, comportando a mesma equação estrutural frente à falta: fagocitados em sua condição de ser faltante (incompletos), só lhes resta "fazer furos" e "escavar buracos" no real.

PROPOSIÇÕES TERAPÊUTICAS

O trabalho interdisciplinar se dá entre os campos da clínica pediátrica, colocada aqui como hebiatria, psiquiatria e a escuta psicanalítica. Deve-se resgatar o valor de enigma da condição do sintoma, em sua vertente psíquica, junto aos cuidados clínicos, trabalhando de maneira articulada e incluindo também a fundamental participação e implicação da família (pais/responsáveis pelo jovem) ao projeto terapêutico.

As várias etapas envolvidas no tratamento podem ser assim situadas:

- Suspeita clínica e investigação diagnóstica, via de regra no contexto da assistência do campo hebiátrico.
- Interlocução e trabalho de parceria na investigação da condição subjetiva e efetivação do diagnóstico entre as áreas clínicas da hebiatria e saúde mental, psicanalítica.
- Plano de tratamento, que pode ser ambulatorial ou de internação, dependendo da gravidade de cada caso. No caso da internação ser necessária, há ao menos dois aspectos fundamentais. Primeiro: trata-se de uma intervenção que visa não só os cuidados clínicos e proteção do paciente frente aos sérios riscos de morte, como também intervenção no núcleo conflitivo do jovem com o âmbito parental. Durante a internação hospitalar, a intervenção nutricional tem como objetivo, além da recuperação ponderal, oferecer ao paciente internado, a possibilidade de readquirir autonomia alimentar. Nesse momento, avalia-se o risco clínico e psíquico de cada paciente para a decisão de se ofertar nutrientes via oral ou por gavagem. Segundo: a internação não se estende a todo o processo do tratamento, é apenas um dos momentos desse, que acontece na vigência de agravos que imponham riscos iminentes de morte, devendo prosseguir em tratamento ambulatorial assim que possível.

O tratamento deve continuar ambulatorialmente nos dois planos, em caráter interdisciplinar: psicoterápico, mantido o trabalho de escuta, sob transferência, e monitoramento clínico, em avaliações periodicamente estipuladas. Deve seguir um plano ou projeto terapêutico construído a partir das exigências que se impuserem em cada caso. A vertente psicanalítica visa: implicação do jovem no tratamento, escuta da demanda, construção de uma narrativa por parte do paciente, desmontagem pulsional e ressignificação e desconstrução do sintoma. Isso tem como proposição um reposicionamento do sujeito diante das questões conflituais que concorreram para o estabelecimento do sintoma.

É importante ressaltar que um projeto terapêutico deve ser constituído respeitando-se a particularidade de cada caso, com sobriedade e precisão, devendo-se levar em conta os aspectos estruturais (a lógica do sintoma), os aspectos históricos e a posição subjetiva do paciente e dos pais.

CONCLUSÕES

A adolescência é o período de maior incidência dos quadros de TA, por ser uma época de transformações corporais e subjetivas, na qual o sujeito é exposto à maior vulnerabilidade, assim como à reabertura de conflitos anteriores, advindos da infância. A conquista da autonomia alimentar está intrinsecamente relacionada a questões subjetivas desde o período da infância, assim como constitui as inscrições simbólicas essenciais na subjetividade, marcadamente a chamada etapa da oralidade[18].

Diante de um diagnóstico criteriosamente confirmado, um projeto terapêutico deve ser construído, devendo-se levar em conta a interface entre as áreas, nos cuidados de proteção e recuperação clínica frente aos riscos de morte e junto ao trabalho psicoterápico e de escuta sob transferência. Esse trabalho deve considerar as seguintes etapas:

- Processo de construção do diagnóstico, que inclua a semiologia dos índices clínicos já abordados anteriormente.
- Semiologia que inclua ainda a escuta da posição de cada um dos envolvidos (adolescente e núcleo parental).
- Proposição de um projeto terapêutico.

O trabalho interdisciplinar é necessário na sustentação das ofertas dos novos âmbitos discursivos: a relação médico-paciente e o laço transferencial com o psicoterapeuta ou psicanalista, que possa acolher as questões do jovem e seus acompanhantes (em geral, os pais).

REFERÊNCIAS BIBLIOGRÁFICAS

1. Lamberte MTMR, Polanczyk GV. Modelos etiológicos dos transtornos mentais. In: Polanczyk GV, Lamberte MTMR (orgs.). Psiquiatria da infância e adolescência. Barueri: Manole; 2012. p.15-29. (Coleção Pediatria. Instituto da Criança HC-FMUSP/editores Benita G. Schvartsman, Paulo Taufi Maluf Jr.; nº 20.)
2. American Psychiatric Association. Diagnostic and statistical manual of mental disorders DSM-IV. Washington (DC); 1994.

Transtornos alimentares na adolescência 169

3. Organização Mundial da Saúde. Classificação de transtornos mentais e de comportamentos da CID-10. Descrições clínicas e diretrizes diagnósticas. Porto Alegre: Artes Médicas; 1993. p.351.
4. DSM-V (2013). Disponível em: http://www.dsm5.org/Documents/Eating%20Disorders%20Fact%20 Sheet.pdf. (Acesso em 14 jan 2014.)
5. Treasure J, Claudino AM, Zucker N. Eating disorders. Lancet. 2010;375(9714):583-93.
6. Claudino AM, Borges MBF. Critérios diagnósticos para os transtornos alimentares: conceito em evolução. Rev Bras Psiquiatr. 2002;24(Supl III):7-12.
7. Fairburn CG, Cooper Z. Thinking afresh about the classification of eating disorders. Int J Eat Disord. 2007;40(Suppl):S107-10.
8. Lucas AR, Beard CM, O'Fallon WM, Kurland LT. 50-year trends in the incidence of anorexia nervosa in Rochester, Minn.: a population-based study. Am J Psychiatry. 1991;148(7):917-22.
9. American Psychiatric Association. Practice guideline for the treatment of patients with eating disorders (revised). Am J Psych. 2000;157(Suppl):1-39.
10. Lamberte MTMR, Roz DP, Queiroz LB. Abordagem interdisciplinar dos transtornos alimentares. In: Polanczyk GV, Lamberte MTMR (orgs.). Psiquiatria da infância e adolescência. Pediatria. Barueri: Manole; 2012. p.296-309. (Coleção Pediatria. Instituto da Criança HC-FMUSP/editores Benita G. Schvartsman, Paulo Taufi Maluf Jr.; n° 20.)
11. Morgan CM, Vecchiatti IR, Negrão AB. Etiologia dos transtornos alimentares: aspectos biológicos, psicológicos e socioculturais. Rev Bras Psiquiatr. 2002;24(supl III):18-23.
12. Moya T, Cominato L. Complicações clínicas. In: Weinberg C (ed.). Transtornos alimentares na infância e adolescência. Uma visão multidisciplinar. São Paulo: Sá; 2008. p.89-114.
13. Fagundes U, Oliva CAG. Avaliação e tratamento das complicações médicas. In: Claudino AM, Zanella MT (eds.). Transtornos alimentares e obesidade. Barueri: Manole; 2005. p.119-26.
14. Freud S. Psiquiatria e psicanálise. In: Obras completas. Rio de Janeiro: Imago; 1987.
15. Lacan J. La place de la psycanalyse dans la medicine. In: Cahier Du Collège de medicine, 19667 (n.12), retomado em Le Bloc-Notes de La psycanalyse no.7,Buchet/Chastel, Paris.
16. Freud S. O sintoma. In: Obras completas. Rio de Janeiro: Imago; 1987.
17. Freud S. O recalque. In: Obras completas. Rio de Janeiro: Imago; 1987.
18. Vorcaro A, Lamberte MTMR. A criança de 3 a 5 anos. In: Polanczyk GV, Lamberte MTMR (orgs.). Psiquiatria da infância e adolescência. Baureri: Manole; 2012. p.296-309. (Coleção Pediatria. Instituto da Criança HC-FMUSP/editores Benita G. Schvartsman, Paulo Taufi Maluf Jr.; n° 20.)
19. Lamberte MTMR, Pereira MEC, Jerusalinsky NA. A gestação e o primeiro ano de vida. In: Polanczyk GV, Lamberte MTMR (orgs.). Psiquiatria da infância e adolescência. Barueri: Manole; 2012. p.296-309. (Coleção Pediatria. Instituto da Criança HC-FMUSP/editores Benita G. Schvartsman, Paulo Taufi Maluf Jr.; n° 20.)
20. Freud S. Projeto para uma psicologia científica (1950[1895]). In: Obras completas. V. I. Rio de Janeiro: Imago; 1969. p.381-517.
21. Freud S. La pulsion y sus destinos. Barcelona: Biblioteca Nueva; 1948.
22. Lacan J. O seminário, livro 10: a angústia (1962-3). Rio de Janeiro: Zahar;1998.
23. Séminaire, livre XI. Les quatre concepts fondamentaux de La psycanalyse. Paris: Seuil 1973.
24. Freud S. Estudos sobre a histeria. In: Obras completas. Rio de Janeiro: Imago; 1987.
25. Lacan J. Subversão do sujeito e a dialética do desejo (1960). In: Escritos. Rio de Janeiro: Zahar; 1998. p.807-42.
26. Lacan J. Direção da cura e os princípios de seu poder (1958). In: Escritos. Rio de Janeiro: Zahar; 1998. p.585-652.
27. Bataille G. O erotismo. 2.ed. Lisboa: Moraes; 1980 (1957).
28. Lacan J. O seminário, livro 7: a ética da psicanálise. Rio de Janeiro: Jorge Zahar; 1988.
29. Lacan J. Seminário XI – os quatro conceitos fundamentais da psicanálise. 2.ed. Rio de Janeiro: Jorge Zahar; 1985.
30. Freud S. Bate-se numa criança. In: Obras completas. Rio de Janeiro: Imago; 1987.

170 Medicina de Adolescentes

31. Lacan J. O seminário, livro 14: a lógica da fantasia. Rio de Janeiro: Jorge Zahar; 1966-67.
32. Calligaris C. Hipótese sobre o fantasma na cura psicanalítica. Porto Alegre; Artes Médicas; 1986.
33. Vidal EA. Ato e tempo. In: FALO – Revista Brasileira do Campo Freudiano. São Paulo: Fator; 1987. p.51-8.
34. Lamberte MTMR. A condição subjetiva da adolescência. In: Marcondes E, Vaz FAC, Ramos JLR, Okay Y (orgs.). Pediatria básica. Tomo I. Pediatria geral e neonatal. 9ª ed. São Paulo: Sarvier; 2002. p.806-12.
35. Freud S. Organização genital infantil. In: Obras completas. Rio de Janeiro: Imago; 1987.
36. Lamberte MTMR, Tavares EE. O adolescente. In: Polanczyk GV, Lamberte MTMR (orgs.). Psiquiatria da infância e adolescência. Barueri: Manole; 2012. p.119-32. (Coleção Pediatria. Instituto da Criança HC-FMUSP/editores Benita G. Schvartsman, Paulo Taufi Maluf Jr.; nº 20.)
37. Aflalo A. O assassinato frustrado da psicanálise. Opção lacaniana 9. Rio de Janeiro: Contra Capa; 2012.
38. Freud S. O mal-estar na civilização. In: Obras completas. Rio de Janeiro: Imago; 1987.
39. Llosa MV. A civilização do espetáculo. Quetzal; 2012.
40. Debord G. A sociedade do espetáculo. Rio de Janeiro: Contra Capa; 1997.
41. Breton D. Escarificações na adolescência: uma abordagem antropológica. Horizontes Antropológicos. 2010;16(33):25-40.
42. Le Breton D. Condutas de risco: dos jogos de morte ao jogo de viver. Campinas: Autores Associados; 2009.

Seção IV

Sexualidade e contracepção

Sexualidade no adolescente 16

Maria Ignez Saito

Após ler este capítulo, você estará apto a:

1. Identificar sexualidade não como sinônimo de sexo ou atividade sexual, mas, sim, parte do desenvolvimento da personalidade.
2. Compreender que o adolescente é muito mais do que um corpo desenvolvido ou em desenvolvimento, pronto para apresentar desejos sexuais e, até mesmo, para procriar.
3. Perceber a importância dos grupos de referência na prevenção.

INTRODUÇÃO

A sexualidade é um atributo presente em qualquer ser humano. Extremamente ligada às relações afetivas e à intimidade de cada um, ela não pode ser imaginada apenas como sinônimo de sexo ou do ato sexual. Culturalmente, existe a tendência de se reduzir a sexualidade ao âmbito genital ou à sua função reprodutiva sem se levar em conta a importância dos sentimentos e das emoções. Portanto, no que se refere principalmente ao adolescente, a sexualidade é muito mais do que um corpo desenvolvido ou em desenvolvimento, pronto para apresentar desejos sexuais e até mesmo para procriar; na realidade, ela traduz a maneira singular com que cada indivíduo desenvolve e estabelece suas relações pessoais e interpessoais a partir de seu papel sexual[1].

Outra noção importante, de grande ajuda para ampliar a percepção sobre o tema, é a visão da sexualidade no tempo, que permite entendê-la não como proposta individual, mas sim vinculada a uma relação de poder de ordem político-econômica, cultural, social, religiosa, moral e ética, subordinando o comportamento sexual do indivíduo a valores e instituições que evoluem de forma dinâmica em cada época e que possam, sob múltiplos aspectos, ser transpostos para os dias de hoje[2].

Assim, de maneira geral, até hoje, a inserção social influencia os critérios de julgamento, que podem diferir diante do mesmo fato.

Exemplo claro dessa afirmativa pode ser apreciado na gravidez em adolescentes de níveis socioeconômicos diversos: há reações de espanto e revolta quando ocorre em jovens das classes mais favorecidas e de conformação ou até fatalidade nos níveis sociais menos favorecidos, com diversas ocorrências na mesma família ou no grupamento social[2].

SEXUALIDADE E ADOLESCÊNCIA

Atualmente, os adolescentes debruçam-se sobre múltiplas alternativas relacionadas aos impulsos e às vivências da sexualidade. Nessa fase de vida, marcada pela transformação corporal, bem como nas demais, a sexualidade sustenta-se sobre dois componentes fundamentais, que permanecem definitivamente interligados[3,4]:

- O indivíduo com seu conteúdo biológico e psicoemocional.
- A inserção sociocultural com seus múltiplos valores e grupos de referência.

Do ponto de vista individual, a adolescência tem na puberdade seu conjunto de transformações físicas, com destaque para a aceleração e a desaceleração do crescimento e a evolução da maturação sexual, sustentada pela eclosão hormonal, indelevelmente ligada às vivências da sexualidade. Nesse período de mudanças, a imagem corporal assume grande importância, estando plenamente relacionada a questões de autoestima e autocuidado. Muitas vezes, os adolescentes buscam a perfeição idealizada e o olhar de aprovação da pessoa amada, ficando extremamente feridos pelo fato de não serem bem aceitos pelo(s) outro(s).

Algumas considerações precisam ser feitas em relação às vivências e aos riscos ligados às características do desenvolvimento reunidas na Síndrome da Adolescência Normal[3-5]. É importante levar em conta a busca da identidade com questionamento dos padrões familiares e, portanto, da autoridade dos pais, unida à ideia de indestrutibilidade, que faz os jovens se arriscarem em desafios inconsequentes. O marcante vínculo com o grupo proporciona a noção de força que vem dos pares; para serem aceitos, os adolescentes assumem atitudes para as quais, muitas vezes, não estão preparados. Na vivência temporal singular, misturam-se ansiedade, desejo de viver tudo de modo rápido e intenso, sem paciência para a espera ou para julgamentos. O jovem, que vive agora a evolução da sexualidade, é frequentemente imaturo para lidar com o impulso sexual voltado para a genitalidade, pois seu corpo é a todo momento renovado por mudanças marcantes. Com frequência, existirá o conflito paradoxal entre o físico totalmente pronto para a reprodução e o psíquico despreparado. O adolescente pode se apresentar, ao mesmo tempo, onipotente e impotente para enfrentar o novo; tímido e ousado para viver a sexualidade, na qual estão igualmente colocados o prazer e o risco. Cabe ainda mencionar o amor, pois os adolescentes são amadores na arte de amar; talvez ainda lhes falte clareza de sentimentos ou eles estejam em busca do grande amor único e perfeito, e somente o tempo proporcionará maior intimidade com escolhas mais definitivas, que envolvam construção, constância, lealdade, profundidade e parceria. O narcisismo próprio dessa fase, o desejo incontido de ser o centro das atenções, não os torna suficientemente doadores na tarefa de amar o outro, incluindo-o e protegendo-o[4].

SEXUALIDADE E PREVENÇÃO

Durante a discussão sobre a sexualidade, a primeira preocupação é não encará-la como sinônimo de sexo ou de relação sexual, a fim de a entender como parte inerente do processo de desenvolvimento da personalidade.

Cabe lembrar que a sexualidade se apresenta, de forma singular, a cada momento da vida desde sua concepção até a morte do indivíduo; deve-se compreender que não existe uma sexualidade da criança, outra do adolescente, do adulto ou do idoso.

Pressupostos da Educação Sexual na Adolescência

- Todo jovem tem o direito e o dever à realização pessoal e social.
- O adolescente é um ser sexuado.
- Não deve existir liberdade sem responsabilidade; porém, entraves socioculturais podem dificultar a aquisição de responsabilidade.
- A informação é um bom instrumento, embora haja necessidade de introjetá-la.
- A reflexão é imprescindível para alterar valores e crenças.

Paralelamente a esses pressupostos, torna-se impostergável a educação sexual vista como instrumento relevante contra gravidez precoce, aborto e doenças sexualmente transmissíveis (DST), o que exige reflexão e discussão sobre essa prática.

No entanto, o diálogo na família ainda é pobre ou inexistente; na escola, o debate é tímido e mais voltado para os aspectos biológicos sobre a reprodução. Por fim, muitos familiares, educadores e profissionais da saúde mostram-se despreparados para discutir a sexualidade, permanecendo impregnados por preconceitos e tabus que acabam sendo transmitidos aos jovens. Assim, observa-se uma "pseudoabertura", na qual a fala não encontra igual respaldo na postura.

Grupos de Referência e Educação Sexual

Família

A família deveria estar presente no processo da educação sexual por ser o primeiro grupo veiculador dos valores sociais e da cultura.

Atualmente, a ausência dos pais (mesmo quando presentes) e a falta de diálogo encoberta pela farsa da pouca disponibilidade de tempo – tempo não é só quantidade, mas, principalmente, qualidade – deixam crianças e adolescentes à mercê de outros "orientadores", como televisão e internet. O sexo, e não a sexualidade, penetra livremente nos lares pelos meios de comunicação, invadindo as famílias, seus contornos ou limites. As mensagens recebidas não são invalidadas nem apoiadas, predominando, entre as mais descabidas, a gravidez na adolescência sempre com final feliz.

Deve-se, ainda, acrescentar como determinantes de risco as famílias desestruturadas, negligentes, com falta de limites e de amor, que não favorecem o desenvolvimento da autoestima – elemento tão importante de proteção ao adolescente.

O autoritarismo vazio, que incrementa atitudes de desafio por parte dos adolescentes, deve ser banido, dando lugar à autoridade baseada na coerência entre discurso e atitude e no diálogo, que deveria estar presente desde a infância.

Escola

No processo da educação sexual dentro da proposta preventiva, outros grupos de referência tornam-se importantes, como a escola. Se a meta é informar ou, melhor ainda, formar, a escola destaca-se entre os grupos de referência por ser essa sua função precípua. Nesse espaço pedagógico, a orientação sexual torna legal a discussão sobre a sexualidade.

Alguns autores constataram que o fato de as jovens terem aulas sobre sexualidade não influenciou na decisão sobre o início da atividade sexual, embora haja entre elas menor número de gestações. A literatura mostra ainda que os adolescentes que receberam aulas de orientação sexual usaram preservativos em maior escala na primeira relação e ainda que os jovens sempre apontam a escola como fonte de informação sobre sexualidade, valorizando não apenas esses conhecimentos, como o local onde os receberam.

Diante desses relatos, fica fácil concluir que os horizontes da escola devem ser cada vez mais ampliados, sempre abrangendo os conhecimentos mais relevantes da adolescência e da sexualidade, a fim de possibilitar o desenvolvimento de técnicas de abordagem ainda mais adequadas[6]. Antes de mais nada, torna-se necessário buscar instrumentos que permitam melhor preparação daqueles que orientam o adolescente. Nesse enfoque, não só os professores de ciências ou biologia são responsáveis pela transmissão do conteúdo, mas a escola como um todo, bem como o conteúdo, que não mais deve contemplar a reprodução em detrimento da sexualidade.

Atentando para uma proposição mais completa, a escola pode incluir as famílias dentro das questões educativas, respeitando seus valores, e, ao mesmo tempo, ampliando as discussões sobre sexualidade.

Saúde

É também fundamental a participação dos segmentos da saúde, pois, se a escola pode ser responsabilizada por falhas na educação sexual vinculada à prevenção de agravos, o que se poderá dizer do pediatra que, mesmo tendo livre acesso às famílias, às crianças e, posteriormente, aos adolescentes, infelizmente, com grande frequência se omite em informar ou discutir a sexualidade – proposta imprescindível da puericultura moderna. Dentro deste enfoque, o pediatra, bem como os demais profissionais da saúde que funcionam como educadores, devem compreender que a educação sexual é, em si, um meio e não um fim, fazendo-se clara a necessidade de reflexão sobre singularidade de cada faixa etária e sobre seus fatores de risco.

Para isso, o primeiro passo deve ser reconhecer a criança como um ser sexuado e desvincular o adolescente dos estereótipos que o ligam à liberação dos costumes ao erotismo excessivo e à promiscuidade.

Nas consultas pediátricas, o desenvolvimento da sexualidade deve merecer a mesma atenção do crescimento físico, da nutrição e do desenvolvimento neuropsicomotor. É fundamental discutir a normalidade da masturbação, a possibilidade de exibicionismo e os papéis infantis masculino e feminino. Na abordagem de adolescentes, devem ser consideradas as características e as singularidades dessa fase, tendo em vista concretizar comportamentos adequados que permitam eliminar ou diminuir os eventos de risco.

A proposta educacional relacionada com a sexualidade precisa ser desenvolvida dentro dos mais rigorosos preceitos éticos de privacidade e confidencialidade e sustentada pelo sigilo médico (arts. 74 e 78 do Código de Ética Médica[7]). Ela irá se basear no princípio de autonomia do adolescente, em respeito ao seu eu, seu corpo e seu pudor e, por vezes, em sua dificuldade em revelar aspectos íntimos ou constrangedores de sua vida. Uma abordagem mais ampla desses aspectos pode ser encontrada no Capítulo 4 – Princípios éticos do atendimento de adolescentes.

Cultura e sociedade

A inserção sociocultural é fundamental para a instituição de normas e valores determinantes dos comportamentos humanos, inclusive os da esfera sexual. Todo esse momento é visto como transformação social com valores em transição. A bem da verdade, quando se considera o contexto histórico, os valores sempre estiveram em transição, pois, frequentemente, cada geração tenta modificar ou resgatar, ainda que sob nova óptica, o que foi lei ou norma para a geração anterior, incluindo as questões relacionadas à sexualidade[1,3,4].

Deve-se considerar que a cultura engloba aspectos cognitivos, crenças, tabus, rituais, símbolos e valores que produzem determinadas influências, convertendo certos aspectos como aceitáveis ou não. É importante que aquele que vai orientar tenha em mente as possíveis diferenças culturais entre ele e os orientandos e até mesmo entre os próprios orientandos, pois isso trará maior abrangência à orientação.

As diferenças culturais entre as sociedades oriental e ocidental, adolescentes rurais e urbanos e procedentes de diferentes países ou regiões do mesmo país são marcantes e determinam diferentes vivências da sexualidade. Quando se encara a vertente social, é importante perceber que a socialização é o processo pelo qual o ser humano interioriza normas, valores e atitudes, incorporando-os à sua própria personalidade. Aqui, a família aparece como um importante agente na construção do comportamento, pois é na célula-máter que eclode, inicialmente, a cultura do uso de azul ou rosa, determinando atitudes e papéis sociais que diferenciam meninos e meninas, homens e mulheres.

Em uma sociedade machista, frequentemente exigem-se das mulheres a sensibilidade e a ternura, a emoção das lágrimas e o cuidado com o filho pequeno; dos homens, a independência, a luta por um lugar no mercado de trabalho, a força e o comando, tudo isso refletindo-se e, por vezes, determinando o comportamento sexual. É possível que a solução não esteja nem no machismo nem no feminismo, mas em uma proposta na qual direitos e deveres sejam iguais para ambos os gêneros. É formalmente reconhecida a importância do papel de gênero masculino e feminino, que serve de sustentáculo a toda a estrutura social. Dentro desse contexto, é relevante considerar a trajetória da mulher na sua história de exercício da sexualidade.

A mulher vem ocupando seu lugar na sociedade, usa calças como o homem, enfrenta problemas no mercado de trabalho, vota, é arrimo de família e exerce os mesmos cargos e encargos profissionais, mas não consegue se apossar totalmente das decisões relacionadas ao exercício de sua sexualidade, a qual envolve realizar uma escolha, dizer não, proteger-se, cuidar-se e amar-se.

A globalização traz como consequência o esvanecimento de valores e a busca incessante do prazer. A ideia de liberdade perde o caráter de escolha e mistura-se, perigosamente, com a irresponsabilidade. A baixa autoestima favorece o abandono do "eu" como sujeito e a transformação do indivíduo em objeto.

CONCLUSÕES

Diante de tudo o que foi exposto, a proposta de educação sexual desenvolvida dentro da relação educador/educando deve contemplar algumas premissas para obter eficácia, entre as quais se destacam:

- Não imaginar o outro como um conteúdo vazio a ser preenchido com os valores do orientador – lembrar que educadores e educandos têm valores, histórias de vida e propostas diferentes, que incluem até mesmo o exercício da sexualidade.
- Abandonar critérios morais de julgamento, substituindo-os por outros de proteção ao indivíduo, à sua saúde e ao projeto de vida.
- Não basear a orientação sexual no uso de preservativo ou método anticoncepcional, mas no resgate do indivíduo como sujeito de suas ações, objetivando favorecer o desenvolvimento da cidadania e o compromisso consigo mesmo e com o outro[3,4,6]. Essa proposição não invalida ter a anticoncepção como parte relevante da proposta preventiva, mas envolve conhecimentos sobre sexualidade, reprodução e prazer.

Nas intervenções adequadas para a prevenção, devem ser reconhecidos os fatores de risco que envolvem a atividade sexual precoce, a mudança de valores sociais, a pobreza, a baixa escolaridade, os problemas psicoemocionais e, principalmente, a ausência de um projeto de vida. A apropriação de qualquer conhecimento para o adolescente só é possível quando ocorre a integração do saber ao cotidiano. É provável que os melhores princípios, que devem conduzir a educação sexual, tenham sido elaborados por Cecília Cardinal de Martin, uma das pioneiras em educação sexual na Colômbia[8]:

- Educação mais para o ser do que para o ter e o fazer.
- Educação para formação da autoconsciência e dos valores internos.
- Educação para a troca.
- Educação para o amor.
- Educação para a liberdade.
- Educação para a vida passada, presente e futura.

REFERÊNCIAS BIBLIOGRÁFICAS

1. Guerpelli MHBV. A educação preventiva em sexualidade na adolescência. Idéias. Papel da educação na ação preventiva ao abuso de drogas e às DST/AIDS. São Paulo: Fundação para o Desenvolvimento da Educação; 1996. p.61-71.

2. Costa M. Sexualidade na adolescência. 5ª ed. São Paulo: LP&A; 1991.
3. Saito MI. Visão histórica da sexualidade: reflexões e desafios. In: Saito MI, Silva LEV, Leal MM. Adolescência: prevenção e risco. 2ª ed. São Paulo: Atheneu; 2008. p.99-105.
4. Saito MI. Sexualidade, adolescência e orientação sexual: reflexões e desafios. Rev Med FMUSP. 1996;75(1):26-30.
5. Aberastury A, Knobel M. La adolescencia normal. Buenos Aires: Paidós; 1970.
6. Saito MI. Sex education in school: preventing unwanted pregnancy in adolescents. J Gynecol Obstet. 1998;63(Suppl.):157.
7. Código de Ética Médica. Resolução CFM n. 1.931, de 17 de setembro de 2009.
8. Cardinal de Martin C. La educación sexual como el proyecto de una visión vital, dialógica y reivindicativa del sentido humano del placer. Revista Anthropos. 2006;210:197-223.

Homossexualidade e adolescência 17

Benito Lourenço

Após ler este capítulo, você estará apto a:

1. Compreender a homossexualidade como expressão do espectro da sexualidade humana e compreender os conceitos de comportamento, orientação e identidade sexual.
2. Compreender os princípios éticos e técnicos envolvidos na consulta e na orientação de adolescentes homossexuais.
3. Realizar a orientação básica de familiares com relação às principais dúvidas relacionadas à homossexualidade de seus filhos.

INTRODUÇÃO

Médicos que atendem adolescentes frequentemente encontram pacientes homossexuais ou em conflito, questionando-se sobre sua identidade sexual. Além das questões comuns vivenciadas por todos os adolescentes, jovens *gays*, lésbicas, bissexuais e transgêneros enfrentam desafios adicionais relacionados ao processo de autodescoberta, revelação, discriminação e preconceito. Homossexualidade ainda é uma questão carregada de aspectos emocionais. Sendo uma das dimensões da sexualidade humana, ainda é assunto revestido de estigmas e tabus por grande parte da sociedade. Quando essa temática é conjugada nessa fase tão particular do desenvolvimento – a adolescência –, as dificuldades de discussão se ampliam por parte dos próprios adolescentes, de seus familiares ou até mesmo dos profissionais que atendem essa faixa etária. Muito do que foi estudado cientificamente sobre orientação sexual e gênero, na última geração, ocorreu paralelamente às mudanças socioculturais observadas nesses últimos anos. Enquanto o viés negativo contra as minorias sexuais diminui em muitos segmentos da sociedade, a intolerância ainda é observada em alguns outros. O adolescente pode estar exposto a essas atitudes negativas e isso pode se refletir em aspectos preocupantes de sua saúde.

Deve-se estar atento sobre as questões inerentes aos jovens com orientação homossexual e os temores e dúvidas de familiares que, eventualmente, questionam os sentimentos de seus adolescentes. Todos os prestadores de cuidados a adolescentes devem ser treinados para oferecer atendimento com competência e imparcialidade para essa população, no qual deve incluir ampla compreensão do desenvolvimento da sexualidade na adolescência, capacidade de identificar problemas de saúde psíquica relacionados ao processo de identificação, revelação ou vitimização, e familiaridade com eventuais problemas de saúde relacionados à orientação sexual[1].

Este capítulo delineia e explora algumas considerações práticas para o atendimento de jovens homossexuais e suas famílias, principalmente o papel do profissional na promoção de um desenvolvimento mais saudável nessa população.

CONCEITOS E DEFINIÇÕES EM SEXUALIDADE HUMANA

Existe muita controvérsia entre os pesquisadores sobre como entender a ampla dimensão da sexualidade e, por conseguinte, da homossexualidade na adolescência. Essa amplitude se expressa na interação entre biologia (hormônios e anatomia), psicologia, relações interpessoais e influências socioculturais[2] (Figura 17.1).

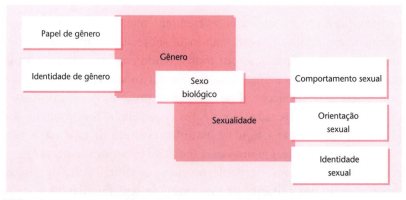

Figura 17.1 Interações entre as variáveis de gênero e sexualidade.

Basicamente, três dimensões da sexualidade podem ser exploradas. Entretanto, muitas permutações são possíveis entre elas, considerando a disjunção entre desejos, práticas e identidades, abundantemente registrada na literatura.

Orientação sexual refere-se ao sexo da pessoa a quem um indivíduo é eroticamente atraído. Compreende uma série de componentes, incluindo desejo, fantasias e padrões fisiológicos de excitação. Indivíduos com orientação homossexual são atraídos por pessoas do mesmo sexo.

O comportamento sexual é a manifestação física da sexualidade do indivíduo. Entre todos os tipos de carícias, contatos e de relações sexuais propriamente ditas se estabelecem os cuidados preventivos pertinentes tanto a hétero quanto a homossexuais.

A identidade é um conceito mais amplo e abstrato do autoentendimento e nomeação de si mesmo dentro de uma matriz sociocultural. Dessa forma, a identidade sexual é um senso particular de percepção e clareza sobre sua sexualidade, seus desejos e seu papel sexual. Identificar-se como hétero ou homossexual, *gay*, lésbica ou qualquer outra denominação é um processo dinâmico e lento de construção individual, que se processa durante a adolescência, na evolução de sua sexualidade.

Quando se aborda a homossexualidade com um adolescente ou um adulto, essas facetas apresentadas devem ser consideradas em uma construção multidimensional[3]. Em cada pessoa, esses aspectos podem ser congruentes ou não. Por exemplo, um indivíduo pode ter um comportamento homossexual e não se identificar como *gay* ou lésbica. Muitos homens e mulheres com desejo homossexual suprimem seus sentimentos ou comportamentos ou até mantêm-se em segredo, manifestando uma identidade pública heterossexual. Dessa forma, não surpreendentemente, a frequência da homossexualidade varia bastante nos trabalhos dependendo de como essa informação é obtida; perguntas do tipo "você é *gay*?", "sente-se atraído por pessoas do mesmo sexo?" ou "já ficou com alguém do mesmo sexo?" podem revelar respostas muito diferentes[4].

O conceito de identidade de gênero encontra-se em uma dimensão diferente da orientação sexual. Quando uma criança nasce, embora tenha o seu sexo biológico definido geneticamente e pela sua anatomia, ela é designada como pertencente ao sexo masculino ou feminino. À medida que o indivíduo se desenvolve, ele se identifica, concordando ou não com o gênero que lhe foi atribuído no seu nascimento. Na maioria das crianças e adolescentes, sua identidade de gênero coincide com a sua condição de masculino ou feminino. Há também uma identidade de gênero consistente com o seu sexo biológico na maioria dos indivíduos homossexuais. Muitos *gays* e lésbicas desempenham um papel típico do gênero a que pertencem. Isso desmitifica uma crendice e deve ser compartilhado com pais e cuidadores de que o homossexual é necessariamente uma pessoa que demonstra trejeitos e comportamentos que os fazem serem notados de forma diferente.

Em algumas pessoas, entretanto, há uma divergência entre sua autopercepção de gênero e o papel a que lhe foi atribuído. Essa situação é designada como inconformidade de gênero ou transgênero. Ser masculino ou feminino, portanto, é uma questão de gênero. Sexo é um conceito biológico; gênero, um conceito sociocultural que vai além do sexo. Embora os cuidados e a atenção aos indivíduos transgêneros sejam importantes, esse assunto foge ao escopo deste capítulo.

Enfim, a confusão a respeito de papéis e identidade de gênero, por um lado, e orientação, comportamento e identidade sexual, por outro, deve-se fundamentalmente ao padrão binário que a sociedade ainda tem em relação aos temas da sexualidade humana. Entretanto, as possibilidades de expressão humana não cabem em um sistema como esse.

Alguns autores descrevem estágios de aquisição da identidade homossexual[6]. Inicia-se por um processo de sensibilização, em que a criança tem uma sensação de ser diferente, sem entender a razão desses sentimentos. Segue-se um momento de confusão de identidade, quando o adolescente começar a ter comportamentos e sentimentos homossexuais. A ideia da homossexualidade pode conflitar com sua identidade. Nesse momento, podem experienciar isolamento ou sensação de solidão nessa descoberta. O próximo estágio consiste em assumir essa identidade e, eventualmente, dividi-la com outros. É o processo chamado de *coming out* (sem tradução específica para a língua portuguesa). Finalmente, em um estágio de consolidação, o indivíduo experimenta uma sensação de satisfação e aceitação[5].

Smith et al.[6] demonstram que adolescentes *gays* e lésbicas geralmente reportam sua consciência e primeiras atrações pelo mesmo sexo aos 10 a 11 anos de idade, a identificação como homossexual de 13 a 15 anos, e as primeiras experiências próximas ao tempo de sua identificação. Meninas aparentemente identificam-se mais tardiamente que meninos[7].

É importante que os profissionais de saúde, pais de adolescentes e educadores saibam sobre a possível existência, durante o processo de desenvolvimento da sexualidade, dos jogos sexuais e manipulações do corpo. Trata-se de uma fase exploratória e de experimentação que contribui para a construção da identidade sexual futura. As meninas trocam confidências e carinhos com suas amigas e os meninos buscam parceiros para brincadeiras e vivências.

ATENDIMENTO AO ADOLESCENTE HOMOSSEXUAL

Um dos aspectos da atenção à saúde dos adolescentes é a avaliação abrangente dos aspectos psicossexuais dos jovens. As perguntas sobre sentimentos, experiências e identidade podem ajudar o clínico a compreender mais amplamente os aspectos do desenvolvimento da sexualidade do adolescente. A postura heterossexista, que parte do princípio que todos são heterossexuais até que se refira o contrário, pode gerar conclusões errôneas e uma postura insensível do profissional.

A história deve ser obtida sem juízo de valor, evitando-se a utilização de perguntas fechadas, tendenciosas ou heterossexistas, do tipo "você tem namorada?" ou "já se interessa por garotas?" ao se entrevistar um menino, por exemplo. Assim, prefere-se sempre a utilização de perguntas mais abertas, do tipo "há alguém especial em sua vida?" ou "você já se interessou por alguém?". Da mesma forma, estimula-se a utilização de questões que quebrem estereótipos e que ampliem as possibilidades de expressão da sexualidade humana, como "você já beijou meninos ou meninas?" ou "já se interessou por algum amigo ou por alguma amiga?". Mesmo que o adolescente, em determindado momento, não tenha nenhuma experiência ou sentimento homossexual, é importante que o jovem perceba a neutralidade na fala não heterossexista de seu médico, para que, em eventual situação futura, haja mais conforto desse adolescente em conversar sobre esses aspectos com sua equipe de saúde. A empatia e a busca da maior neutralidade possível na entrevista viabilizam as falas sobre questões relacionadas à homossexualidade. Com essa abordagem, espera-se auxiliá-los na busca de seus próprios desejos e na proteção em relação aos riscos inerentes às suas práticas sexuais[8]. Deve-se tomar cuidado com uma postura interrogatória e intrometida do médico. A atitude de sondagem pode ser tão perigosa quanto a de esquiva.

A atenção aos aspectos da saúde do adolescente homossexual deve fundamentar-se em três princípios básicos: confidencialidade, respeito e possibilidade de encaminhamento caso o profissional não se sinta apto para atender o adolescente (Figura 17.2).

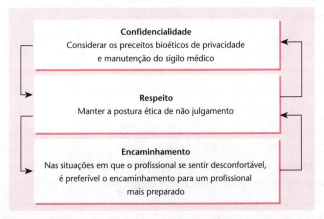

Figura 17.2 Bases do atendimento do adolescente homossexual.

A discussão de qualquer tema ou assunto relacionado ao desenvolvimento sexual do adolescente implica respeito aos princípios bioéticos da privacidade e da confidencialidade. Esses preceitos básicos da aliança entre o paciente adolescente e seu clínico são pressupostos fundamentais para uma conversa mais livre entre médico e paciente. Nas raras situações de evidente risco do adolescente, abre-se, fundamentada pelo Código de Ética Médica (art. 74), uma condição para a quebra do sigilo médico[9].

O médico deve atender seu adolescente com uma postura ética e de respeito, de imparcialidade, evitando comentários críticos sobre a opinião e o comportamento sexual do adolescente. Sentindo-se desconfortável, por crenças pessoais para lidar com aspectos relativos à variabilidade da sexualidade humana, em particular com a homossexualidade, deve encaminhar o paciente a um profissional mais apto a conduzir esse tipo de atendimento[10].

O médico deve ser cauteloso em atribuir rótulos prematuros em relação a orientação e identidade sexual do adolescente, entendendo que essas facetas da sexualidade são dinâmicas e podem evoluir ao longo do tempo[1]. Pode-se também tranquilizar o jovem que se encontra ansioso por definições e identificações. É mais prudente que, inicialmente, a conversa se estabeleça sobre o comportamento (o que faz?) e a orientação sexual (o que deseja?) do adolescente; o processo de identificação (o que sou?) não requer pressa e o apoio do profissional é fundamental nesse momento. Sendo o desenvolvimento de identidade sexual variável em cada indivíduo, muitas vezes é desejável permitir que o jovem defina seu ritmo de autodescoberta, sem pressões ou atropelos. Outro ponto importante é que, diante de um adolescente em conflito, é preferível tranquilizá-lo sobre o fato de ainda ser muito precoce a definição da identidade sexual, em vez da utilização de termos como "fase" ou "transitoridade", que podem ter conotação de desaprovação[8].

Recentes mudanças sociais no entendimento sobre a homossexualidade favoreceram alguns adolescentes *gays* e lésbicas, que se sentem mais confortáveis diante de sua orientação sexual. Embora a maioria dos indivíduos homossexuais tenha boa saúde física e mental, a literatura descreve que alguns podem experimentar uma variedade de fatores de estresse e alguns desafios em seu desenvolvimento[1]. Portanto, em decorrência desses desencadeantes, adolescentes pertencentes às minorias sexuais podem desenvolver depressão, distúrbios de ansiedade, abuso de substâncias e suicídios em uma frequência maior em comparação à população geral[8]. Apesar do aumento da tolerância, podem experimentar ostracismo, assédio, intimidação, críticas ou rejeição por colegas ou familiares. Isso pode associar-se com problemas sociais significativos, angústia e sintomas psicológicos[11,12]. Estudos têm demonstrado também que essas questões podem se prolongar até a fase adulta, demonstrando uma significativa associação entre estigmas e discriminação, com prejuízos na saúde mental dessas pessoas[13]. Mesmo quando não são pessoalmente ameaçados,

Homossexualidade e adolescência   187

jovens homossexuais podem ser indireta ou abertamente desacreditados pela família ou pelos pares. Eles podem observar outros colegas experimentando desrespeito, humilhação e menor *status* social. Essa experiência pode criar dificuldades de conciliar as necessidades de desenvolvimento para formar uma identidade sexual e a sensação de aceitabilidade social. Descreve-se, eventualmente, em decorrência disso, uma síndrome de autoaversão (preconceito sexual internalizado), que pode adversamente comprometer a autoestima, levar à negação de sua orientação e dificuldades em estabelecer relacionamentos saudáveis[11].

É importante notar que esses problemas psicossociais em jovens não heterossexuais não são atribuíveis à homossexualidade em si, mas estão significativamente associados com a estigmatização da não conformidade de gênero, o estresse, a violência, a falta de suporte e eventuais problemas familiares decorrentes.

Muitos jovens *gays* e lésbicas escondem a sua identidade de seus pares. O dilema sobre a possibilidade de revelar sua orientação homossexual é um aspecto único do desenvolvimento dos adolescentes homossexuais. O *coming out* é uma decisão que requer considerações particulares e não há resposta simples sobre se é na adolescência que esse movimento deve ocorrer, e com quem o adolescente deve inicialmente dividir esses sentimentos. Isso exige um autojulgamento sobre sua maturidade e estratégias individuais de resiliência e enfrentamento de possíveis adversidades, bem como o seu contexto social. Para alguns, contar traz grande alívio. Para outros, em ambientes mais hostis, caracteriza-se uma bravata, com ameaças e intimidações, demonstrando uma coragem desnecessária e eventualmente danosa; para esses, a postergação dessa revelação pode ser mais adaptativa[8]. O médico de adolescentes pode estabelecer uma conversa neutra sobre essas nuances apresentadas, ajudando o adolescente a tomar uma decisão mais saudável e com menos riscos.

Por conta do rápido avanço tecnológico observado neste último século, algumas questões têm sido consideradas na orientação dos adolescentes. A internet propicia hoje, pelo simples movimento de um *mouse,* um imenso universo de conteúdo e estímulos. Para o adolescente curioso, esse *cyber* espaço oferece uma gama variada de páginas e *chats* de conteúdo sexual para todos os tipos de interesse e orientação. O adolescente pode acessar essas páginas que apresentam conteúdo correto e pertinente e também informações errôneas e perigosas[10]. As salas de conversas e redes de relacionamento representam um espaço de possibilidade de encontros entre pessoas com as mesmas afinidades. No que diz respeito às possibilidades de conversas e encontros sexuais, trata-se de um campo preocupante e perigoso, pois abre espaço para pessoas mal intencionadas e oportunistas que se aproveitam de jovens em início de identificação e de descobertas e vulneráveis em certos aspectos. Essas questões devem ser claramente discutidas com os jovens e suas famílias.

188 Medicina de Adolescentes

O risco de violência a que os adolescentes homossexuais podem estar expostos deve ser considerado. Em um momento de confusão, segredo e pequena rede social de apoio, o adolescente pode se tornar presa de adultos mal intencionados. Os redutos e a clandestinidade amplificam esse risco.

Alguns adolescentes estão em maior risco de uso e abuso de algumas substâncias, inclusive o álcool, em virtude de ambientes como discotecas e bares. A pressão e a disponibilidade tornam-se facilitadores para o uso. Eles podem usar drogas e álcool para obter uma sensação de pertença ou para alívio da vergonha e falta de confiança associados com seus sentimentos amorosos e sexuais. É fundamental a orientação dos adolescentes (hétero e homossexuais) sobre a ligação entre uso de substâncias e relações sexuais inseguras.

Os adolescentes correm risco de contrair uma doença sexualmente transmissível (DST), incluindo a infecção pelo HIV, especialmente aqueles que se sentem invulneráveis ou que não têm a madura habilidade interpessoal necessária para negociar experiências sexuais seguras.

Tem sido dada atenção especial aos aspectos de saúde de mulheres que fazem sexo com mulheres. Os estudos demonstram que, além de configurarem um grupo que utiliza menos os serviços de saúde, estes, por sua vez, se estruturam para atenção ginecológica fundamentalmente à saúde reprodutiva e às orientações contraceptivas. Dessa forma, a entrada na assistência preventiva das jovens homossexuais é retardada ou inexiste[14]. Estudos demonstram que meninas lésbicas ou bissexuais são tão propensas a ter relações heterossexuais, maior risco de não utilizar métodos contraceptivos ou de proteção e de ficarem grávidas, quando comparadas à população heterossexual[14]. Deve-se enfatizar que essas meninas não têm, biologicamente, risco maior de um problema de saúde por conta de sua orientação sexual; os riscos diferenciais dessa população surgem dos comportamentos mais comuns nesse grupo. Por exemplo, maior frequência de tabagismo do que na população heterossexual[15]. Esses pontos alertam o médico para a discussão de questões mais específicas na consulta.

Da mesma forma que há atenção para a possibilidade de DST na população heterossexual, agentes infecciosos podem ser transmitidos pelas secreções vaginais por contato dos dedos com genital, genital com genital ou objetos intermediários, sem uso de preservativos ou sem limpeza adequada. Portanto, riscos de infecção por gonococo, clamídia, hepatite B, sífilis, HPV, herpes e tricomoníase são descritos e variam em função da prática sexual e do número de parceiros.

Todos os adolescentes de ambos os sexos devem ser orientados a receber a vacina contra o HPV.

ATENDIMENTO E ORIENTAÇÃO DE FAMÍLIAS SOBRE HOMOSSEXUALIDADE

Famílias de jovens homossexuais podem consultar o profissional de saúde por uma variedade de razões, questionando, por exemplo, se é um comportamento transitório, para pedir apoio para o seu adolescente ou por observar problemas como *bullying*, ansiedade ou depressão.

Na orientação dos pais que trazem questionamentos sobre a sexualidade de seus filhos ou dúvidas sobre suas percepções de seus comportamentos, um dos pontos iniciais a serem discutidos é a questão cultural do comportamento de gênero esperado socialmente dos indivíduos. Conforme apresentado no início do capítulo, gênero é uma construção sociocultural e a sociedade ainda observa e tem expectativas de atitudes, comportamentos e traços de personalidade por parte dos indivíduos na lógica binária de masculinidade e feminilidade. Esses conceitos passam por transformações atuais, com uma fluidez maior entre essas expressões. Portanto, uma das concepções errôneas mais frequentes envolvendo gênero é a de que, por exemplo, homens com atitudes ou gestos considerados femininos são necessariamente *gays*, ou que mulheres que vestem roupas largas são, com certeza, lésbicas. Essa ideia é geralmente acompanhada daquela segundo a qual homens afeminados queriam ser mulheres e mulheres masculinizadas queriam ser homens. O modo de andar, de gesticular, de falar, e a preferência por determinados tipos de roupas ou de atividades não têm, necessariamente, relação com a orientação sexual nem com identidade de gênero.

Os pais e outros membros da família podem precisar de ajuda profissional para lidar com a confusão, raiva, culpa e sentimentos de perda. Se o pediatra tem uma boa relação com o pais, ele pode ser uma importante fonte inicial de apoio e informação.

É fato que o apoio da família é reconhecidamente fator protetor contra alguns agravos. Os homossexuais que relatam níveis elevados de rejeição familiar durante a adolescência têm risco 8,4 vezes maior de suicídio, são 5,9 vezes mais propensos a depressão, têm 3,4 vezes mais chances de usar drogas ilegais e são 3,4 vezes mais propensos a relatar engajamento em uma relação sexual desprotegida, em comparação com os seus pares provenientes de famílias que relatam nenhum ou baixo nível de rejeição familiar[11,16].

Muitos pais culpam-se e saem em busca de respostas sobre eventuais erros ou sobre a gênese da orientação homossexual. O ideal é que os pais acolham seu filho e o apoiem. Os pais devem entender que pertencer a uma minoria sexual não é uma tarefa fácil e, portanto, se o filho tiver pais que o façam sentir-se confortável e seguro, esse processo tenderá a ser menos conflituoso.

Pais devem saber que a identidade homossexual não é uma questão de escolha ou de opção. Embora possa até haver um certo controle sobre o comportamento sexual, quando este encontra-se conflitante com a orientação e a identidade, pode haver prejuízo na saúde emocional e psíquica de seu filho. A opção reside na escolha de contar ou não para a sociedade sobre seus desejos homossexuais, ou seja, a escolha está no fato de querer ou não se assumir perante o social, mas não há escolha sobre sentir ou não atração pela pessoa do mesmo sexo ou sexo oposto.

Os médicos devem ajudar no alívio de quaisquer sentimentos irracionais de vergonha e culpa e preservar as relações familiares de empatia e apoio, quando possível. Os mitos, equívocos ou expectativas distorcidas devem ser esclarecidos. Um dos mitos que os pais podem acreditar é que o filho homossexual terá apenas relacionamentos casuais ou será promíscuo. Trata-se de uma leitura preconceituosa e infundada, e o comportamento promíscuo do jovem homossexual não encontra fundamentação na literatura científica[8,11]. Outro mito que deve ser explicado é de que o entendimento de que o filho homossexual será uma pessoa triste e fadada ao ostracismo não encontra fundamentação quando existem acolhimento e apoio da família[8,16].

CONCLUSÕES

Os médicos devem estar cientes de que não há nenhuma evidência de que a orientação sexual pode ser alterada por meio de terapia, e que as tentativas nesse sentido podem ser prejudiciais. Essas "terapias reparativas" são inerentemente coercitivas, inconsistentes com os padrões atuais de cuidados médicos e eticamente inaceitáveis[8].

Os profissionais de saúde devem estar confortáveis na discussão dos aspectos relacionados às violências sofridas pelas minorias sexuais, além de ter um papel ativo na escola e na comunidade, dentro de esforços de redução do padrão de hostilidade e prevenção da vitimização dessa população[17].

Finalmente, o foco prioritário do atendimento de jovens homossexuais é o mesmo dos adolescentes heterossexuais: o médico deve ter como objetivo, além das práticas sociais seguras, a promoção do completo potencial do desenvolvimento psicossexual, em um contexto de bem-estar social e emocional, auxiliando e protegendo a plena capacidade para a formação de uma identidade integrada, adaptada e saudável.

REFERÊNCIAS BIBLIOGRÁFICAS

1. Reitman DS, Austin B, Belkind U, Chaffee T, Hoffman ND, Moore E, et al. Recommendations for promoting the health and well-being of lesbian, gay, bisexual, and transgender adolescents: a position paper of the society for adolescent health and medicine. J Adolesc Health. 2013;52(4):506-10.

Homossexualidade e adolescência   191

2. Brown RT. Adolescent sexuality at the dawn of the 21st century. Adolesc Med. 2000;11(1): 19-34.
3. Saewyc EM, Bauer GR, Skay CL, Bearinger LH, Resnick MD, Reis E, et al. Measuring sexual orientation in adolescent health surveys: Evaluation of eight school-based surveys. J Adolesc Health. 2004;35(1):e1-15.
4. Igartua K, Thombs BD, Burgos G, Montoro R. Concordance and discrepancy in sexual identity, attraction and behavior among adolescents. J Adolesc Health. 2009;45(6):602-8.
5. Troiden RR. Homosexual identity development. J Adolesc Health Care. 1998;9(2):105-13.
6. Smith SD, Dermer SB, Astramovich RL. Working with non-heterosexual youth to understand sexual identity development, at-risks behaviors and implications for health care professionals. Psychol Rep. 2005;96(3 Pt 1):651-4.
7. Remafedi G, Resnick M, Blum R, Harris L. Demography of sexual orientation in adolescents. Pediatrics. 1992;89(4 Pt 2):714-21.
8. Adelson SL, American Academy of Child and Adolescent Psychiatry. Practice parameter on gay, lesbian, or bisexual sexual orientation, gender nonconformity, and gender discordance in children and adolescents. J Am Acad Child Adolesc Psychiatry. 2012;51(9):957-74.
9. Conselho Federal de Medicina. Resolução CFM n. 1931/2009. Disponível em: http://www.portal-medico.org.br/resolucoes/CFM/2009/1931_2009.htm. (Acesso em 16 mai 2013.)
10. Sison AC, Greydanus DE. Deconstructing adolescent same-sex attraction and sexual behavior in the twenty-first century: perspectives for the clinician. Prim Care. 2007;34(2):293-304.
11. Ryan C, Huebner D, Diaz RM, Sanchez J. Family rejection as a predictor of negative health outcomes in white and Latino lesbian, gay and bisexual young adults. Pediatrics. 2009;123(1):346-52.
12. Berlan ED, Corliss HL, Field AE, Goodman E, Austin SB. Sexual orientation and bullying among adolescents in the Growing Up Today study. J Adolesc Health. 2010;46(4):366-71.
13. Cochran SD, Mays VM, Sullivan JG. Prevalence of mental disorders, psychological distress, and mental health services use among lesbian, gay, and bisexual adults in the United States. J Consult Clin Psychol. 2003;71(1):53-61.
14. Saewyc EM, Bearinger LH, Blum RW, Resnick MD. Sexual intercourse, abuse and pregnancy among adolescent women: does sexual orientation make a difference? Fam Plann Perspect. 1999;31(3):127-31.
15. Gruskin EP, Greenwood GL, Matevia M, Pollack LM, Bye LL. Disparities in smoking between the lesbian, gay and bisexual population and the general population in California. Am J Public Health. 2007;97(8):1496-502.
16. Needham BL, Austin EL. Sexual orientation, parental support and health during the transition to young adulthood. J Youth Adolesc. 2010;39(10):1189-98.
17. Frankowski BL. Sexual orientation and adolescents. Pediatrics. 2004;113(6):1827-32.

18 Contracepção na adolescência

Benito Lourenço
Marta Miranda Leal

Após ler este capítulo, você estará apto a:

1. Compreender a maior vulnerabilidade do adolescente diante das vivências relacionadas ao exercício da sexualidade.
2. Reconhecer a importância da prevenção e a necessidade da educação sexual como parte da consulta do adolescente.
3. Identificar os aspectos que devem ser considerados na adoção de uma estratégia de proteção contraceptiva para os adolescentes.
4. Orientar sobre os principais métodos contraceptivos disponíveis para uso na adolescência.

INTRODUÇÃO

O processo de prevenção à gravidez na adolescência é complexo e dinâmico e a população de adolescentes e jovens com acesso a uma fonte confiável de informações, aconselhamento e apoio está mais bem capacitada ao exercício saudável e responsável da sexualidade. O médico que atende adolescentes tem grande responsabilidade nesse processo. O objetivo deste capítulo é oferecer aos pediatras informações atualizadas sobre os métodos contraceptivos disponíveis para os adolescentes e, dessa forma, orientar, incentivar e capacitar os profissionais para o maior envolvimento nas questões pertinentes à proteção de seus pacientes sexualmente ativos ou que estão prestes a iniciar-se nessa prática.

A Pesquisa Nacional de Saúde do Escolar (PeNSE)[1], um estudo nacional publicado em 2009, conduzido pelo Instituto Brasileiro de Geografia e Estatística (IBGE) e pelo Ministério da Saúde, investigou diversos fatores de risco e proteção à saúde dos adolescentes, em mais de 60 mil adolescentes escolares do 9º ano do ensino fundamental, de escolas públicas e privadas, das 26 capitais estaduais e do Distrito Federal. Os dados levantados na PeNSE revelaram que 30,5% dos escolares já tiveram relação sexual alguma vez, 43,7% dos adolescentes do sexo masculino e 18,7% do sexo feminino, 33,1% de escolas públicas e 20,8% das escolas privadas. Esses dados são corroborados pela Pesquisa sobre Comportamento, Atitudes e Práticas Relacionadas às Doenças Sexualmente Transmissíveis (DST) e aids (PCAP-2008)[2] do Ministério da Saúde, publicada em 2011, que identificou que a vida sexual dos adolescentes começa cedo – 26,8% tiveram relações sexuais antes dos 15 anos. Outra pesquisa, Comportamento Sexual e Percepções da População Brasileira sobre HIV/aids, realizada em 2005, demonstrou que a proporção de brasileiros na faixa etária entre 16 e 19 anos e sexualmente ativos alguma vez na vida foi de 61,6% e a idade média de início da vida sexual foi de 14,9 anos[3].

Esses dados apontam para um fato incontestável: os pediatras encontram, em sua prática, jovens que necessitam de atenção e cuidados em relação à prevenção de gravidez e de infecções sexualmente transmissíveis. Sabe-se que o comportamento nas primeiras relações sexuais estabelecem padrões comportamentais que podem permanecer por toda a vida[4]. Dessa forma, o papel do profissional de saúde, nesse momento, reveste-se de particular importância. Entretanto, a despeito da necessidade de o médico reconhecer a atividade sexual do seu paciente, não são todos os pediatras que abordam temas relacionados à saúde reprodutiva nas consultas de rotina; cerca de 40% dos pediatras não abordam assuntos relacionados a estratégias de proteção nos atendimentos de adolescentes[5].

O capítulo inicia-se com uma breve discussão sobre a sexualidade na adolescência e a gravidez nessa faixa etária, dentro do contexto dos estágios de desenvolvimento do adolescente. São apresentadas as estratégias para a introdução desses temas durante a consulta clínica e as técnicas de orientação sobre saúde reprodutiva e contracepção. Finalmente, são descritos os principais métodos contraceptivos para essa faixa etária, revisando-se seu mecanismo de ação, eficácia, contraindicações, benefícios e riscos sob a perspectiva do médico e vantagens e desvantagens sob a perspectiva do adolescente.

SEXUALIDADE, ADOLESCÊNCIA E GRAVIDEZ

A compreensão básica do desenvolvimento do adolescente é fundamental para o entendimento das questões que permeiam a sexualidade nessa faixa etária. A adolescência representa uma etapa crucial do processo de crescimento e desenvolvimento, cuja marca registrada é a variedade de eventos modificadores de ordem biológica, psicológica e social, em uma vivência de transformações pessoais e únicas, inseridas nas mais diferentes culturas[6]. A abordagem do adolescente deve, portanto, considerar a adequação de aspectos de linguagem e entendimento para cada etapa do desenvolvimento, nos variados contextos ambientais e culturais, considerando a percepção dos riscos e da vulnerabilidade de cada jovem.

Embora a evolução e o exercício da sexualidade na adolescência possam, por vezes, caracterizar-se por uma vivência saudável, responsável e segura, podem constituir-se em risco de grau variável à saúde e à elaboração e realização de projetos de vida, quando tem como consequências traumas de ordem psicossexuais, gravidez não planejada, aborto ou aids, estes últimos com seus custos não apenas biológicos, mas também psíquicos e sociais.

Calcula-se que, a cada ano, mais de 14 milhões de adolescentes dão à luz no mundo. A proporção de nascidos vivos de mães adolescentes no Brasil, segundo o DATASUS, oscilou de 23,5%, em 2000, para 19,3% em 2011[7,8]. Dados do Sistema Nacional de Nascidos Vivos (SINASC) indicam que o fenômeno gravidez na adolescência pouco vem se alterando ao longo dos anos: em 1998, houve registro de 27.237 nascimentos de mães de 10 a 14 anos de idade; 26.276, em 2004 e 27.049, em 2010. Em meninas de 15 a 19 anos são registrados mais de 500 mil nascidos vivos por ano (533.103 em 2011)[8].

Em relação aos abortos, observa-se, em uma série histórica de 2002 a 2006, que os números absolutos de atendimentos no SUS a abortamentos tiveram queda em todas as idades. Ainda assim, deve-se lembrar que o número de internações por abortamento no SUS demonstra nítido crescimento a partir dos 15 anos, atingindo o ápice entre 20 e 24 anos[9]. Deve-se ressaltar, no entanto, que essa análise não aborda os dados de abortamento em condições inseguras, cujas consequências maléficas repercutem nos serviços de saúde ou nas estatísticas de mortalidade materna juvenil.

Finalmente, é preciso examinar uma situação problema, que afeta inexoravelmente a vida de mulheres adolescentes e suas famílias: a mortalidade por causas relacionadas à gravidez, ao parto e ao puerpério. A análise realizada pelo Ministério da Saúde em 2010 aponta um total de 273 adolescentes cujas mortes estavam relacionadas à gravidez, ao parto e ao puerpério (15,8% dos óbitos assim classificados)[10].

Adolescentes grávidas não representam um fenômeno novo. Afinal, até algumas décadas atrás, a faixa etária entre 14 e 19 anos era considerada adequada à maternidade; trata-se, é claro, de contextos socioculturais bastante diversos do atual, em que a cultura não dirigia à mulher expectativas para muito além do casamento e da maternidade. O padrão reprodutivo e também as expectativas da sociedade em

Contracepção na adolescência   195

relação aos jovens mudaram. A eles vem sendo concedido período de dependência progressivamente estendido para além da maioridade legal, ao mesmo tempo em que cada vez mais são destacadas e valorizadas suas necessidades e conveniências. Nesse novo cenário, não há como olhar para a gravidez nessa faixa etária com naturalidade. Trata-se, inegavelmente, de profunda ruptura com a cultura que propõe, cada vez mais, o adiamento do início da vida de responsabilidades, bem como do início do período reprodutivo.

Embora não se configure como doença, é inegável o quanto a gravidez, mesmo quando desejada e planejada, é desencadeante de desestabilização na vida da mulher, o que se estende à do casal e da família, e impõe o rearranjo dos elementos constituintes dessas vidas. Além disso, desencadeia intensa mobilização psicológica, cujos efeitos se confundem com aqueles determinados pelas variações físicas que lhe são próprias. O vínculo mãe-filho, que se inicia durante uma gestação, não é isento de contradições: se sobram razões para que seja amado, o lactente é, ao mesmo tempo, aquele que pode vir a desarranjar uma situação estabelecida, seja na relação do casal ou na vida social, econômica ou profissional de cada um de seus membros. Ocorrendo durante a adolescência, esse rearranjo torna-se ao mesmo tempo mais imperativo e mais difícil[11].

Considerando a especificidade do adolescente em seus aspectos do desenvolvimento psicossocial, em especial relacionados ao desenvolvimento da sexualidade, com suas particularidades decorrentes da carga afetiva hiperdimensionada, com um padrão de passionalidade na vivência das relações amorosas, das inseguranças, bem como de expectativas pouco realistas e imaturas sobre o amor e o sexo, configura-se uma das tarefas mais importantes do médico a abordagem preventiva e de promoção da saúde reprodutiva dos adolescentes.

Para os profissionais que atendem adolescentes, este é um período no qual se concentram significativas discussões e propostas na busca dos melhores caminhos para seu bom e proveitoso transcurso. Na condução das orientações preventivas para os adolescentes, é importante considerar:

- A busca da identidade com questionamentos dos padrões familiares e, portanto, da autoridade dos pais, associada à ideia de invulnerabilidade que, ao lado da necessidade premente de experimentação, faz com que os jovens se arrisquem em desafios por vezes inconsequentes.
- O marcante vínculo e a suscetibilidade para com o grupo que proporciona a noção de força que vem dos pares; para serem aceitos, os adolescentes assumem atitudes para as quais, muitas vezes, não estão preparados.
- A vivência temporal singular a essa faixa etária, em que se misturam ansiedade, desejo de viver tudo rápida e intensamente, não havendo espaço para a espera

196 Medicina de Adolescentes

ou julgamentos e um certo afrouxamento das noções de passado e futuro, com consequente dificuldade de assumir propostas preventivas.

■ A evolução da sexualidade que promove o exercício da genitalidade e os coloca frente a frente com seus impulsos sexuais[12].

O profissional deve estar preparado, portanto, para o desafio de orientar um ser ávido por experimentar o novo, destemido por se julgar invulnerável e imaturo ou amador para lidar com o impulso sexual, marcado pela genitalidade, em um corpo renovado por mudanças marcantes.

Sabe-se, ainda, que, embora a atitude contestadora seja uma das grandes marcas dessa transição, o jovem, sem que aceite ou sequer perceba, é particularmente sujeito a influências que chegam até eles principalmente por meio da mídia. No entanto, percebe-se que a mídia dirigida ao adolescente nem sempre se mostra comprometida com sua real circunstância, e a visão de mundo apresentada ao jovem acaba por se revelar parcial, enganosa ou oportunista, que inclui, de maneira geral, prioridades de consumo, modalidades de vínculo frágeis e erotismo[11].

Meninas muito jovens que iniciam atividade sexual são mais propensas a ter parceiros mais velhos, vários parceiros, não utilizar proteção e maior risco de gravidez e DST[13]. A atividade sexual precoce no adolescente pode ocorrer em um contexto de assincronia do desenvolvimento do adolescente, quando, por exemplo, uma menina madura do ponto de vista biológico (avançado estágio puberal) ainda se mantém psicologicamente, do ponto de vista emocional e cognitivo, imatura. A orientação de proteção nessa fase da adolescência inicial é desafiadora: como o profissional pode ficar menos atento a esses temas na consulta, a adolescente pode ficar constrangida ou amedrontada de falar de suas vivências e explicitar suas dúvidas com o médico. Suas características cognitivas dificultam o planejamento futuro, em razão de seu pensamento mais concreto. Abordagens facilitadoras para essa discussão, como expressões do tipo "Muitas adolescentes me trazem dúvidas ou preocupações sobre sexo... você tem alguma?" ou "Muitos de meus pacientes já estão começando a se relacionar com outros adolescentes... você já ficou com alguém?", podem ajudar o médico, que deve, posteriormente, quantificar e qualificar o risco e a vulnerabilidade de seu paciente.

Na adolescência média, a frequência de relações sexuais aumenta e dá-se o início da evolução do pensamento abstrato, o que permite certo grau de planejamento e antecipação, embora as decisões ainda sejam tomadas "no momento" e as repercussões somente sejam percebidas em longo prazo, após realização da ação. Nesse momento, ainda há necessidade de informações concretas e suporte para o desenvolvimento de um comportamento de prevenção. A adesão e a continuidade do uso de métodos contraceptivos podem ser comprometidas, com altas taxas de abandono do uso de contraceptivos orais, por exemplo[14].

Finalmente, na adolescência tardia, o maior desenvolvimento do pensamento abstrato facilita sobremaneira as orientações preventivas, ainda que os adolescentes mantenham um comportamento mais impulsivo e sejam menos capazes de adiar sensações gratificantes, quando comparados à população adulta.

ORIENTAÇÃO CONTRACEPTIVA NA ADOLESCÊNCIA

O método contraceptivo ideal seria aquele de ação reversível, 100% eficaz, totalmente isento de contraindicações e efeitos colaterais, de fácil utilização, que pudesse ser usado a qualquer hora e sem necessidade de supervisão médica, que fosse independente da atividade sexual e da motivação para seu uso, de baixo custo e fácil acesso e que também protegesse contra as infecções transmitidas sexualmente.

Embora somente a abstinência garanta a ausência de qualquer tipo de risco relacionado à atividade sexual, a orientação que apenas nela se fundamenta mostra-se falha, considerando o início da atividade sexual precoce de muitos jovens e o contexto social pós-moderno. Ainda assim, é papel do médico que atende adolescentes discutir com seu jovem paciente, em bases éticas e destituídas de julgamentos preconcebidos, o melhor momento para o início da atividade sexual[15]. Para alguns adolescentes, a postergação pode ser claramente entendida e vir a constituir-se em sua opção contraceptiva, dentro da discussão sobre o exercício saudável da sexualidade. Para aqueles que optam por iniciar a vida sexual, deve-se prover orientação preventiva pertinente, com a apresentação e a oferta de métodos contraceptivos efetivos para a proteção dos adolescentes tanto contra gravidez quanto contra doenças sexualmente transmissíveis (DST).

Atente-se, aqui, para os princípios éticos que regem a Medicina do Adolescente, particularmente para o art. 74 do Capítulo IX (Sigilo Profissional) do Código de Ética Médica[16]: "É vedado ao médico: revelar sigilo profissional relacionado a paciente menor de idade, inclusive a seus pais ou representantes legais, desde que o menor tenha capacidade de discernimento, salvo quando a não revelação possa acarretar dano ao paciente". Assim, embora o diálogo entre pais e filhos deva sempre ser estimulado, a orientação anticoncepcional deve permanecer em sigilo se o adolescente assim o desejar, mostrar-se capaz e o seu exercício da sexualidade não se caracterizar em risco à vida[16,17].

Diante da indicação de prescrição de um anticoncepcional, vários aspectos devem ser considerados na escolha do método contraceptivo mais adequado ao paciente adolescente. Grande parte dos adolescentes traz conceitos preestabelecidos sobre os vários métodos contraceptivos, alguns dos quais podem ser errôneos, relacionados a mitos, efeitos adversos, riscos e benefícios, preconceitos muitas vezes relacionados a ideias dos pares ou aprendidos nas diversas mídias de informação.

198 Medicina de Adolescentes

É importante que a orientação do profissional se inicie com a consideração dessas ideias. Nenhum manejo contraceptivo será completo se desconsiderar a opinião trazida pelo paciente.

O Quadro 18.1 relaciona pontos importantes a serem considerados na escolha de uma estratégia contraceptiva para os adolescentes.

Quadro 18.1 – Pontos a serem considerados na prescrição contraceptiva na adolescência[18]

- Maturidade psicológica e cognitiva do adolescente – a adesão a um método depende da capacidade do adolescente de aceitar e/ou assumir a própria sexualidade, assim como da capacidade de organização do seu tempo e antecipação e planejamento da atividade sexual
- Grau de escolaridade e capacidade de compreensão das orientações
- Capacidade do adolescente de identificar as situações de risco vivenciadas e possíveis consequências, como gravidez e doenças sexualmente transmissíveis
- Existência de parceiro estável e participante da escolha anticoncepcional
- Frequência das relações sexuais – a atividade sexual na adolescência geralmente é esporádica e não programada, dificultando a introdução de um método na rotina de vida
- Grau de motivação para a prática contraceptiva tanto da adolescente quanto do parceiro
- Significado pessoal e sociocultural de uma eventual gravidez e expectativas relacionadas ao papel de parceira/gestante e/ou ao papel de mãe – não raramente está presente, consciente ou inconscientemente, o desejo de engravidar
- Avaliação inadequada de experiência sexual anterior – a adolescente que inicia sua atividade sexual muito precocemente, quando os ciclos menstruais são, na sua maioria, anovulatórios, tem a falsa impressão de que realmente não engravida. Dessa forma, sente-se tranquila por acreditar-se estéril ou tenta engravidar para ter certeza de que não o é
- Experiências anteriores com métodos anticoncepcionais, como ocorrência de efeitos colaterais ou de falhas contraceptivas
- Existência de gestação e/ou aborto prévios
- Conhecimento e opinião da adolescente (e do parceiro) sobre os métodos anticoncepcionais (conceitos, preconceitos, preceitos religiosos etc.)
- Opinião dos pais ou responsáveis a respeito do uso de anticoncepcionais por adolescentes
- Conhecimento dos pais ou responsáveis acerca das práticas sexuais em questão (geralmente, desconhecem a atividade sexual dos filhos)
- Barreiras para a utilização de métodos anticoncepcionais na família
- Opinião do grupo a respeito dos métodos anticoncepcionais
- Crenças religiosas
- Orientação contraceptiva prévia ou posterior ao início da atividade sexual
- Avaliação clínica da adolescente e existência de contraindicações absolutas e relativas ao uso de determinado método – a presença de doença crônica que pode tornar a escolha do método mais complexa
- Disponibilidade, custo e facilidade de aquisição do método de proteção escolhido
- Acessibilidade aos serviços de saúde
- Taxa de eficácia de cada método

A eficácia de cada método deve ser considerada na sua escolha. É classificada como "uso perfeito", que é a taxa de ocorrência de gravidez após 1 ano de uso consistente e correto, ou "uso típico", taxa quando do uso real do método, com as possibilidades de falhas[19]. Quanto mais a utilização do método depende do indivíduo, mais sua taxa de eficácia prática (uso típico) se afasta da teórica (uso perfeito). Nesse sentido, os adolescentes comportam-se como usuários "típicos" de um método, e não como usuários "ideais". Não se deve esquecer, no entanto, que qualquer método anticoncepcional é mais eficaz do que a ausência de um método. A Tabela 18.1 apresenta as taxas de eficácia dos principais métodos contraceptivos disponíveis.

Tabela 18.1 – Eficácia de alguns métodos contraceptivos – frequência de gravidez (%) durante 1 ano de uso do método contraceptivo[19]

Método	Uso típico (real)	Uso perfeito (ideal)
Nenhum método	85	85
Coito interrompido	22	4
Preservativo masculino	18	2
Preservativo feminino	21	5
Pílula anticoncepcional combinada ou apenas de progestágeno	8	0,3
Anticoncepção injetável com progestágeno (trimestral)	6	0,2
Dispositivo intrauterino (DIU) de cobre	0,8	0,6
Dispositivo intrauterino (DIU) com levonorgestrel	0,2	0,2

Tantas são as questões a serem discutidas e avaliadas na seleção de um método contraceptivo que não é surpresa que essa orientação preventiva na adolescência seja tarefa complexa, particularmente quando se consideram as características psicossociais próprias desse grupo etário que muito influenciam na prática sexual e contraceptiva. De forma geral, o adolescente sexualmente ativo estará mais propenso a procurar e se envolver com uma proposta preventiva se:

- Demonstrar perspectivas e projetos de vida futuros.
- Perceber a gravidez como um risco com consequências negativas.
- Tiver apoio familiar, de amigos ou de profissional médico que apresente e sancione o uso de um método preventivo.
- Encontrar-se nas fases da adolescência média e tardia, com maior maturidade psicossocial.

A escolha da estratégia contraceptiva, que deve, necessariamente, estar alicerçada no conceito da "dupla proteção" (gravidez e infecções sexualmente transmissíveis), deve ser uma decisão conjunta do médico e de seu paciente adolescente e, quando possível, em conjunto com o(a) parceiro(a). As orientações e as advertências devem ser fornecidas de forma clara e objetiva. Inúmeras vezes, o médico opta pela orientação de uma estratégia que combine dois métodos de proteção, como a utilização de um método de barreira com um anticoncepcional oral ou a utilização de um método de barreira com a anticoncepção de emergência para os acidentes contraceptivos.

A cada atendimento do adolescente, tem-se a oportunidade de avaliar a adesão à estratégia prescrita, a satisfação do paciente e a ocorrência de efeitos adversos, sanar dúvidas e conversar sobre as preocupações. É importante que o médico se assegure sobre o uso correto do método escolhido e esteja apto a romper as barreiras que se estabeleçam para a sua utilização.

A abordagem ideal que garanta adesão ainda não é bem conhecida. Recente revisão das publicações envolvendo estratégias para o favorecimento de maior adesão à contracepção oral (como atividades individuais e em grupo, e sistemas de reforço e lembrança como mensagens de texto e voz) aponta para uma escassez de trabalhos nessa área, enquanto os existentes não são conclusivos[20]. Diante disso, resta-nos ainda considerar a importância do vínculo e da adequada relação médico-adolescente como elementos facilitadores dessa discussão.

MÉTODOS DE BARREIRA

Preservativo Masculino

Quando usado corretamente em todas as relações sexuais, o preservativo reduz significativamente o risco de gravidez e de infecções sexualmente transmissíveis, incluindo HIV. Sua eficácia está diretamente relacionada a motivação, habilidade e adesão. A falha do método está, na maioria das vezes, ligada ao não uso em todas as relações sexuais, à colocação inadequada ou colocação em um momento tardio da relação sexual (após contato genital).

O primeiro aspecto que se destaca na discussão sobre os preservativos é a importância da participação masculina nas estratégias de proteção contra a gravidez; algumas vezes, o parceiro não é considerado na abordagem da equação contraceptiva. O preservativo costuma ser o método utilizado nas primeiras relações sexuais dos adolescentes e, embora seu uso possa ser influenciado por ambos os parceiros, a participação masculina é essencial para a sua utilização.

Na prática clínica, mesmo quando o adolescente diz já saber "tudo sobre camisinha", fato bastante comum pela grande disseminação de informações na escola e na mídia, devem-se ressaltar e discutir as informações sobre o momento do ato sexual para a sua colocação, a importância da verificação da data de validade, armazenamento, transporte, disponibilidade e orientações técnicas quanto ao uso.

O pediatra pode estimular o adolescente a manipular o preservativo e experimentar durante a prática masturbatória, antes das primeiras relações sexuais, favorecendo um progressivo, natural e saudável senso de competência do jovem ao uso da barreira durante o ato sexual. Paralelamente, torna-se fundamental construir e reforçar as habilidades de negociação sobre o uso do preservativo.

Outro aspecto importante é discutir com o adolescente que, embora o preservativo modifique a sensibilidade, não a diminui nem interfere no prazer sexual. O preservativo masculino pode, ainda, prolongar o tempo até a ejaculação, o que muitas vezes pode ser visto como uma vantagem para o casal. Os mitos referentes à interferência no desempenho sexual são importantes causas da não adesão.

O medo, frequentemente relatado pela adolescente, de que o preservativo masculino possa romper e disso resulte uma gravidez pode ser minimizado pela orientação, prescrição ou até fornecimento prévio do anticoncepcional de emergência para um eventual caso de acidente contraceptivo.

O grande destaque para a orientação do preservativo para os adolescentes é sua evidente proteção contra as DST, visto que a proteção contraceptiva propriamente dita pode ser realizada com vários outros métodos disponíveis. Existe um consenso geral de que o uso do preservativo tem um papel central em qualquer programa de prevenção contra HIV/DST[21].

Preservativo Feminino

O preservativo feminino é um dispositivo de poliuretano que traz dois anéis flexíveis em suas extremidades (o anel interno fixa-se sobre o colo do útero e o externo sobre a vulva). É eficaz contra DST e cumpre os critérios de dupla proteção; faltam, no entanto, trabalhos que estudem sua aceitação por parte das adolescentes brasileiras. Além do custo um pouco mais elevado, a aparência e a necessidade de manuseio genital para sua colocação é um fator limitante à sua popularidade nessa faixa etária.

ANTICONCEPÇÃO HORMONAL

Anticoncepcional Combinado Oral

O anticoncepcional combinado oral (ACO) ou pílula, como comumente é chamado, é o método mais conhecido e talvez, por isso, seja a solicitação inicial da maioria das adolescentes.

Existe grande número de formulações comercialmente disponíveis e, a cada dia, novos produtos são lançados no mercado. Basicamente, o ACO é composto por um componente estrogênico (no Brasil, basicamente o etinilestradiol) e um progestágeno. Este último componente é responsável pelo espessamento do muco cervical, impedindo, dessa forma, a entrada do espermatozoide. Tanto o estrógeno quanto o progestágeno atuam impedindo a ovulação, por meio de uma retroalimentação negativa sobre o eixo hipotálamo-hipófise-gonadal. As dosagens de etinilestradiol variam comercialmente de 15 a 50 mcg. Na prática, a preferência é sempre por doses menores que 35 mcg, chamados de "baixa dosagem", para evitar os efeitos adversos e os riscos associados a altas doses estrogênicas. Os progestágenos são caracteristicamente diferenciados por "gerações". Assim, como exemplo, há os progestágenos de primeira geração, os estranos (noretindrona, acetato de medroxiprogesterona); os de segunda e terceira gerações, os gonanos (levonorgestrel, desogestrel e gestodeno); e os de quarta geração (drospirenona). Cada progestágeno apresenta diferentes propriedades farmacológicas; assim, pequenas mudanças estruturais nas moléculas originais podem induzir diferenças consideráveis na atividade de cada um de seus derivados. A maioria dos progestágenos é derivada de um precursor androgênico, exceção da drospirenona que deriva da espironolactona. Os progestágenos de terceira e quarta geração foram criados com o objetivo de produzir a progestina ideal, que tivesse os benefícios da progesterona, sem os efeitos androgênicos indesejáveis das progestinas mais antigas, como acne e retenção hídrica.

Na adolescência, de modo geral, opta-se pelas apresentações monofásicas (mesma dosagem hormonal em todas as pílulas), por não se perceber vantagens nos bifásicos e trifásicos, que podem ter sua eficácia diminuída caso as pílulas sejam ingeridas na sequência errada. Algumas apresentações de anticoncepcionais combinados, do tipo monofásico, existentes no mercado, estão apresentadas na Tabela 18.2. Mais comumente, o anticoncepcional monofásico é apresentado na forma de 21 comprimidos sequenciais, para uso diário, por 3 semanas, podendo seguir a pausa de 1 semana, na qual ocorrerá o sangramento. Diante da grande disponibilidade de opções, a melhor pílula é aquela que o profissional tem familiaridade e conhecimento, sendo eventualmente necessário alguns ajustes nos primeiros 3 meses de uso, caso algum desconforto ocorra, como náuseas, retenção hídrica ou escapes de sangramento.

Tabela 18.2 – Algumas combinações nos anticoncepcionais orais utilizados na adolescência	
Componente estrogênico	Componente progestagênico
Etinilestradiol 35 mcg	Acetato de ciproterona 2 mg
Etinilestradiol 30 mcg	Levonorgestrel 0,15 mg
	Desogestrel 0,15 mg
	Gestodene 0,075 mg
	Drospirenona 3 mg
Etinilestradiol 20 mcg	Desogestrel 0,15 mg
	Gestodene 0,075 mg
	Drospirenona 3 mg
Etinilestradiol 15 mcg	Gestodene 0,06 mg

Altamente eficaz, de ação reversível e com opções de baixo custo, não previne, entretanto, contra as DST, nem é método totalmente isento de efeitos adversos. Quanto à prevenção de DST, esse problema é resolvido pelo uso concomitante de preservativo. Quanto aos efeitos colaterais, o grande número de estudos e os anos de utilização fornecem certeza sobre a segurança do uso de ACO nessa faixa etária, desde que utilizados adequadamente e respeitadas suas contraindicações. Os critérios de elegibilidade para a prescrição de anticoncepcionais da Organização Mundial da Saúde (OMS), publicados em 2009, apontam as seguintes contraindicações absolutas ao uso de ACO[22]:

- Múltiplos fatores de risco associados para doença arterial e cardiovascular (idade avançada, tabagismo, diabete e hipertensão).
- Hipertensão arterial (sistólica maior ou igual a 160 mmHg ou diastólica maior ou igual a 100 mmHg).
- Doença vascular.
- Fenômenos tromboembólicos venosos pregressos ou atuais, acidente vascular cerebral ou alto risco para essas condições, como mutações trombogênicas conhecidas.
- Cardiopatia isquêmica atual ou pregressa.
- Cirurgia de grande porte com imobilização prolongada.
- Doença cardíaca valvular complicada (hipertensão pulmonar, risco de fibrilação atrial, história de endocardite).
- Lúpus eritematoso sistêmico com anticorpos antifosfolípides positivos.
- Migrânea com aura.
- Certeza ou suspeita de câncer de mama ou de outras neoplasias hormônio-dependentes.
- Hepatopatia aguda ou crônica (cirrose e tumores de fígado).
- Diabete com evidência de nefropatia, retinopatia, neuropatia, doença vascular ou com mais de 20 anos de evolução.
- Fumante com idade maior ou igual a 35 anos (15 ou mais cigarros/dia).

A existência de outras doenças crônicas ou o uso contínuo de medicações que podem interagir com a pílula são situações em que se deve considerar a relação risco/benefício do ACO. Esse tema será abordado no Capítulo 19 – Anticoncepção e doença crônica.

Alguns benefícios não contraceptivos são descritos, como melhora da dismenorreia e regularização de ciclos menorrágicos, tratamento das situações de hiperandrogenismo (hirsutismo, acne) e tratamento da endometriose[23]. Está descrita, ainda, uma certa redução de risco do desenvolvimento da alguns tumores ovarianos e endometriais nas mulheres que fazem uso de ACO[23].

Embora o tromboembolismo seja uma complicação muito rara dos ACO de baixa dosagem, orienta-se quanto às situações clínicas que sugiram tal problema, quando, então, a adolescente deverá procurar imediatamente um atendimento médico: dor abdominal grave, dor torácica grave com tosse e dificuldade respiratória, cefaleia intensa, dor intensa na perna, perda ou borramento de visão. O risco de tromboembolismo está relacionado com o tipo de progestágeno, a dose do componente estrogênico e os fatores individuais de cada paciente. Em maio de 2011, a Food and Drugs Administration (FDA) se pronunciou sobre o risco maior de fenômenos tromboembólicos relacionados aos ACO com drospirenona. Após análise dos estudos epidemiológicos, concluiu-se que pílulas com a drospirenona têm 1,5 a 3 vezes maior risco de tromboembolismo quando comparadas às pílulas com levonorgestrel, embora os estudos não contenham informações suficientes sobre o risco basal dos pacientes sem uso dos ACO. Entretanto, não deve ser esquecido que o risco de tromboembolismo na gravidez é bem maior que o risco de tromboembolismo de qualquer ACO[23].

Recente preocupação tem sido dispensada aos potenciais efeitos das pílulas contraceptivas sobre a densidade mineral óssea. Embora sejam escassos os trabalhos existentes particularmente na população adolescente e dúvidas persistam sobre o significado clínico futuro de uma redução da densidade mineral óssea, tem-se evitado a utilização de ACO com doses muito reduzidas de etinilestradiol (20 mcg ou menos) nas adolescentes que têm outros fatores de risco para diminuição de massa óssea ou que sejam muito novas e ainda não tenham atingido o pico de ganho de massa óssea[23]. A pílula com 20 mcg ou menos de estrógeno está mais associada com irregularidades menstruais e escapes, se comparada com as de maior dosagem, prejudicando a adesão ao método. Esses dados reforçam o motivo pelo qual pílulas de 30 mcg têm sido as de escolha para o início do uso.

A apresentação mais comumente disponibilizada na rede pública contém 30 mcg de etinilestradiol e 0,15 mg de levonorgestrel, associação bastante segura para utilização por essa faixa etária. Os progestágenos de menor androgenicidade, igualmente seguros para uso na adolescência, têm maior custo.

Para a prescrição do ACO, são pré-requisitos a realização de uma anamnese cuidadosa e exame físico completo, com atenção especial para aferição da pressão arterial e do peso corporal e detecção de contraindicações à prescrição do método. Exame pélvico (especular e toque bimanual), triagem para câncer de colo uterino e para DST em mulheres assintomáticas, embora sejam procedimentos apropriados para uma boa atenção preventiva, não têm relação com o uso seguro do método anticoncepcional hormonal[21,22]. Assim, avaliação ginecológica não é pré-requisito para o início do uso do ACO.

O ACO pode ser iniciado em qualquer momento do ciclo menstrual. Em substituição à clássica conduta de se aguardar o início do próximo ciclo menstrual, a pronta introdução da pílula (*quick start* ou *start now*), independentemente da fase do ciclo, tem sido uma estratégia muito utilizada. As adolescentes devem ser orientadas, entretanto, de que sua introdução fora dos primeiros 5 dias do ciclo não garante proteção imediata e completa. Dessa forma, a paciente deve atentar para uma adicional proteção nos primeiros 7 dias do método. Embora essa estratégia facilite a iniciação da proteção contraceptiva, devendo ser preferida[21,24,25], ainda faltam dados que demonstrem que essa estratégia melhore a adesão ao método.

É necessário que se faça uma orientação detalhada, a qual deve ser reforçada nos retornos que se seguem, até que se certifique de que a adolescente está utilizando o ACO adequadamente. Sugere-se o primeiro retorno após 1 mês do início do ACO, sendo a periodicidade posterior individualizada para cada paciente. Não se deve esquecer que o uso de um anticoncepcional é muito mais do que simplesmente a ingestão de uma pílula; envolve questões morais, éticas, religiosas, preconceitos e segredo.

Devem ser discutidos com a adolescente (e parceiro, se possível) os riscos e benefícios dos ACO, os efeitos colaterais (náuseas, por exemplo) e a possibilidade de escapes (*spottings*) nos primeiros ciclos (importantes causas de abandono), assim como aspectos práticos da utilização do método: como vai adquirir, onde vai guardar (principalmente em caso de não conhecimento dos pais), a que horas tomar, o que fazer se esquecer ou o que fazer em caso de vômitos ou diarreia.

A baixa dosagem hormonal das pílulas atuais, que garante a segurança do seu uso, também exige que sejam tomadas regularmente a cada 24 horas. Não raramente, as adolescentes esquecem de tomar a pílula, observando-se, na prática, melhor adesão quando ela tem o apoio do seu parceiro ou dos pais. Os adolescentes que usam esse método podem ser orientados sobre estratégias facilitadoras para o uso diário, como o acoplamento da tomada da pílula a uma atividade rotineira (como escovação dos dentes) ou a adoção de ferramentas tecnológicas (aplicativos para celulares que lembram a tomada da pílula).

Deve-se reforçar o conceito de dupla proteção (contra gravidez e DST) e discutir a necessidade do uso concomitante de preservativo.

Outras Formulações de Anticoncepcionais Combinados

Os combinados injetáveis, de uso mensal intramuscular, possuem as mesmas contraindicações da pílula combinada de uso oral e são opções interessantes para as jovens que apresentam dificuldade para aderir ao uso diário da pílula. Encontram-se no mercado as apresentações com enantato de noretisterona 50 mg + valerato de estradiol 5 mg e acetato de medroxiprogesterona 25 mg + cipionato de estradiol 5 mg. O anticoncepcional combinado injetável também está disponível na rede pública.

Com custo mais elevado e não disponível na rede pública, o anticoncepcional combinado transdérmico apresenta-se como um adesivo, que libera, diariamente, 20 mcg de etinilestradiol e 150 mcg de norelgestromin, com contraindicações e efeitos adversos semelhantes às demais apresentações combinadas. Um adesivo é aplicado por semana, por 3 semanas, com pausa na quarta semana. Foi demonstrado que as usuárias desse método são expostas a um nível constante mais elevado de estrógeno do que o proporcionado pela maioria dos ACO (cerca de 60% a mais do que o nível alcançado com apresentações de 35 mcg), não se sabendo, ainda, se isso aumenta o risco de tromboembolismo[24].

O anticoncepcional combinado vaginal é um anel de plástico, flexível, que libera diariamente 15 mcg de etinilestradiol e 120 mcg de etonogestrel. Também é de custo superior aos ACO e não disponível na rede pública. É inserido na vagina por 3 semanas e removido na quarta semana. Apresenta contraindicações e efeitos colaterais semelhantes às apresentações combinadas orais. A expulsão do anel ocorre em menos de 3% das usuárias, especialmente durante o ato sexual, e sua permanência fora da vagina por até 3 horas não compromete a eficácia contraceptiva[24].

Anticoncepcionais Apenas com Progestágeno

A minipílula ou pílula progestínica é um anticoncepcional oral de baixa dosagem (menor quantidade de progestágeno do que nos ACO); exige maior precisão no horário da ingestão do contraceptivo e causa com frequência sangramento irregular, o que limita sua aceitação por parte das adolescentes. Ao contrário do ACO, a minipílula é tomada ininterruptamente, sem pausa entre as cartelas.

O anticoncepcional oral com média dosagem de progestágeno (75 mcg de desogestrel) é outra opção para as mulheres com contraindicações ao componente estrogênico.

O anticoncepcional injetável trimestral, com 150 mg de acetato de medroxiprogesterona (DMPA) intramuscular, é uma opção eficaz e interessante para mulheres que apresentam contraindicações ao uso de estrógeno. Deve-se ter cautela na utilização do DMPA por adolescentes mais jovens em razão do efeito do uso prolongado desse progestágeno sobre a densidade óssea, diminuindo-a; essa perda de densidade é maior quanto mais prolongado for o uso do anticoncepcional e pode não ser completamente revertida após a sua descontinuidade. Como a adolescência é um momento crucial para o desenvolvimento ósseo, essa opção pode ser indicada como método contraceptivo de longa duração, no caso de nenhum outro ser factível. Os efeitos colaterais mais frequentes são irregularidade menstrual, amenorreia (em 60% das usuárias) e ganho de peso[24,25].

CONTRACEPTIVOS REVERSÍVEIS DE LONGA AÇÃO

Os denominados métodos contraceptivos reversíveis de longa ação (*long-acting reversible contraception* – LARC) são assim denominados em contraponto aos de ação curta, como os preservativos, os contraceptivos orais, a contracepção transdérmica e o anel vaginal. Os contraceptivos reversíveis de longa ação incluem os dispositivos intrauterinos (DIU) e o implante subdérmico. Embora esses métodos sejam considerados como uma das mais efetivas estratégias reversíveis de contracepção, tradicionalmente não são oferecidas à população adolescente. Esse conceito, entretanto, tem sido modificado nos últimos anos. Aproximadamente 4,5% das meninas norte-americanas de 15 a 19 anos utilizam algum desses métodos, em sua grande maioria o DIU[26]. Recentemente, o Colégio Americano de Ginecologistas e Obstetras, a Academia Americana de Pediatria, o Centro de Controle de Doenças (CDC) e a Organização Mundial da Saúde apontaram o potencial impacto da adoção desses métodos no controle das gravidezes não planejadas, afirmando sua segurança e a ausência de repercussões futuras na fertilidade das mulheres[27].

Além dos benefícios contraceptivos, os contraceptivos reversíveis de longa duração garantem ótimas taxas de continuação, um importante parâmetro a ser considerado. Estudos demonstram taxas de continuação de usos desses métodos, ao longo de 12 meses, de mais de 85%, tanto em mulheres mais jovens quanto mais velhas[28]. Mulheres com menos de 21 anos que utilizam um método contraceptivo de ação curta têm risco de uma gravidez não planejada duas vezes maior que mulheres mais velhas; entretanto, o risco é o mesmo se ocorre a utilização de um método de longa ação[29].

Na contramão do que muitos profissionais pensam e muitos pais temem, adolescentes podem usar o DIU. As maiores barreiras ao uso desses métodos são a falta de familiaridade com esses dispositivos, os mitos ainda existentes e a falta de acesso, incluindo o desconhecimento dos profissionais de saúde quanto a essa possibilidade de estratégia contraceptiva para essa faixa etária. Em um estudo envolvendo cerca de mil adolescentes, que foram orientadas sobre métodos de longa duração como opção de controle da gravidez, removendo as barreiras comuns da prescrição desses métodos, observou-se que mais de 2/3 das meninas de 14 a 20 anos escolheram métodos contraceptivos de longa duração[30].

Como não são métodos de barreira, sua utilização deve ser estimulada combinada ao uso do preservativo, para reduzir riscos de DST e infecção pelo HIV, da mesma forma como orientado para as meninas que utilizam contraceptivos orais.

A evidência atual é que os DIU são muito seguros. O risco relativo de doença inflamatória pélvica (DIP) é aumentado apenas nos primeiros 20 dias de inserção do dispositivo, igualando-se ao valor basal da população após esse período[31]. O DIU com progestágeno pode diminuir o risco de DIP pelo espessamento do muco cervical e o adelgaçamento do endométrio.

Pouca evidência também existe atualmente de que a inserção é tecnicamente mais difícil em adolescentes ou nulíparas, comparativamente a mulheres mais velhas[27].

Adolescentes que utilizam o DIU e o dispositivo com levonorgestrel podem manifestar mudanças em seu padrão menstrual, especialmente nos primeiros meses de uso. O DIU de cobre pode causar sangramentos mais intensos que podem ser tratados com anti-inflamatórios não hormonais. Os dispositivos liberadores de levonorgestrel podem determinar diminuição no padrão de sangramento, inclusive com possibilidade de amenorreia.

A inserção do DIU após o parto de uma adolescente é uma excelente opção contraceptiva, considerando o risco de reincidência da gravidez após uma primeira gestação na adolescência.

O implante subdérmico é uma haste de material plástico contendo progestágeno implantada sob a pele, liberando hormônio continuamente, proporcionando efeito contraceptivo. Tem excelente eficácia, é ótima opção para adolescentes que apresentam contraindicações ao estrógeno, mas seu alto custo ainda é um fator limitante no Brasil.

Cabe questionar, no entanto, a manutenção de sigilo médico na relação com os responsáveis pela adolescente, quando da prescrição de métodos como o DIU e o implante subdérmico, visto que eles envolvem procedimentos invasivos/cirúrgicos.

ANTICONCEPÇÃO DE EMERGÊNCIA

Considerando-se que, no Brasil, existe um número significativo de mulheres expostas à gravidez não planejada, seja pelo não uso ou por utilização inadequada de métodos anticoncepcionais, e que as faixas etárias mais atingidas são as adolescentes e adultas jovens que, por vezes, iniciam a atividade sexual antes da adoção de estratégias protetoras da gravidez, justifica-se a reflexão sobre a anticoncepção de emergência (AE), considerada um mecanismo legítimo, bem compreendido ética e tecnicamente, para diminuir a ocorrência da gravidez não planejada e do aborto provocado, entre adolescentes e jovens[24].

A AE é definida como a utilização de uma droga ou dispositivo para evitar a gravidez após uma atividade sexual desprotegida. A estratégia hoje mais utilizada e aprovada pelo Ministério da Saúde, disponível no Brasil, envolve a administração oral de pílula contendo progestágeno (levonorgestrel), em dose única de 1,5 mg[24,32].

A eficácia da AE pode ser assim sumarizada: se 100 meninas adolescentes tiverem relação sexual desprotegida durante o período fértil, cerca de 8 engravidarão; o uso correto da AE reduzirá esse número para 2 gravidezes[33].

A Tabela 18.3 apresenta como, na prática, a anticoncepção de emergência com levonorgestrel pode ser recomendada.

Tabela 18.3 – Anticoncepção de emergência com levonorgestrel

Pílula contendo apenas progestágeno	Comprimido com 0,75 mg de levonorgestrel	2 comprimidos (dose única)
	Comprimido com 1,5 mg de levonorgestrel	1 comprimido (dose única)

Bem menos eficaz do que os demais métodos contraceptivos, quando utilizada de rotina, a AE, como implícito em sua denominação, está indicada em situações excepcionais, de emergência:

- Em casos de violência sexual, na ausência de um método anticoncepcional confiável.
- Quando nenhum método foi utilizado.
- Quando houve um acidente contraceptivo ou o uso errado do anticoncepcional.

Pode ser oferecida independentemente do dia do ciclo em que a mulher esteja.

A ação contraceptiva é garantida se a droga for administrada até 120 horas após a relação sexual desprotegida; entretanto, quanto mais precoce for a ingestão da medicação, maior a eficácia (o ideal é que ela seja ingerida nas primeiras 12 a 24 horas após o "acidente contraceptivo")[24,32].

Os efeitos colaterais são leves e transitórios, presentes nos primeiros 2 dias da tomada da AE; são eles: náuseas, vômitos, fadiga, aumento de sensibilidade mamária, sangramento irregular, retenção líquida e cefaleia. É importante orientar a adolescente que se ela apresentar vômitos dentro de 1 a 2 horas após ingestão do contraceptivo de emergência, deve repetir a dose[24].

Embora os critérios de elegibilidade para a prescrição de métodos contraceptivos da OMS[23] apontem contraindicações para o uso de pílulas combinadas para algumas condições clínicas, estas não se aplicam para a AE. A única contraindicação ao seu uso é a gravidez, por não apresentar efeito. Não é teratogênica, não sendo necessária a realização prévia de teste de gravidez, a menos que a gestação seja suspeitada pela história, sintomas ou pela data da última menstruação.

Seu mecanismo de ação é fundamentalmente a inibição da ovulação, impedindo o pico de hormônio luteinizante (LH), necessário para que ocorra a liberação do óvulo pela gônada. Age, portanto, previamente à fertilização do óvulo. Dessa forma, não é método abortivo, pois não atua após a nidação, nem interfere em uma gestação já estabelecida[32].

O Conselho Federal de Medicina (CFM), considerando que a AE não provoca danos nem interrompe a evolução de uma gravidez, por meio da Resolução CFM n. 1.811/2006[34], estabeleceu normas éticas para a utilização da AE, deliberando que cabe ao médico a responsabilidade pela indicação e prescrição como medida de prevenção de gravidez não planejada em todas as etapas da vida[34,35]. A Sociedade Brasileira de Pediatria (SBP) e a Federação Brasileira das Associações de Ginecologia e Obstetrícia (Febrasgo) corroboram essa indicação[35,36].

Na condução técnica e na orientação para contracepção de emergência, alguns aspectos devem ser abordados:

- AE não protege contra as DST.
- AE não protege contra outra gravidez no ciclo.
- O próximo ciclo pode ser antecipado ou retardado e o próximo fluxo menstrual pode ser mais intenso ou com volume inferior ao habitual.
- Há possibilidade de gravidez caso a menstruação não ocorra dentro de 3 semanas após a administração da AE.

Uma importante estratégia que pode melhorar o acesso à AE é a provisão antecipada. Adolescentes que são bem orientados sobre o que fazer diante de acidentes contraceptivos e têm sua prescrição de AE, realizam mais corretamente e precocemente (portanto, com maior eficácia) essa estratégia de proteção[33,37].

A orientação sobre anticoncepção de emergência deve ser parte da orientação anticoncepcional como um todo, tendo-se o cuidado para que o acesso a essa informação não encoraje a prática de sexo inseguro e desestimule o uso de um anticoncepcional mais eficaz de forma regular. O uso reiterado da AE deve levar o médico a rediscutir com sua paciente a estratégia primária de proteção.

O momento de prescrever a AE pode ser excelente oportunidade para abrir caminhos e dar início à orientação daqueles adolescentes que, sabidamente, começam suas experiências sexuais cada vez mais precocemente. Diante de uma situação de perigo iminente de gravidez não planejada, pela qual a prescrição da AE é procurada (e entendida pelos adolescentes envolvidos como medida "salvadora"), é razoável supor que possa também existir maior abertura para novas informações e orientações que proporcionem vivências sexuais futuras com menor grau de risco. Esse contexto favorece sobremaneira a abordagem profissional educativa.

CONCLUSÕES

A orientação sexual e contraceptiva deve envolver noções de liberdade de escolha, responsabilidade, direitos e deveres, e incluir reflexão sobre as singularidades de cada indivíduo e sobre os fatores protetores e de risco aos quais ele está submetido.

O trabalho educativo não se limita ao fornecimento de informações sobre a fisiologia e a saúde reprodutiva; é um processo que tem como base o resgate do indivíduo e promoção da autoestima.

Dessa forma, é importante criar um espaço na consulta no qual o adolescente possa, por meio de um processo reflexivo, perceber-se como um indivíduo, responsável pelo seu corpo e pela sua vontade, capaz de identificar e, só assim, minimizar as situações de risco às quais se expõe. Devem-se fornecer informações que propiciem o autoconhecimento do seu corpo e conhecimentos sobre a anatomia e a fisiologia e fornecer informações sobre os métodos existentes, discutindo vantagens e desvantagens, procurando capacitar a adolescente, de preferência em conjunto com seu parceiro, a escolher o método mais adequado ao seu contexto de vida, explorando a capacidade do adolescente de tomar decisões e sustentá-las[38].

REFERÊNCIAS BIBLIOGRÁFICAS

1. Ministério da Saúde. Instituto Brasileiro de Geografia e Estatística – IBGE. Coordenação de População e Indicadores Sociais. Pesquisa Nacional de Saúde do Escolar, 2009. Disponível em: http://www.ibge.gov.br/home/estatistica/populacao/pense/pense.pdf. (Acesso em 31 out 2013.)
2. Ministério da Saúde. Secretaria de Vigilância em Saúde. Departamento de DST, Aids e Hepatites Virais. Pesquisa de conhecimentos, atitudes e práticas na população brasileira de 15 a 64 anos, 2008. Brasília: Ministério da Saúde; 2011.
3. Paiva V, Calazans G, Venturi G, Dias R; Grupo de Estudos em População, Sexualidade e Aids. Idade e uso de preservativos na iniciação sexual de adolescentes brasileiros. Rev Saude Pública. 2008;42(Suppl 1):45-53.
4. Shafii T, Stovel K, Davis R, Holmes K. Is condom use habit forming? Condom use at sexual debut and subsequent condom use. Sex Transm Dis. 2004;31(6):366-72.
5. Henry-Reid LM, O'Connor KG, Klein JD, Cooper E, Flynn P, Futterman DC. Current pediatrician practices in identifying high-risk behaviors of adolescents. Pediatrics. 2010;125(4):e741-7.
6. Saito MI, Leal MM. O exercício da sexualidade na adolescência: a contracepção em questão. Pediatria (São Paulo). 2003;25(1/2):36-42.
7. Instituto Brasileiro de Geografia e Estatística. Fecundidade, natalidade e mortalidade. Disponível em: http://censo2010.ibge.gov.br/noticias-censo?view=noticia&id=3&idnoticia=2018&busca=1&t=censo-2010-pais-tem-declinio-fecundidade-migracao-aumentos-escolarizacao-ocupacao-posse-bens. (Acesso em 31 out 2013).
8. Informações de Saúde Estatísticas vitais. Nascidos vivos. Ministério da Saúde. Departamento de Informática do SUS – DATASUS. Brasília, DF, 2013. Disponível em: http://www2.datasus.gov.br/DATASUS/index.php. (Acesso em 31 out 2013.)
9. Ministério da Saúde. Secretaria de Atenção à Saúde. Diretrizes Nacionais para a Atenção Integral à Saúde de Adolescentes e Jovens na Promoção, Proteção e Recuperação da Saúde. Brasília. 2010.

10. Informações de Saúde Estatísticas vitais. Indicadores de Mortalidade. Ministério da Saúde. Departamento de Informática do SUS - DATASUS. Brasília, DF, 2013. Disponível em: http://www2.datasus.gov.br/DATASUS/index.php. (Acesso em 31 out 2013.)
11. Schmidt E, Schmidt LPC. A incidência de gravidez no contexto da adolescência contemporânea. Rev Med Minas Gerais. 2012;22(3):328-33.
12. Leal MM, Saito MI. Síndrome da adolescência normal. In: Saito MI, Silva LEV, Leal MM. Adolescência: prevenção e risco. 2ª ed. São Paulo: Atheneu; 2008. p.81-92.
13. O'Donnell BL, O'Donnell CR, Stueve A. Early sexual initiation and subsequent sex-related risks among urban minority youth: the reach for health study. Fam Plann Perspect. 2001;33(6):268-75.
14. Raine TR, Foster-Rosales A, Upadhyay UD, Boyer CB, Brown BA, Sokoloff A, et al. One-year contraceptive continuation and pregnancy in adolescent girls and women initiating hormonal contraceptives. Obstet Gynecol. 2011;117(2 Pt 1):363-71.
15. World Health Organization. Department of Child and Adolescent Health and Development. Department of Reproductive Health and Research. Contraception – issues in adolescent health and development. Genebra: OMS; 2004.
16. Conselho Federal de Medicina. Código de Ética Médica. Resolução CFM nº 1.931/2009. Disponível em: http://www.cremers.org.br/pdf/codigodeetica/codigo_etica.pdf. (Acesso em 31 out 2013.)
17. Françoso LA, Saito MI, Coates V, Oselka GW. Sigilo profissional e a adolescência. In: Constantino CF, Barros JCR, Hirschheimer MRH (eds.). Cuidando de crianças e adolescentes sob o olhar da ética e bioética. São Paulo: Atheneu, 2009. p.277-83.
18. Saito MI, Leal MM. Sexualidade e educação sexual. In: Sucupira ACSL, Kosinger MEBA, Saito MI, Bourrowl MLM, Zuccolotto SMC. Pediatria em consultório. 5ª ed. São Paulo: Sarvier; 2010. p.947-60.
19. Trussell J. Contraceptive failure in the United States. Contraception. 2011;83(5):397-404.
20. Halpern V, Lopez LM, Grimes DA, Stockton LL, Gallo MF. Strategies to improve adherence and acceptability of hormonal methods of contraception. Cochrane Database Syst Rev. 2013;10:CD004317.
21. World Health Organization. Department of Reproductive Health and Research and Johns Hopkins Bloomberg School of Public Health – Center for Communication Programs, INFO Project. Family planning: a global handbook for providers. Baltimore: Genebra: CCP/OMS; 2007.
22. World Health Organization. Medical eligibility criteria for contraceptive use – 4th ed. 2009. Disponível em: http://whqlibdoc.who.int/publications/2010/9789241563888_eng.pdf. (Acesso em 31 out 2013.)
23. Hartman LB, Monasterio E, Hwang LY. Adolescent contraception: review and guidance for pediatric clinicians. Curr Probl Pediatr Adolesc Health Care. 2012;42(9):221-63.
24. Ministério da Saúde do Brasil. Anticoncepção de emergência. Perguntas e respostas para profissionais de saúde. Série Direitos Sexuais e Direitos Reprodutivos. Caderno nº 3. Brasília; 2005. Disponível em: http://www.redece.org/manualce2005.pdf. (Acesso em 31 out 2013.)
25. Committee on Adolescence American Academy of Pediatrics Contraception and Adolescents Pediatrics. 2007;120(5):1135-1148. Disponível em: http://pediatrics.aappublications.org/content/120/5/1135.full.pdf. (Acesso em 31 out 2013.)
26. Finer LB, Jerman J, Kavanaugh MC. Changes in use of long-acting contraceptive methods in the United States, 2007-2009. Fertil Steril. 2012;98(4):893-7.
27. McNicholas C, Peipert JF. Long-acting reversible contraception for adolescents. Curr Opin Obstet Gynecol. 2012;24(5):293-8.
28. Peipert JF, Zhao Q, Allsworth JE, Petrosky E, Madden T, Eisenberg D, et al. Continuation and satisfaction of reversible contraception. Obstet Gynecol. 2011;17(5):1105-13.
29. Winner B, Peipert JF, Zhao Q, Buckel C, Madden T, Allsworth JE, et al. Effectiveness of long-acting reversible contraception. N Engl J Med. 2012;366(21):1998-2007.

30. Mestad R, Secura G, Allsworth JE, Madden T, Zhao Q, Peipert JF. Acceptance of long-acting reversible contraceptive methods by adolescent participants in the Contraceptive CHOICE Project. Contraception. 2011;84(5):493-8.
31. Mohllajee AP, Curtis KM, Peterson HB. Does insertion and use of an intrauterine device increase the risk of pelvic inflammatory disease among women with sexually transmitted infection? A systematic review. Contraception. 2006;73(2):145-53.
32. Gemzell-Danielsson K, Berger C. Emergency contraception – mechanisms of action. Contraception. 2013;83(3):300-8.
33. American Academy of Pediatrics. Committee on Adolescence. Emergency contraception. Pediatrics. 2012;130(6):1174-82.
34. Conselho Federal de Medicina. Resolução CFM nº 1.811/2006. D.O.U. de 17 jan. 2007, Seção I, p. 72. Disponível em: http://www.portalmedico.org.br/resolucoes/cfm/2006/1811_2006.htm.
35. Constantino CF. Contracepção de emergência e adolescência: responsabilidade e ética. Revista Bioética. 2010;18(2):347-61.
36. Sociedade Brasileira de Pediatria (SBP) & Federação Brasileira das Associações de Ginecologia e Obstetrícia (Febrasgo). Adolescência, anticoncepção e ética – Diretrizes. J Pediatr (Rio J). 2004;80(1).
37. Meyer JL, Gold MA, Haggerty CL. Advance provision of emergency contraception among adolescent and young adult women: a systematic review of literature. J Pediatr Adolesc Gynecol. 2011;24(1):2-9.
38. Saito MI. Sexualidade, adolescência e orientação sexual: reflexões e desafios. Rev Med – FMUSP. 1996;75(1):26-30.

19 Anticoncepção e doença crônica

Marta Miranda Leal
Benito Lourenço

Após ler este capítulo, você estará apto a:

1. Reconhecer a importância da orientação sexual como parte da consulta do adolescente portador de doença crônica.
2. Identificar os aspectos que devem ser considerados na escolha do método contraceptivo para a adolescente portadora de doença crônica.
3. Aplicar os critérios de elegibilidade dos contraceptivos.

INTRODUÇÃO

Os grandes avanços técnico-científicos das últimas décadas, que proporcionaram maior expectativa de vida para os indivíduos portadores de doenças crônicas, determinaram mudanças no perfil etário dos pacientes atendidos pelas especialidades pediátricas. Muitas das crianças portadoras de doenças crônicas morriam em decorrência de sua condição ou por complicações ainda na primeira década de vida. Atualmente, estima-se que mais de 85% delas sobrevivam até a idade adulta[1].

Os especialistas pediátricos defrontam-se, portanto, com um novo desafio. Trata-se do cuidado de um cliente que apresenta, além das questões próprias da sua doença, todas aquelas referentes ao processo de adolescer. Antes de ser um doente crônico, o paciente é um adolescente que vivencia aspectos próprios dessa fase da vida, como a busca da identidade adulta, o estabelecimento de uma identidade sexual, a necessidade de experimentação, o desenvolvimento intelectual que possibilita uma percepção crítica do mundo adulto e o questionamento dos valores familiares e sociais[2-5]. O Capítulo 5 – O adolescente e a doença crônica – aborda mais detalhadamente o complexo processo de adolescer na presença de uma doença crônica.

O desenvolvimento sexual que evolui sobremaneira durante a adolescência reveste-se de características particulares no paciente portador de algumas afecções crônicas. Dependendo da doença, o adolescente vivencia graus variáveis de isolamento social que restringem as oportunidades de interação e de envolvimento afetivo, necessárias ao aprendizado e descoberta sexual. Ainda, quando a doença impõe um estilo de vida com muitas limitações, o adolescente encontra-se excluído da convivência escolar e, consequentemente, da convivência com os pares, um universo importante no qual ocorre o desenvolvimento da sexualidade. A presença de alterações na aparência física pode ser outro fator de exclusão do grupo, visto que este, muitas vezes, não sabe lidar com o que é diferente, fato que contribui ainda mais para o isolamento social[1,2,5,6].

A necessidade de aceitação pelos pares e/ou por um parceiro, quando na presença de baixa autoestima e falta de projetos de vida, facilita o envolvimento em situações de risco que incluem o exercício da atividade sexual sem preparo, proteção e, até mesmo, sem desejo[2,5-7]. Vários trabalhos demonstram que adolescentes com doenças crônicas tendem a exercer atividade sexual em idade inferior à de seus pares[1,8-10].

A família, quando assume postura superprotetora, mantendo o adolescente em seu papel infantil, dificulta o processo de maturação psicossocial e de autonomia. O meio social, que inclui o sistema de saúde, por vezes, encara o adolescente portador de doença crônica como desprovido de interesse e desejos sexuais, e abstém-se do seu papel dentro do processo de orientação sexual[1,2,5,6,11].

A onipotência, a ideia de invulnerabilidade e a negação da doença, associadas ao desejo de se igualar aos adolescentes saudáveis, podem fazer com que o adolescente portador de doença se exponha a inúmeros comportamentos de risco, sem medir as consequências de seus atos, entre eles a atividade sexual desprotegida[1,2,5,6]. Dependendo da gravidade da doença, a vivência da finitude e da proximidade da morte, quase incompreensível nessa fase da vida, pode acentuar o imediatismo característico da adolescência e aumentar a exposição ao risco[5,6]. Ainda nesse contexto, o desejo de gravidez, mesmo que inconsciente, pode surgir como forma de provar a capacidade de gerar vida ou de ser sexualmente desejável[5,6].

Assim, a presença de doença crônica é um dos fatores de risco para o envolvimento em atividade sexual desprotegida; portanto, na abordagem dos aspectos relacionados à proteção da atividade sexual e à contracepção em adolescentes doentes, alguns pontos relevantes devem ser considerados.

A abordagem da anticoncepção deve, imperativamente, contemplar a dupla proteção, ou seja, a utilização de métodos que garantam a proteção contra gravidez e contra as doenças sexualmente transmissíveis (DST). Esse aspecto torna-se ainda mais relevante quando se trata de adolescentes imunocomprometidos.

As repercussões de uma gravidez em uma adolescente portadora de doença crônica extrapolam as de uma adolescente saudável, pois:

- A gravidez pode ser um fator de exacerbação da doença de base, elevando, inclusive, o risco de sequelas ou até de morte.
- A doença de base pode ser um fator de risco para o binômio mãe-filho.
- A doença de base pode ter caráter hereditário.
- A terapêutica habitual da doença de base pode ser teratogênica.
- No controle pré-natal, aumenta-se a necessidade de consultas e exames.

CONTRACEPÇÃO NA DOENÇA CRÔNICA

A orientação anticoncepcional representa um ponto fundamental na abordagem das adolescentes portadoras de doenças crônicas[11-14].

Os profissionais que trabalham com esse grupo devem estar atentos e prontos para abordar as questões referentes ao exercício da sexualidade, incluindo o significado de uma gravidez e o possível desejo de engravidar, consciente ou não. O trabalho de orientação sexual preventiva é fundamental, e deve envolver, quando possível, além do próprio paciente, o parceiro e a família[15].

Na orientação anticoncepcional da adolescente portadora de doença crônica, a escolha do método a ser utilizado depende da consideração de vários fatores:

- Eficácia do método anticoncepcional escolhido.
- Possibilidade dos efeitos adversos do método interferirem na evolução da doença.
- Possível interação entre a medicação utilizada para a doença de base e o anticoncepcional.
- Postura da adolescente diante do exercício de sua sexualidade.
- Desejo consciente ou inconsciente de gravidez.
- Presença e participação do parceiro.
- Existência de rede familiar e/ou social de apoio para questões relativas à contracepção.

É fundamental para a proposta de saúde reprodutiva a criação de espaço de privacidade e confidencialidade dentro da consulta com o especialista, para discussão sobre sexualidade da adolescente, seus medos e dificuldades, compreendendo seu direito, assim como dos seus pares saudáveis, ao exercício pleno de sua vida sexual.

Nos casos em que não existe contraindicação absoluta para a gravidez, a discussão sobre o melhor momento para engravidar, dentro da evolução da doença, esquema terapêutico e contexto de vida, pode propiciar o exercício sexual responsável com melhor adesão ao método contraceptivo e até mesmo postergação do desejo de engravidar.

Quando os riscos para a gestante e/ou concepto contraindicam a gravidez, o profissional deve ficar atento às reações da adolescente, que podem variar desde gravidez deliberadamente assumida, com todos os riscos implicados, até o desenvolvimento de luto patológico decorrente da impossibilidade de conceber, que demanda atenção mais especializada, como tratamento psicoterapêutico.

A escolha da estratégia contraceptiva deve ser feita em conjunto com a adolescente após informá-la sobre métodos passíveis de uso, eficácia, vantagens e riscos. O envolvimento do parceiro no processo traz um ganho de qualidade à orientação, sendo recomendada, quando possível, sua participação em alguma etapa da(s) consulta(s).

A adolescente deve ser estimulada a compartilhar com a família, pois esta, quando participante do processo, é de grande auxílio na adesão à prática contraceptiva. Nesse ponto, o profissional de saúde pode servir como facilitador desse diálogo.

A adolescente com doença crônica tem direito ao sigilo médico como qualquer outro adolescente saudável, segundo o Código de Ética Médica, que, em seu art. 74, dispõe que é vedado "revelar sigilo profissional relacionado a paciente menor de idade, inclusive a seus pais ou representantes legais, desde que o menor tenha capacidade de discernimento, salvo quando a não revelação possa acarretar dano ao paciente"[16]. Entretanto, o profissional deve estar atento às situações em que a atividade sexual desprotegida pode vir a colocar a paciente em risco de sequela ou morte, o que justifica a quebra de sigilo. Essas situações devem ser tratadas como exceção, mas, uma vez determinada a sua necessidade, a quebra do sigilo deve ser feita mesmo à revelia da paciente, com a comunicação prévia à adolescente de que isso irá ocorrer. É importante que o profissional justifique para a cliente sua decisão, sendo desejável que esteja presente na consulta com a sua família[17-19].

ESCOLHA DO MÉTODO CONTRACEPTIVO

Os "Critérios de elegibilidade para o uso de contraceptivos"[20], atualmente em sua 4ª edição, é um documento publicado pela Organização Mundial da Saúde

Medicina de Adolescentes

(OMS), que utiliza as evidências científicas para orientar a tomada de decisão sobre a segurança do uso dos diversos contraceptivos em mulheres portadoras de condições médicas. Não é um manual de condutas, seu objetivo é prover o profissional com informações que lhe permitam pesar os riscos de uma gravidez contra os riscos do método contraceptivo, em cada situação clínica. Em 2010, o Centers for Disease Control and Prevention (CDC), na sua adaptação do documento para o uso nos Estados Unidos[21], incluiu condições médicas inicialmente não contempladas nas recomendações da OMS, como cirurgia bariátrica, transplante de órgãos sólidos e outras doenças crônicas, como doenças inflamatórias intestinais e artrite reumatoide. Os dois documentos citados podem ser encontrados, respectivamente, nos endereços eletrônicos apresentados no Quadro 19.1.

Quadro 19.1 – Critérios de elegibilidade para prescrição de métodos contraceptivos

- Critérios de elegibilidade para uso de contraceptivos (OMS), de 2009 – http://whqlibdoc.who.int/publications/2010/9789241563888_eng.pdf[20]

- Critérios de elegibilidade para uso de contraceptivos (CDC), de 2010 – http://www.cdc.gov/mmwr/pdf/rr/rr5904.pdf[21]

Documentos em língua inglesa, ainda não traduzidos para o português.

As duas publicações[20,21] consideram a seguinte classificação, segundo a existência de restrições ou contraindicações ao uso de um método contraceptivo:

- Categoria 1: o método pode ser usado sem restrições.
- Categoria 2: o método pode ser usado; as vantagens superam riscos possíveis ou comprovados. Contudo, se a cliente escolher esse método, um acompanhamento mais rigoroso pode ser necessário.
- Categoria 3: o método não deve ser usado; os riscos possíveis e comprovados superam os seus benefícios.
- Categoria 4: o método não pode ser usado; apresenta risco inaceitável.

Para cada situação médica contemplada no documento, classificam-se todos os métodos contraceptivos disponíveis. A Tabela 19.1 exemplifica, de forma resumida, os critérios de elegibilidade de alguns métodos hormonais, segundo algumas situações clínicas apresentadas no documento da OMS.

Anticoncepção e doença crônica 219

Tabela 19.1 – Exemplo resumido da apresentação dos critérios de elegibilidade para alguns dos contraceptivos hormonais em situações clínicas, segundo o Consenso da OMS, de 2009[20]

Situação clínica			ACO	AIC	PP	AMPD
Hipertensão arterial (HA)	HA adequadamente controlada em que a Pressão arterial (PA) pode ser avaliada		3[1]	3[1]	1	2
	PA elevada	PA sistólica 140 a 159 mmHg ou PA diastólica 90 a 99 mmHg	3	3	1	2
		PA sistólica > 160 mmHg ou PA diastólica > 100 mmHg	4	4	2	3
Doença cardíaca valvular	Não complicada		2	2	1	1
	Complicada (hipertensão pulmonar, risco de fibrilação atrial e histórico de endocardite subaguda)		4	4	1	1
Doença cardíaca isquêmica atual ou pregressa			4	4	2 (I) / 3(C)	3
Trombose venosa profunda (TVP)/ embolia pulmonar (EP)	Histórico de TVP/EP		4	4	2	2
	TVP/EP atual		4	4	3	3
	TVP/EP em terapia anticoagulante		4	4	2	2
	Antecedente familiar de TVP/EP (parentes de 1º grau)		2	2	1	1
Trombose venosa superficial	Veias varicosas		1	1	1	1
	Tromboflebite superficial		2	2	1	1
Antecedente de acidente vascular cerebral (AVC)			4	4	2 (I) / 3(C)	3
Cirugia	Grande cirurgia	Com imobilização prolongada	4	4	2	2
		Sem imobilização prolongada	2	2	1	1
	Pequena cirurgia sem imobilização		1	1	1	1
Obesidade [índice de massa corpórea (IMC) ≥ 30 kg/m²]	IMC > 30 kg/m²		2	2	1	1
	< 18 anos e IMC > 30 kg/m²		2	2	1	2[2]
Hiperlipidemias			2/3[3]	2/3[3]	2	2
Anemia	Talassemia		1	1	1	1
	Anemia falciforme		2	2	1	1
	Anemia ferropriva		1	1	1	1
Diabete melito	Antecedente de doença gestacional		1	1	1	1
	Sem doença vascular (insulino-dependente ou não)		2	2	2	2
	Com nefropatia/retinopatia/neuropatia ou outra doença vascular; ou diabete com duração ≥ 20 anos		3/4[4]	3/4[4]	2	3

(continua)

Medicina de Adolescentes

Tabela 19.1 – Exemplo resumido da apresentação dos critérios de elegibilidade para alguns dos contraceptivos hormonais em situações clínicas, segundo o Consenso da OMS, de 2009[20] (continuação)

Situação clínica				ACO	AIC	PP	AMPD
Cefaleia	Não enxaqueca (leve ou intensa)			1(I)/ 2(C)	1(I)/ 2(C)	1	1
	Enxaqueca[5]	Sem aura	< 35 anos	2(I)/ 3(C)	2(I)/ 3(C)	1(I)/ 2(C)	2
			> 35 anos	3(I)/ 4(C)	3(I)/ 4(C)	1(I)/ 2(C)	2
		Com aura (em qualquer idade)		4	4	2(I)/3(C)	2(I)/3(C)
Epilepsia				1[6]	1[6]	1[6]	1[6]
Lúpus eritematoso sistêmico (LES)	Anticorpos antifosfolípides positivo (ou desconhecido)			4	4	3	3
	Trombocitopenia grave			2	2	2	3(I)/ 2(C)
	Tratamento com imunossupressor			2	2	2	2
	Nenhuma das situações acima			2	2	2	2

ACO: anticoncepcional combinado oral; AIC: anticoncepcional injetável combinado; PP: anticoncepcional apenas com progestágeno; AMPD: anticoncepção com medroxiprogesterona de depósito.

(I) Início: já tinha a doença quando indicado o método.

(C) Continuidade: desenvolveu a doença enquanto utilizava o método.

[1] Embora não haja dados, as usuárias de anticoncepcional combinado com HA adequadamente monitorada e controlada devem ter menor risco de IAM e AVC quando comparadas com as usuárias hipertensas que não sejam tratadas.

[2] Adolescentes obesas que usavam DMPA são mais propensas a ganhar peso do que obesas não usuárias, que usam ACO ou não obesas que usam DMPA. Esta relação não foi observada entre mulheres adultas.

[3] Não há indicação de *screening* de rotina. Apesar de alguns tipos de hiperlipidemias constituírem fatores de risco para doença cardiovascular, a categoria deve ser avaliada de acordo com tipo, gravidade e presença de outros fatores de risco cardiovascular.

[4] O critério (3 ou 4) depende da intensidade da condição.

[5] Entre as mulheres com enxaqueca, as que utilizavam ACO apresentavam um risco 2 a 4 vezes maior de AVC do que as não usuárias. O risco era maior naquelas que também apresentavam aura. O risco aumenta com a idade, hipertensão e tabagismo.

[6] Caso a jovem esteja fazendo uso de anticonvulsivantes, deve-se avaliar a possibilidade de interações medicamentosas entre o contraceptivo hormonal e o anticonvulsivante em uso. Verificar Tabela 19.2 com a interação medicamentosa

Dependendo da doença de base, a escolha do método contraceptivo pode ser complexa e envolver opiniões de vários especialistas. Não havendo possibilidade de postergar a atividade sexual e enquanto não se decide pelo contraceptivo mais eficaz, indica-se o uso do preservativo associado à anticoncepção de emergência (AE) na hipótese de falha da barreira. Nas situações clínicas em que a gravidez é um fator de risco inaceitável à saúde, é temerário o uso exclusivo de métodos de barreira, pois apresentam altas taxas de fracasso quando se avalia o seu uso típico[20]. Mesmo assim, a orientação do uso do preservativo masculino ou feminino associado a qualquer método contraceptivo escolhido, em todas as relações sexuais, deve ser prioritária, a fim de se contemplar o conceito de dupla proteção.

Observa-se que, segundo os "critérios de elegibilidade" da OMS[20], o anticoncepcional hormonal combinado (associação de estrógeno e progestágeno) está contraindicado de forma absoluta nos casos de:

- Múltiplos fatores de risco associados para doença arterial e cardiovascular (idade avançada, tabagismo, diabete e hipertensão).
- Hipertensão arterial (sistólica ≥ 160 mmHg ou diastólica ≥ 100 mmHg).
- Doença vascular.
- Fenômenos tromboembólicos venosos pregressos ou atuais, acidente vascular cerebral ou alto risco para essas condições, como mutações trombogênicas conhecidas.
- Cardiopatia isquêmica atual ou pregressa.
- Cirurgia de grande porte com imobilização prolongada.
- Doença cardíaca valvular complicada (hipertensão pulmonar, risco de fibrilação atrial, história de endocardite).
- Lúpus eritematoso sistêmico com anticorpos antifosfolípides positivos.
- Migrânea com aura.
- Certeza ou suspeita de câncer de mama ou de outras neoplasias hormônio-dependentes.
- Hepatopatia aguda ou crônica (cirrose e tumores de fígado).
- Diabete com evidência de nefropatia, retinopatia, neuropatia, doença vascular ou com mais de 20 anos de evolução.
- Fumante com idade maior ou igual a 35 anos (15 ou mais cigarros/dia).

A AE pode ser utilizada com segurança pela portadora de doença crônica, mesmo em condições nas quais seja contraindicado método hormonal combinado. A duração do uso de AE é inferior ao do uso regular de anticoncepção oral combinada e, sendo assim, é de se esperar que apresente menor impacto clínico[20]. De qualquer forma, deve-se sempre preferir a apresentação contendo apenas progestágenos. Embora possa ser utilizada até 120 horas após o acidente contraceptivo, é fundamental lembrar que a eficácia da AE depende da precocidade de sua utilização.

O dispositivo intrauterino (DIU) é um contraceptivo eficaz, mas não protege contra DST. Atualmente, esse método contraceptivo de longa duração apresenta-se como uma opção a ser considerada em adolescentes saudáveis e em diversas situações clínicas nas quais se deseja contracepção prolongada e segura, respeitando-se suas contraindicações. O Quadro 19.2 apresenta as situações consideradas contraindicações absolutas (categoria 4) para esse método[20].

Quadro 19.2 – Contraindicações absolutas para a utilização do dispositivo intrauterino (DIU), categoria 4, segundo os "Critérios de elegibilidade"[20]

- Gravidez
- Pós-parto, na presença de sepse puerperal
- Pós-aborto séptico imediato
- Anomalias da cavidade uterina congênita ou adquirida incompatíveis com a inserção do DIU
- Doença inflamatória pélvica atual (categoria 4 apenas para início do método; categoria 2 para continuidade do uso)
- Cervicite purulenta ou infecção por clamídia ou gonorreia atual (categoria 4 apenas para início do método; categoria 2 para continuidade do uso)
- Sangramento vaginal sugestivo de doença grave, mas ainda sem diagnóstico (categoria 4 apenas para início do método; categoria 2 para continuidade do uso)
- Doença trofoblástica gestacional
- Câncer cervical (categoria 4 apenas para início do método; categoria 2 para continuidade do uso)
- Câncer de mama (categoria 4 apenas para o DIU com levonorgestrel; no caso de DIU de cobre: categoria 1)
- Câncer de endométrio (categoria 4 apenas para início do método; categoria 2 para continuidade do uso)
- Tuberculose pélvica (categoria 4 apenas para início do método; categoria 2 para continuidade do uso)

CONTRACEPÇÃO E INTERAÇÃO MEDICAMENTOSA

Pacientes portadoras de doenças crônicas frequentemente utilizam várias medicações simultâneas e por tempo prolongado, cujas interações com o método contraceptivo devem ser consideradas. O contraceptivo pode influenciar a eficácia e a farmacocinética das drogas utilizadas para controle da doença, assim como estas podem alterar a eficácia do contraceptivo[20].

Várias drogas diminuem, por exemplo, a eficácia dos anticoncepcionais combinados orais (ACO), por meio da indução do sistema de enzimas do citocromo hepático P-450: rifampicina, anticonvulsivantes (fenitoína, barbitúricos, carbamazepina, primidona, topiramato, oxcarbazepina), griseofulvina e produtos fitoterápicos à base de *hypericum perforatum* (erva-de-são-joão). O primeiro sinal da interação pode ser sangramento irregular. Embora essa interação não seja prejudicial à doença em si, como diminuem a eficácia contraceptiva, muitos dos anticoncepcionais hormonais são classificados na categoria 3.

Algumas drogas podem ter seus efeitos alterados pelos AOC: antidepressivos tricíclicos, benzodiazepínicos, betabloqueadores e teofilina, por exemplo, têm seu efeito aumentado; corticosteroides podem apresentar maior toxicidade; acetaminofeno pode ter seu efeito diminuído, assim como anticoagulantes orais[20].

Os dados sobre a interação medicamentosa entre as drogas antirretrovirais (ARV) e os anticoncepcionais hormonais são, ainda, limitados. Dados recentes sugerem que ocorra alteração na segurança e na eficácia de alguns ARV[22].

Anticoncepção e doença crônica **223**

A Tabela 19.2 apresenta os critérios de elegibilidade dos métodos anticoncepcionais com a utilização de alguns medicamentos[20].

Tabela 19.2 – Exemplo resumido da apresentação dos critérios de elegibilidade para alguns dos métodos anticoncepcionais conforme a interação medicamentosa[20]

Interação medicamentosa	ACO	AIC	AT/AV	PP	AMPD	Implantes	DIU-Cu	DIU-LNG
Terapia antirretroviral[1]								
Inibidores da transcriptase reversa análogos dos nucleosídeos (ITRN)	1	1	1	1	1	1	2/3	2/3
Inibidores da transcriptase reversa não análogos dos nucleosídeos (ITRNN)	2	2	2	2	1	2	2/3	2/3
Inibidores da protease (IP) – ritonavir	3	3	3	3	1	2	2/3	2/3
Terapia anticonvulsivante								
Fenitoína, carbamazepina, barbitúricos, primidona, topiramato, oxcarbazepina	3	2	3	3	1	2	1	1
Lamotrigina	3	3	3	1	1	1	1	1
Terapia antimicrobiana								
Antibióticos de largo espectro	1	1	1	1	1	1	1	1
Antifúngicos	1	1	1	1	1	1	1	1
Antiparasitários	1	1	1	1	1	1	1	1
Rifampicina ou rifabutina	3	2	3	3	1	2	1	1

ACO: anticoncepcional combinado oral; AIC: anticoncepcional injetável combinado; AT/AV: adesivo transdérmico/anel vaginal; AMPD: anticoncepção com medroxiprogesterona de depósito; PP: anticoncepcional apenas com prostágeno; DIU-Cu: dispositivo intrauterino de cobre; DIU-LNG: dispositivo intrauterino de levonorgestrel.

[1] Para informações mais detalhadas sobre interações medicamentosas e HIV, consultar o endereço eletrônico: www.hiv-druginter-actions.org.

CONCLUSÕES

O conhecimento sobre contracepção em mulheres com doenças crônicas encontra-se em constante evolução, e não é raro que métodos anteriormente indicados para uma determinada situação não mais o sejam, ou vice-versa; acrescentam-se a isso os avanços na tecnologia contraceptiva e a rapidez com que novos anticoncepcionais são lançados no mercado. Tudo isso exige que o profissional mantenha-se atualizado e que, diante de uma demanda, reporte-se à literatura, pesquise e, se necessário, discuta com outros especialistas na busca das mais seguras e eficazes opções contraceptivas para a situação em questão. Cabe lembrar que a maioria dos estudos sobre os contraceptivos baseia-se na experiência com indivíduos saudáveis, configurando-se ainda um desafio o completo entendimento sobre o uso em pessoas doentes.

Cada caso deve ser analisado individualmente, e a decisão deve ser tomada conjuntamente pelo médico ou médicos especialistas que já acompanham a adolescente, pelo ginecologista e pela própria cliente (em conjunto com o parceiro, sempre que possível), esclarecendo-se todas as possibilidades, os prós e os contras de cada contraceptivo.

Almeja-se, acima de tudo, que a adolescente portadora de doença crônica tenha a chance de exercer sua sexualidade em toda sua plenitude e da maneira mais segura possível.

REFERÊNCIAS BIBLIOGRÁFICAS

1. Michaud PA, Suris JC, Viner R. The adolescent with a chronic condition – epidemiology, developmental issues and health care provision. OMS, 2007. Disponível em: http://whqlibdoc.who.int/publications/2007/9789241595704_eng.pdf.
2. Surís JC, Resnicr MD, Cassuto N, Blum RW. Sexual behavior of adolescents with chronic disease and disability. J Adolesc Health Care. 1996;19(2):124-31.
3. American Academy of Pediatrics. Sexuality education for children and adolescentes. Pediatrics. 2001;108(2):498-502.
4. Sawin KJ, Buran CF, Brei TJ, Fastenau PS. Sexuality issues in adolescentes with a chronic neurological condition. J Perinat Educ. 2002;11(1):22-34.
5. Amado CR, Leal MM, Saito MI. O adolescente portador de patologia crônica. In: Saito MI, Silva LEV, Leal MM. Adolescência: prevenção e risco. 2ª ed. São Paulo: Atheneu; 2008. p.289-302.
6. Saito MI. Adolescência, doença crônica e sexualidade. Revista da Sociedade Brasileira de Obstetrícia e Ginecologia da Infância e Adolescência, 1997.
7. Miauton L, Narring F, Michaud P. Chronic illness, life style and emotional health in adolescence: results of a cross sectional survey on the heath of 15-20-year-olds in Switzerland. Eur J Pediatr. 2003;162(10):682-9.
8. Choquet M, Du Pasquier F, Manfredi R. Sexual behavior among adolescentes reporting chronic conditions: a French national survey. J Adolesc Health. 1997;20(1):62-7.
9. Suris JC, Parera N. Sex, drugs and chronic illness: health behaviours among chronically ill youth. Eur J Public Health. 2005;15(5):484-8.
10. Murphy N, Young PC. Sexuality in children and adolescentes with disabilities. Dev Med Child Neurol. 47(9):640-4.
11. Sawin KJ, Cox AW, Metzger SG. Trasition to adulthood. In: Allen PJ, Vessey JA, Schapiro NA. Primary care of the child with a chronic condition. 5th ed. Missouri: Mosby Elsevier; 2010. p.60-98.
12. Blum RW. Sexual health contraceptive needs of adolescents with chronic conditions. Arch Pediatr Adolesc Med. 1997;151(3):290-7.
13. Neinstein LS. Contraception in women with special medical needs. Compr Ther. 1998;24(5):229-50.
14. Britto MT, Rosenthal SL, Taylor J, Passo MH. Improving rheumatologists' screening for alcohol use and sexual activity. Arch Pediatr Adolesc Med. 2000;154(5):478-83.
15. Moraes AJ, Soares PM, Leal MM, Sallum AM, Lotito AP, Silva CA. Aspects of the pregnancy and post delivery of adolescents with rheumatic fever. Rev Assoc Med Bras. 2004;50(3):293-6.
16. Conselho Federal de Medicina. Código de Ética Médica. Resolução CFM nº 1931/2009. Disponível em: http://www.cremers.org.br/pdf/codigodeetica/codigo_etica.pdf. (Acessado em 31 out 2013.)

17. Françoso LA, Saito MI, Coates V, Oselka GW. Sigilo profissional e a adolescência. In: Constantino CF, Barros JCR, Hirschheimer MRH. Cuidando de crianças e adolesentes sob o olhar da ética e bioética. São Paulo: Atheneu; 2009. p.277-83.
18. Sociedade Brasileira de Pediatria & Federação Brasileira das Associações de Ginecologia e Obstetrícia. Adolescência, anticoncepção e ética – Diretrizes. J Pediatr (Rio J). 2004; 80(1).
19. Saito MI. Atenção integral à saúde do adolescente. In: Saito MI, Silva LEV, Leal MM. Adolescência: prevenção e risco. 2ª ed. São Paulo: Atheneu, 2008. p.209-15.
20. WHO. Medical eligibility criteria for contraceptive use. 4.ed. Genebra: OMS; 2009. Disponível em: http://whqlibdoc.who.int/publications/2010/9789241563888_eng.pdf.
21. Centers for Disease Control and Prevention. Medical Eligibility Criteria for Contraceptive Use, 2010. Adapted from the World Health Organization Medical Eligibility Criteria for Contraceptive Use, 4th edition. MMWR. 2010;59(No.RR-4):1-86.
22. Centers for Disease Control and Prevention. Medical Eligibility Criteria for Contraceptive Use, 2010: Revised Recommendations for the Use of Hormonal Contraception Among Women at High Risk for HIV Infection or Infected with HIV. MMWR. 2012;61(24):449-52.

Seção V

Situações clínicas especiais

Desordens menstruais da adolescente   20

Benito Lourenço
Talita Poli Biason

Após ler este capítulo, você estará apto a:

1. Descrever e entender as influências hormonais no ciclo menstrual.
2. Compreender a variabilidade dos parâmetros menstruais da adolescente.
3. Realizar a abordagem inicial e conhecer o diagnóstico diferencial do sangramento uterino anormal na adolescência.
4. Gerenciar o sangramento uterino disfuncional e reduzir a perda de sangue menstrual.
5. Definir amenorreia primária e secundária e seus principais diagnósticos diferenciais.
6. Reconhecer a possibilidade do diagnóstico da síndrome dos ovários policísticos na avaliação das desordens menstruais, seus critérios diagnósticos e suas repercussões sobre a saúde reprodutiva e metabólica da adolescente.
7. Diagnosticar e tratar a dismenorreia primária na jovem adolescente.

INTRODUÇÃO

A menarca e o estabelecimento dos primeiros ciclos menstruais são eventos importantes no processo de desenvolvimento puberal. Além de suas implicações biológicas, a menstruação se associa a repercussões psicológicas e sociais, constituindo significativo marco de maturidade para a adolescente. Entretanto, muitas adolescentes experimentam alguns problemas relacionados à menstruação, como atraso na menarca, ciclos irregulares, sangramentos abundantes ou menstruações dolorosas. Embora a maioria das queixas e condições relacionadas aos primeiros ciclos não ofereça risco para as adolescentes, um crescente número de publicações aponta o desconforto que essas adolescentes sentem e um claro comprometimento da qualidade de vida dessas jovens[1].

FISIOLOGIA DO CICLO MENSTRUAL

É necessária a compreensão da fisiologia básica do ciclo menstrual antes de se apresentar as principais anormalidades. Um ciclo ovulatório é caracterizado por três fases: folicular, ovulatória e lútea. Na fase folicular, de duração mais variável, pulsos de hormônio liberador de gonadotrofina (GnRH) de origem hipotalâmica estimulam a hipófise a secretar, também de forma pulsátil, o hormônio foliculestimulante (FSH) e o hormônio luteinizante (LH). Essas gonadotrofinas estimulam, no ovário, o desenvolvimento folicular e a síntese dos esteroides sexuais. O FSH estimula o crescimento de células da camada granulosa do folículo, a secreção estrogênica por aumento da atividade da enzima aromatase e o aumento de receptores para o próprio FSH nessas mesmas células. O LH estimula a células da teca para a produção de andrógenos, que serão convertidos em estrógenos na camada granulosa. Os níveis ascendentes estrogênicos determinam a proliferação da linha endometrial e exercem efeito *feedback* negativo sobre o FSH e efeito *feedback* positivo sobre o LH, culminando com o pico de secreção do LH, que é o evento disparador da ovulação. Ambos os controles de retroalimentação devem estar funcionais para que o fenômeno da ovulação ocorra. Após a ovulação, o folículo se luteiniza, iniciando-se a última fase do ciclo menstrual, que dura aproximadamente 14 dias (período menos variável que a fase folicular). O corpo lúteo produz basicamente progesterona e pouca quantidade de estrógenos. A progesterona estabiliza o endométrio, promovendo a maturação glandular e vascular, preparando o útero para uma possível implantação. Quando não ocorre fertilização, o corpo lúteo involui e, consequentemente, ocorre queda dos níveis de progesterona, evento disparador da descamação do endométrio, evidenciado no fluxo menstrual. Os principais eventos do ciclo menstrual são apresentados na Figura 20.1. Nas meninas que não ovulam, os sangramentos menstruais ocorrem a partir de um endométrio proliferativo, por conta das oscilações dos níveis estrogênicos e ausência da queda da progesterona na terceira fase do ciclo.

IDADE DA MENARCA E CARACTERÍSTICAS DA MENSTRUAÇÃO DAS ADOLESCENTES

Desde o século XIX até meados dos anos 1950, a menarca ocorreu em idades cada vez mais precoces em jovens americanas, não havendo mais redução acentuada nos últimos 50 anos, fato observado também em várias populações urbanas de países desenvolvidos[2,3]. Nota-se que a idade da menarca está estreitamente associada às mudanças no contexto ambiental, aos fatores genéticos e a variáveis como nível socioeconômico e condição nutricional. Embora o início puberal e a primeira menstruação ocorram mais tardiamente em adolescentes provenientes de regiões menos desenvolvidas, estu-

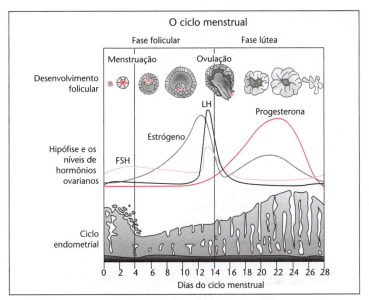

Figura 20.1 Principais eventos do ciclo menstrual.
LH: hormônio luteinizante; FSH: hormônio foliculestimulante.

dos demonstram a associação do maior ganho de índice de massa corporal (IMC) na infância com o adiantamento dos fenômenos pubertários[3,4]. A idade média da primeira menstruação encontra-se, geralmente, entre 12 e 13 anos, nas populações bem nutridas de países desenvolvidos. Nos Estados Unidos, a média da menarca é 12,3 anos[3]. A menarca tipicamente ocorre cerca de 2 a 3 anos após o início do broto mamário, no estágio maturacional IV de Tanner, e é rara antes do estágio III de maturação[5].

Os estudos nacionais também apontam a idade da menarca mediana entre 12 e 13 anos em várias cidades brasileiras. Dados históricos, como o projeto "Crescimento e desenvolvimento pubertário em indivíduos de 10 a 19 anos de idade", realizado no município de Santo André/SP, por Colli, em 1978, mostram que a idade mediana da menarca variou entre 12,8 e 12,2 anos, sendo mais baixa quanto melhor o nível socioeconômico[6]. Em 2003, Vitalle et al. mostraram que a média de idade da menarca foi de 12,1 anos[7].

As jovens adolescentes e seus pais frequentemente sentem-se inseguros em relação ao padrão de normalidade menstrual. Recentemente, a Academia Americana de Pediatria publicou um interessante artigo para pediatras, sugerindo a análise da menstruação em meninas e adolescentes como um parâmetro vital e caracterizando o ciclo menstrual habitual[8]. Consideram-se, portanto, os seguintes parâmetros: intervalos entre 25 e 35 dias, duração de 3 a 8 dias e volume estimado de perda de 30 a 80 mL por ciclo. Essas informações, além de serem essenciais para os clínicos e diferenciarem os padrões anormais de menstruação, são igualmente importantes para a educação das adolescentes e de seus familiares sobre suas expectativas referentes a esse importante marco biológico. Meninas que são educadas sobre os primeiros padrões menstruais experimentam menos ansiedade com o seu desenvolvimento.

Os ciclos menstruais são, comumente, irregulares no início da adolescência. Em um grande estudo multicêntrico publicado pela Organização Mundial da Saúde (OMS)[9] com cerca de 3.000 meninas, a duração média do primeiro ciclo após a menarca foi de 34 dias, com 38% dos intervalos superiores a 40 dias. A variabilidade foi ampla: 10% das mulheres tinham mais de 60 dias entre o primeiro e o segundo fluxo menstrual e 7% tiveram um primeiro ciclo de 20 dias. Os anos ginecológicos iniciais são caracterizados pelos ciclos anovulatórios. A frequência de ovulação está relacionada com a idade e o tempo desde a menarca. Menarca precoce está associada com o início precoce da ovulação. Quando a idade da menarca é menor que 12 anos, 50% dos ciclos ovulatórios estão estabelecidos no primeiro ano ginecológico (primeiro ano após a menarca). Por outro lado, meninas com a primeira menstruação entre 12 e 13 anos e nas com menarca acima de 13 anos, têm 50% dos seus ciclos ovulatórios em 3 ou 4,5 anos, respectivamente. No terceiro ano após a menarca, 60 a 80% dos ciclos são de 21 a 34 dias de duração. O comprimento padrão do adulto é estabelecido por volta do sexto ano ginecológico, na idade cronológica de cerca de 18 a 19 anos[10]. Apesar, portanto, da variabilidade, ciclos com menos de 21 dias ou superiores a 45 dias deveriam ser investigados, mesmo na paciente adolescente[8].

Os primeiros ciclos menstruais da adolescente geralmente são reportados com a quantificação de um fluxo médio, e a necessidade de absorventes higiênicos nessa fase não é excessiva. Embora se relate que a perda menstrual por período é de cerca de 30 a 80 mL e que perdas crônicas maiores que 80 mL são associadas à anemia, esse dado tem pouca aplicabilidade clínica pela difícil quantificação do fluxo. Entretanto, alguns estudos correlacionam a percepção pela mulher do intenso sangramento com o grande volume objetivamente verificado da perda menstrual[11]. O número médio de troca de absorventes é de 3 a 6/dia. Fluxos que requerem troca do absorvente em menos de 1 a 2 horas são considerados excessivos, particularmente quando associados com duração maior que 7 dias. Vazamentos noturnos frequentes e coágulos maiores que 1 cm também merecem atenção do médico[11].

No Quadro 20.1, estão relacionadas dez situações que merecem melhor investigação quando são observadas em adolescentes.

Quadro 20.1 – Dez condições menstruais que necessitam de investigação[8]

- Ciclos menstruais que não se iniciaram 3 anos após a telarca
- Ciclos menstruais que não se iniciaram aos 13 anos, sem sinais sexuais secundários
- Ciclos menstruais que não se iniciaram aos 14 anos, com hirsutismo

(continua)

> ### Quadro 20.1 – Dez condições menstruais que necessitam de investigação[8] (*continuação*)
>
> - Ciclos menstruais que não se iniciaram aos 14 anos, com história de transtorno alimentar
> - Ciclos menstruais que não se iniciaram aos 15 anos
> - Ciclos menstruais que eram regulares e mensais e tornaram-se marcadamente irregulares
> - Ciclos menstruais que comumente duram menos que 21 dias ou mais de 45 dias
> - Ciclo menstrual com intervalo maior que 90 dias
> - Ciclo com duração maior que 7 dias
> - Ciclo que necessita de frequentes trocas de absorvente (> 1 a 2/horas)

SANGRAMENTO MENSTRUAL ANORMAL NA ADOLESCÊNCIA

O primeiro passo diante de uma adolescente com queixa de irregularidade menstrual é verificar se isso realmente está acontecendo. Muitas vezes, adolescentes de ciclos "mais curtos" procuram o consultório queixando-se de "menstruar duas vezes no mesmo mês", enquanto adolescentes de ciclos "mais longos" reclamam ficar 1 mês sem menstruar. O recordatório menstrual é a melhor forma de a paciente conhecer seu ciclo menstrual, facilitando também o diagnóstico do médico. O fornecimento de um calendário (Figura 20.2), no qual a adolescente marca os dias em que apresentou qualquer sangramento vaginal, tem sido uma opção para esse acompanhamento.

O julgamento do clínico sobre a quantificação da perda menstrual pode ser uma tarefa complexa. Deve-se considerar a caracterização que a mulher faz de seu ciclo comparativamente com as menstruações pregressas, a dificuldade na volumetria da perda menstrual (número de absorventes higiênicos, considerando a variabilidade de tamanhos e qualidade) e o padrão descritivo de suas perdas menstruais, como dor, coágulos ou extravasamento pelas vestes.

As irregularidades menstruais, relacionadas às variações de intervalo, duração e quantidade do fluxo, podem assumir características de um sangramento menorrágico (quantidade e duração aumentadas em intervalos regulares), metrorrágico (intervalos irregulares) ou padrões de ambos combinados (menometrorrágicos). O uso mais comum da expressão "sangramento uterino anormal" se refere a todos os casos de sangramento frequentes, abundantes, regulares ou não.

SANGRAMENTO UTERINO DISFUNCIONAL

O sangramento uterino anormal é aquele que apresenta alteração nos parâmetros de duração, frequência ou quantidade da menstruação. Com relação a esse último, se o sangue menstrual forma coágulos, provavelmente a perda é maior que a habitual. A dosagem de hemoglobina, se estiver baixa, confirma o excesso.

Figura 20.2 Calendário para anotação dos ciclos menstruais.

	1	2	3	4	5	6	7	8	9	10	11	12	13	14	15	16	17	18	19	20	21	22	23	24	25	26	27	28	29	30	31
Jan																															
Fev																															
Mar																															
Abr																															
Mai																															
Jun																															
Jul																															
Ago																															
Set																															
Out																															
Nov																															
Dez																															

Diante de quadro de sangramento genital anormal em adolescente, o clínico deve responder a duas questões:

- O sangramento é de causa orgânica ou funcional?
- Se for de causa funcional, é ovulatório ou anovulatório?

A propedêutica do sangramento anormal na puberdade é, de certa forma, mais simples da que se procede em outros momentos do menacme. Algumas causas orgânicas que merecem investigação mais minuciosa, particularmente as tumorais, têm sua frequência desprezível nessa faixa etária. Nesse sentido, entende-se que a maioria dos quadros de sangramento anormal na puberdade é disfuncional e anovulatória, e deve responder positivamente à terapêutica hormonal, quando indicada. Se não houver resposta, não se trata de quadro disfuncional e a retomada da investigação clínica será imperativa[12].

Os pontos principais na avaliação clínica do sangramento uterino anormal da adolescente são apresentados na Tabela 20.1. Ressalta-se a importância de a história ser obtida com a paciente sozinha, sem a presença dos pais, o que facilita muito a aquisição dos antecedentes de atividade sexual ou uso de contraceptivos.

Tabela 20.1 – Principais pontos a serem investigados em uma adolescente com queixa de sangramento genital anormal e respectivas justificativas

Pontos a serem avaliados na adolescente com sangramento	Justificativa
De onde provém o sangramento?	O sangramento pode não ser endometrial e deve-se descartar a possibilidade de o sangramento genital ser proveniente de lesões em vulva, parede vaginal ou colo uterino (p. ex., cervicite)
Qual a idade da menarca? A adolescente está nos primeiros anos após a menarca?	Existe grande possibilidade de sangramento uterino disfuncional relacionado à imaturidade do eixo hipotálamo-hipófise-gonadal e anovulução nos anos ginecológicos iniciais
A adolescente é sexualmente ativa? Pode estar grávida?	Os sangramentos relacionados a gravidez representam risco potencial à vida do concepto e da adolescente
A adolescente faz uso de contraceptivo hormonal oral?	Sangramento de escape é o efeito colateral mais comum de contracepção hormonal. Fatores que aumentam a sua incidência incluem descumprimento, irregularidade no horário da tomada da pílula de baixa dosagem e uso de medicamentos que alteram o metabolismo de esteroides sexuais
O sangramento é menstrual ou intermenstrual? Cíclico ou não cíclico? Ovulatório ou não ovulatório?	O padrão não cíclico de sangramento anovulatório é a causa mais comum de sangramento uterino disfuncional. Em particular, a produção de estrógeno crônica sem oposição da produção de progesterona adequada causa descamação irregular do endométrio
Qual a descrição do padrão menstrual da adolescente?	Quanto mais distantes dos valores habituais de periodicidade, duração e quantidade, maior a possibilidade de o sangramento ser decorrente de problemas ou necessitar de intervenções clínicas

(continua)

Tabela 20.1 Principais pontos a serem investigados em uma adolescente com queixa de sangramento genital anormal e respectivas justificativas (*continuação*)

Pontos a serem avaliados na adolescente com sangramento	Justificativa
A adolescente tem alguma doença sistêmica ou faz uso de algum tipo de medicação?	Medicamentos associados com sangramentos anormais incluem contraceptivos hormonais, anticonvulsivantes, anticoagulantes, corticosteroides e agentes psicofarmacológicos
Houve mudança do peso, possibilidade de algum transtorno alimentar ou envolvimento com exercícios físicos intensos?	A anorexia nervosa se expressa com alterações do ciclo menstrual e amenorreia
Há história pessoal ou familiar de distúrbio de coagulação?	Avaliar coagulopatia subjacente

O sangramento disfuncional anovulatório pode ser leve ou intenso, constante ou intermitente, caracterizado comumente por ciclos de intervalos prolongados, irregulares e menorrágicos, geralmente não associado a sintomas pré-menstruais, retenção hídrica ou dismenorreia, embora, algumas vezes, a paciente relate cólicas em razão da passagem de coágulos pelo canal cervical.

O teste de gravidez é preconizado por vários autores como etapa obrigatória na investigação do sangramento, mesmo quando a atividade sexual é "negada" pela adolescente; a gravidez e suas complicações devem ser obrigatoriamente excluídas no diagnóstico diferencial do sangramento anormal[12].

A menarca é, para muitas adolescentes, a primeira oportunidade que elas terão de testar seus mecanismos de coagulação. Portanto, afecções como doença de von Willebrand, púrpura trombocitopênica idiopática e distúrbios plaquetários, por exemplo, podem ser diagnosticadas nesse período. Os sangramentos menorrágicos agudos, regulares, de grande intensidade, com repercussão sistêmica, necessidades transfusionais e refratariedade terapêutica, incomuns na adolescente com sangramento uterino disfuncional (SUD), devem ser investigados para uma doença da coagulação subjacente. A prevalência da doença de von Willebrand é de 1% na população em geral e é o distúrbio hematológico mais comum relacionado à menorragia no período perimenarca[13-15].

O SUD refere-se a sangramento uterino anormal, cuja origem se deve, exclusivamente, a um estímulo hormonal inadequado ou desregulado sobre o endométrio. Portanto, é uma situação que não pode ser confundida com o sangramento uterino anormal, termo mais abrangente e multietiológico, decorrente de inúmeras afecções orgânicas genitais ou extragenitais. Pressupõe-se que, para o diagnóstico de SUD, todas as outras causas de sangramento anormal já tenham sido excluídas[12]. No Quadro 20.2, são apresentadas algumas condições relacionadas ao diagnóstico diferencial do sangramento uterino anormal em adolescentes.

Quadro 20.2 – Principais diagnósticos diferenciais do sangramento uterino anormal

- Sangramento uterino disfuncional por imaturidade do eixo hipotálamo-hipófise-gônada e anovulação (diagnóstico de exclusão)
- Sangramentos relacionados a gravidez e suas complicações
- Discrasias sanguíneas (distúrbios de coagulação e trombocitopenias)
- Infecções genitais (cervicites e vaginites)
- Desordens metabólicas sistêmicas (p.ex.,doença renal e lúpus)
- Endocrinopatias extraovarianas (particularmente relacionadas ao hormônio tireoidiano e à prolactina)
- Tumorações uterinas ou pélvicas benignas ou malignas (situações raras)
- Corpo estranho vaginal
- Medicações que interferem na ação hormonal ou na coagulação

Fisiopatologia do Sangramento Uterino Disfuncional

O SUD é representado por duas situações distintas: o que ocorre na mulher que está ovulando e, mais frequentemente, na jovem adolescente; e o que ocorre nas meninas que não estão ovulando. Ciclos anovulatórios decorrem da imaturidade do eixo córtex-hipotálamo-hipófise-ovário (CHHO), ainda incapaz de levar um folículo ao estágio maduro e desencadear um pico ovulatório de LH. Dessa forma, não ocorrerá a formação do corpo lúteo e, por conseguinte, produção de progesterona, cuja queda, ao final do ciclo, determinaria a descamação fisiológica do endométrio. Assim, ocorre uma estimulação crônica e isolada do endométrio pelos estrógenos que aumentam a vascularização e proliferação glandular. Havendo um ciclo ovulatório, ocorre a produção de progesterona e sua queda, após involução do corpo lúteo, determina o sangramento menstrual, que pode se apresentar com um volume maior do que o habitual.

Terapêutica do Sangramento Uterino Disfuncional na Adolescente

O tratamento do SUD na adolescência pode variar da simples observação até a adoção de medidas farmacológicas[16,17]. Antes de prescrever qualquer medicação, a fisiopatologia do processo deve ser lembrada. O SUD na adolescência é uma situação autolimitada, pois, à medida que o eixo CHHO amadurece, iniciam-se os ciclos ovulatórios que se expressam na correção espontânea do sangramento irregular. Fundamentalmente, a decisão entre a conduta expectante e o início da hormonioterapia depende da intensidade e duração do quadro. A maioria das perdas sanguíneas é leve e as adolescentes podem ser acompanhadas sem uma intervenção ativa até que se estabeleçam os ciclos ovulatórios[17].

Na abordagem terapêutica do sangramento disfuncional, objetiva-se:

- Estabelecimento ou manutenção da estabilidade hemodinâmica.
- Correção da anemia aguda ou crônica.
- Retorno do padrão cíclico habitual das menstruações.
- Prevenção de recorrência dos sangramentos anormais.
- Prevenção das sequelas da anovulação em longo prazo.

A proposta primária da terapêutica hormonal é a estabilização da proliferação endometrial. Em sua escolha, a intensidade do quadro e a necessidade do efeito contraceptivo da medicação devem ser consideradas.

Nos quadros leves, geralmente sem alterações dos níveis de hemoglobina, a adolescente pode ser acompanhada clinicamente, mantendo controle de seu calendário menstrual e iniciada a suplementação de ferro (60 mg/dia). O uso de anti-inflamatórios não hormonais inibidores de prostaglandinas pode diminuir a intensidade do sangramento em 20 a 50%. Podem ser utilizados nos dias que antecedem o fluxo e nos primeiros dias do fluxo. Ácido mefenâmico é a droga mais estudada para esses casos e pode ser administrada na dose de 500 mg, em três tomadas diárias[18].

Os quadros moderados, geralmente com hemoglobina entre 10 e 12 g/dL, sem instabilidade hemodinâmica, são conduzidos de forma ambulatorial. No entanto, seu tratamento pode envolver hormonoterapia para estabilização endometrial[17,19]. Sendo a explicação fisiopatológica do processo relacionada à produção estrogênica adequada, e a não produção de progesterona, esta poderia ser a medicação racional para esses quadros, particularmente se a adolescente não estiver sangrando ativamente. Pode-se usar, por exemplo, medroxiprogesterona oral por 10 dias. O sangramento costuma ocorrer 2 ou 3 dias após a última dose de progestágeno. A ação progestacional interrompe o efeito proliferativo do estrogênio sobre o endométrio, transformando-o em endométrio secretor. Deve-se lembrar que o progestágeno não promove cicatrização (epitelização) do endométrio e, por conseguinte, parada do sangramento. Isso deve ser comunicado à paciente que esteja sangrando e inicie essa terapêutica, pois durante o uso da medicação ela continuará com o sangramento. Após a suspensão, ocorrerá descamação fisiológica da camada funcional do endométrio (curetagem farmacológica). Nova série será reiniciada no 15º dia do ciclo. A duração dessa terapêutica deve se prolongar por 3 a 4 meses, quando será suspensa, e a paciente será observada em seus próximos ciclos, verificando-se se o padrão habitual menstrual foi estabelecido[19].

Se a adolescente estiver sangrando abundante e ativamente e o quadro hemorrágico determinar anemia grave, a interrupção imediata do sangramento é imperativa. Elevando-se os níveis de estrogênios farmacologicamente, obtêm-se rápida reepitelização do endométrio e consequente cessação do sangramento. Para tanto, recorre-se ao uso de associação estrógeno-progestágeno ou contraceptivos orais com combinação desses hormônios, desde que a dosagem proporcione a hemostasia endometrial. Pílulas anticoncepcionais monofásicas, desde que contenham no

Desordens menstruais da adolescente **239**

mínimo 30 mcg de etinilestradiol, podem ser utilizadas. Sugere-se sua utilização a cada 8 horas, até a cessação do sangramento, que usualmente ocorre dentro de 48 horas, quando então pode ser oferecida a cada 12 horas (5 dias) e mantida em dose diária única até completar 21 dias de hormonioterapia. A paciente deve ser seguida de perto, pois as doses mais elevadas de estrógenos podem causar náusea, interferindo na adesão ao tratamento. O uso de antieméticos é recomendado. O progestágeno isolado pode ser administrado a menos que a adolescente tenha atividade sexual e prefira fazer uso da pílula como método contraceptivo.

Agentes antifibrinolíticos, como o ácido tranexâmico, podem reduzir o fluxo menstrual em 30 a 50%[20].

Nos casos de SUD grave, com comprometimento importante do nível de hemoglobina (< 8 g/dL) e instabilidade hemodinâmica, a terapêutica requer hospitalização, fluidoterapia, farmacoterapia hormonal e, mais raramente, hemotransfusão. A anemia sintomática é indicação de hospitalização. Tratamento parenteral (estrógenos conjugados) é reservado para pacientes instáveis quando a via oral não é uma opção.

AMENORREIA

Amenorreia é definida como a ausência de menstruação durante a idade reprodutiva. É considerada primária quando há ausência de menarca após 15 anos de idade ou, ainda, quando a primeira menstruação não ocorreu depois de 3 anos do início da puberdade, embora, para alguns autores, esse limite seja de 5 anos[8,21,22]. As causas mais comuns de amenorreia primária encontram se dispostas na Tabela 20.2, embora causas de amenorreia secundária, que serão discutidas posteriormente, possam se relacionar, também, com a amenorreia primária.

Tabela 20.2 – Causas de amenorreia primária[22]

Mecanismos de amenorreia	Principais causas
Anormalidades anatômicas que cursam com obstrução ao fluxo	▪ Anormalidades müllerianas ▪ Hímen imperfurado ▪ Malformações uterinas ▪ Septo intravaginal transverso
Hipogonadismo hipergonadotrófico	▪ Alterações cromossômicas ▪ Agenesia gonadal
Causas hipotalâmicas	▪ Síndrome de Kallmann ▪ Hipogonadismo hipogonadotrófico idiopático ▪ Tumores do sistema nervoso central ▪ Doenças crônicas sistêmicas
Causas hipofisárias	▪ Tumores hipofisários (p.ex., prolactinoma) ▪ Necrose hipofisária (p.ex., secundária à radioterapia prévia)
Outras endocrinopatias	▪ Hipotireoidismo/hipertireoidismo ▪ Hiperlasia congênita adrenal

A amenorreia é considerada secundária na ausência de menstruação por mais de 3 meses e a oligomenorreia é definida como a presença de ciclos maiores que 45 dias ou a existência de menos de 9 ciclos no período de 1 ano. Existe uma dificuldade real na valorização da amenorreia secundária e oligomenorreia nas adolescentes antes de 2 anos após a menarca. Como mencionado anteriormente, os ciclos podem ser anovulatórios nesse período e a irregularidade menstrual, apenas a expressão da imaturidade do eixo CHHO. Assim, a avaliação cuidadosa, considerando os sinais e sintomas apresentados pela adolescente, pode evitar investigação desnecessária ou, até mesmo, antecipá-la quando a clínica sugerir quadro patológico.

A principal causa de amenorreia secundária em mulheres em idade fértil é a gravidez e esse assunto deve sempre ser abordado durante a consulta e a pesquisa laboratorial feita a critério do médico. Similar ao que ocorre na amenorreia primária, o raciocínio clínico do diagnóstico da amenorreia secundária é facilitado quando se analisam as possíveis causas conforme a localização de acometimento do eixo CHHO. Os transtornos alimentares (anorexia e bulimia nervosa) são exemplos de causas de oligo/amenorreia por mecanismos hipotalâmicos. Doenças crônicas sistêmicas, depressão, tumores hipotalâmicos e radioterapia no SNC podem desencadear distúrbios menstruais pelo mesmo mecanismo. Dentre os mecanismos que alteram a função hipofisária e cursam com oligo/amenorreia, encontram-se medicamentos que elevam o nível de prolactina, como domperidona, haloperidol e drogas antipsicóticas, metildopa, metoclopramida e reserpina (por interferirem na produção de LH/FSH), além dos tumores hipófisários (como prolactinomas).

As causas gonadais mais comuns são falência ovariana precoce (rara na adolescência), doença inflamatória pélvica grave, sequela de quimioterapia e radioterapia pélvica. Alterações uterinas como endometriose e aderências intrauterinas podem causar amenorreia.

Determinadas endocrinopatias devem ser excluídas, como as causas adrenais (hiperplasia adrenal congênita não clássica, síndrome de Cushing e tumores adrenais) e os distúrbios de tireoide (hipo ou hipertireoidismo). Drogas com diferentes mecanismos de ação, como ácido valproico, álcool, anabolizantes, heroína, maconha e opioides, podem também ser responsáveis por quadros de oligo/amenorreia.

Estressores sociais podem contribuir para a amenorreia primária ou secundária, e uma completa avaliação da adolescente deve ser realizada quanto a pressões acadêmicas, conflitos familiares, transtornos de humor e autoimagem.

A síndrome dos ovários policísticos (SOP) é causa multifatorial importante de oligo/amenorreia e será descrita adiante.

De acordo com a alteração hormonal envolvida, pode-se entender a amenorreia como consequência de hipogonadismo hipogonadotrófico (baixo nível de hormônios ovarianos secundário a reduzidos valores das gonadotrofinas) ou de hipogonadismo hipergonadotrófico (baixo nível de hormônios ovarianos por alteração na própria gônada com aumento de gonadotrofinas por ausência de *feedback* negativo) (Tabela 20.3).

Tabela 20.3 – Classificação e principais causas dos hipogonadismos	
Hipogonadismo hipogonadotrófico ($\downarrow$ LH/FSH)	**Hipogonadismo hipergonadotrófico ($\uparrow$ LH/FSH)**
Anorexia nervosa/bulimia	Síndrome de Turner
Excesso de exercício físico	Disgenesias gonadais
Doenças crônicas	Sequela de agravos gonadais
Síndrome de Kallmann	
Tumores de sistema nervoso central	
Radioterapia de sistema nervoso central	

A anamnese direcionada aos sinais e sintomas das principais causas de amenorreia é fundamental para o diagnóstico. A investigação laboratorial e imagenológica baseia-se na história e observação clínica.

O teste de progesterona pode ser realizado no início da abordagem diagnóstica. Consiste na administração de um progestágeno, geralmente o acetato de medroxiprogesterona, na dose de 10 mg/dia durante 10 dias, com o objetivo de observar o sangramento menstrual após 2 ou 3 dias do término da medicação. Se houver sangramento, é possível concluir que:

- Não há obstrução ou malformações impedindo a passagem do fluxo menstrual.
- A cavidade uterina encontra-se sem alterações que limitem a menstruação.
- Havia estrógeno (mesmo que em pequena quantidade) previamente estimulando o endométrio.
- A ausência da produção do progestágeno seguido por queda abrupta do seu nível sérico era a responsável pela falta da menstruação.

Portanto, o teste da progesterona revela a presença de ciclos anovulatórios, excluindo causas do trato genital inferior, alterações da cavidade uterina e disgenesias gonadais.

A investigação após um teste de progesterona negativo (sem sangramento) deve considerar a possibilidade de limitações ao fluxo menstrual, como o hímen imperfurado, facilmente observado ao exame físico e que pode se apresentar como criptomenorreia, com quadro doloroso cíclico, massa palpável em hipogástrio e hematocolpo. O septo transverso vaginal pode se apresentar de forma parecida, mas com exame externo normal e não observação da profundidade vaginal habitual de 7 a 8 cm das meninas pós-puberais (verificado com *swab*). Quando há suspeita de outras alterações anatômicas, a ultrassonografia pélvica deve ser realizada. A síndrome de Mayer-Rokitansky-Küster-Hauser é uma malformação dos precursores müllerianos que pode compreender agenesia vaginal, uterina e tubária[17].

Adolescentes com baixa estatura, atraso puberal, com ou sem outros estigmas típicos (pescoço alado, cúbito valgo, hipertelorismo mamilar), amenorreicas ou com atraso puberal com hipogonadismo hipergonadotrófico devem ser avaliadas quanto à possibilidade de síndrome de Turner, forma clássica com cariótipo XO, ou mosaicismo, forma em que os estigmas podem não ser evidentes[17].

Ooforites autoimunes que determinam disfunção gonadal, com elevação de gonadotrofinas, podem estar associadas a outras doenças autoimunes.

A investigação após um teste de progesterona positivo deve considerar todas as causas de anovulação. De modo geral, após exclusão de gestação, é importante a pesquisa de tireoidopatias, tumores secretores de prolactina, alterações adrenais, além da dosagem de gonadotrofinas e de andrógenos, nas suspeita de SOP (Quadro 20.3)

Quadro 20.3 Investigação laboratorial hormonal da oligo/amenorreia*

- LH + FSH
- Prolactina
- T4 livre + TSH
- Na suspeita de SOP: níveis androgênicos (testosterona livre e total, DHEAS, androstenediona
- 17-OH-progesterona
- Testosterona livre

DHEAS: sulfato de deidroepiandrosterona; FSH: hormônio foliculestimulante; LH: hormônio luteinizante; SOP: síndrome dos ovários policísticos.

* Colher, quando possível, entre o 2° e 8° dia do ciclo menstrual.

SÍNDROME DOS OVÁRIOS POLICÍSTICOS

SOP é a alteração endocrinológica mais comum no sexo feminino, com prevalência entre 5 e 10% nas mulheres em idade fértil.

A sintomatologia dessa síndrome é variada e pode incluir alterações menstruais (oligo/amenorreia), sinais de hiperandrogenismo (acne, hisurtismo e alopecia) e hiperinsulinemia/resistência insulínica (*acanthosis nigricans*), obesidade, alteração do padrão secretor de gonadotrofinas e presença de múltiplos cistos em ovários. Descrita pela primeira vez em 1935 por Stein e Leventhal, a SOP possui ainda fisiopatologia não totalmente conhecida[24].

É considerada uma desordem metabólica marcada por hiperinsulinemia e disfunção ovulatória, com consequente aumento de andrógenos circulantes. Parece ter causa genética ao mesmo tempo que tem sido associada ao retardo de crescimento intrauterino e à pubarca precoce[25].

Estudos têm demonstrado que alterações na frequência do pulso de GnRH podem determinar, de certa forma, a proporção de LH e FSH produzidos pela hipófise. Nas mulheres com SOP, a frequência do pulso de GnRH encontra-se anormalmente aumentada, gerando um predomínio da quantidade de LH produzido em relação ao FSH; a relação entre LH/FSH, usualmente, é maior que 2:1. Esse predomínio de LH desencadeia maior produção de andrógenos pela células da teca ovariana e também uma diminuição da conversão (pelas células da granulosa) dos precursores androgênicos em estradiol. Dessa forma, há aumento da produção ovariana de andrógenos.

A insulina tem papel importante na fisiopatologia da SOP, parecendo ser tanto causa como consequência dessa patologia. Pacientes portadoras de SOP, provavelmente pelo estado de hiperandrogenismo, mesmo quando não são obesas, apresentam resistência à insulina nos tecidos muscular e adiposo, situação que desencadeia, como medida compensatória, o aumento da produção desse hormônio. Por outro lado, trabalhos experimentais evidenciam que, nas mulheres com o diagnóstico de SOP, a insulina é capaz de aumentar ainda mais a produção de andrógenos pelo estroma ovariano, aparentemente pela ação sinérgica ao LH, com favorecimento da produção de andrógenos pelas células da teca[26]. Além disso, o excesso de insulina inibe a produção de globulinas hepáticas carreadoras dos hormônios sexuais (SHBG), com consequente aumento da testosterona livre circulante. É, dessa forma, estabelecido um processo cíclico entre hiperisulinemia e hiperandrogenismo, em que há estimulação mútua, sem, contudo, ser conhecida qual das duas situações foi responsável pelo início do processo (Figura 20.3).

A importância do diagnóstico e tratamento da SOP deve-se às suas repercussões e consequências. A anovulação crônica provoca a diminuição da fertilidade, e com a ausência da ação inibitória da progesterona sob o endométrio, há aumento do risco de câncer de endométrio. Trinta a 60% das mulheres com SOP apresentam clínica de resistên-

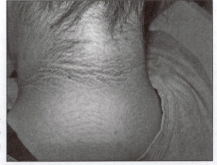

Figura 20.3 *Acanthosis nigricans*: sinal fenotípico clássico indicativo da resistência à insulina, condição associada a hiperandrogenismo e SOP. (Veja imagem colorida no encarte.)

cia insulínica e, portanto, maiores chances de desenvolver diabete melito tipo 2. O risco de doenças cardiovasculares também é maior em razão de mecanismos diversos, como alteração do perfil lipídico (aumento do nível de LDL e diminuição de HDL), disfunção endotelial, diminuição da complacência vascular e diminuição do nível do inibidor da ativação do plasminogênio tipo 1 (relacionado com a formação da placa ateromatosa)[27].

O diagnóstico da SOP na adolescência é, ainda, controverso. A heterogeneidade dos sinais e sintomas e a elevada prevalência dos ciclos anovulatórios nos primeiros anos pós-menarca com a possibilidade de presença de cistos ovarianos na adolescente saudável (como resposta a essa ausência de ovulação "fisiológica") dificultam o diagnóstico da SOP nesse período. No entanto, os diversos autores concordam que o hiperandrogenismo (e suas consequências) e a hiperinsulinemia/resistência insulínica são características importantes da SOP. Também é consenso que, para o diagnóstico de SOP ser firmado, todas as outras causas que podem cursar com hiperandrogenismo e oligo/amenorreia devem ser descartadas. Das manifestações do hiperandrogenismo, o pediatra deve atentar-se particularmente à acne e ao hirsutismo, que é o crescimento excessivo de pelos terminais (grossos, longos e pigmentados) em regiões dependentes de andrógeno do corpo feminino. O hirsutismo pode ser classificado pela escala de Ferriman-Gallwey (Figura 20.4), sendo considerada hirsuta a mulher que apresenta uma pontuação superior a oito[26,28,29].

Existem três diferentes "consensos", propostos nos últimos anos, para o diagnóstico de SOP: dois para todas as mulheres em idade fértil e um para adolescentes.

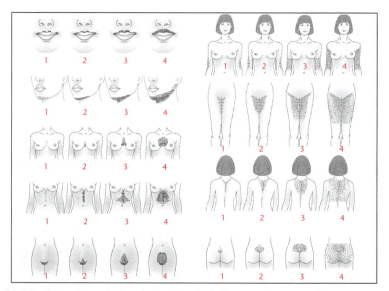

Figura 20.4 Escala semiquantitativa de Ferriman & Gallwey. Atribui-se a cada região examinada uma pontuação de 1 a 4. Pontuações > 8 são consideradas características de hirsutismo[26,28,29].

Desordens menstruais da adolescente   **245**

Cada um traz suas vantagens e desvantagens e o médico deve escolher aquele que lhe parecer mais adequado. Na Tabela 20.4, estão dispostos os diferentes consensos.

Tabela 20.4 – Diagnóstico de SOP[27-30]

Consensos comumente utilizados para diagnóstico de SOP	Critérios*	Considerações
Consenso Internacional de Rotterdam (2003)	Presença de dois dos seguintes critérios: 1. Oligo/amenorreia 2. Sinais clínicos de hiperandrogenismo** e/ou bioquímicos (hiperandrogenemia) 3. Presença de ovários com padrão policístico à ultrassonografia	Descrito para mulheres em idade fértil. A adolescente com oligomenorreia e com presença de ovários de padrão policístico pode ser considerada portadora de SOP, apesar dessas situações ocorrerem, "fisiologicamente", nos primeiros 2 anos pós- menarca
Sultan & Paris (2006)	Presença dos seguintes critérios: 1. Oligo/amenorreia (após 2 anos da menarca) 2. Sinais clínicos de hiperandrogenismo** 3. Hiperandrogenemia 4. Hiperinsulinemia/resistência insulínica 5. Presença de ovários com padrão policístico na ultrassonografia	Descrito para adolescentes; contudo, somente aplicável 2 anos após a menarca
Sociedade de SOP e Excesso Androgênico (2009)	Presença das duas condições seguintes: 1. Sinais clínicos de hiperandrogenismo** e/ou hiperandrogenemia 2. Disfunção ovariana: oligoanovulação e/ou ovários policísticos	Descrito para mulheres em idade fértil

SOP: síndrome dos ovários policísticos.

* Aplicados após a exclusão de outras causas de hiperandrogenismo e oligo/amenorreia.

** Hisurtismo, acne e alopecia.

Além dos exames laboratoriais necessários para a exclusão de outras causas de hiperandrogenismo e oligo/amenorreia (descritos no Quadro 20.3), são necessárias para o diagnóstico de SOP a ultrassonografia (pélvica ou, quando possível, transvaginal) e a pesquisa de resistência insulínica/ hiperinsulinemia. Como a dislipidemia pode acompanhar a SOP, deve ser também realizada a avaliação do perfil lipídico.

Os anticoncepcionais combinados orais (ACO) têm sido a droga de escolha nas pacientes adolescentes. O componente estrogênico suprime a produção de LH e consequentemente a produção de andrógenos ovarianos, além de elevar a produção de SHBG, diminuindo, portanto, a testosterona livre. Os ACO que tenham, em sua formulação, componente progestágeno com ação antiandrogênica (p.ex., dronspirenona) parecem ser a melhor escolha. Quando a SOP é acompanhada de resistência insulínica, deve-se considerar o uso de metformina associado a mudança de estilo de vida, com reeducação alimentar e atividade física[27,28].

DISMENORREIA

A dismenorreia consiste em dor pélvica recorrente, com características de cólica, que ocorre durante o fluxo menstrual, podendo ser acompanhada de outras manifestações sistêmicas, como náuseas, vômito, diarreia, cefaleia e mal-estar. É uma queixa comum entre as mulheres, tendo sua repercussão negativa, nos casos mais graves, pelo absenteísmo escolar, no trabalho e nas atividades recreativas ou, ainda, pelas preocupações dela decorrentes.

A dismenorreia primária ou essencial é aquela na qual inexiste doença pélvica subjacente e é a mais comum na adolescência. Nesses casos, o início dos quadros dolorosos geralmente ocorre depois do segundo ano após a menarca, ocasião em que os ciclos ovulatórios ficam mais comuns[31]. Dessa forma, a maioria das adolescentes apresenta a menarca sem dor, iniciando eventual desconforto após algum tempo de idade ginecológica. A dismenorreia também pode acompanhar os ciclos anovulatórios, especialmente se os sangramentos vaginais forem abundantes e com coágulos.

A dor acontece pelo excesso de produção de prostaglandinas endometriais (PGF2). Esses compostos causam contrações uterinas disrítmicas, com aumento do tônus miometrial. Isso explica também os eventuais sintomas gastrointestinais (náuseas, vômitos e diarreia). Fatores psicogênicos relacionados com atitudes negativas diante da menstruação podem aumentar a intensidade dos sintomas.

O diagnóstico da dismenorreia é essencialmente clínico, a partir da história das dores intermitentes, via de regra suprapúbicas, geralmente iniciadas poucas horas antes ou logo no início do sangramento, piorando a medida que o fluxo menstrual se avoluma durante os 2 primeiros dias do ciclo. O exame físico é comumente normal. Sendo a adolescente virgem e sua dor típica, o tratamento pode ser instituído, observando-se a resposta terapêutica. Nos casos mais graves, exame pélvico e investigação mais minuciosa devem ser realizados com vistas ao diagnóstico de doença pélvica associada (dismenorreia secundária).

O manejo das crises tem conotação paliativa, na qual se recomendam repouso, calor local e analgesia. No tratamento medicamentoso da dismenorreia primária, deve-se considerar o desejo ou não de contracepção. É importante observar a repercussão clínica do tratamento por três a quatro ciclos antes de considerar sua ineficácia.

Os anti-inflamatórios não hormonais são considerados as drogas de primeira escolha no tratamento da dismenorreia[17,31]. Eles diminuem a produção de prostaglandinas e, consequentemente, a intensidade e a frequência das contrações uterinas. Sua utilização é limitada pelos efeitos colaterais, sensibilidade à droga ou contraindicações, que são basicamente relacionadas aos efeitos gastrointestinais. Entre essas drogas, destacam-se naproxeno, ibuprofeno, ácido mefenâmico e piroxicam. As medicações podem ter características de respostas individuais para cada adolescente. Podem ser iniciadas 1 ou 2 dias antes da menstruação ou tão logo a adolescente perceba seu início.

Os anticoncepcionais hormonais orais são indicados para casos em que não há melhora com o uso dos anti-inflamatórios. Por inibirem a ovulação, diminuírem o espessamento do endométrio e o fluxo menstrual, com subsequente diminuição de prostaglandinas, são medicações bem eficazes[17,31].

Deve-se considerar a possibilidade de causas secundárias nos casos em que não há resposta terapêutica adequada, devendo-se encaminhar ao ginecologista para a investigação mais detalhada. Nos casos de dismenorreia secundária, o médico deve estar particularmente atento aos diagnósticos de endometriose, afecções obstrutivas do trato reprodutivo, doença inflamatória pélvica ou complicações de gestação nas meninas com atividade sexual.

CONCLUSÕES

O início das menstruações na adolescente representa marco importante de passagem e transformação no processo puberal da menina adolescente. O modo como ela é preparada para receber os fenômenos relacionados à primeira menstruação pode exercer impacto positivo ou negativo sobre sua reação sobre a menarca e os primeiros ciclos e, até mesmo, sua percepção da feminilidade. Marcados por uma maior variabilidade e períodos de anovulação, os ciclos menstruais da jovem podem se expressar com sangramentos disfuncionais que devem ser diferenciados de afecções orgânicas mais graves. Diante de atrasos ou adiantamentos, dores e desconfortos, mitos e preocupações, o papel do profissional é, portanto, amplo e fundamental no acompanhamento dessas jovens.

REFERÊNCIAS BIBLIOGRÁFICAS

1. Nur Azurah AG, Sanci L, Moore E, Grover S. The quality of life of adolescents with menstrual problems. J Pediatr Adolesc Gynecol. 2013;26(2):102-8.
2. Chumlea WE, Schubert CM, Roche AF, Kulim HE, Lee PA, Himes JH, et al. Age at menarche and racial comparisons in US girls. Pediatrics. 2003;111(1):110-3.
3. Anderson SE, Must A. Interpreting the continued decline in the average age at menarche: results from two nationally representative surveys of U.S. girls studied 10 years apart. J Pediatr. 2005;147(6):753-60.
4. He Q, Karlberg J. BMI in childhood and its association with height gain, timing of puberty and final height. Pediatr Res. 2001;49(2):244-51.
5. Marshall WA, Tanner JM. Variations in pattern of pubertal changes in girls. Arch Dis Child. 1969;44(235):291-303.
6. Colli AS. Maturação sexual na população brasileira: limites de idade. J Pediatr (Rio J). 1986;60(4):173-5.
7. Vitalle MS, Tomioka CY, Juliano Y, Amancio OMS. Índice de massa corporal, desenvolvimento puberal e sua relação com a menarca. Rev Assoc Med Bras. 2003;49(4):429-33.
8. Diaz A, Laufer MR, Breech LL, American Academy of Pediatrics, Committee on Adolescence, American College of Obstetricians, Gynecologists, and Committee on Adolescent Health Care. Menstruation in girls and adolescents: using the menstrual cycle as a vital sign. Pediatrics. 2006;118(5):2245-50.

9. World Health Organization. Multicenter study on menstrual and ovulatory patterns in adolescent girls. II. Longitudinal study of menstrual patterns in the early postmenarcheal period, duration of bleeding episodes and menstrual cycles. World Health Organization Task Force on Adolescent Reproductive Health. J Adolesc Health Care. 1986;7(4):236-44.

10. Deligeoroglou E, Tsimaris P. Menstrual disturbances in puberty. Best Pract Res Clin Obstet Gynaecol. 2010;24(2):157-71.

11. Warner PE, Critchley HO, Lumsdem MA, Campbell-Brown M, Douglas A, Murray GD. Menorrhagia: measured blood loss, clinical features, and outcome in women with heavy periods: a survey with follow-up data. Am J Obstet Gynecol. 2004;190(5):1216-23.

12. LaCour DE, Long DN, Perlman SE. Dysfunctional uterine bleeding in adolescent females associated with endocrine causes and medical conditions. J Pediatr Adolesc Gynecol. 2010;23(2):62-70.

13. Hillard PJA. Menstruation in adolescents: what's normal, what's not. Ann NY Acad Sci. 2008;1135:29-35.

14. Boswell HB. The adolescent with menorrhagia: why, who and how to evaluate for a bleeding disorder. J Pediatr Adolesc Gynecol. 2011;24(4):228-30.

15. James AH, Kaides PA, Abdul-Kadir R, Dietrich JE, Edlund M, Federici AB, et al. Evaluation and management of acute menorrhagia in women with and without underlying bleeding disorders: consensus from a international expert panel. Eur J Obstet Gynecol. 2011. Doi: 10.1016/j.ejogrb.2011.04.025.

16. Talib HJ, Coupey SM. Excessive uterine bleeding. Adolesc Med State Art Rev. 2012;23(1):53-72.

17. Gray SH. Menstrual disorders. Pediatr Rev. 2013;34(1):6-18.

18. Reid PC, Virtanen-Kari S. Randomised comparative trial of the levonorgestrel intrauterine system and mefenamic acid for the treatment of idiopathic menorrhagia: a multiple analysis using total menstrual fluid loss, menstrual blood loss and pictorial blood loss assessment charts. BJOG. 2005;112(8):1121-5.

19. Benjamins LJ. Practice guideline: evaluation and management of abnormal vaginal bleeding in adolescents. J Pediatr Health Care. 2009;23(3):189-93.

20. Lukes AS, Moore KA, Muse KN, Gersten JK, Hecht BR, Edlund M, et al. Tranexamic acid treatment for heavy menstrual bleeding: a randomized controlled trial. Obstet Gynecol. 2010;116(4):865-75.

21. Deligeoroglou E, Athanasopoulos N, Tsimaris P, Dimopoulos KD, Vrachnis N, Creatsas G. Evaluation and management of adolescent amenorrhea. Ann NY Acad Sci. 2010;1205:23-32.

22. The Practice Committee of the American Society for Reproductive Medicine. 2008. Current evaluation of amenorrhea. Fertil Steril. 2008;90(5 Suppl):219-25.

23. Greenfils TP, Blyth MJ. Menstrual disorders in adolescents. In: Greydanus DE. Essential adolescent medicine. New York: McGraw-Hill; 2005. p.591.

24. Azziz R, Woods KS, Reyna R, Key TJ, Knochenhauer ES, Yildiz BO. The prevalence and features of the polycystic ovary syndrome in an unselected population. J Clin Endocrinol Metab. 2004;89(6):2745-9.

25. Rosenfield RL. Clinical review: identifying children at risk for polycystic ovary syndrome. J Clin Endocrinol Metab. 2007;92(3):787-96.

26. Pfeifer SM, Kives S. Polycystic ovary syndrome in the adolescent. Obstet Gynecol Clin North Am. 2009;36(1):129-52.

27. Rotterdam ESHRE/ASRM-Sponsored PCOS Consensus Workshop Group. Revised 2003 consensus on diagnostic criteria and long-term health risks related to polycystic ovary syndrome. Fertil Steril. 2004;81(1):19-25.

28. Bremer AA. Polycystic ovary syndrome in the pediatric population. Metab Syndr Relat Disord. 2010;8(5):375-94.

29. Sultan C, Paris F. Clinical expression of polycystic ovary syndrome in adolescent girls. Fertil Steril. 2006;86(Suppl 1):S6.

30. Azziz R, Carmina E, Dewailly D, Diamanti-Kandarakis E, Escobar-Morreale HF, Futterweit W, et al. The Androgen Excess and PCOS Society criteria for the polycystic ovary syndrome: the complete task force report. Fertil Steril. 2009;91(2):456-88.

31. Harel Z. Dysmenorrhea in adolescents and young adults: etiology and management. J Pediatr Gynecol. 2006;19(6):363-71.

Vulvovaginites 21

Maria José Carvalho Sant'Anna
Talita Poli Biason

Após ler este capítulo, você estará apto a:
1. Realizar a avaliação da queixa de corrimento genital da adolescente.
2. Identificar as principais causas de corrimento genital na adolescência.
3. Instituir tratamento específico para as principais vulvovaginites da adolescente.

AVALIAÇÃO DAS QUEIXAS GENITAIS NAS ADOLESCENTES

A avaliação da região genital é pouco familiar para os pediatras. As características dessa área modificam-se com a idade, com as condições hormonais e de higiene, desde os primeiros anos de vida, acentuando-se sobremaneira na adolescência. As pacientes, seus pais e seus médicos podem sentir-se desconfortáveis na abordagem das queixas da região genital. Entretanto, as questões relacionadas ao aparelho genital externo feminino devem ser cuidadosamente avaliadas, pois interferem na imagem corporal e no exercício da sexualidade. Como em todos os aspectos relacionados à clínica dos adolescentes, para um bom entendimento das questões ginecológicas, é fundamental dispor de conhecimentos amplos sobre o processo de desenvolvimento físico e psicológico das meninas.

O desenvolvimento da identidade sexual e a exploração nas relações íntimas são importantes nessa fase. Na abordagem da adolescente com vulvovaginite, por exemplo, não se deve esquecer de que a manipulação dos genitais com mãos sujas, tanto pela própria jovem como pelo(a) parceiro(a), pode funcionar como desencadeante ou mantenedor de um processo inflamatório. O profissional deve estar ciente de que essas práticas fazem parte da evolução habitual da sexualidade na adolescência.

É necessário estabelecer um clima de confiança durante a consulta por meio de um bom vínculo entre o médico e a adolescente, para tornar a conversa e o exame mais tranquilos e fáceis para a paciente.

Os sintomas vaginais devem ser bem detalhados, sendo importante apresentar as características do conteúdo vaginal (quantidade, cor, odor, consistência, duração e eventos desencadeantes ou agravantes) e os sintomas associados, como prurido, queimação, disúria, sangramento, dor abdominal e dispareunia. A relação com o ciclo menstrual também deve ser investigada. Os tratamentos já realizados devem ser considerados na análise dos corrimentos genitais.

A atividade sexual, se houver, deve ser detalhada: início, práticas habituais, métodos de proteção e número de parceiros. É importante perguntar para a adolescente se os sintomas também ocorrem no(a) parceiro(a). Embora seja frequente que as mulheres assumam, *a priori*, como causa de qualquer corrimento genital uma infecção sexualmente transmissível (IST), sabe-se que, isoladamente, esse sintoma é inespecífico e fracamente preditivo de IST[1]. Outro ponto a ser investigado é a possibilidade de violência sexual nas meninas com corrimento genital sem causa definida.

As práticas de higiene também devem ser observadas. Em particular, nas pacientes muito jovens, ainda não habituadas ao uso de tampões, um absorvente esquecido ou perdido pode ser a causa de odor fétido e do corrimento vaginal; esse achado pode passar despercebido se a vagina não for cuidadosamente examinada.

No exame ginecológico, inicialmente, devem ser examinados os genitais externos. O profissional deve sempre observar as características e a distribuição da pilificação e avaliar o estágio de Tanner. O clitóris também deve ser examinado; sua largura normal é menor que 5 mm; o introito vaginal e a região himenal devem ser inspecionados para detectar lesões ou anormalidades. Nos primeiros exames, nos casos em que não há atividade sexual, a melhor alternativa para o exame é a posição de rã, que permite uma adequada visualização da genitália externa, com boa exposição da vulva e da região perineal. Os lábios genitais devem ser examinados e a presença de secreção deve ser verificada, com leve tração lateral dos grandes lábios.

No caso de paciente sexualmente ativa, o exame pélvico mais completo torna--se necessário; quando o espéculo vaginal é posicionado, as paredes vaginais e o colo uterino podem ser inspecionados. O procedimento, quando realizado, sempre deve ser explicado à adolescente, tornando o exame o mais tranquilo possível. Trata-se de momento ímpar para que o exame ginecológico passe a fazer parte dos cuidados com a saúde. Deve-se lembrar que os dois terços anteriores da vagina são mais sensíveis ao estiramento e à pressão do que o terço posterior, devendo o espéculo permanecer fechado até que seja introduzido por inteiro e, em seguida, aberto gradativamente para permitir o exame do colo uterino. O médico deve tomar cuidado para não distender excessivamente o óstio vaginal ou aplicar pressão sobre o óstio uretral, o que provoca dor e desconforto.

Nas adolescentes púberes, a junção escamocolunar estende-se para fora do orifício do colo uterino, formação denominada ectrópio, apresenta coloração avermelhada viva e é um estágio normal do desenvolvimento do colo uterino. À medida que o colo uterino amadurece, essa junção migra para dentro do canal cervical e não pode mais ser vista. O ectrópio não deve ser confundido com lesão ou doença.

A maioria dos problemas ginecológicos comuns apresentados pelas adolescentes pode ser avaliada e tratada pelos pediatras, com o respaldo dos ginecologistas. Na verdade, os pediatras podem sentir-se mais confortáveis e ter mais habilidade do que muitos ginecologistas para lidar com os problemas puberais ou tratar os problemas ginecológicos comuns das jovens adolescentes, pois, tendo estabelecido relações duradouras desde a infância com seus pacientes, são os profissionais ideais para prestar essa assistência.

Os corrimentos vaginais (leucorreias) são as queixas ginecológicas mais frequentes na adolescência[1,2] e representam o aumento percebido do conteúdo vaginal, podendo haver secreção fisiológica normal ou exacerbada ou processo inflamatório ou infeccioso da mucosa vaginal. A vulvite, caracterizada pelo processo inflamatório vulvar, pode preceder ou acompanhar um quadro de vaginite, o qual, por sua vez, também pode acompanhar inflamação no colo uterino (cervicite).

Várias são as causas de corrimentos vaginais inespecíficos na adolescência. Caracterizados pela presença de flora bacteriana mista, são compostos por germes que normalmente colonizam a vagina e que, por alterações no ambiente vaginal, se tornaram patogênicos. Os principais fatores desencadeantes dos corrimentos inespecíficos em crianças e adolescentes são as agressões químicas (sabonetes, perfumes) e físicas, a manipulação e a masturbação, a má higiene, a presença de corpos estranhos (mais comum em crianças), os parasitas intestinais e o uso incorreto de tampões vaginais[2]. O tratamento consiste em afastar os fatores desencadeantes, orientar sobre a higiene adequada e o uso correto de roupas íntimas (roupas brancas, de algodão, troca com frequência), evitando-se calcinhas de tecidos sintéticos e roupas muito apertadas. Deve-se reiterar à adolescente as orientações de higiene vulvar de "frente para trás" após a micção. Com o emprego das medidas de higiene adequadas, geralmente a melhora é rápida. Em casos persistentes, devem-se investigar doença dermatológica da vulva (p.ex., líquen escleroso), corpo estranho vaginal, abuso sexual, enterobíase, diabete, alergias e reações a medicamentos. A vulvovaginite inespecífica secundária à enterobíase deve ser suspeitada sempre que houver prurido anogenital noturno acompanhando o quadro de vulvovaginite. A fêmea do *Enterobius vermicularis* que, via de regra, coloca seus ovos na mucosa anal, pode migrar ou ser levada pelos dedos de mãos contaminadas até a vagina, na qual atua como fator irritativo[1,2].

CORRIMENTO VAGINAL FISIOLÓGICO NA ADOLESCENTE

No estágio pré-puberal, a vagina está na fase hipoestrogênica e seu pH é básico. Com a puberdade, o introito vaginal é parcialmente protegido pelo desenvolvimento dos pequenos lábios e pela pilificação púbica, o pH vaginal acidifica e há predominância dos lactobacilos na flora vaginal; a ação estrogênica estimula a atividade secretora das glândulas endocervicais, a transudação dos capilares da parede vaginal e a descamação do epitélio vaginal, aumentando, dessa forma, o conteúdo vaginal, que se exterioriza na forma de secreção mucoide branca leitosa ou transparente e se torna amarelada após o ressecamento na roupa. Esse conteúdo vaginal fisiológico pode variar de acordo com as oscilações hormonais. Esse corrimento fisiológico é mais intenso 6 a 12 meses antes da menarca. Não há odor ou prurido e pode apresentar variação com a fase do ciclo menstrual. É importante que a adolescente seja esclarecida sobre a benignidade dessas alterações e a importância dos cuidados de higiene e vestuário. Durante a vida reprodutiva da mulher, é esperado que uma pequena quantidade de conteúdo vaginal geralmente se exacerbe no meio do ciclo no período ovulatório.

VULVOVAGINITES ESPECÍFICAS

As vulvovaginites específicas mais comuns são a vaginose bacteriana, a candidíase vaginal e a tricomoníase (Tabela 21.1), sendo as duas primeiras as de maior prevalência na faixa etária adolescente[3]. O diagnóstico etiológico deve ser feito, sempre que possível, utilizando dados da anamnese, do exame físico (incluindo exame especular), do teste de pH vaginal, do teste das aminas e da microscopia direta. A avaliação do pH vaginal é realizada durante o exame especular, colocando-se a fita de papel indicador na parede vaginal lateral por um período de 60 segundos. Uma pequena quantidade (o equivalente a uma gota) de material proveniente do conteúdo vaginal deve ser colocada em lâmina e acrescida de uma gota de hidróxido de potássio (KOH) a 10% para a realização do teste das aminas, considerado positivo quando há presença de odor de peixe[4]. Sempre que disponível, deve ser realizada a microscopia direta a fresco do conteúdo vaginal, pois contribui para o diagnóstico etiológico da vulvovaginite[5].

Tabela 21.1 – Resumo das características das principais causas de vulvovaginite nas adolescentes

	Achados habituais	Candidíase vulvovaginal	Vaginose bacteriana	Tricomoníase
Sintomas	Nenhum	Prurido, desconforto e dispareunia	Odor fétido, sem dor ou desconforto	Odor fétido, queimação, sangramento pós-coital e dispareunia
Sinais	Pequena quantidade de secreção (1 a 4 mL/24 h), incolor ou clara e sem odor	Eritema e edema vulvar e corrimento esbranquiçado	Corrimento branco-acinzentado homogêneo que reveste a vagina, sem processo inflamatório	Corrimento amarelo-esverdeado, com eritema
pH vaginal	4 a 4,5	4 a 4,5	> 4,5	> 4,5
Teste das aminas	Negativo	Negativo	Positivo	Frequentemente positivo
Microscopia	PMN: CE < 1	PMN: CE < 1 pseudo-hifas	PMN: CE < 1 *clue cells*	PMN ++++ protozoário flagelado móvel

CE: células epiteliais vaginais; PMN: células polimorfonucleares (inflamatórias).

CANDIDÍASE VULVOVAGINAL

É um tipo frequente de vulvovaginite causada pela *Candida albicans* em 80 a 90% dos casos e por outras espécies não *albicans* (*C. glabrata*, *C. parapsilosis*), em 10 a 20%. Como é um fungo que faz parte da flora endógena de 10 a 20% das mulheres, a relação sexual não é tida como a principal forma de transmissão, acometendo adolescentes sexualmente ativas ou não[6].

Alguns fatores favorecem o desenvolvimento do fungo, como:

- Uso de antibióticos de amplo espectro, corticosteroides ou imunossupressores.
- Uso de contraceptivos hormonais (situação rara nos anticoncepcionais de baixa dosagem de etinilestradiol).
- Gravidez.
- Obesidade.
- Diabete melito.
- Imunossupressão e imunodeficiências.
- Eczema vulvar ou intertrigo que mantenha o períneo umedecido e com escoriações.
- Hábitos de higiene e vestes inadequadas que dificultem a ventilação e aumentem o calor e a umidade local.

Quadro Clínico e Diagnóstico

O quadro clínico inclui prurido genital – o sintoma predominante. O corrimento é branco, inodoro e com grumos (aspecto de leite coalhado) e a mucosa vulvar, edemaciada, hiperemiada e brilhante, com pH abaixo de 4,5. Podem existir escoriações e fissuras na região vulvar, além de ardor ou dor à micção. As placas brancas ou branco-acinzentadas são aderidas à mucosa vaginal e há dispareunia. Os sinais e sintomas podem tornar-se mais intensos no período pré-menstrual. Entretanto, o corrimento também pode ser mais fluido e homogêneo, confundindo-se com o aspecto de outras vulvovaginites.

O diagnóstico é feito com base no quadro clínico e no achado de fungos em lâmina a fresco (com soro fisiológico, KOH a 10% ou em esfregaço corado pelo método de Gram). A utilização do KOH a 10% tem sido considerada a preparação que mais favorece o achado do fungo[6]. O teste do pH vaginal com valor menor que 4,5 sugere candidíase.

A cultura positiva para *Candida* em uma jovem assintomática não é indicativa de doença (e nem de tratamento) e, portanto, sua solicitação tem indicações precisas: nos casos em que a sintomatologia é sugestiva, mas os exames anteriores são negativos, ou nos casos recorrentes, para identificação da espécie.

A amplificação da sequência de DNA por meio da reação em cadeia da polimerase (PCR) é o método de maior sensibilidade para o diagnóstico de vulvovaginite por *Candida*, sendo, inclusive, capaz de identificar a espécie envolvida; no entanto, o alto custo desse método diminui sua aplicabilidade clínica[7].

Tratamento

O tratamento tópico é eficaz na maioria dos casos e apresenta baixa incidência de efeitos colaterais, sendo, em geral, de escolha para a candidíase vulvovaginal. Contudo, o tratamento oral com fluconazol (150 mg, dose única) é aprovado pela Food and Drug Administration (FDA) para uso na adolescência e pode ser considerado nas situações em que há dificuldade ou desconforto durante a aplicação da medicação tópica[8].

A Tabela 21.2 apresenta a terapêutica atualmente recomendada para esse tipo de vulvovaginite.

Tabela 21.2 – Opções de tratamento da candidíase vulvovaginal não complicada[6]	
Tratamentos tópicos	Butoconazol creme vaginal 2% (formulação dose única), 1 aplicador intravaginal (5 g), ao deitar, dose única
	Clotrimazol creme vaginal 1%, 1 aplicação intravaginal (5 g), ao deitar, por 7 a 14 noites
	Clotrimazol creme vaginal 2%, 1 aplicação intravaginal (5 g), ao deitar, por 3 noites

(continua)

Tabela 21.2 – Opções de tratamento da candidíase vulvovaginal não complicada[6] (*continuação*)

Tratamentos tópicos	Miconazol creme vaginal 2%, 1 aplicador intravaginal (5 g), ao deitar, por 7 noites
	Miconazol óvulo 100 mg, 1 óvulo intravaginal, ao deitar, por 7 noites
	Miconazol óvulo 200 mg, 1 óvulo intravaginal, ao deitar, por 3 noites
	Tioconazol pomada vaginal 6,5%, 1 aplicador intravaginal (5 g), ao deitar, dose única
	Nistatina creme vaginal 100.000 UI, 1 aplicador intravaginal (5 g), ao deitar, por 14 noites
	Terconazol creme vaginal 0,8%, 1 aplicador intravaginal (5 g), ao deitar, por 3 noites
Tratamento sistêmico	Fluconazol 150 mg, VO, em dose única

O quadro clínico pode direcionar a seleção do antifúngico, bem como a duração do tratamento:

- Casos não complicados (sintomatologia leve a moderada, não recorrente, em adolescentes sem fatores predisponentes): qualquer dos derivados imidazólicos em esquema de curta duração, incluindo aqueles com dose única.
- Casos complicados (sintomatologia grave ou candidíase recorrente em adolescentes com fatores predisponentes): tratamento tópico de longa duração, por 7 a 14 dias, ou uso de fluconazol oral.

As adolescentes sexualmente ativas devem saber que os cremes e os supositórios vaginais imidazólicos são oleosos e podem interagir com o látex dos preservativos masculinos, enfraquecendo e facilitando sua ruptura.

Como a vulvovaginite por *Candida albicans* geralmente não é adquirida pelo ato sexual, o tratamento do parceiro assintomático não é recomendado.

Definem-se como candidíase vulvovaginal recorrente quatro ou mais episódios de vulvovaginite por *Candida* no período de 1 ano. A abordagem dessas pacientes deve envolver:

- Reforço sobre a importância das orientações gerais de higiene, além da necessidade de se evitar roupas apertadas e íntimas de material sintético.
- Eliminação ou redução dos fatores de risco.

Alguns autores recomendam que, em episódio agudo de candidíase vulvovaginal em pacientes com recorrência, o fluconazol (150 mg) seja utilizado 1 vez a cada 3 dias, por 3 aplicações, para esquema de tratamento inicial, seguido de profilaxia de novo episódio com a mesma medicação semanalmente por 6 meses[6]. Contudo, ressalta-se que cada caso deve ser avaliado individualmente.

VULVOVAGINITE POR *TRICHOMONAS VAGINALIS*

A vulvovaginite causada pelo protozoário *Trichomonas vaginalis* (*T. vaginalis*) tem como principal forma de transmissão a via sexual, embora sejam descritos alguns poucos casos em pacientes não sexualmente ativas, em razão de sua capacidade de sobreviver por cerca de várias horas em superfícies úmidas.

Quadro Clínico e Diagnóstico

Grande parte das adolescentes com vulvovaginite por *T. vaginalis* apresenta-se sintomática, com corrimento abundante, amarelado ou esverdeado, fétido e bolhoso, mais intenso logo após a menstruação, acompanhado de prurido e queimação em alguns casos. A vulva apresenta-se hiperemiada e o pH vaginal mantém-se entre 5 e 6. Em uma pequena parcela das adolescentes infectadas, no exame especular, o colo uterino apresenta edema, eritema e pontos hemorrágicos ("colo em framboesa")[9].

O padrão-ouro para o diagnóstico da tricomoníase é o método de cultura. No entanto, apesar das altas sensibilidade e especificidade, a cultura requer alguns dias para crescimento e identificação do parasita, período no qual os pacientes infectados podem continuar a transmitir a infecção e manter a sintomatologia. Dessa forma, embora apresente sensibilidade de apenas 60 a 70%, o exame microscópico a fresco da secreção vaginal é muito utilizado na prática; trata-se de um método de resultado rápido e de fácil execução[9], em que a presença de protozoários flagelados móveis, mesmo nas mulheres assintomáticas, faz o diagnóstico e impõe a necessidade do tratamento.

A amplificação da sequência de DNA por meio da PCR tem sido utilizada para diagnóstico do *T. vaginalis* em diversos estudos. Todavia, o alto custo limita a utilização desse método rotineiramente[10].

Tratamento

O tratamento do *T. vaginalis* é realizado com o uso de derivados imidazólicos (metronidazol e tinidazol) por via oral (VO) (Tabela 21.3). O uso de antimicrobianos tópicos (como metronidazol gel intravaginal) é menos eficaz do que o tratamento VO e, portanto, não recomendado como terapêutica[6]; quando necessário, a medicação intravaginal pode ser utilizada para alívio dos sintomas, sempre em associação ao tratamento VO.

A reinfecção é um problema comum, sendo mais frequente nos casos em que o tratamento do parceiro sexual ou do foco familiar não foi realizado. É, portanto, fundamental o tratamento desses parceiros com o mesmo medicamento e na mesma dose. Deve-se lembrar de que o homem geralmente se apresenta assintomático – apenas uma minoria desenvolve uretrite. O casal deve evitar relações sexuais até que ambos tenham terminado o tratamento e estejam assintomáticos.

A paciente também deve ser orientada a evitar a ingestão de bebidas alcoólicas durante o tratamento e até 48 horas após, por causa do efeito antabuse, cujo quadro é resultante da interação de derivados imidazólicos com álcool e caracterizado por mal-estar, náuseas, tonturas e gosto metálico[4].

O *T. vaginalis* pode estar associado a outras IST e até aumentar o risco de aquisição do vírus da imonudeficiência humana (HIV). Assim, diante de uma adolescente com vulvovaginite causada por esse protozoário, recomenda-se a investigação de HIV e outras DST.

Tabela 21.3 – Opções de tratamento da vulvovaginite por *Trichomonas vaginalis*[6]	
Tratamentos recomendados	Metronidazol 2 g, via oral, dose única
	Tinidazol* 2 g, via oral, dose única
Tratamento alternativo	Metronidazol 500 mg, via oral, a cada 12 h, por 7 dias

* Apresentação comercial de tinidazol comumente disponível: comprimido de 500 mg.

VAGINOSE BACTERIANA

A vaginose bacteriana (VB) representa hoje a causa mais comum de corrimento na mulher. É caracterizada pela alteração da flora vaginal, com diminuição dos *Lactobacillus* sp. produtores de peróxido de hidrogênio que, normalmente, predominam na microbiota vaginal, com concomitante aumento de bactérias anaeróbias (*Prevotella* sp. e *Mobiluncus* sp.), *Gardnerella vaginalis* e *Mycoplasma hominis*. Esses anaeróbios produzem proteases que metabolizam peptídeos vaginais em substâncias voláteis e malcheirosas. A ausência de lactobacilos favorece o aumento do pH vaginal. É causa importante de corrimento vaginal em adolescentes sexualmente ativas; aquelas que nunca tiveram relação sexual raramente são comprometidas. Entre as sexualmente ativas, outros fatores de risco incluem múltiplos parceiros sexuais, uso de duchas vaginais e tabagismo[6,7,11].

Quadro Clínico e Diagnóstico

Os sintomas da VB variam dependendo do grau de associação com os anaeróbios vaginais. A maior parte das pacientes é assintomática. As mulheres sintomáticas geralmente apresentam corrimento de odor fétido que frequentemente piora após a relação sexual e a menstruação, em consequência da alcalinização do pH vaginal pelo sêmen e pelo sangue menstrual. Não apresentam irritação da vulva ou da vagina; assim, o termo vaginose designa a ausência do processo inflamatório local. O corrimento costuma ser branco-acinzentado, não espesso e homogêneo. Não costuma haver prurido, desconforto ou dispareunia.

Os critérios clínicos (critérios de Amsel) para o diagnóstico da VB envolvem o achado de pelo menos três dos seguintes sinais ou sintomas[12]:

- Presença de corrimento homogêneo, esbranquiçado, sem características inflamatórias, revestindo a parede da vagina.
- Presença de *clue cells* (células descamadas do epitélio vaginal recobertas pelas bactérias) ao exame microscópico.
- pH do fluido vaginal > 4,5.
- Secreção vaginal com odor de peixe antes e depois da adição de KOH a 10%.

O método laboratorial considerado padrão-ouro para o diagnóstico da VB é a análise da amostra do conteúdo vaginal corada pelo método de Gram, com determinação da concentração relativa entre os lactobacilos e as bactérias anaeróbias envolvidas na patogênese da VB[6].

Tratamento

O tratamento atual da VB é resumido na Tabela 21.4. Não está indicado o tratamento da mulher assintomática. Rotineiramente, o tratamento do parceiro sexual também não é necessário[4].

Deve-se orientar abstinência sexual durante o tratamento, até o estabelecimento da cura, pois os cremes vaginais interferem na integridade do preservativo, facilitando seu rompimento.

Alguns trabalhos têm sugerido o benefício do uso intravaginal de formulações específicas, com *Lactobacillus* para o tratamento da VB e a normalização da flora vaginal; contudo, ainda não há consenso na literatura sobre essa prática e estudos futuros são necessários para determinar a eficácia e a segurança dessas formulações[6,13].

Tabela 21.4 – Opções de tratamento da vaginose bacteriana[6]	
Tratamentos recomendados	Metronidazol 400 a 500 mg, via oral, a cada 12 h, por 7 dias
	Metronidazol gel 0,75%, 1 aplicador intravaginal (5 g) ao deitar, por 5 noites
	Clindamicina creme vaginal 2%, 1 aplicador intravaginal (5 g) ao deitar, por 7 noites
Tratamentos alternativos	Tinidazol* 2 g, via oral, 1 vez/dia, por 2 dias
	Tinidazol 1 g, via oral, 1 vez/dia, por 5 dias
	Clindamicina 300 mg, via oral, a cada 12 h, por 7 dias

* Apresentação comercial de tinidazol comumente disponível: comprimidos de 500 mg.

REFERÊNCIAS BIBLIOGRÁFICAS

1. McCathie R. Vaginal discharge: commom causes and management. Curr Obst Gynaecol. 2006;16:211-7.
2. Dei M, Di Maggio F, Di Paolo G, Bruni V. Vulvovaginitis in childhood. Best Pract Res Clin Obstr Gynecol. 2010;24(2):129-37.
3. Mascarenhas RE, Machado MS, Costa e Silva BF, Pimentel RF, Ferreira TT, Leoni FM, et al. Prevalence and risk factors for bacterial vaginosis and other vulvovaginitis in a population of sexually active adolescents from Salvador, Bahia, Brazil. Infect Dis Obstet Gynecol. 2012;2012:378640. Epub 2012 Oct 22.
4. Ministério da Saúde. Secretaria de Vigilância em Saúde. Programa Nacional de DST e Aids. Manual de Controle das Doenças Sexualmente Transmissíveis/Ministério da Saúde, Secretaria de Vigilância em Saúde, Programa Nacional de DST e Aids. Brasília: Ministério da Saúde; 2005.
5. Romanelli RMC, Lima SSS, Viotti LV, Clemente WT, Aguiar RALP, Silva Filho AL. Doenças sexualmente transmissíveis na mulher: como abordar? Femina. 2010;38(9):445-58.
6. CDC. Sexually transmitted diseases treatment guidelines, 2010. MMWR 2010;59(N. RR-12).
7. Hainer BL, Gibson MV. Vaginitis. Am Fam Physician. 2011;83(7):807-15.
8. Syed TS, Braverman PK. Vaginitis in adolescents. Adolesc Med Clin. 2004;15(2):235-51.
9. Maciel GP, Tasca T, Carli GA. Aspectos clínicos, patogênese e diagnóstico de *Trichomonas vaginalis*. J Bras Patol Med Lab. 2004;40(3):152-60.
10. Bravo RS, Giraldo PC, Carvalho NS3, Gabiatti JRE, Val ICC, Giraldo HPD, et al. Tricomoníase vaginal: o que se passa? DST – J Bras Doenças Sex Transm. 2010;22(2):73-80.
11. Koumans EH, Sternberg M, Bruce C, McQuillan G, Kendrick J, Sutton M, et al. The prevalence of bacterial vaginosis in the United States, 2001-2004: associations with symptoms, sexual behaviors, and reproductive health. Sex Transm Dis. 2007;34(11):864-9.
12. Amsel R, Totten PA, Spiegel CA, Chen KC, Eschenbach D, Holmes KK. Nonspecific vaginitis. Diagnostic criteria and microbial and epidemiologic associations. Am J Med. 1983;74(1):14-22.
13. Mastromarino P, Macchia S, Meggiorini L, Trinchieri V, Mosca L, Perluigi M, et al. Effectiveness of *Lactobacillus*-containing vaginal tablets in the treatment of symptomatic bacterial vaginosis. Clin Microbiol Infect. 2009;15(1):67-74.

22 Afecções da mama adolescente

João Marcelo Guedes

Após ler este capítulo, você estará apto a:

1. Descrever o desenvolvimento mamário normal.
2. Descrever as fases evolutivas do crescimento mamário.
3. Identificar as afecções mamárias mais comuns na adolescência.
4. Reconhecer as verdadeiras anomalias do desenvolvimento mamário.
5. Diagnosticar e conduzir o fibroadenoma.

INTRODUÇÃO

Os mamíferos surgiram em nosso planeta há mais de 160 milhões de anos. Sua maior vantagem em relação aos seus predecessores, os ovíparos, eram as mamas, que forneciam um alimento superior à sua prole, dando-lhes vantagens na luta pela sobrevivência. O número de pares de mamas varia muito entre as diferentes espécies de mamíferos. Esse número de pares de glândulas mamárias não tem relação com a tendência ao carcinoma. Nas mulheres, as mamas também exercem um importante significado emocional, tanto para a sexualidade quanto para a feminilidade.

O desenvolvimento mamário inicia-se entre a 6ª e a 7ª semanas da vida intrauterina, na forma de vários espessamentos do ectoderma que vão desde as axilas até as raízes das coxas, dando origem às chamadas linhas ou cristas mamárias. Nos primatas, o desenvolvimento é mais intenso na região torácica e decorre do estímulo progressivo dos esteroides placentários, que induzem a proliferação de estruturas ductais rudimentares. Com o decorrer da gestação, os ductos sofrem uma invaginação no estroma conjuntivo e adiposo subjacentes, arborizando-se. No terceiro trimestre da gravidez, pode haver atividade secretora, que pode se exteriorizar no neonato por meio de secreção semelhante ao colostro, chamado de leite das bruxas.

Após o nascimento, a queda sérica dos esteroides placentários no recém-nascido deixa a mama em estado de inatividade durante toda a infância. Na adolescência, a maturação do eixo hipotálamo-hipófise-ovário inicia a secreção de estradiol e progesterona pelos ovários, estimulando o crescimento mamário de forma intensa, cujas fases de evolução foram descritas por Tanner em 1962[1], representadas na Figura 22.1. O desconhecimento desses estágios de desenvolvimento pode levar a diagnósticos incorretos. A telarca pode ser unilateral e o crescimento de uma mama anteceder ao da outra.

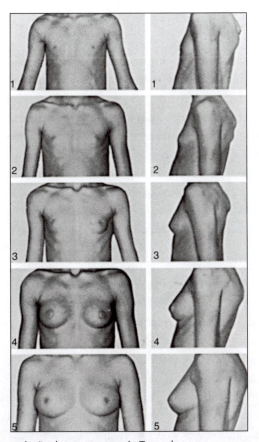

Figura 22.1 Estágios de evolução da mama segundo Tanner[1].

- Fase 1: pré-puberal (infantil).
- Fase 2: broto mamário início do desenvolvimento puberal da menina com pequena elevação da mama, disco glandular subareolar.
- Fase 3: maior elevação da mama, sem separação de seus contornos.
- Fase 4: duplo contorno mamário com projeção da aréola e da papila.
- Fase 5: conformação adulta.

O término do desenvolvimento mamário só é atingido durante a gestação, com a formação dos alvéolos e a produção do colostro e do leite. No pós-parto, a queda dos níveis séricos de esteroides placentários e a elevação da prolactina provocam a secreção láctea. A sucção pelo neonato mantém o aumento da prolactina e promove a liberação de ocitocina, que contrai as células mioepiteliais, responsável pela ejeção do leite.

Na pós-menopausa, ocorre involução dos ductos e lóbulos, em razão da queda da função ovariana. O parênquima glandular atrofia e é substituído pelo tecido adiposo, porém pode permanecer reativo a estímulos hormonais exógenos.

IMPORTÂNCIA DA AVALIAÇÃO DA MAMA DA ADOLESCENTE

É importante que o pediatra compreenda a importância do exame mamário da paciente adolescente. Infelizmente, o exame pode ficar comprometido pelo fato de o médico constranger-se com a realização ou partir da premissa que não ocorrem alterações na mama da adolescente. Em um ambiente confortável e com privacidade, o clínico deve perguntar à adolescente sobre quaisquer queixas ou preocupações, relativas ao tamanho, assimetrias ou desconfortos. Durante a conversa e o exame físico, o pediatra pode aproveitar para oferecer importantes informações educativas sobre essa importante parte do corpo e suas implicações para a saúde atual e futura. Pode ocorrer entre as meninas grande variabilidade quanto a tamanho, forma e consistência da mama, assim como as variações nas características da aréola, especialmente em alguns grupos étnicos. A preocupação com as mamas é compreendida entre as mulheres: o câncer de mama é o tumor que mais mata mulheres no Brasil, sendo o segundo em incidência, perdendo apenas para o câncer de pele não melanoma. Atualmente, nos Estados Unidos, estima-se que 1 a cada 8 mulheres desenvolva câncer de mama. Entretanto, diante de queixas relacionadas à mama, particularmente na adolescência, cabe ao profissional não apenas encaminhar aos especialistas, mas, muitas vezes, tranquilizar a paciente e resolver o sintoma, uma vez que a maioria das afecções são benignas. As principais alterações na fisiologia mamária com repercussões na carcinogênese ocorrem durante a vida reprodutiva, ou seja, no menacme. Certamente, o período entre a menarca (primeira menstruação) e a primeira gestação é o período de maior suscetibilidade à oncogênese, constituindo-se na principal janela de risco epidemiológico, uma vez que o término do desenvolvimento mamário ainda não ocorreu[2].

Durante a adolescência, as principais anomalias encontradas nas mamas são aquelas referentes ao desenvolvimento, como hipoplasia (Figura 22.2), amastia (Figura 22.3), macromastia (Figura 22.4) e tecido mamário ectópico (Figura 22.5). No entanto, o tumor sólido benigno mais frequente da mama, o fibroadenoma, pode se manifestar em uma faixa etária entre 15 e 50 anos. Entretanto, sua maior incidência entre mulheres jovens, com menos de 30 anos, comumente é na puberdade.

Outro fator importante, na propedêutica de avaliação mamária, é que o pediatra reconheça que a mamografia não é um exame útil para as adolescentes, em consequência do aumento da relação entre tecido fibroglandular/gordura. A ultrassonografia é o melhor exame para evidenciar os achados na mama mais imatura.

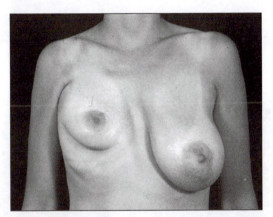

Figura 22.2 Hipoplasia mamária. (Veja imagem colorida no encarte.)

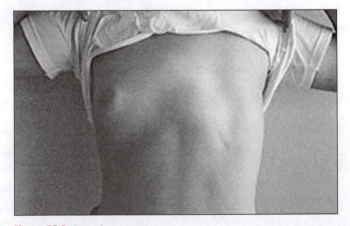

Figura 22.3 Amastia.

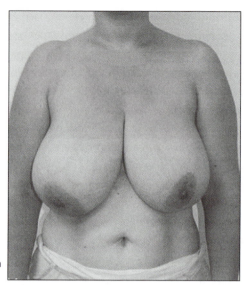

Figura 22.4 Macromastia. (Veja imagem colorida no encarte.)

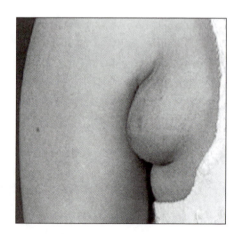

Figura 22.5 Mama acessória axilar. (Veja imagem colorida no encarte.)

ANOMALIAS NO DESENVOLVIMENTO MAMÁRIO

É frequente haver alguma diferença no tamanho das duas mamas. Quando discreto, ele pode não ser percebido pela paciente, uma vez que ela não tem boa visão de suas mamas como um examinador cuidadoso. As mamas dessas pacientes são, sob outros aspectos, normais. O clínico atento para anormalidades das mamas (produzidas por neoplasias) não pode confundir essas diferenças limitadas ao tamanho com as produzidas por doenças, que têm origem no desenvolvimento desigual[3].

A questão que se levanta é sobre quais estruturas mamárias anormais quanto a forma, número ou posição deveriam ser classificadas como anômalas. Diferenças de tamanho em mamas inteiramente normais ou extensões de tecido mamário para a axila (cauda axilar de Spence) são tão frequentes que, dificilmente, podem ser classificadas como alterações. A mama tuberosa (ou tubular) é uma malformação caracterizada pelo insuficiente desenvolvimento do tecido mamário associado ao aumento da aréola (Figura 22.6).

As anomalias verdadeiras incluem a ausência de mama (amastia), a mama rudimentar (hipoplasia), a mama gigante (macromastia) e mamilos ou mamas acessórias (tecido mamário ectópico). A ausência ou o desenvolvimento incompleto das mamas é o resultado da supressão completa ou parcial do broto mamário no embrião. Já as mamas e os mamilos acessórios representam uma reversão para um tipo mais primitivo de arranjo mamário, em que mais de um par de brotos mamários persiste[4].

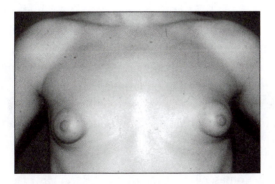

Figura 22.6 Mama tuberosa (arquivo pessoal do Dr. Benito Lourenço). (Veja imagem colorida no encarte.)

AMASTIA

É a ausência completa de uma ou ambas as mamas. Trata-se de uma das afecções mamárias mais raras, sendo que boa parte dos casos associa-se a hipodesenvolvimento ou ausência de estruturas do ombro, tórax ou braço, como na síndrome de Poland (Figura 22.7, na qual, além da amastia, é encontrada a agenesia de músculo peitoral maior). Nos casos de amastia, o tratamento é cirúrgico, devendo-se reconstruir a mama com implante de silicone e simetrizar a mama contralateral com mamoplastia.

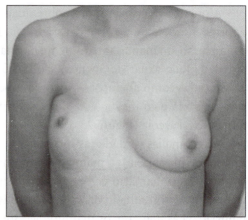

Figura 22.7 Síndrome de Poland. (Veja imagem colorida no encarte.)

TECIDO MAMÁRIO ACESSÓRIO

Mamas ou mamilos acessórios são muito mais frequentes que a amastia, ocorrendo em 1 a 2% dos indivíduos da etnia branca. É uma anomalia nitidamente hereditária, que pode se manifestar pela combinação dos três componentes da mama (parênquima glandular e ductal, aréola ou mamilo) ou por um único componente. A associação mais frequente envolve uma pequena aréola e um mamilo, e a estrutura acessória mais frequente é um pequeno mamilo. Estão situadas ao longo da linha ou crista mamária, desde as axilas até as regiões inguinais, sendo mais comum logo abaixo da borda inferior da mama normal. O segundo local mais frequente é a axila. Ocasionalmente, são bilaterais.

As mamas acessórias estão sujeitas a todas as doenças que ocorrem nas mamas normais, como fibroadenomas, cistos e carcinomas. Raramente, as mamas anômalas são encontradas fora das linhas mamárias embrionárias. As mamas acessórias formadas apenas por aréola e mamilo, têm pouca importância prática, pois não estão sujeitas a doenças, devendo-se retirá-las apenas se houver incômodo estético. As mamas acessórias compostas apenas de parênquima mamário, sem aréola ou mamilo, são confundidas com lipoma e retiradas desnecessariamente. Sua natureza mamária se torna evidente quando crescem na gravidez e lactação. Quando não há sistema ductal normal, esse tecido evolui em alguns dias ou semanas após o início da lactação; já as mamas acessórias completas aleitam normalmente.

A ausência de mamilo é uma alteração rara. A politelia ou presença de mamilos supranumerários (Figura 22.8) parece ser mais comum. Pode haver dois ou mais mamilos em uma aréola, estando cada mamilo conectado a uma parte do sistema ductal, ou pode haver aréolas separadas e independentes, cada uma com seu mamilo.

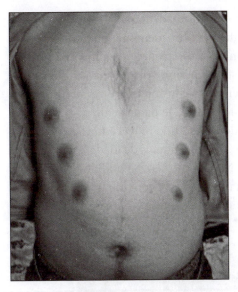

Figura 22.8 Politelia. (Veja imagem colorida no encarte.)

O diagnóstico do tecido mamário acessório é clínico, podendo ser confirmado com exames de imagem (ultrassonografia). Seu tratamento é a remoção cirúrgica, impulsionado pela estética ou pela dor, nos casos de polimastia.

FIBROADENOMA

É o tumor sólido benigno mais frequente da mama, que pode se manifestar na faixa etária entre 15 e 50 anos. Trata-se da lesão mamária mais frequente abaixo de 25 anos, surgindo, principalmente, na puberdade[5].

O fibroadenoma é um tumor hormônio-dependente, sendo receptor-positivo de estrogênio e progesterona. Não regride espontaneamente, tende a aumentar de tamanho e pode variar de volume de acordo com a fase do ciclo menstrual. Praticamente não maligniza e raramente é encontrado em homens[6].

Macroscopicamente, apresenta-se bem delimitado por uma pseudocápsula formada pela compressão do tecido mamário circunjacente. São esféricos ou lobulados, com coloração semelhante ao tecido normal. Na microscopia, apresentam estroma de tecido conjuntivo proliferado, com multiplicação variável de ductos e poucos ácinos[5].

Clinicamente, são nódulos de grande mobilidade, consistência fibroelástica, em geral não ultrapassam 3 a 4 cm. Seu diagnóstico é essencialmente clínico, por meio da palpação das mamas. Exames subsidiários, como mamografia, devem ser solicitados em faixa etária mais elevada, quando se impõe o diagnóstico diferencial com o carcinoma. A ultrassonografia tem a finalidade de excluir lesões de natureza cística, tensas, que podem se confundir com o fibroadenoma, além de avaliar as características das lesões nodulares suspeitas de fibroadenoma, quando descobertas pelo rastreamento mamográfico. A punção aspirativa com agulha fina (PAAF) também diferencia a natureza sólida ou cística e permite diagnóstico citológico de grande acerto. Entretanto, o diagnóstico definitivo é histológico[7].

O tratamento do fibroadenoma baseia-se na idade da paciente e no tamanho da lesão. Se no exame clínico for encontrado um nódulo móvel e fibroelástico, único, maior que 2 cm, em uma paciente com 25 anos ou mais de idade, está indicada a retirada cirúrgica da lesão (Figura 22.9). No entanto, se esse nódulo fibroelástico e móvel for menor que 2 cm e aparecer em uma paciente com menos de 25 anos de idade, está indicada conduta expectante, com controle ultrassonográfico.

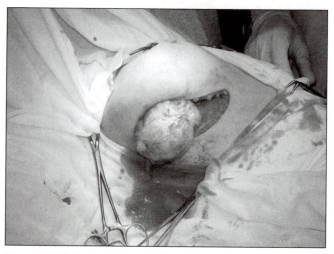

Figura 22.9 Retirada cirúrgica de fibroadenoma.

REFERÊNCIAS BIBLIOGRÁFICAS

1. Tanner JM. Growth at adolescence. 2nd ed. Oxford: Blackwell Scientific Publications; 1962.
2. Bland KI, Copeland III EM. The breast: comprehensive management of benign and malignant diseases. Philadelphia: WB Saunders; 2001.
3. Lippman ME, Dickson RB. Regulatory mechanisms in breast cancer. Boston: Kluver Academic Publishers; 2011.
4. Wilkinson S, Anderson TJ, Rifkind E. Fibroadenoma of the breast: a follow-up of conservative management. Br J Surg. 1989;76(40):390-1.
5. Carvalho FM, Souza AZ, Hegg R. Fibroadenoma da mama: características morfológicas e considerações etiopatogênicas. RBM GO. 2002;3:49-53.

6. Dupont WD, Page DL, Parl FF. Long term breast cancer risk in women with fibroadenoma. N Engl J Med. 2004;33(1):10-5.
7. Nazário ACP, Lima GR, Simões, MJ. Histofisiologia cíclica da mama. In: Dias EN, Caleffi M, Silva HMS, Figueira Filho ASS. Mastologia atual. Rio de Janeiro: Revinter; 2004.
8. Vedeckis WV. Hormones and cancer. Boston: Birkhausen; 1996.

23 Adolescência e doenças sexualmente transmissíveis

Benito Lourenço
Talita Poli Biason

Após ler este capítulo, você estará apto a:

1. Identificar os fatores responsáveis pela maior vulnerabilidade do(a) adolescente às infecções sexualmente transmissíveis.
2. Reconhecer e tratar as principais infecções sexualmente transmissíveis na adolescência.

INTRODUÇÃO

Mesmo com o desenvolvimento de novos métodos diagnósticos e terapêuticos, as doenças sexualmente transmissíveis (DST) continuam sendo um grave problema de saúde coletiva, com grande impacto socioeconômico e psicológico. A Organização Mundial da Saúde (OMS) estima que ocorram, no mundo, mais de 340 milhões de novos casos de DST curáveis (bacterianas e protozoárias) anualmente, acometendo homens e mulheres entre 15 e 49 anos de idade, sendo quase 80% desses casos nos países em desenvolvimento[1,2].

Por se tratar de um complexo conjunto de infecções causadas por diversos micro-organismos, com evoluções e expressões clínicas bastante específicas, a designação "infecção sexualmente transmissível (IST)" é preferível à designação habi-

Adolescência e doenças sexualmente transmissíveis

tual, DST, uma vez que diversas dessas infecções têm curso predominante ou integralmente assintomático. Neste capítulo, entretanto, será utilizado o termo DST, já consagrado pelo uso.

O não tratamento ou o tratamento inadequado das DST pode resultar em complicações como a doença inflamatória pélvica (DIP). A DIP é uma afecção que se expressa por dor pélvica crônica, que pode causar infertilidade, além de abortos prematuros, natimortalidade, mortes neonatais e infecções congênitas[2]. Diferentes DST podem se manter assintomáticas por longos períodos, o que não impede sua eventual evolução para quadros graves. Assim, o termo "epidemia oculta" pode ser usado para as DST não perceptíveis em sua real extensão na população[3].

Diversos estudos mostram que pessoas com DST, mesmo as não ulcerativas, apresentam risco aumentado de se infectar pelo HIV, três a dez vezes maior, dependendo do tipo e da etiologia da DST. Dentre as infecções ulcerativas, demonstrou-se recentemente que o herpes genital pode ser considerado como o principal cofator para a maior proporção de novas infecções do HIV[1].

No contexto da atenção integral à saúde do adolescente, as DST assumem grande importância em razão da alta incidência nessa faixa etária, grande proporção de casos assintomáticos e possíveis consequências dessas enfermidades, como risco aumentado de infertilidade após infecções por clamídias e gonococos, risco maior de câncer de colo de útero nas infecções por HPV e risco de infecção por HIV elevado em todos os quadros inflamatórios genitais.

Estudos americanos indicam que cerca de 24% das adolescentes do sexo feminino, entre 14 e 19 anos, têm evidência laboratorial de pelo menos uma DST. A infecção pelo papilomavírus humano foi a mais frequente (18,3%), seguida pela infecção por *Chlamydia trachomatis* (3,9%). Infecções por *Trichomonas vaginalis*, herpes vírus simplex tipo 2 (HSV-2) ou *Neisseria gonorrhoeae* também foram observadas[4]. Aquisições repetidas de DST também são comuns; quase 40% da incidência anual de infecções por clamídias ou gonococos ocorre em adolescentes previamente infectados com esses agentes[5].

No Brasil, não existem muitas informações sobre a prevalência de DST entre adolescentes e o número de casos notificados está abaixo das estimativas, talvez porque apenas a aids e a sífilis sejam de notificação compulsória e grande parte das pessoas com DST não busque tratamento ou o procure em farmácias[6].

CONHECIMENTOS, ATITUDES E PRÁTICAS DA POPULAÇÃO JOVEM

A "Pesquisa de conhecimentos, atitudes e práticas" na população brasileira (PCAP) é um inquérito domiciliar com amostra significativa da população brasileira maior que 15 anos de idade, em todas as regiões, realizado trienalmente pelo Ministério da Saúde. Em sua última edição (2008), publicada em 2011[7], teve como objetivos coletar dados para a construção de indicadores de monitoramento da epidemia de DST/aids, no que se refere às medidas de prevenção e controle dessas infecções, e analisar o conhecimento sobre a transmissão do HIV. O PCAP 2008 incluiu 2.485 jovens entre 15 e 24 anos. Apenas 51,7% dos jovens demonstraram conhecimento correto das formas de transmissão de aids, o menor índice entre as faixas etárias do estudo. Conceitos errôneos como "pessoas com aparência saudável não estão infectadas pelo HIV" foram observados, embora 97% dos jovens saibam que podem ser infectados nas relações sexuais sem o uso do preservativo. Tornar acessíveis as informações sobre os meios de transmissão do HIV e os métodos de prevenção seguros existentes representa o componente estruturante da política de prevenção. É certo que o conhecimento acumulado sobre a dinâmica da epidemia e seus determinantes há muito demonstrou que a proteção contra a infecção pelo HIV não se resume a um ato meramente cognitivo. Ao contrário, há um conjunto de questões que determinam as possibilidades de proteção de cada pessoa ou grupo, ou, em outras palavras, há diferentes contextos de vulnerabilidade à infecção pelo HIV. Entretanto, a oferta de informações corretas e cientificamente embasadas continua a ser um dos deveres dos profissionais, para que cidadãos façam suas escolhas de modo consciente e factível em seus singulares contextos de vida.

Algumas práticas sexuais são consideradas associadas a maior risco de transmissão do HIV e foram mensuradas no estudo PCAP. Entre os jovens, o início precoce da atividade sexual – antes dos 15 anos de idade – foi relatado por 36,9% dos homens e 17% das mulheres, e 35% quando se consideram ambos os sexos. Alguma atividade sexual na vida foi relatada por 77,6% dos jovens de 15 a 24 anos. No que diz respeito a relação sexual com indivíduo do mesmo sexo, essa prática é mais frequente entre os jovens de 15 a 24 anos, sendo referida por 8,7% destes, enquanto a proporção correspondente naqueles com idade entre 35 e 49 anos é de 8,1%. Em termos do número de parceiros, a proporção de indivíduos com múltiplas parcerias na vida (mais de cinco) é mais frequente entre os de 24 a 35 anos (71,4%), enquanto a maior frequência de múltiplas parcerias no último ano é observada entre os jovens de 15 a 24 anos (14,6%). É também mais frequente entre os jovens a proporção daqueles que tiveram parceiros casuais nos últimos 12 meses (43,5%) e que tiveram relação sexual com pessoas que conheceram pela internet (6,5%); as proporções correspondentes entre os mais velhos foram de 15,8 e 0,3%, respectivamente[7].

No Brasil, as estratégias de prevenção têm como orientação o incentivo ao sexo seguro, isto é, a adoção de medidas relacionadas a promoção do uso do preservativo em todas as relações sexuais. No PCAP, observou-se que quase 61% da população sexualmente ativa de 15 a 24 anos declarou ter usado preservativo na primeira relação sexual. O uso de preservativo é maior entre os indivíduos mais jovens, com tendência ao declínio do uso com o aumento da idade. O uso de preservativo na última relação sexual, independentemente da parceria, foi de 55% entre os indivíduos de 15 a 24 anos, atingindo quase 68% quando se considera o seu uso na última relação com parceiro casual. Quase 35% dos jovens declararam uso regular de preservativo, independentemente da parceria. Outro dado interessante é que enquanto 68,2% dos indivíduos de 15 a 24 anos das classes A/B declararam ter utilizado preservativo na primeira relação sexual, a proporção entre aqueles pertencentes às classes D/E foi de 52,4%[7].

Nesse contexto, o início da atividade sexual nas gerações atuais tem sido cada vez mais acompanhado do uso do preservativo na primeira relação sexual. Tais proporções são típicas de uma geração que iniciou sua vida sexual sob a égide de campanhas de prevenção contra a aids. Essa tendência, por sua vez, é acompanhada por maior número de parceiros sexuais eventuais ou casuais, que pode indicar mudanças geracionais relacionadas à cultura sexual juvenil. Outro aspecto relevante e que merece especial atenção é que, entre aqueles que declararam ter relações sexuais com parceria eventual, em todas as faixas etárias, observa-se tendência favorável de uso do preservativo, sendo essa prática relativamente maior nas faixas etárias mais jovens, as quais, em contrapartida, também mostram tendência a ter maior número de parceiros sexuais[7].

Essas informações e resultados mostram-se importantes para o desenho dos cenários possíveis para enfrentamento da epidemia do HIV/aids no país, confirmando algumas tendências observadas ao longo dos anos, a exemplo da necessidade de priorizar ações focalizadas para grupos mais vulneráveis e de considerar as mudanças culturais relacionadas com a sexualidade entre os jovens.

AIDS EM JOVENS

O advento da aids, depois da revolução sexual dos anos 1960 e 1970, vem mobilizando novas posturas e diálogos entre as diversas áreas do conhecimento. Um dos campos em que esses aspectos se destacam é o das políticas públicas para a adolescência e a juventude, no que tange à educação e à saúde sexual e reprodutiva, pois a epidemia de aids nessa população chama a atenção.

Segundo os últimos estudos realizados no Brasil, a taxa de prevalência da infecção pelo HIV, na população de 15 a 49 anos, mantém-se estável em 0,6% desde 2004, sendo 0,4% entre mulheres e 0,8% entre homens[8]. Na população jovem, a taxa de prevalência da infecção pelo HIV apresenta tendência de aumento. Considerando-se as pesquisas realizadas em conscritos do Exército Brasileiro de 17 a 21 anos de idade, a prevalência de infecção pelo HIV passou de 0,09% em 2002 para 0,12% em 2007, sendo que o aumento mais significativo ocorreu na população de homens que fazem sexo com homens (HSH) jovens, cuja prevalência subiu de 0,56% em

274 Medicina de Adolescentes

2002 para 1,2% em 2007[9]. Com relação aos grupos populacionais com mais de 18 anos, em situação de maior vulnerabilidade, estudos realizados em dez municípios brasileiros entre 2008 e 2009 estimaram taxas de prevalência de HIV de 5,9% entre usuários de drogas, de 10,5% entre HSH e de 4,9% entre profissionais do sexo[8]. Com base nesses resultados, verifica-se que a epidemia de HIV no Brasil está concentrada em populações em situação de maior risco e vulnerabilidade, pois estas apresentam maiores prevalências de infecção pelo HIV quando comparadas com a população geral.

Em relação aos novos casos de aids entre jovens de 15 a 24 anos, observa-se que, no ano de 2011, o país teve uma taxa de incidência de 10,9/100.000 habitantes, com importantes diferenças entre as regiões do Brasil: 17 no Sul; 14,8 no Norte; 10,8 no Sudeste; 9,9 no Centro-Oeste; e 7,1 no Nordeste[8].

É importante salientar que, no período de 2002 a 2006, no Brasil, observou-se diminuição de 10,3 para 7,8/100.000 habitantes na taxa de incidência de aids em jovens, sendo que, a partir de 2007, a incidência em jovens aumentou até atingir 10,9/100.000 habitantes em 2011[8].

Em 2011, no Brasil, a taxa de incidência de casos de aids em homens de 15 a 24 anos foi de 13,4/100.000 habitantes e de 8,3/100.000 habitantes em mulheres, com uma razão de sexos de 1,6 casos em homens para cada caso em mulheres. Desde o início da epidemia, a razão de sexos apresentou redução de 26,3 casos em homens para cada caso em mulheres, em 1985, para 1 caso em homem para cada caso em mulher, em 1999. De 2001 a 2004, houve uma inversão na razão dos sexos (0,9 casos homem/mulher) e, a partir de 2005, a razão sofreu nova inversão até atingir o valor atual[8].

Na faixa etária de 13 anos ou mais, do total de 15.411 casos de aids notificados em 2011, no sexo masculino, 24,1% são em homossexuais, 8,2% em bissexuais, 42,6% em heterossexuais, 4,7% em usuários de drogas injetáveis, 0,4% ocorreram por transmissão vertical, 0,1% são em hemofílicos e 19,8% têm campo de transmissão ignorado. No sexo feminino, do total de 8147 casos no ano de 2011, 87,9% são em heterossexuais, 2,2% em usuárias de drogas injetáveis, 0,7% por transmissão vertical, 0,1% por transfusão e 9,2% têm campo ignorado[8].

Dentre os jovens sexualmente ativos (15 a 24 anos), cerca de apenas 30% realizaram teste para HIV pelo menos uma vez na vida, sendo 16,1% dos homens e 45,7% das mulheres[7]. Muitas pessoas que vivem com HIV desconhecem seu *status* sorológico e estratégias efetivas para promover maior acesso a aconselhamento e testagem para o HIV são fundamentais para o diagnóstico precoce e a diminuição da transmissão.

A necessidade de um olhar apropriado para o grupo etário dos adolescentes deve considerar características e necessidades socioculturais e demográficas específicas. A compreensão do comportamento do(a) adolescente no contexto de sua sexualidade – paradigmas comportamentais, afetivos e cognitivos – e o trabalho com essa população em tempos de aids e outras DST, sobre uma perspectiva de proteção e de diagnóstico precoce, representam desafios para os médicos que atendem adolescentes.

ABORDAGEM DOS ADOLESCENTES COM DOENÇAS SEXUALMENTE TRANSMISSÍVEIS

Na adolescência, além da maior dificuldade de acesso aos serviços de saúde, ocorre maior vulnerabilidade às DST por peculiaridades biológicas, psicológicas e sociais próprias dessa faixa etária.

Descreve-se maior vulnerabilidade biológica às infecções, particularmente no sexo feminino, pois a ectopia cervical das adolescentes (epitélio cilíndrico do colo do útero mais exposto) parece ser um facilitador das infecções por clamídias e gonococos; além disso, a mucosa vaginal, quando comparada à glande, apresenta maior área de contato com o possível material infectante.

O comportamento exploratório, com a necessidade da experimentação do novo, somado à impulsividade e ao senso de invulnerabilidade, o modo particular de vivência temporal, em que o tempo é o presente, dificultando o envolvimento em atividades preventivas, associados aos relacionamentos de menor duração, com consequente mudança de parceiros e o envolvimento em relações desprotegidas ou associadas ao consumo de álcool ou outras drogas, incrementam o risco das DST na adolescência.

Sabe-se que as estratégias de prevenção primária (educação em saúde, campanhas veiculadas em mídia privilegiando o uso do preservativo) e secundária (disseminação de informações para reconhecimento de sinais e sintomas das doenças, busca precoce por assistência, diagnóstico e tratamento, convocação de parceiros) permitem o controle das DST e de suas consequências. O profissional de saúde tem um papel importante nesse processo[10].

A prática sexual responsável é o resultado de um processo de amadurecimento que envolve, primeiramente, a percepção dos riscos, que deve gerar preocupação e levar à busca de informação e, finalmente, à mudança de comportamento visando à proteção. Esse percurso pode ser mais rápido ou mais lento, dependendo das características individuais e do contexto sociocultural a que o jovem está submetido.

Assim, a educação sexual, parte da consulta do adolescente, é laboriosa e envolve o resgate do indivíduo, a promoção da autoestima e a conscientização dos riscos vivenciados. Para tanto, é necessária a criação de um espaço na consulta em que o adolescente possa, por meio de um processo reflexivo, perceber-se como um indivíduo responsável pelo seu corpo e por sua vontade, capaz de identificar, e só assim minimizar as situações de risco às quais se expõe[11]. Além disso, deve-se criar uma relação de confiança, em que o adolescente possa expor sua intimidade, falando sobre as práticas sexuais, dinâmica dos relacionamentos, fidelidade própria e do parceiro; expectativas e sonhos; dúvidas; medos e tabus; e o profissional, com empatia, possa escutar, isento de julgamentos de valor e preconceitos.

O fornecimento das informações sobre as DST e os métodos preventivos existentes deve focar a capacitação do adolescente, de preferência em conjunto com seu parceiro, para realizar escolhas adequadas. O conceito de dupla proteção deve ser apresentado, pois uma proposta que vise à saúde reprodutiva dos adolescentes deve necessariamente trazer consigo o objetivo de proteção contra DST e gravidez.

O estabelecimento de um bom vínculo entre médico e adolescente é fundamental no processo de aconselhamento e na adesão ao tratamento e ao serviço de saúde[12]. Para tanto, é necessário assegurar um ambiente de privacidade para a consulta, com tempo e disponibilidade do profissional para o diálogo, e a confidencialidade das informações.

Os esquemas de tratamento com doses únicas são os preferidos, pela melhor adesão. É desejável que os parceiros sejam levados para aconselhamento, diagnóstico e tratamento, a fim de que se quebre a cadeia de transmissão das DST. Diante de uma adolescente sexualmente ativa com DST que demanda tratamento, deve-se estar atento à possibilidade de gravidez, pelo risco de teratogenicidade de algumas das drogas indicadas. Finalmente, diante do diagnóstico de DST em criança ou adolescente psicologicamente imaturo ou incapaz, pode-se suspeitar de abuso sexual e realizar os encaminhamentos médico-legais pertinentes[10,11,13].

Assim, características individuais concernentes a questões de gênero, iniciação sexual precoce, pouca competência verbal e habilidade de planejar o futuro, variáveis familiares, pressões grupais e autoestima, entre outras, podem predispor o adolescente a comportamentos sexuais que o coloquem em maior vulnerabilidade. A adoção de uma conduta preventiva dos jovens e adolescentes não se efetiva diante de uma educação sexual que se concentre apenas na transmissão de informações científicas, sem que se promova uma compreensão emocional da sexualidade e um senso de autoconsciência real. Essa consciência da necessidade de prevenção vai se tornando mais efetiva com o desenvolvimento cognitivo do adolescente[14].

DOENÇAS SEXUALMENTE TRANSMISSÍVEIS: PRINCIPAIS SÍNDROMES

Como os vários organismos causadores das DST determinam, na realidade, um número limitado de síndromes, é possível classificá-los de acordo com a sintomatologia que apresentam. A Tabela 23.1 lista as principais síndromes em DST, sinais e sintomas de cada uma delas, assim como os agentes etiológicos mais comuns na adolescência[10].

Tabela 23.1 – Principais síndromes em doenças sexualmente transmissíveis

Síndrome	Sintomas e sinais mais comuns	Causas mais comuns
Úlcera genital	Úlcera genital	Sífilis Herpes genital
Corrimento uretral	Corrimento uretral (espontâneo ou sob ordenha) Prurido Disúria	Infecção por clamídia ou gonococo
Corrimento vaginal ou cervicite	Corrimento vaginal ou cervical Prurido Odor Disúria Edema e hiperemia de vulva	Vulvovaginites (candidíase, vaginose ou tricomoníase) Cervicites por clamídias e gonococos

Existem duas possibilidades de diagnósticos aceitáveis paras as DST: etiológico e sindrômico. O primeiro requer um serviço de laboratório mais elaborado, nem sempre disponível. Uma infecção gonocócica em um homem, por exemplo, pode ser diagnosticada no momento da consulta, desde que estejam disponíveis microscópio, insumos e técnico treinado. Além disso, o diagnóstico etiológico pode ser demorado e dispendioso. A abordagem sindrômica é mais prática em termos de saúde pública; utilizam-se fluxogramas que ajudam o profissional a identificar as causas de uma determinada síndrome e indica-se o tratamento para os agentes mais frequentes nessa condição. Por exemplo, quando um paciente se queixa de ardência e corrimento no pênis e observa-se corrimento uretral, esses sintomas e sinais sugerem uma síndrome de corrimento uretral que é causada, na grande maioria das vezes, pela gonorreia ou pela infecção por clamídia. Assim, qualquer tratamento prescrito deve ser eficaz para ambas as causas. Embora o Ministério da Saúde admita a abordagem sindrômica, é recomendável que se busque o agente etiológico, sempre que possível, pois o espectro clínico de apresentação de algumas DST é extremamente variável[15]. Para as DST sintomáticas mais comuns (sífilis, herpes genital, uretrites gonocócicas ou não, corrimentos vaginais e desconfortos pélvicos), a abordagem sindrômica *é* o método mais rápido de identificação de um agravo e, como não necessita de grandes recursos laboratoriais, os indivíduos podem ser tratados no momento da consulta. A abordagem sindrômica deve incluir a oferta da sorologia para sífilis e HIV para todos os pacientes com DST.

Como exemplo da abordagem sindrômica, um fluxograma bastante utilizado, recomendado pelo Ministério da Saúde, é apresentado na Figura 23.1) e se refere ao paciente com corrimento uretral[10].

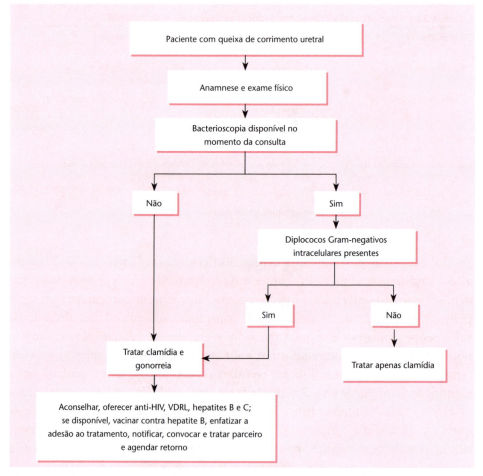

Figura 23.1 Fluxograma para abordagem sindrômica do corrimento uretral[10]. VDRL: *venereal disease research laboratory*.

A seguir, serão comentadas as principais DST que se apresentam na forma de úlceras genitais, corrimentos uretrais e cervicites. Os corrimentos vaginais serão abordados no Capítulo 21 – Vulvovaginites.

Úlceras Genitais

Sífilis

Sífilis, cancro duro ou lues é causada pelo *Treponema pallidum*. É transmitida essencialmente por via sexual ou transplacentária (sífilis congênita). Apresenta distribuição universal, sendo mais comum em centros urbanos e entre a população jovem. O risco de infecção é de 60% em uma relação sexual com parceiro apresentando lesões de cancro duro[10].

Seu quadro clínico é marcado por períodos de atividade e latência e evolui por fases características (primária, secundária e terciária), de acordo com o tempo em que a infecção não é tratada:

- Sífilis primária: após um período de incubação de 2 a 4 semanas, há o aparecimento de lesão (no local da inoculação), em geral única, indolor e ulcerada, com bordas duras e fundo limpo recoberto por material seroso (cancro duro) altamente infectante. Acompanha-se, comumente, de adenopatia regional móvel e indolor. No homem, desenvolve-se com maior frequência na glande e no sulco balanoprepucial; na mulher (geralmente não percebida), no colo uterino, vulva e períneo. O cancro duro desaparece em 2 a 6 semanas, mesmo sem tratamento.
- Sífilis secundária: cerca de 2 meses depois do cancro, desenvolvem-se lesões cutaneomucosas, na maioria das vezes não pruriginosas, inicialmente com aspecto maculoso (roséolas sifilíticas), que depois evoluem para lesões papuloescamosas (sifílides papulosas). A região palmoplantar é comumente acometida. Nas mucosas, podem surgir erosões planas, acinzentadas, recobertas por uma membrana úmida e com halo eritematoso (placas mucosas). O secundarismo é acompanhado de poliadenomegalia generalizada. As lesões, também ricas em treponemas, regridem espontaneamente em 2 a 8 semanas. Sintomas sistêmicos como anorexia, febre, cefaleia, artralgias e mialgias podem ocorrer.
- Sífilis terciária: após um período de latência que varia de 2 a 30 anos, durante o qual não se observam sinais ou sintomas clínicos (sífilis latente), aproximadamente um terço dos pacientes evolui com desenvolvimento de gomas, sífilis cardiovascular ou neurossífilis[10,15].

A confirmação diagnóstica é feita por diferentes técnicas, de acordo com a fase evolutiva da doença. Na sífilis primária e nas lesões da sífilis secundária, o diagnóstico pode ser feito pela pesquisa direta do *T. pallidum* no material colhido da lesão, por meio dos exames de microscopia em campo escuro. As reações sorológicas, que podem ser solicitadas a partir da segunda ou terceira semana após o aparecimento do cancro, são de extrema importância no diagnóstico da sífilis secundária e terciária e dividem-se em treponêmicas e não treponênicas[10,15]:

- *Venerial disease research laboratory* (VDRL): reação não treponênica mais utilizada. A reação sorológica começa a ser detectável a partir da segunda semana após o aparecimento do cancro duro e eleva-se progressivamente, atingindo o pico na sífilis secundária. Quase todos os pacientes com sífilis secundária apresentam títulos acima de 1:16. Após o primeiro ano, os títulos tendem a cair, negativando-se ou mantendo-se menores ou iguais a 1:8 (cicatriz sorológica), mesmo sem tratamento. Assim, valores muito baixos podem significar infecção muito recente ou muito antiga. Como podem ser titulados, a importância dos testes não treponêmicos no controle da cura é grande, já que os títulos tendem a cair rapidamente com o tratamento e aumentar com a reinfecção. Por se tratar de um teste inespecífico, VDRL reagente pode estar associado a outras condições médicas, como doenças autoimunes. Assim, pessoas com resultado de VDRL positivo devem realizar testes treponêmicos para confirmação do diagnóstico de sífilis.

- *Fluorescente treponemal antibody – absorption* (FTA-Abs): é o teste treponêmico mais utilizado; possui alta especificidade e sensibilidade, e serve para confirmar a reatividade dos testes não treponêmicos. A reação sorológica aumenta precocemente e tende a permanecer positiva mesmo após a cura. O FTA-Abs-IgM aparece ao redor de 15 a 20 dias após a infecção e negativa-se espontaneamente, sem depender do tratamento. Já o FTA-Abs-IgG torna-se positivo após 30 a 40 dias e permanece por toda a vida, não sendo, portanto, útil para acompanhamento pós-terapêutico.

O diagnóstico nas fases secundária e terciária deve, portanto, combinar necessariamente o VDRL e o FTA-Abs com anamnese e exame físico, a fim de se evitar novos tratamentos em indivíduos com cicatriz sorológica e o escape dos casos de falha do tratamento ou reinfecção.

A droga de escolha para o tratamento de todas as formas de sífilis é a penicilina, mas o esquema terapêutico depende do tempo de evolução da doença (Tabela 23.2)[10]. Quando não for possível classificá-la como recente ou tardia, a abordagem deve sempre ser feita como a usada na sífilis tardia.

Tabela 23.2 – Tratamento da sífilis[10]		
Sífilis recente	Sífilis primária	Penicilina G benzatina 2.400.000 UI, IM, dose única (1,2 milhão UI em cada glúteo)
	Sífilis secundária ou latente recente	Penicilina G benzatina 2.400.000 UI, IM, 1 vez/semana, por 2 semanas (dose total = 4,8 milhões UI)
Sífilis tardia	Sífilis latente tardia e terciária	Penicilina G benzatina 2.400.000 UI, IM, 1 vez/semana, por 3 semanas (dose total =7,2 milhões UI)

IM: intramuscular.

O(s) parceiro(s), sintomático ou não, deve ser avaliado, considerando como parceiros sexuais os indivíduos com quem o paciente se relacionou nos últimos 90 dias (sífilis primária), últimos 6 meses (sífilis secundária) ou no último ano (sífilis latente). É fundamental o acompanhamento clínico e laboratorial pós-tratamento. Recomenda-se a realização de VDRL a cada 3 meses no primeiro ano, e a cada 6 meses no segundo.

Herpes genital

É uma virose transmitida predominantemente pelo contato sexual (inclusive orogenital). Ocorre pelo contato com secreção ou mucosa contaminada, principalmente quando há lesão ativa, embora possa haver contágio na ausência de lesões, ou seja, indivíduos assintomáticos podem ser transmissores. O número de parceiros sexuais durante a vida é o maior fator de risco para herpes genital[13,15].

Acreditava-se que apenas o herpes-vírus 2 (HSV-2) era responsável pelo herpes genital, mas, atualmente, sabe-se que 15 a 30% dessas infecções são causadas pelo herpes-vírus 1 (HSV-1). A primoinfecção é definida pela presença de herpes genital na ausência de anticorpos contra HSV-1 e HSV-2 e ocorre após um período de incubação de 1 a 4 semanas.

Além da lesão genital dolorida (com sensação de queimação), caracterizada por pápulas e vesículas sobre base eritematosa que evoluem para ulceração, a primoinfecção pode, em alguns casos, cursar com sintomas sistêmicos, como febre, cefaleia e mal-estar. Após a multiplicação do vírus dentro das células epiteliais, ele ascende ao longo dos nervos sensórios até a raiz nervosa, na qual pode permanecer latente. Diante de uma queda de imunidade, pode-se ter reativação viral com recorrência da lesão. O HSV-2 tem maior poder de recorrência em relação ao HSV-1. Com resolução espontânea em indivíduos com imunidade preservada, a média da duração da lesão, tanto na primoinfecção quanto na recorrente, é de cerca de 3 semanas. Após a infecção genital primária por HSV-2 ou HSV-1, respectivamente, 90 e 60% dos pacientes desenvolvem novos episódios nos primeiros 12 meses, por reativação dos vírus. A recorrência das lesões pode estar associada a febre, exposição à radiação ultravioleta, traumatismos, menstruação, estresse físico ou emocional, antibioticoterapia prolongada e imunodeficiência[10].

O quadro clínico é de extrema importância para o diagnóstico do herpes genital em razão da dificuldade de acesso aos métodos laboratoriais.

O tratamento em indivíduos imunocompetentes tem como objetivo controlar os sinais e sintomas, não sendo capaz de erradicar o vírus. A primoinfecção deve ser tratada, em média, por 7 a 10 dias, enquanto nas recorrências, o tratamento é de 5 dias (Tabela 23.3)[10]. Nos casos graves, a medicação deve ser por via parenteral. O(s) parceiro(s) sexual(is), sintomático ou não, deve ser avaliado.

Tabela 23.3 – Tratamento de herpes genital[10]

	Primoinfecção	Recorrência
Aciclovir	400 mg, VO, 3 vezes/dia, 7 a 10 dias OU 200 mg, VO, 5 vezes/dia, 7 a 10 dias	400 mg, VO, 3 vezes/dia, 5 dias OU 800 mg, VO, 2 vezes/dia, 5 dias OU 800 mg, VO, 3 vezes/dia, 2 dias
Famciclovir	250 mg, VO, 3 vezes/dia, 7 a 10 dias	125 mg, VO, 2 vezes/dia, 5 dias
Valaciclovir	1 g, VO, 2 vezes/dia, 7 a 10 dias	500 mg, VO, 2 vezes/dia, 3 dias OU 1 g, VO, 1 vez/dia, 5 dias

VO: via oral.

Corrimentos Uretrais e Cervicites

Não existe dúvida de que os principais agentes responsáveis pelos quadros de uretrites e cervicites na população jovem são a *Chlamydia trachomatis* e a *Neisseria gonorrhoeae*, isoladamente ou na forma de infecções mistas.

Infecção por clamídias

A infecção por *Chlamydia trachomatis* representa a mais comum das infecções bacterianas genitais sexualmente transmissíveis, tanto em homens quanto em mulheres[13]. A maioria das pessoas infectadas é assintomática e, assim, representa um reservatório crônico da infecção. Outro ponto crítico a ser considerado é que não há imunidade persistente para clamídia; reinfecções ou infecções persistentes são comuns. Em recém-nascidos de mães com canal de parto infectado, conjuntivite e pneumonia podem ocorrer. Outras síndromes clínicas associadas a essa infecção incluem linfogranuloma venéreo e tracoma endêmico, doenças ainda frequentemente observadas em países em desenvolvimento.

A idade é o preditor mais forte de infecção por clamídia; adolescentes e adultos jovens têm a maior taxa de infecção. O alto risco na adolescente jovem deve-se a questões comportamentais e a fatores biológicos, como o ectrópio fisiológico.

Na infecção genital da mulher pela *C. trachomatis*, o colo do útero representa o local anatômico mais comumente comprometido; outra parte das mulheres pode ter infecção na uretra. Quando não tratada, a cervicite pode ascender ao trato genital, evoluindo para um quadro de doença inflamatória pélvica, com suas potenciais sequelas de infertilidade e dor pélvica crônica.

Cerca de 85% dos casos de cervicite por clamídia são assintomáticos, o que serve de base racional para que o rastreamento regular (anual), quando disponível, seja realizado nas mulheres sexualmente ativas. Essa rotina, entretanto, ainda não é disponível em todos os serviços no Brasil.

Quando sintomas ocorrem, frequentemente são inespecíficos, podendo confundir-se com outras vaginites: mudança no corrimento genital, sangramento intermenstrual ou sangramento pós-coital. Os sinais também são inespecíficos e ocorrem em poucas mulheres: secreção mucopurulenta endocervical, sangramento endocervical e edema na mucosa.

O período de incubação da cervicite sintomática varia de 7 a 14 dias. Entretanto, não se sabe precisamente por quanto tempo a mulher assintomática tem o potencial de infecção. Dessa forma, todas mulheres detectadas com *C. trachomatis* devem ser tratadas.

Uma menor proporção, cerca de 25% de mulheres com cervicite, expressa um quadro sintomático de disúria-piúria (uretrite). O achado de leucocitúria sem bacteriúria em uma jovem sexualmente ativa deve levantar suspeita para a possibilidade de infecção por clamídia.

A *Chlamydia trachomatis* pode ascender pelo trato reprodutivo, resultando em doença inflamatória pélvica (DIP), a mais importante complicação da cervicite por clamídia. Quando sintomas de DIP estão presentes (dor abdominal e pélvica) e há cervicite ou diagnóstico de infecção por clamídia, o comprometimento do trato genital superior deve ser considerado. A dor à mobilização cervical e ao toque anexial é sinal de DIP. Os quadros de DIP por clamídias estão mais associados a complicações como infertilidade por causa tubárea, risco de gravidez ectópica e dor pélvica crônica, quando comparadas às DIP por gonococos[16].

No sexo masculino, a *Chlamydia trachomatis* representa a causa mais comum de uretrite não gonocócica. A proporção de casos assintomáticos varia de 40 a 90%[17]. Quando há sintomas, a apresentação costuma ser de pouca quantidade, secreção uretral mucoide e clara após ordenha, além de disúria. Frequentemente, o homem relata a presença de secreção apenas na sua roupa íntima, pela manhã. O período de incubação é de cerca de 5 a 10 dias após o contato. Esse é um ponto diferencial com a copiosa secreção purulenta observada de 2 a 7 dias após o contato na infecção gonocócica.

A clamídia é um dos agentes mais relacionados à epididimite entre homens jovens sexualmetne ativos, juntamente com o gonococo. A apresentação costuma ser de dor e desconforto testicular unilateral, hidrocele e edema à palpação do epidídimo. Pode haver uretrite assintomática juntamente com a epididimite.

O exame laboratorial de eleição para o diagnóstico de *Chlamydia trachomatis* é o teste de amplificação do ácido nucleico do agente (*polymerase chain reaction –* PCR, ou técnicas similares), realizado em *swab* vaginal, cervical, uretral ou urina. Quando não disponível, o diagnóstico é presuntivo baseado nos fatores de risco e na clínica.

É importante destacar que a *Neisseria gonorrhoeae* (*N. gonorrhoeae*) não somente causa síndromes clínicas semelhantes às clamídias, mas também coexiste em significativa proporção de pacientes. Portanto, pesquisas são realizadas em conjunto, assim como tratamentos.

Pode-se utilizar, para o tratamento das infecções não complicadas por clamídias, a azitromicina, na dose de 1 g, por via oral, em dose única, ou doxicilina, 100 mg, por via oral, 2 vezes/dia, por um período de 7 dias[10].

Infecção gonocócica

N. gonorrhoeae é um diplococo Gram-negativo que cresce em ambientes quentes e úmidos. Geralmente intracelular, a *N. gonorrhoeae* não pode viver fora de seu hospedeiro humano. Ela invade superfícies mucosas e glandulares forradas com epitélio colunar ou cuboide, não corneificado, resultando em uma resposta inflamatória local que envolve recrutamento de leucócitos polimorfonucleares e macrófagos. O organismo sobrevive e se reproduz no interior desses macrófagos após a fagocitose. O gonococo é, então, encontrado em exsudatos e secreções e transmitido por contato íntimo, como contato sexual ou parto vaginal.

A infecção gonocócica é a segunda doença ou infecção bacteriana sexualmente transmissível em termos de frequência, permanecendo atrás apenas da infecção por *Chlamydia trachomatis*. Adolescentes (15 a 19 anos) e adultos jovens (20 a 24 anos) representam a maioria dos casos novos a cada ano. Além disso, HSH constituem uma população com crescente taxa de infecção.

Qualquer indivíduo sexualmente ativo pode ter uma infecção por gonococo. Os fatores de risco mais conhecidos para essa infecção, entretanto, incluem: a existência de múltiplos ou novos parceiros sexuais e uso incorreto ou inconsistente de preservativos. Além disso, as adolescentes são biologicamente predispostas a infecções por causa do maior número de células epiteliais colunares expostas na ectocérvice.

O Quadro 23.1 apresenta as principais manifestações da infecção gonocócica em homens e mulheres.

Quadro 23.1 – Principais manifestações da infecção gonocócica

- Assintomática (homens e mulheres)
- Ardor e dor para urinar (homens e mulheres)
- Descarga purulenta peniana com eritema de meato (homens)
- Corrimento vaginal (mulheres)
- Dor de garganta (mulheres e homens)
- Testículos doloridos ou inchados (homens)
- Dispareunia (mulheres)
- Dor abdominal e febre – doença inflamatória pélvica (mulheres)
- Febre, artrite e exantema – infecção disseminada (mulheres)

O adolescente do sexo masculino é mais suscetível a ser sintomático do que as meninas, mas o aparecimento dos sintomas pode ser tardio. Infecções típicas em meninos podem causar uretrite, proctite e faringite. A infecção em mulheres tipicamente causa cervicite, uretrite, proctite, menometrorragia, faringite, doença inflamatória pélvica, peri-hepatite e infecção disseminada. Infecções gonocócicas em mulheres pós-púberes são comumente assintomáticas. Assim, complicações como a DIP e a infecção gonocócica disseminada ocorrem com mais frequência em mulheres e provavelmente se desenvolvem a partir de uma disseminação de infecção no trato genital superior que está relacionada com o atraso no diagnóstico e no tratamento.

A maioria das infecções gonocócicas da faringe é assintomática. No entanto, se sintomática, os sintomas são dor de garganta, febre e adenopatia cervical. Pacientes com história de contato peniano-oral estão em maior risco para infecção de garganta.

Uretrite é caracterizada por secreção uretral, disúria e prurido meatal. Ao contrário das meninas, geralmente assintomáticas, a maioria dos homens apresenta sintomas 2 a 5 dias após a exposição. No entanto, os sintomas podem resolver-se espontaneamente após algumas semanas. As infecções não tratadas podem evoluir com epididimite, prostatite ou infecção das glândulas de Cowper e Tyson. O diagnóstico pode ser feito por coloração de Gram na descarga uretral, que demonstra leucócitos polimorfonucleares com diplococos intracelulares Gram-negativos.

Em contraste com as pré-púberes, meninas adolescentes não experimentam vulvovaginite associada a infecção gonocócica. Semelhantes às infecções por clamídia, as infecções genitais gonocócicas em mulheres pós-puberdade resultam em cervicite e endocervicite. Após exposição a uma pessoa infectada do sexo masculino, 60 a 90% das mulheres estão em risco de infecção[18]. A cervicite pode ser assintomática ou pode ser caracterizada por corrimento vaginal purulento ou eritema, edema e friabilidade do colo do útero e dispareunia.

Infecções gonocócicas não tratadas do trato genital inferior podem ascender ao trato urogenital, causando endometrite aguda, salpingite, abscesso tubo-ovariano e peritonite, que se caracterizam coletivamente como DIP. Pode haver processo inflamatório da cápsula de revestimento do fígado (peri-hepatite ou síndrome de Fitz--Hugh-Curtis). Cerca de 10 a 20% das mulheres com infecção genital gonocócica podem evoluir com DIP[19].

A doença disseminada é tipicamente caracterizada por febre, artrite e erupção cutânea. Ocorre com maior frequência em mulheres do que em homens, e está associada a infecção assintomática persistente, o que resulta em atraso no diagnóstico e tratamento tardio. As manifestações cutâneas da doença disseminada podem apresentar-se como hemorrágicas ou lesões vesiculopapulares. Muitas dessas lesões são dolorosas e aparecem em superfícies palmar e plantar.

As recomendações atuais defendem o *screening* anual de adolescentes sexualmente ativas para a infecção por clamídia e gonorreia. Os adolescentes com maior risco, como aqueles com múltiplos parceiros ou história de DST, devem ser rastreados para ambas as infecções a cada 6 meses[13].

Uma das principais dificuldades no tratamento de infecções por gonococos é a crescente incidência de cepas multirresistentes. Desde 2010, a antibioticoterapia preferida para o gonococo tornou-se a aplicação parenteral de ceftriaxona, em vez da administração oral de cefalosporina de terceira geração[13]. A ceftriaxona produz um nível bactericida maior e mais sustentado do que as cefalosporinas orais.

Atualmente, a terapia combinada (Quadro 23.2) de ceftriaxona com doxiciclina ou azitromicina é a recomendada para o tratamento da infecção genital, retal e da faringe, por duas razões: cotratamento da infecção por *C. trachomatis* e para auxiliar na prevenção da resistência às drogas. Os gonococos são suscetíveis a ambas as drogas[14].

> **Quadro 23.2 – Regime terapêutico recomendado para tratamento da infecção gonococócica não complicada[10,13]**
>
> - Ceftriaxone 250 mg, IM, dose única, MAIS
> - Azitromicina 1 g, VO, dose única

IM: intramuscular; VO: via oral.

O tratamento do parceiro deve ser realizado com vistas à prevenção da reinfecção. As recomendações atuais requerem avaliação e tratamento para *N. gonorrhoeae* e *C. trachomatis* para todos os parceiros sexuais de pacientes dentro de 60 dias após o início dos sintomas ou do diagnóstico.

CONSIDERAÇÕES SOBRE O PAPILOMAVÍRUS HUMANO EM ADOLESCENTES

O Brasil tem uma população de mais de 69 milhões de mulheres maiores de 15 anos em risco de desenvolver câncer cervical. As estimativas atuais indicam que, a cada ano, 24.562 mulheres são diagnosticadas com câncer do colo do útero e 11.055 morrem da doença. O câncer do colo do útero representa o segundo câncer mais frequente entre as mulheres no Brasil[20,21]. Após mais de 20 anos de investigações sobre a associação existente entre o papilomavírus humano (HPV) e o carcinoma cervical, poucas dúvidas restam a respeito do papel central desse vírus na carcinogênese do colo uterino.

Diante da complexidade da infecção pelo HPV, destaca-se a preocupação com a valorização da prevenção na população juvenil, subjacente ao desencadeamento da vivência sexual. Nesse contexto, o reconhecimento da importância do HPV e dos agravos associados emerge como um novo desafio no âmbito da saúde pública, levando em conta as especificidades das formas de transmissão e de manifestação ao longo da vida. Deve-se lembrar que o preservativo não elimina totalmente o risco de contrair o vírus; a recusa ao seu uso é um sério entrave para os programas de prevenção.

As infecções por HPV são quase exclusivamente adquiridas após exposição sexual. As áreas de microtraumas na pele e nas superfícies mucosas são os sítios de infecções. As taxas de aquisição do HPV relacionam-se ao número de parceiros[22,23].

Por razões não totalmente compreendidas, não há concordância entre todos os parceiros quanto à infecção pelo HPV, taxa que varia entre 40 e 60%[24].

A presença do HPV tem sido descrita em vários sítios anatômicos, incluindo pênis, escroto, vagina, colo uterino, vulva e mãos. Considera-se essa a explicação da não proteção completa do preservativo a essa infecção[25,26]. Embora a transmissão possa ocorrer em qualquer uma das áreas anatômicas descritas, o colo uterino representa o maior sítio de transmissão[27].

Após a entrada nas células em áreas de microtraumas, o vírus prolifera-se ativamente nas células basais do epitélio, que, no epitélio escamoso, é a área de maior multiplicação celular. Nas infecções pelo HPV, os queratinócitos não evoluem para a completa diferenciação. As células infectadas por HPV são caracterizadas por replicação viral ativa. Na parte superior da camada epitelial, as alterações típicas associadas ao efeito citopático do HPV são mudanças como coilocitose, multinucleações e alargamento nuclear. Partículas virais são liberadas e podem infectar um novo hospedeiro.

Nem todas as infecções por HPV podem levar a displasia ou carcinoma invasivo. O potencial oncogênico do HPV é mediado pelo comportamento de algumas proteínas (E6 e E7), transcritas no início do ciclo de vida do vírus. Essas proteínas ligam-se a outras que têm atividade supressora de crescimento tumoral, inibindo a expressão de genes envolvidos na apoptose celular. Assim, com menos apoptose, há maior proliferação celular.

Mais de 40 tipos de HPV infectam especificamente a região anogenital e esses tipos podem ainda ser separados com base no seu potencial oncogênico.

Atualmente, 12 tipos de HPV são designados como de alto risco carcinogênico e 8 tipos, como provavelmente ou possivelmente carcinogênicos (Tabela 23.4)[28].

Tabela 23.4 – Classificação dos tipos de papilomavírus humano[28]

Classificação quanto ao risco	Tipos	
Alto risco	Oncogênicos	16, 18, 31, 33, 35, 39, 45, 51, 52, 56, 58, 59
	Possivelmente oncogênicos	26, 53, 66, 67, 68, 70, 73, 82
Baixo risco	6, 11, 40, 42, 43, 44, 54, 61, 72, 81, 89	

Deve-se lembrar que cerca de 70% dos cânceres cervicais invasivos são atribuídos ao HPV 16 ou 18[22].

Por tratar-se de uma DST, é importante para a compreensão da epidemiologia das infecções por HPV o comportamento em homens. Um dos maiores estudos, de base populacional, demonstrou a prevalência de 61% de todos os tipos de HPV em homens. A prevalência de infecções por HPV de alto risco foi de 23%. Em contraste com a tendência observada em mulheres, a prevalência não teve relação com a idade[29,30].

O maior fator de risco para a infecção pelo HPV é o comportamento sexual. O número de parceiros recentes e pregressos aumenta claramente o risco de infecção por HPV, particularmente os de alto risco[31]. A coinfecção com outras infecções sexualmente transmissíveis e infecções vaginais também está associada com aumento da suscetibilidade à infecção por HPV[32].

Apesar da sua elevada prevalência, a maioria das infecções por HPV é eliminada e apenas uma minoria persiste e avança para neoplasia. A taxa de depuração de infecções por HPV, em um ano, em mulheres, varia de 40 a 70%, dependendo da população estudada. As taxas mais altas (70 a 90%) são encontradas em mulheres mais jovens, em período de 2 a 5 anos[25,33]. Homens têm taxas mais elevadas de depuração do HPV, com quase 75%, em um ano[34]. Entre as mulheres que não eliminam a infecção, estudos relatam taxas variáveis de progressão para NIC 2/3 variando entre 8 e 28%[35].

Por causa da elevada prevalência e taxas de depuração de infecção pelo HPV, particularmente em mulheres jovens, o rastreamento com teste de HPV não é recomendado como uma estratégia de rastreamento inicial. Pelo fato de não haver tratamento para infecções assintomáticas em homens, a rotina de teste de HPV em parceiros assintomáticos não é recomendável[34].

Atualmente, duas vacinas contra o HPV são aprovadas nos Brasil (Tabela 23.5). Após a vacinação, os títulos de anticorpos são 20 a 80 vezes superiores aos observados após a infecção natural[22]. Isso se deve ao componente da vacina (*virus-like particle* – VLP), que tem uma estrutura bastante semelhante ao vírus, induzindo ótima resposta de anticorpos.

Tabela 23.5 – Vacinas para papilomavírus humano disponíveis no Brasil		
	Gardasil® (MSD)	Cervarix® (GSK)
Tipos de HPV	6, 11, 16, 18	16, 18
Esquema vacinal	0, 2 e 6 meses	0, 1 e 6 meses
Aprovação no Brasil até 2013	9 a 26 anos – homens e mulheres	A partir de 9 anos – mulheres

Ambas as vacinas são altamente eficazes (> 99%) na prevenção das lesões precursoras, bem como adenocarcinoma *in situ* (AIS) causado por HPV 16 e HPV 18.

CONCLUSÕES

As DST são agravos de grande importância para a saúde pública. No Brasil, um país de imensa extensão territorial e marcantes diferenças regionais, sua magnitude e transcendência ainda não são amplamente conhecidas. Compreender a dinâmica dessas doenças, tão silenciosas ao afetar homens e mulheres, principalmente jovens, de diversos estratos sociais, mas tão loquazes ao cobrar seus tributos em forma de infertilidade feminina e masculina, câncer do colo uterino, infecções congênitas e aumento do risco para o HIV, entre outros, torna-se fundamental para que se possa oferecer à população de adolescentes e jovens mais que medicamentos, e sim, plena saúde sexual e reprodutiva.

REFERÊNCIAS BIBLIOGRÁFICAS

1. World Health Organization. Global prevalence and incidence of selected curable sexually transmitted infections: overview and estimates. Genebra: OMS; 2001.
2. World Health Organization. Global strategy for intervention and control of sexually transmitted infections: 2006-2015. Genebra: OMS; 2007.
3. Eng TR, Butler WT. The hidden epidemic: confronting sexually transmitted diseases. Washington: National Academy Press; 1997.
4. Forhan SE, Gottlieb SL, Sternberg MR, Xu F, Datta SD, McQuillan GM, et al. Prevalence of sexually transmitted infections among female adolescents aged 14 to 19 in the United States. Pediatrics. 2009;124(6):1505-12.
5. Fortenberry JD, Brizendine EJ, Katz BP, Wools KK, Blythe MJ, Orr DP. Subsequent sexually transmitted infections among adolescent women with genital infection due to *Chlamydia trachomatis, Neisseria gonorrhoea* or *Trichomonas vaginalis*. Sex Transm Dis. 1999;26(1):26-32.
6. Taquette SR, Vilhena MM, de Paula MC. Doenças sexualmente transmissíveis na adolescência: estudo de fatores de risco. Rev Soc Bras Med Trop. 2004;37(3):210-4.
7. Ministério da Saúde. Secretaria de Vigilância em Saúde. Departamento de DST, Aids e Hepatites Virais. Pesquisa de conhecimentos, atitudes e práticas na população brasileira de 15 a 64 anos, 2008. Brasília; 2011.
8. Ministério da Saúde. Secretaria de Vigilância em Saúde. Departamento de DST, Aids e Hepatites virais. Boletim epidemiológico: Aids e DST. 2012.
9. Szwarcwald CL, Andrade CL, Pascom AR, Fazito E, Pereira GF, Penha TI. HIV-related risky practices among brazilian young men, 2007. Cad Saúde Pública. 2011;27(Suppl 1):S19-S26.
10. Ministério da Saúde. Coordenação Nacional de DST e Aids. Secretaria de Vigilância em Saúde. Manual de controle das doenças sexualmente transmissíveis. Brasília: Ministério da Saúde; 2006.
11. Saito MI. Sexualidade, adolescência e orientação sexual: reflexões e desafios. Rev Med FMUSP. 1996;75:26-30.
12. Rietmeijer CA. Risk reduction counseling for prevention of sexually transmitted infections: how it works and how to make it work. Sex Transm Infect. 2007;83(1):2-9.
13. Centers for Disease Control and Prevention. Sexually Transmitted Disease Treatment Guidelines, 2010. Disponível em: http://www.cdc.gov/std/treatment. (Acesso em out 2013.)
14. Asinelli-Luz A, Fernandes Junior N. Gênero, adolescências e prevenção ao HIV/aids. Pró-posições. 2008;19(56):81-97.
15. Saito FJA. Doenças sexualmente transmissíveis e saúde reprodutiva na adolescência. In: Saito MI, Silva LEV, Leal MM. Adolescência: prevenção e risco. 2ª ed. São Paulo: Atheneu; 2008.
16. World Health Organization Task Force on the Prevention and Management of Infertility. Tubal infertility: serologic relationship to past chlamydial and gonococcal infection. Sex Transm Dis. 1995;22(2):71-2.

Medicina de Adolescentes

17. Detels R, Green AM, Klausner JD, Katzenstein D, Gaydos C, Handsfield H, et al. The incidence and correlates of symptomatic and asymptomatic *Chlamydia trachomatis* and *Neisseria gonorrhoeae* infections in selected populations in five countries. Sex Transm Dis. 2011;38(6):503-9.

18. Blythe MJ. Gonorrhea. In: Neinstein LS (ed.). Adolescent health care: a practical guide. 5th ed. Philadelphia: Lipincott Williams & Wilkins; 2008. p.793-804.

19. Shrier LA. Pelvic inflammatory disease. In: Neinstein LS (ed.). Adolescent health care: a practical guide. 5th ed. Philadelphia: Lippincott Williams & Wilkins; 2008. p.819-24.

20. WHO/ICO information centre on HPV and cervical cancer (HPV information centre). Human papillomavirus and related cancers in Americas. Summary report 2010. Disponível em: http://www.hpvcentre.net. (Acesso em out 2013.)

21. Ferlay J, Shin HR, Bray F, Forman D, Mathers C, Parkin DM. GLOBOCAN 2008 v1.2, Cancer incidence and mortality worldwide: IARC CancerBase No. 10 [Internet]. Lyon, France: International Agency for Research on Cancer; 2010. Disponível em http://globocan.iarc.fr. (Acesso em out 2013.)

22. Erickson BK, Alvarez RD, Huh WK. Human papillomavirus: what every provider should know. Am J Obstet Gynecol. 2013;208(3):169-75.

23. Kjaer SK, Chackerian B, van den Brule AJ, Svare EI, Paull G, Walbomers JM, et al. High-risk human papillomavirus is sexually transmitted: evidence from a follow-up study of virgins starting sexual activity (intercourse). Cancer Epidemiol Biomarkers Prev. 2001;10(2):101-6.

24. Nyitray AG, Menezes L, Lu B, Lin HY, Smith D, Abrahamsen M, et al. Genital human papillomavirus (HPV) concordance in heterosexual couples. J Infect Dis 2012;206(2):202-11.

25. Shew ML, Fortenberry JD. HPV infection in adolescents: natural history, complications, and indicators for viral typing. Semin Pediatr Infect Dis. 2005;16(3):168-74.

26. Winer RL, Hughes JP, Feng Q, O'Reilly S, Kiviat NB, Holmes KK, et al. Condom use and the risk of genital human papillomavirus infection in young women. N Engl J Med. 2006;354(25):2645-54.

27. Hernandez BY, Wilkens LR, Zhu X, Thompson P, McDuffie K, Shvetsov YB, et al. Transmission of human papillomavirus in heterosexual couples. Emerg Infect Dis. 2008;14(6):888-94.

28. Bouvard V, Baan R, Straif K, Grosse Y, Secretan B, El Ghissassi F, et al. A review of human carcinogens – part B: biological agents. Lancet Oncol. 2009;10(4):321-2.

29. Hariri S, Unger ER, Sternberg M, Dunne EF, Swan D, Patel S, et al. Prevalence of genital human papillomavirus among females in the United States, the National Health And Nutrition Examination Survey, 2003-2006. J Infect Dis. 2011;204(4):566-73.

30. Giuliano AR, Lazcano-Ponce E, Villa LL, Flores R, Salmeron J, Lee JH, et al. The human papillomavirus infection in men study: human papillomavirus prevalence and type distribution among men residing in Brazil, Mexico, and the United States. Cancer Epidemiol Biomarkers Prev. 2008;17(8):2036-43.

31. Franco EL, Villa LL, Ruiz A, Costa MC. Transmission of cervical human papillomavirus infection by sexual activity: differences between low and high oncogenic risk types. J Infect Dis. 1995;172(3):756-63.

32. Watts DH, Fazzari M, Minkoff H, Hillier SL, Sha B, Glesby M, et al. Effects of bacterial vaginosis and other genital infections on the natural history of human papillomavirus infection in HIV-1- -infected and highrisk HIV-1-uninfected women. J Infect Dis. 2005;191(7):1129-39.

33. Ho GY, Bierman R, Beardsley L, Chang CJ, Burk RD. Natural history of cervicovaginal papillomavirus infection in young women. N Engl J Med. 1998;338(7):423-8.

34. Hoover K, Friedman A, Montano D, Kasprzyk D, Greek A, Hogben M. What about the partners of women with abnormal Pap or positive HPV tests? Sex Transm Dis. 2009;36(3):141-6.

35. Koutsky LA, Holmes KK, Critchlow CW, Stevens CE, Paavonen J, Beckmann AM, et al. A cohort study of the risk of cervical intraepithelial neoplasia grade 2 or 3 in relation to papillomavirus infection. N Engl J Med. 1992;327(18):1272-8.

Acne juvenil 24

Benito Lourenço

> **Após ler este capítulo, você estará apto a:**
> 1. Identificar a acne como uma doença crônica de potencial comprometimento psicossocial no adolescente e reconhecer que não se posterga seu tratamento.
> 2. Compreender a etiopatogenia da acne.
> 3. Classificar os graus de acne de acordo com as lesões predominantes.
> 4. Instituir a terapêutica mais adequada para cada grau de acne na adolescência.

INTRODUÇÃO

A acne vulgar ou acne juvenil é a afecção dermatológica mais comum na adolescência. Embora seja difícil estabelecer a prevalência da doença por causa dos diversos métodos de classificação, estima-se que, em variados graus, cerca de 85% dos jovens são acometidos e, se considerados os comedões, quase todas as pessoas de 15 a 17 anos têm acne[1,2].

Em virtude de sua alta frequência, a acne ainda é entendida, por alguns profissionais ou familiares, como um problema trivial, banal e autolimitado da adolescência. Essa postura não é mais admitida, por causa das conhecidas consequências negativas sobre a autoestima e a autoimagem do jovem. Estudos sugerem que o impacto emocional da acne é comparável aos experimentados por pacientes com doenças sistêmicas crônicas, como diabete ou epilepsia[3]. Os efeitos psicossociais relacionados à acne, como vergonha ou ansiedade, comprometem sobremaneira o convívio social desses jovens.

Embora existam abordagens terapêuticas modernas para as cicatrizes da acne, sua especificidade e seu custo ainda impedem o acesso de grande parte das pessoas; portanto, não há justificativas para se postergar o tratamento, submetendo o jovem ao risco de cicatrizes indeléveis. O arsenal terapêutico disponível nos dias de hoje é eficaz e a repercussão positiva do tratamento sobre o psiquismo do adolescente é inegável.

ETIOPATOGENIA

A acne é uma doença crônica de caráter inflamatório que acomete a unidade pilossebácea (folículo piloso). Há quatro fatores principais envolvidos em sua gênese[4,5]:

- Padrão de queratinização anormal.
- Aumento da produção de sebo.
- Multiplicação bacteriana dentro do folículo.
- Processo inflamatório.

O evento mais precoce, ainda de causa desconhecida, é a hiperqueratinização do folículo associada à proliferação dos queratócitos e à diminuição da descamação dos mesmos na região periorificial do folículo. O resultado é um *plug* formado por queratócitos e queratina – o microcomedão – que obstrui o canal folicular. As glândulas sebáceas desenvolvem-se nitidamente após a adrenarca, estimuladas pelos andrógenos, e a produção de sebo aumenta. A diidrotestosterona, resultante da conversão local da testosterona, é o andrógeno que causa o aumento da produção do sebo.

Estabelece-se, dessa forma, um meio propício para a multiplicação da bactéria *Propionibacterium acnes*, um anaeróbio que compõe a microbiota da pele. Em um ambiente anaeróbio rico em gorduras (sebo), a bactéria metaboliza o triglicérides, hidrolizando-o e produzindo metabólitos com efeito irritativo para o folículo. Componentes do sistema imune inato, os receptores *toll-like* (TLR), parecem exercer importante papel na resposta inflamatória da acne. Os receptores TL-2, presentes em macrófagos perifoliculares, ligam-se ao *P. acnes* e disparam uma sinalização para produção de citocinas inflamatórias[6].

A produção de mediadores inflamatórios, associada aos efeitos irritativos dos elementos resultantes da lipólise pelo *P. acnes*, atrai células inflamatórias que, em uma fase posterior, por ação neutrofílica lisossomal, determinam a ruptura do folículo. O extravasamento desses elementos de inflamação determina, por conseguinte, a piora do quadro flogístico local.

APRESENTAÇÃO CLÍNICA

Tipicamente, a acne acomete as regiões do corpo com maior densidade de unidades pilossebáceas: face, pescoço e região superior do tronco (tórax e dorso). A lesão inicial da acne é o microcomedão (subclínico), que pode evoluir para o comedão ("cravo"), uma lesão ainda sem componente inflamatório formada pela compactação de queratina, sebo e bactérias que preenchem o folículo piloso. Os comedões podem ser abertos ou fechados.

Os comedões abertos (escuros) são as lesões em que se observa uma dilatação no orifício do folículo de coloração escura, considerada "mais estável" e com menor risco inflamatório, pois o material impactado pode, pelo aumento da pressão, extravasar para a superfície, não havendo, dessa forma, ruptura folicular – a não ser que haja manipulação indevida. Sua superfície preta é causada pelo depósito local de queratinócitos compactados, melanina e lipídios oxidados, não se relacionando, portanto, com a falta de higiene – mito comum entre os adolescentes.

O comedão fechado (branco) é uma lesão pequena (micropápula de 1 a 3 mm) com poro invisível que consiste em um ducto pilossebáceo totalmente obstruído. Embora possa ser resolvido espontaneamente, é mais frequente sua evolução para um estágio inflamatório (pápula ou pústula).

As lesões progressivas com maior impactação, ruptura folicular e, fundamentalmente, inflamação constituem as pápulas e pústulas – as clássicas espinhas – e possuem duração mais prolongada e maior risco de evolução para cicatrizes. As lesões maiores que 5 mm são os nódulos e os cistos (mais profundos) e com risco de evolução para abscessos. A acne conglobata é uma variedade disseminada e devastadora da forma nodulocística.

CLASSIFICAÇÃO DA ACNE

A classificação mais utilizada para acne considera o tipo de lesão predominante e a presença de processo inflamatório nas lesões[7] (Quadro 24.1). A classificação adequada do paciente permite a escolha terapêutica mais eficaz para cada caso. No entanto, essas categorias não são rígidas. Um paciente com predomínio de comedões e pápulas, mas com intensa disseminação e cicatrizes graves, pode ser considerado portador da acne grave (Figuras 24.1 a 24.3).

Quadro 24.1 – Classificação da acne[4,5,7]

Grau I

Acne comedoniana (não inflamatória) – predomínio de comedões abertos ou fechados; raras lesões inflamatórias e raras cicatrizes

Grau II

Acne inflamatória com comedões, mas na qual há predomínio de pápulas ou pústulas, principalmente na face; raras ou poucas cicatrizes

Grau III

Acne inflamatória com numerosas pápulas e pústulas associadas a nódulos e cistos; cicatrizes moderadas

Grau IV

Acne inflamatória grave, disseminada para o tronco, com lesões inflamatórias (nódulos e cistos com potencial evolução para abscessos); cicatrizes graves

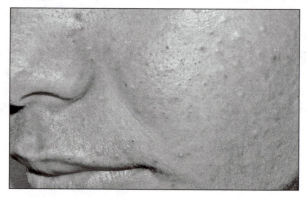

Figura 24.1 Detalhe de quadro de acne grau I (comedoniana). Nota-se grande quantidade de comedões abertos (cravos pretos) e fechados (cravos brancos). (Veja imagem colorida no encarte.)

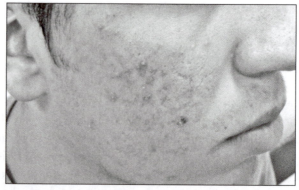

Figura 24.2 Detalhe de quadro de acne grau II. Nota-se, além dos comedões, a presença de lesões inflamatórias (pápulas e pústulas). (Veja imagem colorida no encarte.)

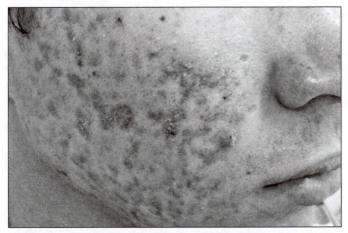

Figura 24.3 Detalhe de quadro de acne grau III. Nota-se uma grande quantidade de lesões inflamatórias mais graves, nodulocísticas. (Veja imagem colorida no encarte.)

ABORDAGEM DO PACIENTE COM ACNE

Na abordagem clínica do adolescente com acne, deve-se dar atenção especial para:

- Época de vida em que o quadro se iniciou.
- Fatores desencadeantes ou agravantes (p.ex., uso de cosméticos).
- Rotina de manipulação das lesões (fricções e espremeduras).
- Tratamentos prévios.
- Esclarecimento sobre crenças, tabus e mitos em relação à acne.
- Grau de repercussão psicossocial.
- Tipo de acne: não inflamatória (comedões) ou inflamatória (pápulas e pústulas).
- Locais atingidos (extensão do quadro).

Além disso, é de extrema importância:

- Pesquisar nas meninas adolescentes outros sinais de hiperandrogenismo (hirsutismo, alopecia), avaliando também o ciclo menstrual e os casos de obesidade (acne como manifestação da síndrome dos ovários policísticos).
- Realizar o diagnóstico diferencial com outras afecções, como hidradenites supurativas (axilas, virilha e nádegas) ou foliculites.
- Avaliar o uso de medicações comedogênicas (p.ex., corticosteroides).

TERAPÊUTICA DA ACNE

A terapêutica da acne é efetiva, mas prolongada, e isso deve ser explicitado ao adolescente, que pode ter, nesse momento, uma expectativa de melhora imediata após início do tratamento.

O tratamento da acne objetiva, fundamentalmente, mais a prevenção do aparecimento de novas lesões do que a ação nas lesões já existentes. Assim, a percepção de melhora pelo adolescente pode não ser evidente nas primeiras semanas. Algumas orientações gerais, fornecidas de forma clara e objetiva, desmistificam vários tabus sobre a afecção e asseguram maior adesão ao tratamento instituído (Quadro 24.2).

Quadro 24.2 – Orientações gerais para adolescentes sobre o tratamento da acne

Remover a expectativa de "tratamento mágico" e intensificar a importância de o adolescente ter paciência para obtenção de resultados

Evitar fricções e manipulações de cravos e espinhas, reforçando o risco de cicatrizes

Não aplicar substâncias caseiras (p. ex., pasta de dente e pó de café) nem realizar "máscaras" domésticas

Não usar medicamentos de amigos, pois os adolescentes têm tendência a valorizar a opinião da turma e podem utilizar medicações sem indicação específica (p. ex., antibióticos)

Evitar o sol. Explicar o efeito paradoxal: no início, dá a impressão de melhora, com efeito secativo nas espinhas, mas depois, por estímulo das glândulas sebáceas e da queratinização, há piora do quadro. Se for impossível evitar o sol, usar protetor solar não oleoso

Desmistificar a associação da acne com sujeira. Não lavar a pele em excesso. Não usar bucha ou escova, pois estimulam ainda mais a produção de sebo

Não usar cremes e cosméticos gordurosos, pois aumentam a oleosidade da pele, contribuindo para piora do quadro. A forma em gel é sempre melhor

Desmistificar a associação da acne com masturbação, fantasias ou atividade sexual

Orientar sobre a possibilidade de piora do quadro nas primeiras semanas de tratamento, particularmente observada durante o uso de medicações tópicas esfoliantes

Medidas Gerais

Deve-se orientar o adolescente a evitar espremeduras – ato bastante observado nos portadores de acne nessa fase.

O papel da dieta na causalidade da acne ainda é incerto. Possíveis efeitos de compostos lácteos e alimentos de alto índice glicêmico na gênese da acne têm sido propostos[8,9]. Entretanto, a aplicabilidade clínica dessas teorias ainda é controversa e estudos com melhor desenho ainda precisam ser realizados. Uma lista de proibições alimentares apenas frustra o adolescente. Alguns pacientes, porém, são portadores de "sensibilidade individual", referindo piora nítida com ingestão de determinados alimentos, os quais devem ser evitados quando houver uma referida relação causal clara.

A lavagem compulsiva do rosto pode irritar a pele sem ser benéfica para o controle ou a diminuição da acne. A higienização da face deve restringir-se, no máximo, a duas vezes ao dia, com sabonete de ação esfoliante. Sabonetes com substâncias bacteriostáticas não são necessários, pois não inibem a proliferação do *P. acnes* nos folículos. Sabonetes e loções esfoliantes com ácido salicílico, ácido glicólico, enxofre ou peróxido de benzoíla parecem ter utilidade, diminuindo a oleosidade da pele e servindo como coadjuvantes no tratamento[7,10]. As medicações tópicas devem ser aplicadas somente em pele seca, cerca de 20 a 30 minutos após sua lavagem, pois a umidade pode amplificar sua absorção.

A exposição solar exerce efeito ambivalente sobre a acne. Nos quadros de acne inflamatória (papulopustulosa), embora haja descrição de melhora após a exposição ao sol (efeito secativo) por estímulo da multiplicação celular e sebogênese, costuma-se observar piora posterior do quadro. O sol deve ser evitado e o uso de filtro de proteção solar, especificamente em adolescentes com medicações que determinam fotossensibilidade, é obrigatório, com preferência para aqueles de base não oleosa e, portanto, não comedogênicos[10].

Medidas Específicas

Atualmente, há uma série de produtos comercialmente disponíveis. Muitos são comercializados sob prescrição do médico e um número maior ainda de produtos está sob venda livre nas farmácias[11]. O grande número de formulações disponíveis, a variabilidade da apresentação clínica da doença e a ausência de estudos definitivos para avaliação sistemática e comparação entre as drogas existentes tornam a terapêutica da acne um assunto bastante desafiador. Recomenda-se que o clínico esteja habituado com alguns desses medicamentos, em especial com os efeitos indesejados e suas particularidades de prescrição. A existência de recomendações e consensos publicados na última década auxiliam na escolha do tratamento[4,12,13], embora alguns, na ausência de evidências científicas, estejam baseados em opiniões de *experts*, que, muitas vezes, declaram seus conflitos de interesse com a indústria farmacêutica e cosmiátrica".

As medicações indicadas para o tratamento da acne são apresentadas nas formas tópica ou sistêmica e suas indicações estão basicamente relacionadas ao grau de acometimento e ao tipo de lesão predominante[4,12,14]. O tempo mínimo de 8 semanas deve ser respeitado para a avaliação da eficácia da medicação utilizada. O tipo de pele do paciente também deve ser considerado na escolha da opção mais apropriada de medicação: cremes para peles mais secas e sensíveis ou gel, que possui maior efeito secativo, para peles mais oleosas. Outro ponto a ser considerado é a presença de cicatrizes. Pacientes com maior vulnerabilidade para cicatrizes, como aqueles com a pele mais escura, devem ser tratados de forma mais precoce e agressiva.

A Tabela 24.1 apresenta, de forma resumida, as principais medicações disponíveis e suas respectivas ações nos mecanismos etiopatogênicos da acne.

Tabela 24.1 – Ações das principais drogas disponíveis para o tratamento da acne[1]

	Hiperqueratinização	Produção de sebo	Crescimento bacteriano	Inflamação
Peróxido de benzoíla	+	–	+++	+
Retinoides	++	–	+	+
Tetraciclinas e macrolídeos	–	–	+++	+/–
Clindamicina	+	–	++	–
Antiandrogênios	+	++	–	–
Isotretinoína oral	++	+++	++	++

+++: efeito intenso; ++: efeito moderado; +: efeito fraco; –: ausência de ação.

TRATAMENTO

Acne Grau I

Para o tratamento da acne comedoniana (não inflamatória), o objetivo terapêutico é a queratólise e o efeito anticomedogênico. Os retinoides tópicos (derivados da vitamina A) são as drogas de primeira escolha para esse fim[4,9,14], pois normalizam a queratinização folicular e diminuem a coesão dos queratinócitos, impedindo a evolução para a lesão inflamatória e a formação de novos comedões. Embora não haja inflamação nos graus leves da acne, os retinoides também apresentam atividade anti-inflamatória.

A tretinoína (ácido retinoico) é o representante mais conhecido e mais antigo desse grupo. Contudo, sua utilização exige orientação específica, em razão do risco de seus efeitos irritativos. A tolerância individual ao produto deve ser observada, pois, particularmente no início do tratamento, pode causar certo desconforto ao paciente. A dermatite retinoide consiste em um quadro caracterizado por eritema, descamação, ardência e prurido, que pode ser minimizado pelo uso de menor concentração do princípio ativo (0,01 a 0,025%), sendo aumentado até 0,05% quando for observada maior tolerância ao ácido pelo paciente. Está disponível comercialmente nas formas em creme e gel; a escolha depende do tipo de pele do adolescente e de sua vulnerabilidade para os efeitos irritativos. Também pode ser formulada em solução, com maior facilidade de aplicação particularmente na acne do tronco. O ácido retinoico é uma medicação claramente fotossensível, restrita para uso noturno (aplicação uma vez ao dia, à noite, após a lavagem do rosto). Deve-se evitar a exposição prolongada ao sol e reforçar o uso de filtros solares não comedogênicos.

O adapaleno, comumente disponível na forma de gel 0,1%, é outro importante retinoide para o tratamento da acne. O maior benefício parece ser melhor tolerabilidade, pois apresenta menor incidência de reações adversas[15]; todavia, não existem estudos plenamente conclusivos sobre a superioridade de um retinoide sobre o outro na melhora das lesões da acne.

Em virtude dos efeitos de irritação e secura da pele causados pelos retinoides, o paciente deve evitar o uso concomitante de outros produtos que possam piorar o quadro irritativo (p.ex., sabonetes muito esfoliantes). Quantidades progressivas podem ser aplicadas ou, em caso de efeitos adversos, o uso intermitente ou a suspensão temporária podem ser indicados. Uma certa piora do quadro de acne pode ser observada nos primeiros dias do uso dos retinoides – efeito transitório e de resolução espontânea.

Acne Grau II

Na acne papulopustulosa, objetiva-se, além do efeito anticomedogênico, um efeito antibacteriano e anti-inflamatório das medicações escolhidas. Portanto, mantém-se a utilização de um retinoide tópico em monoterapia ou adiciona-se um antibiótico tópico para as lesões inflamadas, a depender da intensidade do processo inflamatório.

Os antibióticos tópicos reduzem a população de *P. acnes* e os efeitos irritativos e inflamatórios. Os mais utilizados são a eritromicina e a clindamicina, em várias apresentações comerciais disponíveis. Embora não tenham sido descritos efeitos adversos significativos, a resistência bacteriana pode ser observada, motivo de grande preocupação no tratamento atual da acne. Nos casos mais graves de inflamação (acne grau III), não se deve substituir a terapêutica sistêmica. Os antibióticos tópicos devem ser aplicados duas vezes ao dia e estar associados a drogas comedolíticas, como os retinoides ou o peróxido de benzoíla. Essa associação é determinante para menor resistência[5,13].

Grande parte dos adolescentes com acne inflamatória leve responde positivamente ao peróxido de benzoíla. Trata-se de uma droga que, além de leve efeito comedolítico, tem ação bacteriostática contra o *P. acnes*, atuando como um antibiótico tópico com baixo potencial de formação de resistência. Pode ser útil em todos os tipos de acne, sendo disponível comercialmente nas formas de sabonete, loção, creme e gel – as duas últimas em concentrações de 2,5, 5 e 10%. Para os quadros mais leves de acne grau II, o peróxido de benzoíla pode ser usado como monoterapia[7,14]. Uma eventual desvantagem é a dermatite de contato em 1 a 2% dos pacientes (eritema, prurido, ressecamento e descamação), reação que diminui com a suspensão de uso do produto. O adolescente deve ser orientado sobre a possibilidade de manchas em roupas e cabelos.

Inúmeros estudos propõem que a combinação de agentes tópicos com diferentes mecanismos de ação tem melhores resultados que a monoterapia[1]. Existem diversas preparações comerciais que combinam retinoides com antibióticos tópicos, como adapaleno com clindamicina, peróxido de benzoíla com clindamicina e peróxido de benzoíla com adapaleno. Outro ponto a ser lembrado é que a associação de medicações em uma mesma apresentação facilita a adesão ao tratamento. Entretanto, deve ser dada atenção especial à impossibilidade de aplicação simultânea do peróxido de benzoíla com a tretinoína, pois existe inativação do ácido retinoico[1].

Acne Grau III

Os quadros inflamatórios mais graves merecem terapêutica sistêmica. Antibióticos administrados por via oral (VO) são as medicações prescritas, pois determinam melhora mais rápida quando comparada com a sua utilização tópica. Os efeitos benéficos no tratamento da acne refletem-se na diminuição da população bacteriana com melhora do quadro inflamatório local. São prescritos para uso diário, por um período limitado a 12 a 18 semanas e pelo menor tempo possível[5,13]. Não existem conclusões evidentes de que algum antibiótico seja mais efetivo do que outro no tratamento da acne[16]. Os antibióticos mais utilizados são as tetraciclinas (ou seus derivados mais recentes, como a minociclina e a doxiciclina).

A tetraciclina foi muito utilizada em virtude de seu baixo custo; porém, atualmente, as chamadas "novas tetraciclinas", com melhor perfil farmacocinético e farmacodinâmico, são usadas mais comumente.

A minociclina é uma droga efetiva e bem tolerada, na dose de 100 mg/dia, com maior penetração no folículo e menor resistência bacteriana. Tem indicação precisa nos casos de resistência à tetraciclina.

Mais recentemente, propõe-se como opção terapêutica a prescrição de azitromicina, a qual não demonstra inferioridade quando comparada às novas tetraciclinas. Várias posologias são propostas em esquemas de pulsoterapia[17]. Um esquema proposto e utilizado no Ambulatório de Adolescentes do Instituto da Criança do Hospital das Clínicas da Faculdade de Medicina da Universidade de São Paulo (ICr-HC-FMUSP) é a pulsoterapia com 500 mg, por 3 dias, durante três ciclos com intervalo de 7 dias entre eles[17-19].

A resistência antimicrobiana progressiva é um dos principais problemas no tratamento da acne. Para minimizar essa resistência, algumas orientações e práticas devem ser observadas[4]:

- A prescrição deve ocorrer somente quando necessária e pelo menor tempo possível, devendo a terapêutica oral ser substituída pela tópica tão logo o paciente melhore.

Acne juvenil **301**

- Não usar antibiótico oral associado à antibioticoterapia tópica.
- Utilizar o peróxido de benzoíla, droga que diminui a incidência de resistência bacteriana, juntamente com a antibioticoterapia tópica ou em combinação com um retinoide tópico. Nunca usar antibiótico como monoterapia para acne.
- O uso dos retinoides deve ser considerado para a terapêutica de manutenção da acne, diminuindo a necessidade de reabordagens com antibióticos.

Acne Grau III Refratária e Grau IV

Sugere-se, neste caso, o tratamento sistêmico com isotretinoína VO. Trata-se de uma terapêutica mais específica, geralmente reservada para o dermatologista ou o médico de adolescentes com experiência em seu manejo, pois é uma medicação que exige controle clínico rigoroso do paciente e algumas particularidades na prescrição. Aprovado em 1982 pela Food and Drug Administration (FDA), o ácido 13-cis-retinoico é excelente opção terapêutica para acne, embora tenha sua toxicidade bem conhecida e estudada. A droga atua reduzindo a secreção de sebo e, consequentemente, diminuindo a população bacteriana no folículo. Há melhora nítida após sua introdução, mas seus efeitos adversos (comuns em praticamente todos os pacientes) devem ser conhecidos e controlados, como ressecamento da pele, dos lábios, da mucosa nasal (epistaxes) e das conjuntivas. A dose habitualmente utilizada para o tratamento inicial é de 0,5 a 1 mg/kg/dia, em duas tomadas diárias, com dose total do tratamento de 120 a 150 mg/kg (principal parâmetro a ser considerado) e duração de 4 a 8 meses (em geral, 20 semanas). Controle laboratorial do paciente deve ser realizado, seriadamente, com hemograma, enzimas de função hepática e lipidograma. Seu efeito mais temido é a teratogenicidade; seus riscos devem ser esclarecidos para a adolescente e, nas sexualmente ativas, anticoncepção adequada e segura deve ser prescrita durante todo o tratamento, até 3 meses da supressão da droga. Há necessidade de preenchimento do termo de consentimento esclarecido em razão dos claros riscos em caso de gravidez. Outro grande problema dessa medicação ainda é seu alto custo.

Hormonioterapia

O tratamento hormonal fica reservado para pacientes com distúrbios endócrinos, em particular a síndrome dos ovários policísticos, ou quando há demanda para anticoncepção. São utilizados na forma de anticoncepcionais combinados orais. As preparações ideais são aquelas com o componente estrogênico (etinilestradiol) associado a um progestágeno de pouca ação androgênica, como o desogestrel, ou com ação antiandrogênica, como ciproterona ou drospirenona.

REFERÊNCIAS BIBLIOGRÁFICAS

1. Williams HC, Dellavalle RP, Garner S. Acne vulgaris. Lancet. 2012;379(9813):361-72.
2. Knutsen-Larson S, Dawson AL, Dunnick CA, Dellavalle RP. Acne vulgaris: pathogenesis, treatment and needs assessment. Dermatol Clin. 2012;30(1):99-106.
3. Dalgard F, Gieler U, Holm J, Bjertness E, Hauser S. Self-steem and body satisfaction among late adolescents with acne: results from a population survey. J Am Acad Dermatol. 2008;59(5):746.
4. Gollnick H, Cunliffe W, Berson D, Dreno B, Finlay A, Leyden JJ, et al. Management of acne: a report from a Global Alliance to Improve Outcomes in Acne. J Am Acad Dermatol. 2003;49(1 Suppl):S1-37.
5. Thiboutot D, Gollnick H, Bettoli V, Dréno B, Kang S, Leyden JJ, et al. Global Alliance to Improve Outcomes in Acne. New insights into the management of acne: an update from the Global Alliance to improve outcomes in acne group. J Am Acad Dermatol. 2009;60(5 Suppl):S1-50.
6. Kim J, Ochoa MT, Krutzik SR, Takeuchi O, Uematsu S, Legaspi AJ, et al. Activation of toll-like receptor 2 in acne triggers inflammatory cytoquine responses. J Immunol. 2002;169(3):1535-41.
7. Krowchuk DP. Managing acne in adolescents. Pediatr Clin North Am. 2000;47(4):841-57.
8. Danby FW. Acne and milk, the diet myth, and beyond. J Am Acad Dermatol. 2005;52(2):360-2.
9. Burris J, Rietkerk W, Woolf K. Acne: the role of medical nutrition therapy. J Acad Nutr Diet. 2013;113(3):416-30.
10. Magin P, Pond D, Smith W, Watson A. A systematic review of the evidence for "myths and misconceptions" in acne management: diet, face-washing and sunlight. Fam Pract. 2005;22(1):62-70.
11. Bowe WP, Shalita AR. Effective over-the-counter acne treatments. Semin Cutan Med Surg. 2008; 27(3):170-6.
12. Strauss JS, Krowchuck DP, Leyden JJ, Lucky AW, Shalita AR, Siegfried EC, et al. Guidelines of care for acne vulgaris management. J Am Acad Dermatol. 2007;56(4):651-63.
13. Dréno B, Bettoli V, Ochsendorf F, Layton A, Mobacken H, Degreef H, et al. European recommendations on the use of oral antibiotics for acne. Eur J Dermatol. 2004;14(6):391-9.
14. Haider A, Shaw JC. Treatment of acne vulgaris. JAMA. 2004;292(6):726-35.
15. Irby CE, Yentzer BA, Feldman SR. A review of adapalene in the treatment of acne vulgaris. J Adolesc Health. 2008;43(5):421-4.
16. Ozolins M, Eady EA, Avery AJ, Cunliffe WJ, Po AL, O'Neill C, et al. Comparison of five antimicrobial regimens for treatment of mild to moderate inflammatory facial acne vulgaris in the community: randomized controlled trial. Lancet. 2004;364(9452):2188-95.
17. Antonio JR, Antonio JR, Pegas JR, Cestari TF, Do Nascimento LV. Azithromycin pulses in the treatment of inflammatory and pustular acne: efficacy, tolerability and safety. J Dermatolog Treat. 2008;19(4):210-5.
18. Kapadia N, Talib A. Acne treated successfully with azithromycin. Int J Dermatol. 2004;43(10):766-7.
19. Riddle CC, Amin K, Schweiger ES. A review of azithromycin for the treatment of acne vulgaris. Cosmet Dermatol. 2007;20:299-302.

Piercings e tatuagens em adolescentes — 25

Benito Lourenço

Após ler este capítulo, você estará apto a:

1. Descrever a característica da tendência grupal nesta fase e o seu significado no desenvolvimento do adolescente.
2. Descrever os principais aspectos relacionados ao uso de *piercings* e tatuagens e os efeitos adversos mais importantes.
3. Realizar a orientação básica de adolescentes e familiares quando houver a intenção de aderir a esses tipos de *body art*.

INTRODUÇÃO

No atendimento de adolescentes, é comum o profissional deparar-se com questões relacionadas a modos peculiares de comportamento, vestuário, atitudes e relacionamentos, trazidos como intenções, dúvidas, queixas ou preocupações pelos próprios pacientes ou por seus pais. Quem atende a esses adolescentes deve se sentir apto a abordar esses assuntos com o adolescente e seus familiares, adotando uma postura sensata e ética, despindo-se de preconceitos e oferecendo informações e orientações corretas.

Ao longo da história, o estudo da adolescência e a cultura leiga produziram uma crença, hoje um tanto cristalizada, de que esse é um período "problemático" do desenvolvimento humano. Entretanto, sabe-se que esses rótulos do comportamento adolescente, baseados em pontos específicos do desenvolvimento e nos aspectos ambivalentes do comportamento dessa fase, que muitas vezes incomodam a sociedade e os pais, nem sempre correspondem à realidade. A percepção de que os adolescentes são vulneráveis aos modismos, desprovidos da crítica e inseridos em um comportamento de "rebeldia jovem", pode reforçar ainda mais o estereótipo público de hostilidade conferido ao adolescente.

Muitos ainda associam qualquer manifestação de *body art*, como *piercings* e tatuagens, com delinquência juvenil, rebeldia ou participação em gangues. Ademais, diversos estudos correlacionam a presença de *piercings* e tatuagens a maior frequência de comportamentos de risco na adolescência, como atividade sexual desprotegida, uso de drogas, transtornos alimentares e suicídio[1,2]. Entretanto, deve haver cuidado na análise dessas informações. Sabe-se que os estudos de risco são muito mais comuns na literatura do que os que avaliam os fatores de proteção e resiliência. Além disso, uma atitude negativa do profissional diante desse assunto pode interferir na postura e na melhor condução dos pacientes com esse tipo de ornamentação[3].

Portanto, é necessário que haja seriedade e responsabilidade na condução das demandas e queixas, cabendo aos profissionais que se dedicam ao acompanhamento desses jovens, à luz do conhecimento das características habituais e singulares dessa etapa do desenvolvimento humano, o desafio de ultrapassar a visão de risco e de problema para uma visão protetora e de soluções.

"Ele está nos deixando loucos com essa história de colocar um *piercing*", "Vou fazer uma tatuagem quer vocês queiram ou não...", "Não aguento ver minha filha só usando roupas pretas" são exemplos de situações vivenciadas no cotidiano das consultas de adolescentes. Qual é o papel do médico de adolescentes? Quais são as orientações mais pertinentes?

ADOLESCENTES, SUA TURMA E OS "MODISMOS"

Em um nítido momento de questionamento da autoridade, das instituições e do modo de vida do adultos, o adolescente, separando-se progressivamente de seus pais, necessita manter uma sensação de pertencimento, realizando-a por meio de um forte vínculo com o grupo; trata-se de uma manifestação de defesa do adolescente em busca ativa por uma identidade fora do âmbito familiar. Na turma, de alguma forma, todos parecem estar na mesma procura por suas identidades. Em um grupo, cada componente torna-se menos frágil, menos solitário, sendo a ele oferecidos segurança emocional, suporte, compreensão e encorajamento. Assim, a dependência dos pais é parcialmente transferida para o grupo; sentindo-se parte deste, o adolescente se afirma, se alinha, se integra e se assegura. O grupo passa a representar uma fonte de comparações e identificações, e, por vezes, a vinculação é tão intensa que parece quase impossível uma separação. Nos atendimentos, é comum os médicos ouvirem: "até parece que não gostam mais da gente (família). Só querem ficar com os amigos".

A vivência grupal é uma experiência estruturante e positiva, não necessariamente perigosa ou fortalecedora de condutas antissociais, como muitas pessoas ainda acreditam. O favorecimento do espírito de equipe, da cooperação, de responsabilidades e de lideranças construtivas representam, por exemplo, alguns elementos positivos da vinculação ao grupo. No entanto, é preciso reconhecer que o adolescente pode pagar um certo preço para fazer parte do grupo: pode despir-se de preferências e opiniões pessoais para adotar uma espécie de "código grupal". Um fenômeno que chama a atenção nesse momento é o da superidentificação, na qual se observa uma pressão explícita para a conformidade. O grupo é uma marca imperativa e existe um componente de indiferenciação entre o indivíduo e a sua turma. Os adolescentes procuram afastar-se das normas e dos padrões adultos. Contudo, na instituição "turma", eles devem seguir "regras" e comportamentos para os uniformizar em relação aos outros membros, seja no vestuário, na linguagem, na preferência musical etc. O temor da exclusão justifica a obediência às regras grupais e a homogeneidade da turma. A identificação acontece pela semelhança quase imposta, observada nos modismos da expressão e das vestimentas dos grupos sociais preponderantes na adolescência[4].

Muito se questiona sobre o porquê da imensa importância dada a uma marca específica de roupas ou da fidelidade a um conjunto musical. Esses caprichos e costumes apaixonados, associados a eventuais mudanças bruscas em seus gostos (variações de identidade), podem ser apresentados à sociedade como atitudes de indivíduos irascíveis e arbitrários. Nesse momento, alguns modismos cumprem, entretanto, um propósito importante, pois estabelecem, ao menos superficialmente, uma clara demarcação entre eles e os adultos.

O fenômeno dos modismos também corresponde a uma das características marcantes da sociedade pós-moderna, que, sem dúvida, determina implicações sobre a construção sociocultural dos adolescentes. A ânsia de estar na moda é proporcional ao crescimento de um certo conformismo. O temor de sair do padrão e o medo de ser totalmente massificado são atropelados pela aceleração cada vez maior das mudanças da moda, que acabam permitindo apenas poucos instantes de autenticidade. A instauração de modismos relaciona-se intimamente ao conceito da descartabilidade dos bens, pois o homem moderno tornou-se submisso a bens fugazes e não duráveis. O movimento de roqueiros, *rappers*, "emos", "webcelebridades", "*nerds*", "periguetes" e outras tribos urbanas é absorvido pelo sistema da moda e seus símbolos são manipulados em um certo tipo de espetáculo de consumo que tem como espaço de representação as ruas das grandes cidades. Observa-se, atualmente, o uso do corpo como mediador de seu significado, o que limita sua significação à exterioridade em uma sociedade que valoriza a forma em detrimento do conteúdo dos indivíduos.

Cabe, portanto, ao hebiatra, à luz do entendimento da tendência grupal e da pressão de uniformidade observada e em um contexto social contemporâneo, discutir com o adolescente as propostas relacionadas aos comportamentos e às atitudes vinculadas aos modismos identificados.

Alguns dos temas importantes que merecem discussão particular em relação às atitudes de modificações corporais referem-se à utilização de tatuagens e *piercings* – fenômeno com cada vez mais adeptos entre adolescentes e jovens. Embora sejam questões amplas, não restritas ao simples e superficial entendimento de moda, essas alterações corporais necessitam de discussão específica entre os profissionais de saúde, principalmente daqueles que orientam adolescentes.

PIERCINGS E TATUAGENS – PAPEL DOS PROFISSIONAIS DA SAÚDE

Piercing é uma palavra de origem inglesa que significa perfuração; tem sido usada, atualmente, para designar um tipo de adorno (*body piercing*) que consiste em uma joia ou pequena peça decorativa de metal inserida, por perfuração, em alguma parte do corpo. Estudos têm demonstrado que a popularidade do uso desses dispositivos tem crescido significativamente[3,4]. A tatuagem corresponde à inserção de pigmentos na pele por agulhas, com intuito de elaborar desenhos e marcas específicas na superfície do corpo. Embora essas práticas tenham uma dimensão ampliada na atualidade, a procura por elementos de adornos corporais faz parte da história humana. No antigo Egito, o *piercing* já era usado no umbigo como sinal de realeza; os romanos usavam-no no mamilo como sinal de virilidade e coragem, assim como outros povos ao longo da história criaram diversos significados para seu uso. Muitas dessas tradições marcavam castas sociais; hoje, diferenciam grupos de jovens, conhecidos como tribos urbanas. À primeira vista, é um tema ligado apenas à contemporaneidade e entendido como modismos exóticos e vanguardistas ou relacionados a uma rebeldia juvenil que leva o indivíduo a realizar transformações no próprio corpo para chocar a sociedade. Em uma visão mais ampla, trata-se de uma representação de identidade, em um contexto do ressurgimento de práticas milenares, de rituais baseados no prazer, na dor e em experiências estéticas radicais[5].

Na pele, os locais habituais de perfuração são orelhas, asas do nariz, região dos supercílios e umbigo. O *piercing* em mucosas, principalmente na região bucal, também é cada vez mais comum. Há inúmeras outras localizações do adorno, mas bem menos habituais na adolescência, como na região mamilar e nos órgãos genitais.

Piercings e tatuagens em adolescentes 307

O profissional de saúde deve estar apto a orientar adequadamente o adolescente sobre o manejo adequado desses dispositivos. Alguns trabalhos descrevem que poucos médicos que atuam em serviços de urgência sabem abrir o *piercing* e retirá-lo, o que deve ser realizado no atendimento de urgência aos pacientes que serão submetidos a procedimentos diagnósticos e cirúrgicos. No atendimento de emergência de um acidentado, a ventilação e a entubação podem ser comprometidas pela existência de *piercing* na língua ou no lábio; da mesma forma ficam comprometidos alguns exames radiográficos, tomografias computadorizadas e laparoscopias (*piercing* umbilical)[6,7].

Depois de colocado, cada dispositivo apresenta um tempo variável para cicatrização, dependendo do local. Esse tempo também pode variar muito de pessoa para pessoa e é importante que o médico tenha conhecimento sobre isso, pois representa um período de vulnerabilidade e, portanto, de intensa vigilância para complicações infecciosas. Os locais habituais e os respectivos tempos de reepitelização estão apresentados na Tabela 25.1.

Tabela 25.1 – Principais localizações de *piercings* em adolescentes e tempo de cicatrização[7]

Localização do *piercing*	Tempo de cicatrização
Lóbulo da orelha	6 a 8 semanas
Cartilagens da orelha	4 a 12 meses
Sobrancelha	6 a 8 semanas
Lábios	2 a 3 meses
Língua	3 a 6 semanas
Septo nasal	2 a 8 meses
Asa do nariz	6 semanas a 4 meses
Umbigo	4 a 12 meses

Fonte: adaptada de Stirn, 2003.

A frequência de complicações com o uso de *piercings* depende do local de inserção, do material e da experiência do profissional que o colocou. A maior parte dos riscos relacionados a esses dispositivos é composta por complicações infecciosas, sangramentos e reações locais da pele, embora também seja considerada a disseminação de infecções sistêmicas. As pessoas que inserem os dispositivos geralmente não têm formação específica e aprendem a técnica simplesmente por observação. A assepsia no processo de colocação e as orientações adequadas de manutenção também podem não ser satisfatórias.

Mesmo uma peça em lóbulo de orelha pode determinar complicações. Esse fato reforça as orientações de algumas instituições, como da Academia Americana de Pediatria, de que o *piercing* em orelha deve ser postergado até que sejam claras as habilidades de autocuidado[8].

Na pele, a maior parte das complicações ocorre na região umbilical, orelha e nariz. A infecção é a causa mais comum de complicação e suas manifestações típicas são dor, sinais flogísticos locais e descarga purulenta. Os agentes mais comuns são *Staphylococcus aureus*, *Streptococcus* do grupo A e *Pseudomonas* sp. O risco de infecção é maior quanto mais recente tiver sido a aplicação do adorno, em razão do processo de cicatrização ainda não ter sido completado[7,9]. A disseminação infecciosa aos tecidos subjacentes, principalmente as condrites por *Pseudomonas aeruginosa* na orelha e no nariz, é temerária em virtude de implicações estéticas futuras[10]. Portanto, é necessário ter bastante cuidado na perfuração de cartilagens.

O risco de complicações infecciosas é bastante reduzido com precauções de assepsia na colocação e na manutenção inicial do *piercing*. A limpeza abundante com água e sabão é o melhor cuidado após a inserção. Não se deve orientar a aplicação de antibióticos tópicos ao redor de *piercings* após a inserção. Maquiagens, roupas apertadas e uso de piscinas também podem irritar a pele recém-perfurada. Deve-se evitar também a higienização com álcool após a colocação do dispositivo, pois seu efeito secativo pode facilitar complicações.

Embora já tenham sido descritos casos de endocardite após a inserção do *piercing*, a frequência é extremamente baixa. Nos dias de hoje, não se recomenda a profilaxia antibiótica para pacientes com doença cardíaca congênita antes da realização de *piercing* ou tatuagem[11]. Também há estudos sobre o risco de transmissão de hepatite B, hepatite C e tétano no procedimento de inserção por material inapropriado e contaminado[12]. O vírus da imunodeficiência humana (HIV) pode, em teoria, ser transmitido por utilização de material contaminado não esterilizado[9].

Outras complicações relacionadas ao uso de *piercing* são as reações eczematosas (dermatites de contato pelo material do dispositivo), as quais podem ser minimizadas com a utilização de metais nobres. Há também o risco de cicatrizes queloides, particularmente nas adolescentes mais velhas. Alguns autores sugerem que pacientes pós-menarca com história familiar de queloides devem ser orientadas a evitar a inserção de *piercings*[13]. A Figura 25.1 demonstra um granuloma, reação de corpo estranho após a colocação de *piercing* em asa de nariz. Pode ocorrer linfadenopatia em qualquer indivíduo com *piercing*[6,7,14].

Tatuagens também estão relacionadas a complicações. Existe risco de transmissão de infecções no procedimento com equipamento não esterilizado. A complicação mais descrita é a dermatite de contato pelos pigmentos injetados na derme. Vale ressaltar aos profissionais de saúde que, mesmo as tatuagens ditas temporárias, realizadas com henna, podem gerar complicações alérgicas.

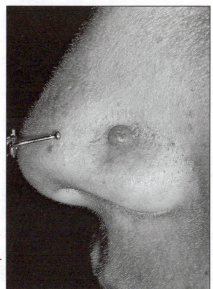

Figura 25.1 Granuloma em asa de nariz após *piercing*. (Veja imagem colorida no encarte).

CONSIDERAÇÕES SOBRE O USO DE *PIERCING* NA CAVIDADE ORAL

O *piercing* intraoral (língua, lábios e bochechas) tem sido motivo de preocupação e discussão de clínicos e odontólogos em virtude de suas potenciais interferências negativas na cavidade oral. Para os adolescentes que já têm esse artefato, sugere-se que haja avaliação e acompanhamento por profissional da saúde bucal.

As complicações podem ser de origem infecciosa, em geral decorrentes da utilização de técnica e instrumentais precários ou não limpos ou que, após colocados, não tenham sido cuidados adequadamente. Em geral, a inserção do *piercing* oral é feita sem anestesia, por pessoas não capacitadas e com técnicas questionáveis. A perfuraçao na língua é feita com agulha grossa (com diâmetro cerca de sete vezes maior do que os das agulhas utilizadas nos consultórios odontológicos). A linha média da língua é o local mais selecionado; por ser lateral aos vasos e nervos linguais, é raro haver hemorragia e lesões nervosas. As complicações relacionadas ao *piercing* na cavidade oral são apresentadas no Quadro 25.1.

Quadro 25.1 – Complicações do *piercing* em cavidade oral[15]
Retrações gengivais (principalmente os de localização labial)
Danos ao esmalte e fraturas dentárias
Perda ou diminuição do paladar
Halitose

(continua)

> **Quadro 25.1 – Complicações do *piercing* em cavidade oral[15] (*continuação*)**
>
> Interferência na fala, na mastigação e na deglutição
>
> Aumento do fluxo salivar
>
> Infecção local ou disseminação bucal do foco infeccioso (angina de Ludwig com obstrução de vias aéreas)
>
> Disseminação sistêmica do foco infeccioso (sepse)
>
> Risco de aspiração do *piercing*
>
> Alergia ao metal
>
> Dificuldade de tomadas radiográficas
>
> Linfadenopatia

Os estabelecimentos de aplicação não apresentam profissionais qualificados para executar corretamente a inserção do *piercing* na boca. Observa-se, por exemplo, que a maioria dos aplicadores recomenda o uso indiscriminado de agentes antissépticos e veículos químicos, como clorexidina e fenóis, sem transmitir instruções adequadas sobre esses produtos e as consequências de seu uso excessivo. Os compostos fenólicos, usados em colutório, apresentam como efeitos colaterais sensação de queimação, gosto amargo e manchas nas superfícies dos dentes, além de, por serem diluídos em álcool, causarem lesões nos tecidos bucais. A clorexidina é um antisséptico que, em alguns indivíduos, causa distúrbios do paladar e pode gerar erosões na mucosa; seu efeito colateral mais comum é a descoloração amarronzada dos dentes, de alguns materiais restauradores e das mucosas, vista claramente no dorso da língua. Dessa forma, percebe-se que as orientações de manutenção e cuidados com o dispositivo intraoral não são tão simples e devem ser realizadas por dentistas ou profissionais com experiência.

PARTICULARIDADES LEGAIS

Não existe regulamentação sobre a formação e a certificação dos profissionais que inserem *piercings* e tatuagens. No Brasil, não há uma única legislação que discipline as atividades de tatuador e *body piercing*. Cada Estado regulamenta os procedimentos necessários e disciplina, inclusive, a idade mínima de inserção. Em São Paulo, por exemplo, os profissionais devem estar cientes sobre a Lei n. 9.828, que proíbe, desde 1997, a aplicação de *piercings* e tatuagens em menores de idade, mesmo sob o consentimento dos pais – com exceção apenas para o furo no lóbulo da orelha[16]. Outros Estados permitem a realização desses procedimentos com autorização por escrito do responsável legal e assinatura de um termo de consentimento livre e esclarecido. Se, por um lado, essas regras representam um obstáculo maior para os adolescentes que desejam colocar esses adornos, por outro, também são um problema, já que vários podem optar pela perfuração de modo caseiro e acabar se machucando, tornando-se mais predispostos a complicações. Apesar de as leis e as proibições terem papel relevante, não garantem a inexistência de riscos e complicações, sendo uma responsabilidade do profissional de saúde o conhecimento sobre esses eventos com o objetivo de orientar os jovens de forma adequada e tratar, quando necessário, pacientes que estejam nessas situações.

CONSIDERAÇÕES PRÁTICAS PARA REFLEXÃO COM OS ADOLESCENTES

A conversa com o paciente, sem uma visão discriminatória, deve privilegiar a reflexão e a crítica em relação aos aspectos particulares do tema na adolescência. Além das questões legais apresentadas, sugere-se, para a prática do profissional de saúde que trabalha com adolescentes, a discussão de três pontos fundamentais.

Você Pode se Arrepender ou Mudar de Ideia Posteriormente?

A adolescência é marcada pela procura de identidade e de independência. Se, por um lado, essas características propiciam ao adolescente encontrar a sua identidade adulta, por outro contribuem para aumentar a sua vulnerabilidade. A necessidade de experimentação e o processo de formação de identidade, com oscilações e mudanças, podem representar elementos que devem ser considerados na tomada de decisão para a adesão a algum movimento, tipo de grupo ou vestuário. Na prática clínica, são comuns as flutuações nos referenciais percebidos pelos adolescentes durante o acompanhamento. A experiência demonstra que, com a mesma intensidade com que um adolescente deseja, por exemplo, fazer uma tatuagem ou aplicar uma tintura no cabelo, ele procura retirá-la no futuro. Nesse caso, a mudança na cor do cabelo será bem mais simples do que apagar uma tatuagem. É interessante que o adolescente se perceba em um movimento de experimentações, identificando suas oscilações de gostos e envolvimentos, postergando eventualmente atitudes intempestivas e, por vezes, irreversíveis. Nomes de namorados(as), escudos de times de futebol ou sinais ritualísticos podem virar algo indesejado no futuro. O crescimento e o desenvolvimento conduzem o adolescente a novas posições sociais. A existência de algumas "marcas" pode tornar-se inadequada nesse novo momento. Os resultados indesejáveis são, por vezes, indeléveis. A correção de um alargamento em lóbulo de orelha é essencialmente cirúrgica. As técnicas de remoção de tatuagens, embora desenvolvidas, ainda estão distantes de grande parte da população. Todos esses aspectos devem ser repassados ao cliente e à família para que a decisão seja tomada de forma orientada e consciente.

Está Preparado para a Reação de seus Pais, Amigos e da Sociedade?

É necessário discutir com o adolescente sobre a postura diante de olhares discriminatórios e o fato de pertencer a um grupo minoritário; colocar um adorno "não habitual" no corpo e utilizar um vestuário "não convencional" são ações que implicam percepção externa de diferença em relação à maioria.

E se Ocorrerem Complicações?

O uso de tatuagens e *piercings* pode envolver o adolescente em determinadas situações de risco, sem que ele, muitas vezes, tenha capacidade de percebê-las ou de se preocupar com consequências futuras. Deve ser clara e explícita a orientação sobre todas as potenciais complicações descritas para o procedimento desejado e as consequências em curto (p.ex., dor e uso de antibióticos) e longo prazos (cicatrizes e falhas na manutenção). Podem ser úteis algumas estratégias de redução de riscos, como as orientações de perfurações em partes menos sujeitas a complicações, evitando cartilagens subjacentes. A sensibilização do adolescente aos cuidados específicos de manutenção deve ser priorizada.

CONCLUSÕES

Na adolescência, o tema é amplo e complexo, exigindo de pais, educadores e profissionais de saúde percepção e postura adequadas. Dessa forma, independentemente da inexistência de leis, o fortalecimento do diálogo com os adolescentes ainda representa um aspecto fundamental, podendo funcionar como um fator de prevenção de riscos e proteção da saúde.

REFERÊNCIAS BIBLIOGRÁFICAS

1. Roberts TA, Ryan SA. Tattooing and hight-risk behavior in adolescents. Pediatrics. 2002;110(6):1058-63.
2. Carroll ST, Riffenburgh RH, Roberts TA, Myhre EB. Tattoos and body piercings as indicators of adolescent risk-taking behaviors. Pediatrics. 2002;109(6):102-7.
3. Ferguson H. Body piercing. BMJ. 1999;319(7225):1627-9.
4. Gold MA, Schorzman CM, Murray PJ, Downs J, Tolentino G. Body piercing practices and attitudes among urban adolescents. J Adolesc Health. 2005;36(4):352.e17-24.
5. Barros CMDL. Histórias marcadas na pele. [Dissertação – Universidade Católica de Pernambuco. 2006.] Disponível em http://www.unicap.br/tede//tde_busca/arquivo.php?codArquivo=7. (Acesso em jun 2013.)
6. Durkin SE. Tattoos, body piercing, and healthcare concerns. J Radiol Nurs. 2012;31(1):20-5.
7. Stirn A. Body piercing: medical consequences and psychological motivations. Lancet 2003;361(9364):1205-15.

Piercings e tatuagens em adolescentes   313

8. American Academy of Pediatrics; Schor EL (ed.). Caring for your school-age child: ages 5 to 12. 3th ed. Bantam Books: American Academy of Pediatrics; 1999.
9. Tweeten SS, Rickman LS. Infectious complications of body piercing. Clin Infect Dis. 1998;26(3):735-40.
10. Fisher CG, Kacica MA, Bennett NM. Risk factors for cartilage infections of the ear. Am J Prev Med. 2005;29(3):204-9.
11. Wilson W, Taubert KA, Gewitz M, Lockhart PB, Baddour LM, Levison M, et al. Prevention of infective endocarditis: guidelines from the American Heart Association: a guideline from the American Heart Association Rheumatic Fever, Endocarditis, and Kawasaki Disease Committee, Council on Cardiovascular Disease in the Young, and the Council on Clinical Cardiology, Council on Cardiovascular Surgery and Anesthesia, and the Quality of Care and Outcomes Research Interdisciplinary Working Group. Circulation. 2007;116(15):1736-54.
12. Hayes MO, Harkness GA. Body piercing as a risk factor for viral hepatitis: an integrative research review. Am J Infect Control. 2001;29(4):271-4.
13. Lane JE, Waller JL, Davis LS. Relationship between age of ear piercing and keloid formation. Pediatrics. 2005;115(50):1312-4.
14. Nicoletti A. Perspectives on pediatric and adolescent gynecology from the allied health care professional – teens, tattoos and body piercing. J Pediatr Adolesc Gynecol. 2004;17(3):215-6.
15. De Moor RJ, De Witte AM, De Bruyne MA. Tongue piercing and associated oral and dental complications. Endod Dent Traumatol. 2000;16(5):232-7.
16. Brasil. Lei nº 9.828, de 06 de novembro de 1997. Estabelece proibição, quanto à aplicação de tatuagens e adornos, em menores de idade. Disponível em: http://www.al.sp.gov.br/norma/?id=5814. (Acesso em 24 jul 2014.)

26 Hipertensão arterial na adolescência

João Domingos Montoni da Silva
Lígia Bruni Queiroz
Marta Miranda Leal

Após ler este capítulo, você estará apto a:
1. Definir a hipertensão arterial sistêmica (HAS) no adolescente.
2. Reconhecer a epidemiologia da HAS.
3. Realizar o diagnóstico de HAS.
4. Orientar o tratamento da HAS.

INTRODUÇÃO

A hipertensão arterial sistêmica (HAS) é uma condição clínica multifatorial caracterizada por níveis elevados e mantidos de pressão arterial (PA). É uma doença crônico-degenerativa e, na maioria dos casos, assintomática, compromete o equilíbrio do sistema cardiovascular e gera danos ao coração, rins e sistema nervoso central[1].

No Brasil, há cerca de 17 milhões de pessoas com hipertensão arterial (HA), representando 35% da população na faixa etária acima dos 39 anos. O número de pessoas com HA ainda vem aumentando e seu aparecimento está cada vez mais precoce. Estima-se que cerca de 4% das crianças e adolescentes também sejam portadores[2]. Em São Paulo, foi observada prevalência de HAS em torno de 2,7% entre crianças e adolescentes[3].

A prevalência de HAS em crianças e adolescentes aumentou 4% ao longo da última década[4]. A HAS na infância e na adolescência é preditora de adulto hipertenso, com aumento significativo da mortalidade cardiovascular[5-7]. Dessa forma, é necessário perceber a importância da avaliação da PA no atendimento de rotina nessa faixa etária[8].

A morbidade e mortalidade decorrentes dos elevados e mantidos níveis pressóricos é muito alta e, por isso, a HA é um problema grave de saúde pública no Brasil e no mundo[2,3].

No Brasil, as Diretrizes Brasileiras de Hipertensão Arterial, de 2006[9], tornaram obrigatória a aferição anual da PA a partir dos 3 anos de idade, como única forma de diagnóstico precoce da doença. Essa conduta deve ser antecipada nas crianças com câncer, em uso de quimioterápicos, portadoras de doenças do sistema cardiovascular e/ou renais, com complicações neonatais, prematuridade e/ou baixo peso ao nascer.

PRESSÃO ARTERIAL E DESENVOLVIMENTO PUBERAL

A pressão arterial sofre aumento gradual nos primeiros anos de vida, que se torna mais rápido durante a puberdade, estabilizando-se ao final dela. Os fatores responsáveis pelo alcance e manutenção dos níveis pressóricos adultos não estão totalmente identificados. São necessários maiores conhecimentos em relação ao sistema neuro-humoral e suas repercussões cardiovasculares; porém, pode-se considerar que os ajustes fisiológicos desses sistemas e o dinamismo da evolução da PA acontecem paralelamente às transformações puberais. Nessa época da vida, ocorre estabilização da frequência cardíaca, expansão do volume plasmático, aumento do débito cardíaco e da resistência vascular periférica e ganho ponderoestatural característico do estirão, com aquisição de 50% do peso adulto e 20% da estatura final, eventos responsáveis pela elevação da PA.

DEFINIÇÃO E DIAGNÓSTICO

A HAS é caracterizada pelo aumento dos níveis pressóricos acima do que é recomendado para uma determinada faixa etária. Diversos protocolos têm sido empregados para a detecção dos valores de pressão arterial aumentada em crianças e adolescentes[9-15]. Os mais utilizados têm sido o da Task Force (1987 e 1996)[10-13] e o do National High Blood Pressure Education Program (2004)[11,14-16].

Em cada consulta, devem ser realizadas pelo menos três medidas; sugere-se o intervalo de 1 a 2 minutos entre elas, embora esse aspecto seja controverso[17,18]. As etapas preconizadas para a medida de PA estão sistematizadas no Quadro 26.1

Quadro 26.1 – Etapas do procedimento da medida da pressão arterial[1]

Explicar o procedimento ao paciente, orientar que não fale e deixar que descanse por 5 a 10 minutos em ambiente calmo, com temperatura agradável. Promover relaxamento para atenuar o efeito do avental branco

Certificar-se de que o paciente não está com a bexiga cheia, não praticou exercícios físicos há 60-90 minutos, não ingeriu bebidas alcoólicas, café, alimentos ou fumou até 30 minutos antes e não está com as pernas cruzadas

Utilizar manguito de tamanho adequado ao braço do paciente, cerca de 2 a 3 cm acima da fossa antecubital, centralizando a bolsa de borracha sobre a artéria braquial. A largura da bolsa de borracha deve corresponder a 40% da circunferência do braço e o seu comprimento deve envolver pelo menos 80%

Manter o braço do paciente na altura do coração, livre de roupas, com a palma da mão voltada para cima e cotovelo ligeiramente fletido

Posicionar os olhos no mesmo nível da coluna de mercúrio ou do mostrador do manômetro aneroide

Palpar o pulso radial e inflar o manguito até seu desaparecimento, para a estimativa do nível da pressão sistólica; desinflar rapidamente e aguardar 1 minuto antes de inflar novamente

Posicionar a campânula do estetoscópio suavemente sobre a artéria braquial, na fossa antecubital, evitando compressão excessiva

Inflar rapidamente, de 10 em 10 mmHg, até ultrapassar de 20 a 30 mmHg o nível estimado da pressão sistólica. Proceder à deflação, com velocidade constante inicial de 2 a 4 mmHg/segundo. Após identificação do som que determina a pressão sistólica, aumentar a velocidade para 5 a 6 mmHg para evitar congestão venosa e desconforto para o paciente

Determinar a pressão arterial sistólica no momento do aparecimento do primeiro som (fase I de Korotkoff), seguido de batidas regulares que se intensificam com o aumento da velocidade de deflação; e determinar a pressão arterial diastólica no desaparecimento do som (fase V de Korotkoff). Auscultar cerca de 20 a 30 mmHg abaixo do último som para confirmar seu desaparecimento e depois proceder à deflação rápida e completa. Quando os batimentos persistirem até o nível zero, determinar a pressão arterial diastólica no abafamento dos sons (fase IV de Korotkoff), anotar os valores da sistólica/diastólica/zero

Registrar os valores das pressões sistólica e diastólica, completando com a posição do paciente, o tamanho do manguito e o braço em que foi medida. Não arredondar os valores de PA para dígitos terminados em 0 ou 5.

Esperar 1 a 2 minutos antes de realizar novas medidas

O paciente deve ser informado sobre os valores obtidos da pressão arterial e a possível necessidade de acompanhamento

Para crianças e adolescentes, entretanto, não existe nenhuma linha divisória clara entre normotensão, pré-hipertensão (pré-HA) e HA para cada idade. O que se propõe é a elaboração de curvas de normalidade, utilizando como parâmetros sexo, idade, altura e estratificação das pressões arteriais em percentis.

Ainda não há curvas universais propostas para a população brasileira, sendo as curvas de referência utilizadas conferidas pelo 4º Relatório da Força Tarefa Americana sobre Controle de Pressão Arterial em Crianças (2004)[8], a partir das quais se obtêm os critérios diagnósticos de HA nas crianças e adolescentes apresentados no Quadro 26.2. Também para essa faixa etária, considera-se a categoria diagnóstica pré-HA e classifica-se a HA em dois estágios de acordo com sua gravidade.

> **Quadro 26.2 – Critérios diagnósticos de hipertensão arterial em adolescentes**
>
> **Normotensão**
>
> PAs e PAd em percentis inferiores ao percentil 90 para idade, sexo e altura
>
> **Pré-hipertensão**
>
> PAs e/ou PAd ≥ percentil 90 e < percentil 95 para idade, sexo e altura
> Valores de PA ≥ 120 × 80 mmHg, mas que não ultrapassam o percentil 95 para idade, sexo e altura, devem ser considerados pré-hipertensos (à semelhança do critério de pré-hipertensã na população adulta)
>
> **Hipertensão arterial**
>
> PAs e/ou PAd em percentis ≥ percentil 95 para idade, sexo e altura (valores obtidos em pelo menos 3 ocasiões)
> HA estágio 1: PAs e/ou PAd variando do percentil 95 até o percentil 99 + 5 mmHg
> HA estágio 2: PAs e/ou PAd com valores > percentil 99 + 5 mmHg

HA: hipertensão arterial; PAd: pressão arterial diastólica; PAs: pressão arterial sistólica.

As Tabelas 26.1 e 26.2 apresentam os percentis 50, 90, 95 e 99 de PA sistólica e diastólica, de acordo com idade, sexo e percentil de altura. Nas Figuras 26.1 e 26.2, estão as referências utilizadas para cálculo do percentil de altura (curvas de crescimento revisadas pelo CDC em 2000)[19].

A classificação da HA em estágios é importante para o estabelecimento de uma proposta terapêutica. O encontro de HA estágio 1 em adolescente assintomático permite que se realize investigação diagnóstica antes do estabelecimento da terapêutica. Pacientes sintomáticos e/ou com HA no estágio 2 requerem maior rapidez na avaliação, tratamento farmacológico e encaminhamento para o especialista.

MONITORAÇÃO AMBULATORIAL DA PRESSÃO ARTERIAL

A monitoração ambulatorial da pressão arterial (MAPA) é uma maneira automática de medida da PA, em que o indivíduo permanece com um aparelho acoplado ao braço direito, durante 24 horas, obtendo-se medidas intermitentes de PA, inclusive durante o sono. Ainda não há evidências de sua utilização rotineira na avaliação de todo paciente hipertenso; porém, estudos demonstram sua melhor eficácia em correlacionar risco cardiovascular e desenvolvimento de lesões em órgãos-alvo em comparação à medida isolada de PA no consultório.

As principais indicações para o uso desse método, segundo as recomendações das Diretrizes para Uso da Monitorização Ambulatorial da Pressão Arterial 2005[20], são:

- Suspeita de hipertensão do avental branco.
- Avaliação da eficácia terapêutica anti-hipertensiva:
  - Quando a PA casual permanecer elevada apesar da otimização do tratamento anti-hipertensivo, para diagnóstico de HA resistente ou efeito do avental branco.

Medicina de Adolescentes

Tabela 26.1 – Percentis de pressão arterial para adolescentes do sexo masculino, segundo faixa etária e percentil de altura[14]

Idade	Percentil de PA	PAs (mmHg) Percentil de altura							PAd (mmHg) Percentil de altura						
		p5	p10	p25	p50	p75	p90	p95	p5	p10	p25	p50	p75	p90	p95
10	p50	97	98	100	102	103	105	106	58	59	60	61	61	62	63
	p90	111	112	114	115	117	119	119	73	73	74	75	76	77	78
	p95	115	116	117	119	121	122	123	77	78	79	80	81	81	82
	p99	122	123	125	127	128	130	130	85	86	86	88	88	89	90
11	p50	99	100	102	104	105	107	107	59	59	60	61	62	63	63
	p90	113	114	115	117	119	120	121	74	74	75	76	77	78	78
	p95	117	118	119	121	123	124	125	78	78	79	80	81	82	82
	p99	124	125	127	129	130	132	132	86	86	87	88	89	90	90
12	p50	101	102	104	106	108	109	110	59	60	61	62	63	63	64
	p90	115	116	118	120	121	123	123	74	75	75	76	77	78	79
	p95	119	120	122	123	125	127	127	78	79	80	81	82	82	83
	p99	126	127	129	131	133	134	135	86	87	88	89	90	90	91
13	p50	104	105	106	108	110	111	112	60	60	61	62	63	64	64
	p90	117	118	120	122	124	125	126	75	75	76	77	78	79	79
	p95	121	122	124	126	128	129	130	79	79	80	81	82	83	83
	p99	128	130	131	133	135	136	137	87	87	88	89	90	91	91
14	p50	106	107	109	111	113	114	115	60	61	62	63	64	65	65
	p90	120	121	123	125	126	128	128	75	76	77	78	79	79	80
	p95	124	125	127	128	130	132	132	80	80	81	82	83	84	84
	p99	131	132	134	136	138	139	140	87	88	89	90	91	92	92
15	p50	109	110	112	113	115	117	117	61	62	63	64	65	66	66
	p90	122	124	125	127	129	130	131	76	77	78	79	80	80	81
	p95	126	127	129	131	133	134	135	81	81	82	83	84	85	85
	p99	134	135	136	138	140	142	142	88	89	90	91	92	93	93
16	p50	111	112	114	116	118	119	120	63	63	64	65	66	67	67
	p90	125	126	128	130	131	133	134	78	78	79	80	81	82	82
	p95	129	130	132	134	135	137	137	82	83	83	84	85	86	87
	p99	136	137	139	141	143	144	145	90	90	91	92	93	94	94
17	p50	114	115	116	118	120	121	122	65	66	66	67	68	69	70
	p90	127	128	130	132	134	135	136	80	80	81	82	83	84	84
	p95	131	132	134	136	138	139	140	84	85	86	87	87	88	89
	p99	139	140	141	143	145	146	147	92	93	93	94	95	96	97

PA: pressão arterial; PAd: pressão arterial diastólica; PAs: pressão arterial sistólica.

Hipertensão arterial na adolescência

Tabela 26.2 – Percentis de pressão arterial para adolescentes do sexo feminino, segundo faixa etária e percentil de altura[14]

Idade	Percentil de PA	PAs (mmHg)							PAd (mmHg)						
		Percentil de altura							Percentil de altura						
		p5	p10	p25	p50	p75	p90	p95	p5	p10	p25	p50	p75	p90	p95
10	p50	98	99	100	102	103	104	105	59	59	59	60	61	62	62
	p90	112	112	114	1156	116	118	118	73	73	73	74	75	76	76
	p95	116	116	117	119	120	121	122	77	77	77	78	79	80	80
	p99	123	123	125	126	127	129	129	84	84	85	86	86	87	88
11	p50	100	101	102	103	105	106	107	60	60	60	61	62	63	63
	p90	114	114	116	117	118	119	120	74	74	74	75	76	77	77
	p95	118	118	119	121	122	123	124	78	78	78	79	80	81	81
	p99	125	125	126	128	129	130	131	85	85	86	87	87	88	89
12	p50	102	103	104	105	107	108	109	61	61	61	62	63	64	64
	p90	116	116	117	119	120	121	122	75	75	75	76	77	78	78
	p95	119	120	121	123	124	125	126	79	79	79	80	81	82	82
	p99	127	127	128	130	131	132	133	86	86	87	88	88	89	90
13	p50	104	105	106	107	109	110	110	62	62	62	63	64	65	65
	p90	117	118	109	121	122	123	124	76	76	76	77	78	79	79
	p95	121	122	123	124	126	127	128	80	80	80	81	82	83	83
	p99	128	129	130	132	133	134	135	87	87	88	89	89	90	91
14	p50	106	106	107	109	110	111	112	63	63	63	64	65	66	66
	p90	119	120	121	122	124	125	125	77	77	77	78	79	80	80
	p95	123	123	125	126	127	129	129	81	81	81	82	83	84	84
	p99	130	131	132	133	135	136	136	88	88	89	90	90	91	92
15	p50	107	108	109	110	111	113	113	64	64	64	65	66	67	67
	p90	120	121	122	123	125	126	127	78	78	78	79	80	81	81
	p95	124	125	126	127	129	130	131	82	82	82	83	84	85	85
	p99	131	132	133	134	136	137	138	89	89	90	91	91	92	93
16	p50	108	108	110	111	112	114	114	64	64	65	66	66	67	68
	p90	121	122	123	124	126	127	128	78	78	79	80	81	81	82
	p95	125	126	127	128	130	131	132	82	82	83	84	85	85	86
	p99	132	133	134	135	137	138	139	90	90	90	91	92	93	93
17	p50	108	109	110	111	113	114	115	64	65	65	66	67	67	68
	p90	122	122	123	125	126	127	128	78	79	79	80	81	81	82
	p95	125	126	127	129	130	131	132	82	83	83	84	85	85	86
	p99	133	133	134	136	137	138	139	90	90	91	91	92	93	93

PA: pressão arterial; PAd: pressão arterial diastólica; PAs: pressão arterial sistólica.

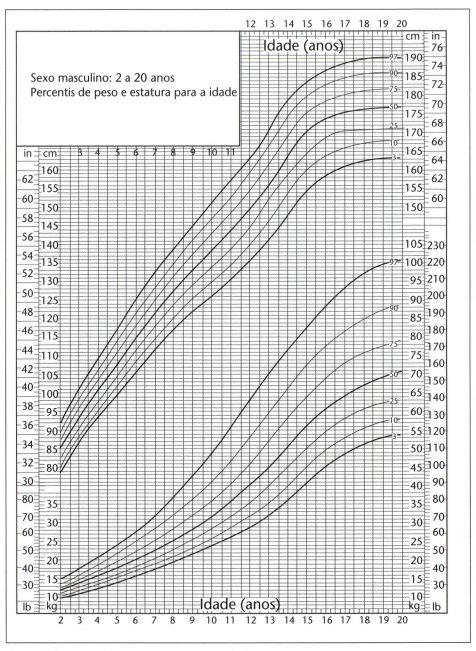

Figura 26.1 Percentis de peso e estatura para idade (meninos – 2 a 20 anos)[21].

Hipertensão arterial na adolescência 321

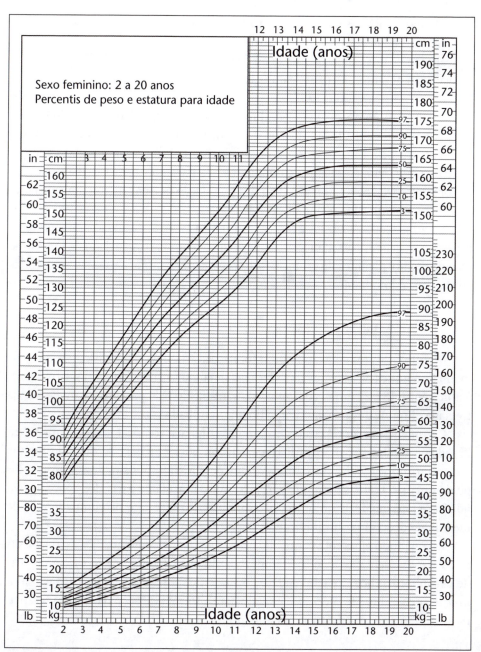

Figura 26.2 Percentis de peso e estatura para idade (meninas – 2 a 20 anos)[21].

Medicina de Adolescentes

- – Quando a PA casual estiver controlada e houver indícios de persistência ou progressão de lesão de órgãos-alvo.
- ■ Avaliação de normotensos com lesão de órgãos-alvo.
- ■ Avaliação de sintomas, principalmente hipotensão.

Entende-se como portador de hipertensão do avental branco o indivíduo com HA medida em consultório, porém com PA normal quando aferida domiciliarmente ou pela MAPA. Embora esses indivíduos pareçam apresentar evolução relativamente benigna quando comparados aos pacientes com HA mantida, têm maior risco para desenvolver HA do que a população normal, merecendo, portanto, acompanhamento clínico cuidadoso.

No adolescente, a MAPA é indicada ainda na avaliação e acompanhamento de hipertensão primária e secundária ou de doenças com risco associado de HA, como diabete melito, pielonefrite crônica, insuficiência renal crônica e doença policística autossômica dominante.

MONITORAÇÃO RESIDENCIAL DA PRESSÃO ARTERIAL

Monitoração residencial da pressão arterial (MRPA) é o registro da PA, pela manhã e à noite (pelo menos três vezes pela manhã, entre 6 e 10 horas, e três vezes à noite, entre 18 e 22 horas), durante 5 dias, realizado pelo paciente ou outra pessoa treinada, durante a vigília, no domicílio ou no trabalho.

Recomenda-se a utilização de aparelhos digitais, compactos, devidamente calibrados e validados pela British Hypertension Society e pela Association for the Advancement of Medical Instrumentation (pelo menos, por um desses protocolos, desde que não tenha sido reprovado pelo outro). A maior parte dos aparelhos validados é para medidas no braço; os aparelhos de pulso têm uso limitado e os de medida no dedo são contraindicados.

Esse método apresenta contribuições importantes, como auxiliar no diagnóstico da HA do avental branco (por afastar a influência do observador e do ambiente de consultório); boa aceitabilidade pelo paciente; possibilidade de realizar maior número de medidas fora do ambiente do consultório; avaliação da eficácia terapêutica e estimulação da adesão ao tratamento.

HIPERTENSÃO ARTERIAL SECUNDÁRIA NA ADOLESCÊNCIA

A HA secundária é mais frequente nas duas primeiras décadas de vida. Os portadores de HA secundária geralmente são crianças muito jovens ou crianças e adolescentes com HA estágio 2 ou, ainda, indivíduos com sinais clínicos que sugiram doenças associadas à HA.

Na etiologia da HA secundária na adolescência, assim como na infância, prevalecem as doenças do parênquima renal, entretanto, deve-se ressaltar a associação entre HA e uso de medicamentos ou drogas.

Muitos medicamentos podem elevar a PA, como é o caso dos anti-inflamatórios não hormonais, anti-histamínicos descongestionantes, antidepressivos tricíclicos, corticosteroides, esteroides anabolizantes, vasoconstritores nasais, ciclosporina, anfetaminas, eritropoetina, cocaína, cafeína, entre outras; algumas delas, por sua relação com características próprias à adolescência, são discutidas a seguir.

Entre as adolescentes do sexo feminino, deve-se estar atento para a possibilidade de HA secundária ao uso do anticoncepcional hormonal combinado (AHC), em razão da frequência de sua utilização. De acordo com os critérios de elegibilidade da Organização Mundial da Saúde (OMS – revistos em 2010), HA, mesmo adequadamente controlada, é contraindicação para o uso de contraceptivos hormonais combinados (categoria 3 – os riscos possíveis e comprovados superam os benefícios do método)[22].

Álcool

O consumo excessivo de álcool eleva a PA, aumenta a prevalência de HA e consiste em fator de risco para doença vascular encefálica, além de ser uma das causas de resistência à terapêutica hipertensiva. Dados do último levantamento do Centro Brasileiro sobre Drogas Psicotrópicas (CEBRID), em 2010, revelaram que o álcool é a droga mais utilizada entre estudantes do ensino fundamental e médio[23].

Tabaco

Durante o ato de fumar ocorre elevação da frequência cardíaca e da PA, porém o uso prolongado da nicotina não se associa à maior prevalência de hipertensão. O tabagismo, no entanto, induz resistência ao efeito das drogas anti-hipertensivas e é um importante fator de risco cardiovascular, notadamente em indivíduos hipertensos e, quando associado ao uso de contraceptivos orais combinados, aumenta o risco de eventos tromboembólicos.

Anabolizantes

Os esteroides anabolizantes são derivados sintéticos da testosterona, modificados para aumentar preferencialmente os efeitos anabólicos, e não os androgênicos. São utilizados principalmente por adolescentes do sexo masculino com o intuito de gerar hipertrofia muscular. Seus efeitos colaterais cardiovasculares causam HA por retenção de sódio e água, alteração do metabolismo lipídico (aumento do LDL e diminuição do HDL), aumento da resistência à insulina e trombofilia, alterações reversíveis após a interrupção do consumo da droga.

Drogas Estimulantes do Sistema Nervoso Central

Dentre as drogas estimulantes do sistema nervoso central (SNC) que provocam aumento da PA, destacam-se as anfetaminas, a cocaína e o *crack*. As anfetaminas são usadas como moderadoras de apetite e desencadeiam vários efeitos colaterais, como taquicardia, aumento da pressão arterial e risco de dependência química. No Brasil, há elevado consumo dessas substâncias, principalmente as anfetaminas, por adolescentes do sexo feminino, que as utilizam com o intuito de emagrecer. Os efeitos cardiovasculares da cocaína e do *crack* são semelhantes aos causados pelas anfetaminas. Todas essas drogas, quando utilizadas em altas doses, podem gerar crises adrenérgicas caracterizadas por hipertensão, taquicardia, hipertermia, agitação, convulsões generalizadas e morte.

AVALIAÇÃO CLÍNICA

Anamnese

A história clínica deve ser cuidadosa, questionando-se detalhadamente sobre:

- Sintomas sugestivos de uma patologia de base.
- Antecedente de doença ou trauma envolvendo o aparelho urinário.
- História familiar positiva (parentes próximos com HA, cardiopatias, dislipidemias, nefropatias ou diabetes); história de morte relativamente precoce em um dos genitores ou irmãos, decorrente de complicação hipertensiva, como acidente vascular cerebral, infarto agudo do miocárdio ou insuficiência renal.
- Uso de medicamentos que possam elevar a PA.
- Estilo de vida: nível de estresse, qualidade da alimentação, lazer, atividade física e padrão do sono.
- Hábito de fumar.
- Ingestão de bebida alcoólica.
- Consumo excessivo de estimulantes (p.ex., cafeína) ou uso de drogas ilícitas.

Exame Físico

O exame físico deve ser completo, incluindo peso, altura e estágio de maturação sexual (classificação de Tanner), assim como a observação de sinais sugestivos de causas secundárias de HA. É preciso estar atento ao diagnóstico precoce de lesões em órgãos-alvo, como a alteração vascular da retina, detectada por meio da realização do exame de fundo de olho.

Avaliação Laboratorial e Pesquisa de Danos a Órgãos-alvo

A avaliação subsidiária inicial deve contemplar os exames laboratoriais pouco invasivos e de realização ambulatorial[8]:

- Sangue: hemograma completo, ureia, creatinina, sódio, potássio, cálcio, colesterol total e frações, triglicérides, glicemia de jejum e ácido úrico.
- Urina: urina tipo I, urocultura, depuração renal de creatinina, microalbuminúria.
- Fundo de olho.
- Eletrocardiograma.
- Exames de imagem: ultrassonografia de rins e vias urinárias com Doppler das artérias renais, ecocardiograma e radiografia de tórax.

Caso os resultados desses exames estejam alterados ou o paciente se mantenha com níveis pressóricos elevados, encaminha-se o adolescente para um especialista que indicará a realização de procedimentos mais sofisticados, como:

- Urografia excretora, uretrocistografia miccional.
- DMSA e DTPA.
- Dosagem urinária de catecolaminas, ácido vanilmandélico, metanefrinas.
- Sangue periférico: cortisol, catecolaminas séricas, renina e aldosterona.
- Avaliação radioisotópica com metaiodobenzilguanidina para pesquisa topográfica de feocromocitoma.
- Polissonografia (se houver sintomas sugestivos de distúrbio respiratório do sono).
- Arteriografia renal com coleta de renina em veias renais.
- Determinação do nível sérico de catecolaminas em veia cava inferior.
- Biópsia renal.

O envolvimento de órgãos-alvo (coração, rim e vasos da retina) pode estar presente em crianças e adolescentes hipertensos, portanto são necessárias avaliações periódicas por meio de:

- Fundo de olho.
- Ecodopplercardiograma e eletrocardiograma, para avaliar presença de hipertrofia de ventrículo esquerdo, evidência clínica mais proeminente de lesão de órgão-alvo em crianças e adolescentes hipertensos.

Medicina de Adolescentes

- Ultrassonografia de rins e vias urinárias com Doppler de artérias renais.
- Microalbuminúria.

ABORDAGEM CLÍNICA

Adolescente Normotenso (PAs e PAd < p90)

Sendo o adolescente eutrófico, sugere-se acompanhamento clínico anual de rotina com medidas de PA. Devem-se fornecer orientações sobre alimentação saudável, sono e atividade física, mesmo que não exista sobrepeso ou obesidade. Na existência dessas últimas situações, o retorno é mais frequente.

Adolescente Pré-hipertenso (p90 ≤ PA < p95 ou 120 x 80 mmHg ≤ PA < p95)

Trata-se de situação de risco para desenvolvimento de HA mantida. Tanto o adolescente quanto sua família devem ser orientados sobre a implicação prognóstica desses níveis tensionais. Exige acompanhamento no mínimo semestral, com medidas de PA nas consultas e investigação de fatores de risco cardiovascular. Incentiva-se a perda de peso, quando necessária, e mudanças no estilo de vida. Na ausência de comorbidades, o tratamento é não farmacológico.

Adolescente Hipertenso Estágio 1 [(p95 ≤ PA ≤ (p99 + 5 mmHg)]

Confirmar níveis de PA em 1 a 2 semanas, ou antes, se o paciente estiver sintomático. Persistindo hipertenso em mais duas ocasiões, iniciar avaliação diagnóstica ou encaminhar a um especialista.

A abordagem inicial é não farmacológica, com incentivo a perda de peso, introdução de exercícios físicos aeróbicos regulares e alimentação saudável.

O tratamento farmacológico em pacientes com HA estágio 1 está indicado nas seguintes situações:

- HA sintomática.
- HA secundária.
- Lesão de órgão-alvo.
- HA persistente após medidas não farmacológicas.
- Diabete melito (tipos 1 e 2).

As reavaliações clínicas devem ser frequentes até que se obtenha o controle da PA, quando o adolescente poderá ser visto trimestralmente. O controle de lesões em órgãos-alvo deve ser anual.

Adolescente Hipertenso Estágio 2 [(PA > (p99 + 5 mmHg)]

Iniciar avaliação diagnóstica ou encaminhar ao especialista dentro de 1 semana ou imediatamente, se o adolescente estiver sintomático. Orientar medidas não farmacológicas, como incentivo à perda de peso, introdução de exercícios físicos e alimentação saudável. A abordagem farmacológica é iniciada de imediato e as reavaliações clínicas são frequentes até o controle da PA, quando poderá ser visto trimestralmente. O controle de órgãos-alvo é anual.

TRATAMENTO

O tratamento da HA visa à redução dos níveis tensionais, até que se atinjam valores inferiores ao percentil 90 para sexo, idade e altura, principalmente nos adolescentes portadores de comorbidades.

Tratamento Não Farmacológico

Estudos randomizados em adultos demonstram que intervenções não farmacológicas – como alteração do estilo de vida – geram benefícios na redução da PA[8,24]. Assim, mesmo na ausência de evidências significativas para a faixa etária infantopuberal, recomenda-se tal abordagem no tratamento da HA de crianças e adolescentes.

É a conduta indicada para os pacientes pré-hipertensos, abordagem inicial nos pacientes hipertensos em estágio 1 e terapia auxiliar nos hipertensos estágio 2.

Inclui redução do peso quando houver necessidade, orientação dietética, exercícios físicos regulares, parada ou diminuição do consumo de álcool, prevenção ou abolição do tabagismo, controle das dislipidemias, não utilização de drogas que elevem a PA e intervenções que melhorem a qualidade do sono.

Redução do peso corporal

Os adolescentes obesos ou com sobrepeso devem ser incluídos em programas para redução do peso, com o objetivo de alcançarem índice de massa corporal [IMC = peso(kg)/altura²(m)] abaixo do escore z +1 de acordo com as curvas de IMC elaboradas pela OMS[25,26] (Figuras 26.3 e 26.4). As recomendações para a perda de peso compreendem dieta saudável e programa de exercícios físicos aeróbicos[24,27]. Além da redução dos níveis de PA, a adequação do peso está associada à diminuição da sensibilidade ao sal e redução dos fatores de risco cardiovasculares, como dislipidemias e resistência insulínica[28].

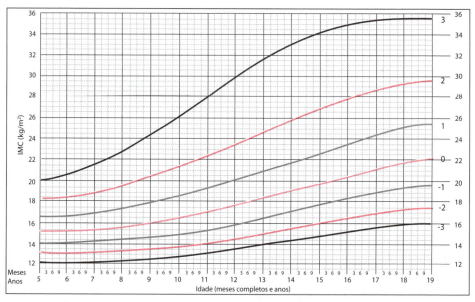

Figura 26.3 Índice de massa corporal (IMC) por idade (meninos – 5 a 19 anos)[25].

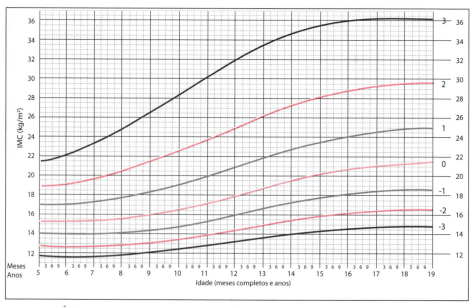

Figura 26.4 Índice de massa corporal (IMC) por idade (meninas – 5 a 19 anos)[25].

Orientação dietética

Tem como objetivos reduzir o peso corpóreo, diminuir o consumo de sódio e de bebidas alcoólicas e restringir o consumo de gorduras saturadas.

Hipertensão arterial na adolescência **329**

A redução do consumo de sódio tem menor impacto nos níveis pressóricos[27,29], com diminuição da PA em 1 a 3 mmHg . Recomenda-se a ingestão diária máxima de 6 g de sal de cozinha, correspondente a 4 colheres de café rasas de sal (4 g) e 2 g de sal presente nos alimentos naturais, reduzindo-se o sal adicionado aos alimentos e evitando-se o saleiro à mesa, assim como alimentos industrializados (uma dieta habitual contém 10 a 12 g/dia de sal).

A ingestão frequente de frutas, verduras, peixes, fibras e carnes magras, em detrimento de alimentos ricos em colesterol, gorduras saturadas e ácidos graxos trans, deve ser recomendada sempre, para todos os indivíduos, como parte de uma dieta saudável, sendo fundamental nos adolescentes hipertensos. O aumento do colesterol e de sua fração LDL, além de atuar como fator de risco cardiovascular, potencializa outros fatores, como obesidade e tabagismo. Deve-se lembrar ainda que algumas drogas anti-hipertensivas, como os diuréticos, podem elevar os níveis séricos de colesterol e triglicérides.

O consumo de álcool deve ser sempre prevenido ou desestimulado entre adolescentes, dado o risco de abuso e por ser a adolescência um período de estabelecimento de hábitos.

Exercício físico

A mudança do estilo de vida deve incluir a redução do tempo de lazer passivo (televisão, computador, jogos eletrônicos) e aumento da atividade física. Há evidências de que a prática de exercícios físicos aeróbicos[24] regulares propicia redução da PA em adolescentes hipertensos. Recomendam-se caminhadas, ciclismo, corrida ou natação, realizados diariamente ou de 3 a 5 vezes por semana, com duração de 30 a 60 minutos. Exercícios isométricos, como musculação, não devem ser praticados[24] de forma isolada. Adolescentes em uso de medicação anti-hipertensiva que interfira na frequência cardíaca requerem avaliação médica previamente ao início dos exercícios físicos. Restrição a esportes ou outras atividades é limitada apenas aos indivíduos com HA estágio 2 e que ainda não obtiveram resposta adequada à terapêutica.

Como se vê, as medidas não farmacológicas dependem de mudanças nos hábitos de vida, tarefa difícil, particularmente na adolescência, sendo fundamental o envolvimento da família para que tal abordagem tenha sucesso.

Tratamento Farmacológico

O tratamento farmacológico da HA não é isento de efeitos colaterais e a sua indicação deve ser precisa, principalmente pela possibilidade de o indivíduo ter de fazer uso do medicamento por muitos anos. Suas indicações incluem: HA estágio

330 Medicina de Adolescentes

2, HA sintomática, HA secundária, HA na presença de lesão de órgão-alvo, HA em indivíduos portadores de diabete melito tipos 1 e 2 e HA persistente após realização de medidas não farmacológicas[8]. Outras indicações dependem de situações clínicas específicas, como a presença de fatores de risco cardiovascular (dislipidemia, tabagismo e hiperinsulinismo).

Os grandes estudos que elegem as drogas anti-hipertensivas de primeira escolha em adultos avaliam a eficácia medicamentosa de acordo com o seu impacto na redução da mortalidade por eventos cardiovasculares. Os estudos em crianças e adolescentes avaliam o efeito das drogas anti-hipertensivas na redução dos níveis de PA, portanto, não se conhece sua eficácia na redução de mortalidade. Como todas as classes de anti-hipertensivos diminuíram os níveis pressóricos nessa faixa etária, conclui-se que não existe uma droga ideal que possa ser definida como primeira opção terapêutica; a escolha depende de cada caso (fisiopatologia predominante e gravidade da HA, presença de outros agravos e tolerabilidade do paciente à droga escolhida) e da experiência do profissional responsável. As principais drogas utilizadas em pediatria e suas doses estão apontadas no Quadro 26.3.

Dá-se preferência à droga que possa ser administrada em uma única tomada diária e com o mínimo de efeitos colaterais, para melhor adesão ao tratamento.

Controle e monitoração da PA, lesão de órgão-alvo, avaliação eletrolítica nos indivíduos que utilizam diuréticos ou inibidores da ECA, incentivo à abordagem não farmacológica, pesquisa de outros fatores de risco cardiovasculares são todas medidas importantes que devem ser acrescentadas durante a terapia medicamentosa.

Na HA primária, quando do controle dos níveis pressóricos por período superior a 2 anos, uma redução gradual da terapia deve ser tentada, sobretudo se as medidas não medicamentosas estão sendo seguidas corretamente. Evita-se transmitir ao adolescente a impressão de cura, pois o retorno da pressão aos valores normais não o protege do desenvolvimento de hipertensão futura. É igualmente importante não transmitir a ideia de fracasso a pacientes que deixaram de responder à dose inicial com agentes anti-hipertensivos, pois essa situação não implica necessariamente pior prognóstico.

Como parte do tratamento da HA, é fundamental que o adolescente se responsabilize por sua terapêutica e que seja bem informado sobre a doença, suas implicações prognósticas e o intuito das condutas que vem seguindo. Busca-se uma proposta educativa esclarecedora dos fatores de risco, situando-se inteiramente o adolescente em seu contexto sociocultural para se obter a melhor adesão possível ao tratamento clínico. Ressalta-se que o adolescente deve ser visto de maneira integral, e não apenas à luz da doença de que no momento é portador.

Quadro 26.3 – Doses dos anti-hipertensivos em pacientes sem alterações da função renal[1,8]

Inibidores da enzima conversora da angiotensina

Captopril 6/6 ou 8/8 horas
- Inicial: 0,3 a 0,5 mg/kg/dia
- Máximo: 6 mg/kg/dia

Enalapril 12/12 horas
- Inicial: 0,08 mg/kg/dia
- Máximo: 0,6 mg/kg/dia – total 40 mg/dia

Bloqueador do receptor da angiotensina

Losartan 24/24 horas
- Inicial: 0,7 mg/kg/dia
- Máximo: 1,4 mg/kg/dia – total 100 mg/dia

Betabloqueadores

Atenolol 24/24 horas
- Inicial: 0,5 a 1 mg/kg/dia
- Máximo: 2 mg/kg/dia – total 100 mg/dia

Propranolol 12/12 horas
- Inicial: 1 a 2 mg/kg/dia
- Máximo: 4 mg/kg/dia – total 640 mg/dia

Bloqueador do canal de cálcio

Amlodipina 24/24 horas
- Inicial: 0,1 mg/kg/dia
- Máximo: 0,5 mg/kg/dia – total 20 mg/dia

Diuréticos

Hidroclorotiazida 12/12 ou 24/24 horas
- Inicial: 1 mg/kg/dia
- Máximo: 3 mg/kg/dia – total 50 mg/dia

Espironolactona 12/12 horas
- Inicial: 1 mg/kg/dia
- Máximo: 3,3 mg/kg/dia – total 100 mg/dia

Vasodilatador

Hidralazina 8/8 horas
- Inicial: 0,75 mg/kg/dia
- Máximo: 7,5 mg/kg/dia – total 200 mg/dia

Alfa-agonista central

Clonidina
- Inicial: 0,2 mg/dose
- Máximo: 2,4 mg/dia

CONCLUSÕES

É necessário perceber que, com a epidemia de obesidade, a hipertensão primária tornou-se importante causa de HA na faixa etária hebiátrica. Conjuntamente com a obesidade, doenças como diabete melito, síndrome metabólica, apneia obstrutiva do sono, dislipidemia, complicações ortopédicas e questões psicossociais surgiram como problemas pediátricos comuns. O diagnóstico correto e precoce e,

332 Medicina de Adolescentes

consequentemente, a instituição do tratamento mais adequado, são importantes na prevenção das complicações em longo prazo. A importância da perda de peso no controle da HA destaca-se entre as primeiras intervenções terapêuticas e as mudanças do estilo de vida constituem-se a primeira linha de intervenções proposta para o controle da hipertensão em adolescentes. A terapêutica farmacológica é necessária para o tratamento de hipertensão sintomática, com lesões de órgãos-alvo e nos quadros persistentes, a despeito das mudanças de estilo de vida.

REFERÊNCIAS BIBLIOGRÁFICAS

1. Sociedade Brasileira de Hipertensão, Sociedade Brasileira de Cardiologia, Sociedade Brasileira de Nefrologia. VI Diretrizes Brasileiras de Hipertensão Arterial. Arq Bras Cardiol. 2010;95(1 supl.1):1-51.
2. Ministério da Saúde. Secretaria de Atenção à Saúde. Departamento de Atenção Básica. Hipertensão arterial sistêmica para o Sistema Único de Saúde/Ministério da Saúde, Secretaria de Atenção à Saúde, Departamento de Atenção Básica. Brasília: Ministério da Saúde; 2006, 58p. (Cadernos de Atenção Básica; 16) (Série A. Normas e Manuais Técnicos.)
3. Salgado CM, Carvalhaes JTA. Hipertensão arterial na infância. J Pediatr (Rio J). 2003;79(Supl 1):S115-24.
4. Din-Dzietham R, Liu Y, Bielo MV, Shamsa F. High blood pressure trends in children and adolescents in national surveys, 1963 to 2002. Circulation. 2007;116(3):1488-96.
5. Bao W, Threefoot SA, Srinivasan SR, Berenson GS. Essential hypertension predicted by tracking of elevated blood pressure from childhood to adulthood: the Bogalusa Heart Study. Am J Hypertens. 1995;8(7):657-65.
6. Lewington S, Clarke R, Qizilbash N, Peto R, Collins R. Prospective studies collaboration age-specific relevance of usual blood pressure to vascular mortality: a meta-analysis of individual data for one million adults in 61 prospective studies. Lancet. 2002;360(9349):1903-13.
7. Chobanian AV, Bakris GL, Black HR, Cushman WC, Green LA, Izzo JL Jr, et al. Seventh report of the Joint National Committee on Prevention, Detection, Evaluation, and Treatment of High Blood Pressure. Hypertension. 2003;42(6):1206-52.
8. National High Blood Pressure Education Program Working Group on High Blood Pressure in Children and Adolescents. The fourth report on the diagnosis, evaluation, and treatment of high blood pressure in children and adolescents. Pediatrics. 2004;114(2 Suppl):555-76.
9. V Diretrizes Brasileiras de Hipertensão Arterial (2006). Disponível em: http://publicacoes.cardiol. br/consenso/pocketbook/2005-2009/13-ha.pdf. (Acesso em set 2013.)
10. National High Blood Pressure Education Program Working Group on Hypertension Control in Children and Adolescents. Update on the 1987 Task Force Report on High Blood Pressure in Children and Adolescents: a working group report from the National High Blood Pressure Education Program. Pediatrics. 1996;98(4 Pt 1):649-58.
11. Adrogué HE, Sinaiko AR. Prevalence of hypertension in junior high school-aged children: effect of new recommendations in the 1996 Updated Task Force Report. Am J Hypertens. 2001;14(5 Pt 1):412-4.
12. Task Force on Blood Pressure Control in Children. Report of the second Task Force on Blood Pressure Control in Children. Pediatrics. 1987;79(1):1-25.
13. Task Force on Blood Pressure Control in Children. Update on the 1987 Task Force Report on High Blood Pressure in Children and Adolescents: a Working Group Report from the National High Blood Pressure Education Program National High Blood Pressure Education Program Working Group on Hypertension Control in Children and Adolescents. Pediatrics. 1996;98(4 Pt 1):649-58.

Hipertensão arterial na adolescência 333

14. National High Blood Pressure Education Program Working Group on Hypertension Control in Children and Adolescents. The fourth report on the diagnosis, evaluation, and treatment of high blood pressure in children and adolescents. Pediatrics. 2004;114(2 Suppl):555-76.

15. Mancia G, De Backer G, Dominiczak A, Cifkova R, Fagard R, Germano G, et al. 2007 Guidelines for the management of arterial hypertension: The Task Force for the Management of Arterial Hypertension of the European Society of Hypertension (ESH) and of the European Society of Cardiology (ESC). Eur Heart J. 2007;28(12):1462-536.

16. McNiece KL, Gupta-Malhotra M, Samuels J, Bell C, Garcia K, Poffenbarger T, et al. Left ventricular hypertrophy in hypertensive adolescents: analysis of risk by 2004 National High Blood Pressure Education Program Working Group staging criteria. National High Blood Pressure Education Program Working Group. Hypertension. 2007;50(2):392-5.

17. Koehler NR, Figueiredo CEP, Ribeiro ACM. Serial blood pressure measurements. Braz J Med Biol Res. 2002;35(5):555-9.

18. Kohler NR, Figueiredo CEP, Ribeiro CCM. Time interval between pairs of arterial blood pressure measurements – does it matter? Am J Hypertens. 2004;17(2):194-6.

19. Centers for Disease Control and Prevention. CDC grownth charts. Disponível em: http://www.cdc.gov/growthcharts. (Acesso em set 2013.)

20. Alessi A, Brandão AA, Pierin A, Feitosa AM, Machado CA, de Moraes Forjaz CL, et al. IV Diretriz para uso da monitorização ambulatorial da pressão arterial/II Diretriz para o uso da monitorização residencial da pressão arterial. Arq Bras Cardiol. 2005;85(supl. II):5-18.

21. National Center for Health Statistics in colaboration with the National Center for Chronics Disease Prevnetion and Heatlth Prevention (2000). Disponível em: htt://www.cdc.gov/growthcharts.

22. Medical Eligibility Criteria for Contraceptive Use. 4th ed., 2009. A WHO family planning cornerstone. Disponível em: http://whqlibdoc.who.int/publications/2010/9789241563888_eng.pdf. (Acesso em set 2013.)

23. Centro Brasileiro de Informações sobre Drogas Psicotrópicas. VI Levantamento Nacional sobre o consumo de drogas psicotrópicas entre estudantes do ensino fundamental e médio das redes pública e privada de ensino nas 27 capitais brasileiras. São Paulo: CEBRID/UNIFESP; 2010.

24. Whelton SP, Chin A, Xin X, He J. Effect of aerobic exercise on blood pressure: a meta-analysis of randomized, controlled trials. Ann Intern Med. 2002;136(7):493-503.

25. World Health Organization. Growth reference 5-19 years. BMI-for-age (5-19 years). Disponível em: http://www.who.int/growthref/who2007_bmi_for_age/en/. (Acesso em set 2013.)

26. Onis M, Lobstein T. Defining obesity risk status in the general childhood population: which cut-offs should we use? Int J Pediatr Obes. 2010;5(6):458-60.

27. He J, Whelton PK, Appel LJ, Charleston J, Klag MJ. Long-term effects of weight loss and dietary sodium reduction on incidence of hypertension. Hypertension. 2000;35(2):544-9.

28. Sinaiko AR, Steinberger J, Moran A, Prineas RJ, Jacobs DR Jr. Relation of insulin resistance to blood pressure in childhood. J Hypertens. 2002;20(3):509-17.

29. Sacks FM, Svetkey LP, Vollmer WM, Appel LJ, Bray GA, Harsha D, et al. Effects on blood pressure of reduced dietary sodium and the Dietary Approaches to Stop Hypertension (DASH) diet. DASH-Sodium Collaborative Research Group. N Engl J Med. 2001;344(1):3-10.

27 O sono e seus distúrbios

Rosana S. Cardoso Alves

Após ler este capítulo, você estará apto a:

1. Descrever a importância do sono adequado para a saúde do adolescente.
2. Identificar os principais distúrbios do sono em adolescentes, seus critérios diagnósticos e os fundamentos de seus manejos.

INTRODUÇÃO

O adolescente que frequentemente dorme mal altera o sono de toda a família. Muitas vezes, a criança já apresenta alguma alteração do sono, que se torna mais evidente no período da adolescência. Assim, o pediatra precisa discernir quando se trata de uma alteração transitória ou se o adolescente apresenta um transtorno primário do sono e se existem fatores desencadeantes e perpetuantes do distúrbio. A avaliação adequada das queixas relacionadas ao sono é fundamental para o diagnóstico precoce de distúrbios do sono que poderão se agravar na fase adulta. Dependendo do diagnóstico clínico, a intervenção terapêutica requer interconsulta com outros profissionais[1].

Inicialmente, serão citados alguns conceitos básicos sobre o sono normal. Há dois tipos de sono que se alternam ciclicamente: o sono lento (ou sincronizado) e o sono no qual ocorre a movimentação ocular rápida e os sonhos (também chamado dessincronizado; em inglês: REM – *rapid eye movements*). Há muitos indícios de que o sono REM esteja relacionado aos mecanismos de aprendizado e de memória. No sono lento, há aumento da síntese proteica e liberação de hormônio de crescimento.

O tempo total de sono recomendado a um adolescente é de cerca de 9 horas por noite, mas atualmente não são raros adolescentes que dormem menos de 7 horas, ou seja, com privação crônica de sono. É importante destacar que vários fatores podem afetar o sono normal, como medicações, doenças sistêmicas e condições ambientais. Há evidências de que o sono insuficiente na adolescência pode aumentar o risco de obesidade e diabetes[2,3].

Os hábitos de sono irregulares de um adolescente por vezes tornam difícil para a família reconhecer um comportamento de sono anormal[4]. Entre as queixas mais frequentes associadas aos distúrbios do sono, destaca-se a sonolência excessiva diurna. Os transtornos do sono no adolescente são frequentes, como sonambulismo e atraso de fase de sono, que serão abordados adiante. No entanto, os estudos de incidência e prevalência nessa faixa etária são escassos[5,6].

CLASSIFICAÇÃO

Os transtornos do sono são classificados pela "International Classification of Sleep Disorders"[7] (ICSD-2 – Classificação Internacional dos Distúrbios do Sono) (2005). O Quadro 27.1 apresenta uma classificação simplificada, com os distúrbios do sono de maior interesse na adolescência. Quanto aos critérios polissonográficos para cada distúrbio, são praticamente os mesmos do adulto.

Quadro 27.1 – Classificação Internacional dos Distúrbios do Sono[7]
I Insônia
Insônia de ajustamento ou aguda
Insônia psicofisiológica
Insônia paradoxal
Insônia idiopática
Insônia decorrente de doenças mentais
Insônia por higiene de sono inadequada
Insônia comportamental da infância
Insônia decorrente do uso de drogas ou substâncias
Insônia decorrente de condições médicas

(continua)

Quadro 27.1 – Classificação Internacional dos Distúrbios do Sono[7] (*continuação*)

II Distúrbios respiratórios do sono

Síndromes com apneia central

Apneia primária da infância

Síndrome da apneia obstrutiva do sono (SAOS)

SAOS do adulto

SAOS da criança

Síndromes de hipoventilação/hipoxemia relacionadas ao sono

Hipoventilação alveolar não obstrutiva do sono, idiopática

Síndrome da hipoventilação alveolar central congênita

III Hipersonias de origem central (não associadas a distúrbios do ritmo circadiano, a distúrbios respiratórios do sono ou a outra causa de distúrbio do sono)

Narcolepsia com cataplexia

Narcolepsia sem cataplexia

Narcolepsia decorrente de condições médicas

Hiper-sonolência recorrente (síndrome de Kleine-Levin)

IV Distúrbios do ritmo circadiano

Atraso de fase de sono

V Parassonias

Desordens do despertar (do sono NREM)

Despertar confusional

Sonambulismo

Terror noturno

Parassonias usualmente associadas ao sono REM

Pesadelo

Outras parassonias

Enurese noturna

VI Distúrbios do movimento relacionados ao sono

Síndrome das pernas inquietas

Movimentos periódicos dos membros durante o sono

Distúrbio rítmico do movimento (*jactatio capitis*)

Bruxismo

INSÔNIA

A insônia é caracterizada pela dificuldade para iniciar e/ou manter o sono, com a percepção de sono inadequado ou anormal[8]. São sintomas comuns as queixas de despertares frequentes, sono de duração curta e sono não restaurador ou não reparador. É uma reclamação comum entre os pais de adolescentes de que seus filhos têm dificuldade para adormecer e para acordar no dia seguinte. Não raro, a família acaba ficando cansada com essa situação.

Os diagnósticos de depressão e ansiedade devem ser sempre considerados diante de um adolescente com queixa de insônia[9]. Semelhante aos adultos, o diagnóstico mais frequente dentro do grupo de insônias é a insônia psicofisiológica, cujo diagnóstico deve ser considerado na ausência de distúrbio psiquiátrico, embora possa coexistir com outros distúrbios de sono. Também chamada de "insônia aprendida", "insônia condicionada" ou "insônia primária", é o subtipo mais comum de insônia crônica primária. Os critérios diagnósticos incluem duração mínima de 1 mês e os sintomas não serem causados por outros transtornos mentais, neurológicos, médicos, uso de medicação, abuso de substância ou transtorno clínico. A insônia psicofisiológica cursa com um estado de hiperalerta cognitivo caracterizado por ansiedade relacionada ao ato de dormir e hiperatividade autonômica. Frequentemente, há presença de comportamentos de má higiene do sono.

Na adolescência, a primeira intervenção a ser considerada é a terapia cognitivo-comportamental, incluindo a orientação de medidas de higiene de sono[10]:

- Ambiente de sono: o ambiente de dormir deve ter cama confortável e nível adequado de ruído e temperatura.
- Uso de substâncias estimulantes: evitar bebidas cafeinadas (café, chá), chocolate e refrigerante 8 horas antes de dormir. Evitar excesso de líquidos antes de dormir para não causar necessidade de ir ao toalete durante a noite.
- Exercícios físicos: leves a moderados 5 a 6 horas antes de deitar, ao ar livre, de preferência sob exposição à luz solar.
- Manter rotinas: o adolescente deve sair da cama no mesmo horário todos os dias, pela manhã, independentemente de quanto tempo de sono foi obtido durante a noite. O objetivo é estabilizar variações nos horários de adormecer e acordar e aumentar a eficiência do sono. Também deve evitar cochilos e manter horários regulares de refeições.

TRANSTORNOS RESPIRATÓRIOS DO SONO

A apneia do sono é definida como uma cessação da passagem do ar pelas vias aéreas superiores (VAS). Do ponto de vista polissonográfico, há três tipos de apneias: central (ausência de esforço respiratório), obstrutiva (persiste o esforço respiratório na ausência de passagem de ar pelas VAS) e mista (a pausa respiratória inicia como apneia central e evolui para apneia obstrutiva). Também há as hipopneias, que representam uma redução de pelo menos 50% na amplitude do fluxo aéreo.

A síndrome da apneia obstrutiva do sono (SAOS) e hipopneia é caracterizada pela obstrução da via aérea parcial ou completa durante o sono, geralmente associada a dessaturação da oxiemoglobina e/ou hipercapnia[11]. É mais frequente na idade pré-escolar, quando o crescimento do tecido linfoide (tonsilas palatinas e adenoide) é maior em relação ao tamanho da via aérea superior. A SAOS foi descrita em 1889 por Hill, que já descrevia os seus efeitos diurnos. Recentemente foram estabelecidos os critérios clínicos e polissonográficos para o diagnóstico da SAOS. O diagnóstico diferencial é o ronco primário – ronco na ausência de patologia respiratória (apneia, hipopneia, alteração de O_2 ou CO_2) com ausência de sintomas diurnos.

Na população infantil, a prevalência do ronco frequente é de 10 a 12%. Já a prevalência de SAOS é de 1 a 3% na maioria dos estudos e seu quadro clínico pode se iniciar em qualquer idade, havendo um pico de incidência entre 3 e 6 anos. Com o aumento da obesidade na adolescência, tem sido mais frequente o diagnóstico nessa faixa etária.

A obstrução das VAS ocorre em razão do colapso da orofaringe e hipofaringe (faringe posterior), pela aposição da língua, parede faríngea e palato mole. Na fisiopatologia da SAOS, estão envolvidas alterações anatômicas diversas, como estreitamento das VAS (p.ex., depósito de gordura, macroglossia, micrognatia, retrognatia, hipertrofia tonsilar e adenoide) e disfunção da neurofisiologia muscular das VAS durante o sono.

A sintomatologia usual da SAOS é o ronco e a movimentação excessiva dos membros. O adolescente com SAOS pode apresentar sintomas diurnos: distúrbio do aprendizado e comportamento, cefaleia matinal, dificuldade para acordar e sonolência diurna. Ao exame físico, pode apresentar hipertrofia de adenoide e de tonsilas, obesidade, atraso do crescimento e/ou desenvolvimento e alterações craniofaciais. Muitas síndromes genéticas apresentam predisposição a SAOS, como Down, Pierre Robin, Beckwith-Widermann, Treacher-Collins, Apert, Crouzon, acondroplasia e mucopolissacaridoses. Alguns quadros neurológicos apresentam maior predisposição a SAOS, como no caso das doenças neuromusculares (p.ex., distrofia miotônica), alterações dos pares cranianos, malformações do sistema nervoso central (SNC) e encefalopatias crônicas progressivas.

O diagnóstico da SAOS é clínico e polissonográfico. Assim como no adulto, é considerado padrão-ouro o critério polissonográfico: índice de apneia-hipopneia (IAH) $\geq$ 5/hora. A SAOS pode ser classificada, de acordo com sua gravidade, em:

- Leve (IAH: 5 a 15).
- Moderada (IAH: 15 a 30).
- Grave (IAH $\geq$ 30).

Assim como no adulto, há complicações da SAOS do adolescente: *cor pulmonale*, arritmias cardíacas e hipertensão arterial. Além disso, os adolescentes com SAOS podem cursar com alterações de comportamento e aprendizado[12,13].

A conduta deve sempre incluir avaliação otorrinolaringológica, e a adenotonsilectomia deve ser considerada. Nesses casos, há imediata melhora clínica e polissonográfica. Também é sempre recomendável que o adolescente realize avaliação odontológica, com medidas que atuem na formação craniofacial de acordo com a idade, prevenindo retroposição mandibular ou hipoplasia maxilar. Outro tratamento a ser considerado é a pressão positiva contínua de vias aéreas (CPAP), tratamento de escolha quando a adenotonsilectomia é contraindicada ou não curativa.

HIPERSONIAS DE ORIGEM CENTRAL E OUTRAS CAUSAS DE SONOLÊNCIA EXCESSIVA DIURNA

Considera-se como sonolência diurna a tendência ou ocorrência de sono durante o período de vigília e que pode ser resultado da má qualidade e/ou curta duração do sono noturno. A sonolência na adolescência pode ser o primeiro sintoma de um transtorno do sono. As causas mais comuns de sonolência excessiva na adolescência são:

- Sono insuficiente/privação de sono.
- SAOS.
- Síndrome do atraso de fase do sono.
- Narcolepsia.
- Parassonias.
- Insônia.
- Uso de medicações sedativas.

A apneia do sono e as parassonias são abordadas em outros tópicos. Serão comentadas a seguir as hipersonias centrais.

A narcolepsia sempre deve ser lembrada diante de um adolescente com queixa de sonolência importante[14]. Apesar de não ser frequente na faixa etária pediátrica, pode iniciar-se em 20% dos casos antes dos 10 anos de idade. Um adolescente com narcolepsia pode pegar no sono em situações comuns, como enquanto conversa, durante o uso do computador ou mesmo durante a alimentação. Pode apresentar ataques irresistíveis de sono várias vezes ao dia e ter alucinações auditivas ou visuais (alucinações hipnagógicas), episódios em que não consegue se mover (paralisia do sono) ao adormecer ou ao despertar, assim como vivenciar ataques de fraqueza muscular súbita, geralmente desencadeados por surpresa ou emoção (cataplexia). Esses ataques podem durar de alguns segundos até minutos.

A avaliação laboratorial do paciente com suspeita de narcolepsia exige polissonografia (PSG) seguida, no dia seguinte, do teste de latências múltiplas de sono (TLMS). Esse procedimento consiste em 4 a 5 registros de 20 a 35 minutos, a cada 2 horas, visando à documentação objetiva da sonolência e à constatação da presença de sono dessincronizado durante o período diurno. A PSG e o TLMS confirmam o diagnóstico de narcolepsia e complementam o diagnóstico diferencial com a eventual presença de outros distúrbios do sono.

Atualmente, outros dois exames complementares vêm sendo utilizados para o diagnóstico da narcolepsia: pesquisa de HLA DQB1*06:02 (mais associada à cataplexia) e dosagem de hipocretina no líquido cefalorraquidiano (LCR). As hipocretinas (ou orexinas) são peptídeos produzidos por um grupo bem definido de células localizadas no hipotálamo dorsolateral, com várias projeções para o córtex cerebral, tronco encefálico, hipotálamo e tálamo.

É importante diagnosticar a narcolepsia precocemente, pois a sonolência pode afetar o desempenho escolar e a vida social do adolescente. O atraso no diagnóstico é comum e pode estar relacionado a diversos fatores: ausência de cataplexia como manifestação inicial da doença, o que atrasa a procura por tratamento e também o diagnóstico correto; erro diagnóstico nessa faixa etária específica, por atribuição dos sintomas a doenças psiquiátricas ou outras doenças neurológicas; possível ausência de investigação específica sobre transtornos do sono e pelo desconhecimento dos sinais e sintomas da narcolepsia pelos pediatras.

No Brasil, um estudo recente[14] demonstrou que é pouco frequente o número de crianças e/ou adolescentes que procura ajuda médica por sonolência excessiva. Nesse estudo, a média de idade foi de 13,5 ± 4,1 anos, variando de 5 a 17 anos, sem distinção de sexo. O início dos sintomas foi em média 3 ± 3,5 anos antes da consulta. Somente um jovem procurou o serviço por causa da paralisia do sono, enquanto os demais tinham sonolência importante.

O tratamento da narcolepsia é essencialmente sintomático e, na maioria dos casos, exige abordagem comportamental e farmacológica. O tratamento não medicamentoso da narcolepsia é muito importante para se ter o controle adequado da doença. Orientações sobre a cronicidade da doença, informações necessárias ao entendimento de professores ou coordenadores escolares, aconselhamento profissional, riscos relacionados ao ato de dirigir e atividades esportivas, dentre outros, devem ser discutidos. Muitas vezes, é necessário acompanhamento psicológico, com estabelecimento de rotinas com horários regulares de sono e recomendação de cochilos programados nos períodos de maior sonolência diurna.

Em relação ao uso de medicamentos, deve-se considerar seu uso crônico com seus possíveis efeitos colaterais. Os estimulantes (metilfenidato) e promotores de vigília (modafinila) são as drogas de primeira escolha para o tratamento da sonolência excessiva diurna. O metilfenidato pode ser usado na apresentação de liberação imediata ou controlada, na dose de 0,5 a 1 mg/kg/dia (máximo de 60 mg/dia), em duas ou três tomadas, após as refeições, para evitar os sintomas gástricos.

A modafinila só é liberada para o uso em crianças acima de 12 anos de idade. A dose inicial deve ser de 100 mg/dia, para evitar efeitos adversos como cefaleia, irritabilidade e náusea. Para a população adulta, a dose média utilizada varia de 200 a 400 mg/dia. Deve-se evitar seu uso após as 14 horas, em razão de sua longa meia-vida, de 12 a 13 horas. Até o momento, a modafilina parece segura no tratamento da narcolepsia, porém já há relatos de reações alérgicas: angioedema, erupções cutâneas e síndrome de Stevens-Johnson.

TRANSTORNOS DO RITMO CIRCADIANO

Os transtornos do ritmo circadiano podem ser entendidos como sono normal em quantidade e qualidade, mas que, por ocorrer em horas erradas, pode trazer prejuízo à vida social e familiar do adolescente. O marca-passo circadiano pode estar relativamente atrasado ou avançado à hora desejada para dormir. Há bases genéticas para alguns desses distúrbios (p.ex., avanço de fase do sono); outros são resultado de ajustes ambientais (p.ex., trabalho em turnos).

No adolescente, o distúrbio do ritmo circadiano mais comum é a síndrome do atraso de fase do sono, que é frequentemente associado a sonolência diurna e dificuldade escolar. Em geral, reclamam que não conseguem iniciar o sono e têm dificuldade em acordar pela manhã. Esse problema é particularmente difícil para a família que tem hábitos matutinos. A exposição à luz pode ser útil na abordagem terapêutica, sendo que a ocasião mais apropriada para esta exposição são as horas desejáveis para a vigília.

PARASSONIAS

O termo parassônia ou parassonia se refere a manifestações físicas indesejáveis acometendo sistemas motor e/ou neurovegetativo, ocorrendo no sono ou transição sono-vigília. Diante de um adolescente com queixa de movimentação excessiva durante o sono ou "sono agitado", uma das hipóteses a ser considerada é a ocorrência de parassonia.

Distúrbios do Despertar

Os distúrbios do despertar geralmente ocorrem na fase inicial do sono (da noite), são comuns na infância e geralmente diminuem com a idade. Geralmente, apre-

342   Medicina de Adolescentes

sentam histórico familiar positivo, com predisposição genética. As parassonias do sono NREM podem ser consideradas parte de um espectro, pois há muitos aspectos em comum e é frequente a sobreposição de quadros clínicos.

O sonambulismo é caracterizado por episódios de despertar parcial do sono NREM, com comportamentos motores estereotipados e automáticos, com amnésia total ao evento. Ocorre no sono delta, com comportamentos de sentar na cama, levantar e deambular, e dura de poucos minutos a meia hora. Os episódios apresentam uma tendência de ocorrer predominantemente no terço inicial da noite, por causa da maior porcentagem de sono delta nessa parte do sono. Apresenta uma prevalência na população de 1 a 17% e é mais comum em crianças entre 8 e 12 anos, sendo uma desordem autolimitada[15,16]. Em 10 a 25% dos casos é possível identificar história familiar de sonambulismo, enurese, terror noturno e sonilóquio. Fatores como febre, privação de sono, drogas, atividade física, estresse, ansiedade, álcool e apneia do sono podem aumentar a frequência dos episódios. O diagnóstico diferencial deve ser feito com o transtorno comportamental de sono REM e as crises parciais complexas (crises epilépticas do lobo frontal ou temporal) durante o sono.

O tratamento do sonambulismo inclui o aconselhamento familiar a respeito do caráter benigno da doença e a recomendação de medidas de segurança para evitar acidentes. Os sonâmbulos podem precisar de proteção para evitar que se machuquem, como trancar as janelas e portas que possam dar em escadas ou instalar um alarme na porta da criança, para alertar os familiares se ela sair do quarto. Deve-se orientar que se evite o uso de cafeína e a privação de sono. Quando os episódios forem frequentes, o uso de medicação (clonazepam) pode ser indicado.

O terror noturno consiste em episódios de despertar parcial do sono NREM. Esses episódios são caracterizados por despertar súbito e o paciente em geral grita, sentando-se na cama, com fáscies de pavor; há predomínio de intensas manifestações autonômicas, com taquicardia, taquipneia, rubor da pele, sudorese e midríase. Usualmente, há amnésia total dos episódios. O terror noturno geralmente ocorre no sono delta. Os episódios duram de 5 a 20 minutos e o retorno ao sono é imediato. Há incidência maior entre 4 e 12 anos de idade.

Nesse caso, fatores como febre, privação de sono e apneia do sono também podem aumentar a frequência dos episódios. O diagnóstico diferencial deve ser feito com pesadelos, crises epilépticas do lobo frontal ou temporal durante o sono e transtorno comportamental do sono REM (muito raro na infância). O tratamento é semelhante ao do sonambulismo.

Os despertares confusionais consistem em despertares parciais, com fala arrastada, amnésia ao evento, sudorese e comportamento inadequado, como choro inconsolável ou agressividade. A prevalência é de 17% entre 3 e 13 anos, geralmente desaparecendo após os 10 anos. A associação com sonambulismo é frequente,

O sono e seus distúrbios   **343**

sendo que um estudo revelou que 36% das crianças com sonambulismo haviam apresentado despertares confusionais na fase pré-escolar.

Quanto às parassonias do sono REM, destacam-se, na infância, os pesadelos, que são episódios em que a criança acorda assustada e a seguir relata estórias de conteúdo desagradável. Ao contrário do terror noturno, os pesadelos geralmente ocorrem durante o sono REM, ou seja, predominam na segunda metade da noite. O tratamento, na maioria dos casos, se restringe à orientação familiar a respeito do caráter benigno dos episódios[17,18].

Na maioria das vezes, o diagnóstico das parassonias pode ser obtido com uma boa história clínica. No entanto, alguns casos requerem o exame de PSG. As principais indicações de PSG nas parassonias são:

- Riscos de lesões ou violência.
- Diagnóstico diferencial com crises epilépticas.
- Presença de sonolência excessiva diurna.
- Ausência de resposta terapêutica.
- Associação com outros distúrbios neurológicos ou psiquiátricos.

DISTÚRBIOS DO MOVIMENTO RELACIONADOS AO SONO

Síndrome das Pernas Inquietas e Movimentação Periódica dos Membros

A síndrome das pernas inquietas (SPI) é uma alteração sensório-motora com aspectos neurológicos e que afeta, sobretudo, o sono e pode também afetar a qualidade de vida do adolescente[19]. Os acometidos descrevem como sintomas uma necessidade irresistível de mover as pernas, normalmente acompanhada de incômodo, sensação desagradável, desconforto e/ou inquietude. As primeiras descrições de SPI já reconhecem seu caráter familiar e estudos recentes evidenciaram um número de *loci* suscetíveis para a SPI familiar.

O curso clínico é variável, mas, em geral, crônico e progressivo. O adolescente pode se queixar de incapacidade de adormecer ou de sono interrompido ou insuficiente. Considera-se como critério de apoio para a SPI história familiar positiva, com hereditariedade sugestiva autossômica dominante, e presença de movimentos periódicos dos membros (MPM) em vigília ou sono, sendo que a maioria dos pacientes com SPI apresenta MPM durante o sono.

Os critérios diagnósticos clínicos para pernas inquietas são:

1. O paciente apresenta necessidade de mover as pernas causada por sensação desagradável nelas.

2. A sensação desagradável piora em períodos de repouso.

3. A sensação desagradável é parcialmente aliviada por movimento.

4. A necessidade de movimento e a sensação de desconforto são piores à noite.

O bruxismo é o movimento rítmico de atrito dos dentes durante o sono, com produção de ruídos. Ocorre por despertar parcial durante o estágio 2 do sono NREM ou durante o sono REM. Pode também ocorrer em vigília. De modo geral, a criança apresenta somente esse movimento anômalo, porém, ocasionalmente, pode haver outra desordem do sono concomitante. Como decorrência do esforço muscular do masseter pode ocorrer cefaleia, dor mandibular, desgaste dos dentes ou da articulação temporomandibular. A incidência anual de algum episódio de bruxismo é de 10 a 15% para a faixa etária de 5 a 20 anos, a mais acometida. Crianças com deficiência mental ou paralisia cerebral têm incidência maior. Os fatores desencadeantes, quando presentes, são agravos físicos e psíquicos. Há elevada frequência de antecedentes familiares positivos. Briquismo consiste em ranger ou apertar os dentes durante o dia.

O diagnóstico é clínico, geralmente fácil, embora por vezes possa ficar mascarado pela queixa de cefaleia, alteração dentária ou de outros movimentos corpóreos anômalos concomitantes. As próteses dentárias são recomendáveis nos casos mais intensos, assim como acompanhamento psicológico.

REFERÊNCIAS BIBLIOGRÁFICAS

1. Pessoa JHL, Pereira Jr JC, Alves RSC. Distúrbios do sono na criança e no adolescente. São Paulo: Atheneu; 2008.
2. Mitchell JA, Rodriguez D, Schmitz KH, Audrain-McGovern J. Sleep duration and adolescent obesity. Pediatrics. 2013;131(5):1428-34.
3. Leger, D, Beck F, Richard JB, Godeau E. Total sleep time severely drops during adolescence. PloS One. 2012;7(10):1-6.
4. Calamaro CJ, Mason TBA, Ratcliffe SJ. Sleep duration and daytime functioning. Pediatrics. 2009;123(6):e1005-e1010.
5. Beltramini AV, Hertzig ME. Sleep and bedtime behavior in preschool aged children. Pediatrics. 1983;71(2):153-8.
6. Williams JA, Zimmerman FJ, Bell JF. Norms and trends of sleep time among US children and adolescents. JAMA Pediatr. 2013;167(1):55-60.
7. ICSD-2. The International Classification of Sleep Disorders, Diagnostic and Coding Manual. 2nd ed. AASM, Westchester, IL, EUA: P. Hauri, Task Force Chair, 2005.
8. Alves R, Hallinan M. Insônia na infância. In: Pinto Jr LR. Diretrizes clínicas para o diagnóstico e tratamento da insônia. Rio de Janeiro: Elsevier; 2009. p.99-109.
9. Brand S, Kirov R. Sleep and its importance in adolescence and in common adolescent somatic and psychiatric conditions. Int J Gen Med. 2011;4:425-42.
10. Mindell JA, Owens JA. A clinical guide to pediatric sleep: diagnosis and management of sleep problems. Philadelphia: Lippincott, Willians & Wilkins; 2003.

O sono e seus distúrbios **345**

11. Bittencourt LR. Diagnóstico e tratamento da síndrome da apneia obstrutiva do sono: guia prático. São Paulo: LMP; 2008.
12. Perez-Chada D, Perez-Lloret S, Videla AJ, Cardinali D, Bergna MA, Fernández-Acquier M, et al. Sleep disordered breathing and daytime sleepiness are associated with poor academic performance in teenagers. A study using The Pediatric Daytime Sleepiness Scale (PDSS). Sleep. 2007;30(12):1698-703.
13. Lesser D. Sleep fragmentation and intermittent hypoxemia associated with decreased insulin sensitivity in obese adolescent latino males. Pediatr Res. 2012;72(3):293-8.
14. Hallinan M, Alves R. Narcolepsia na infância e adolescência. In: Aloe F. Diretrizes clínicas para o diagnóstico e tratamento da narcolepsia. São Paulo: Elsevier; 2009. p.119-41.
15. Klackenberg G. Somnambulism in childhood: prevalence, course and behavioral correlation. Acta Paediatr Scand. 1982;71(3):495-9.
16. Laberge L, Tremblay RE, Vitaro F, Montplaisir J. Development of parasomnias from childhood to early adolescence. Pediatrics. 2000;106(1 Pt 1):67-74.
17. Mason TBA, Pack AI. Pediatric Parasomnias. Sleep. 2007;30(2):141-51.
18. Furet O, Goodwin JL, Quan S. Incidence and remission of parasomnias among adolescent children in the Tucson Children's Assessment of Sleep Apnea (TuCASA) Study. Southwest J Pulm Crit Care. 2011;1(2):93-101.
19. Grupo Brasileiro de Estudos em Síndrome das Pernas Inquietas (GBE-SPI). Síndrome das pernas inquietas. Diagnóstico e tratamento. Arq Neuropsiquiatr. 2007;65(3A):721-7.

28 Varicocele em adolescentes

Alexandre Sallum Büll
Luiz Eduardo Vargas da Silva
Francisco Tibor Dénes
William Carlos Nahas

Após ler este capítulo, você estará apto a:

1. Realizar o diagnóstico clínico de varicocele no adolescente.
2. Definir a conduta diante da varicocele no adolescente: acompanhamento observacional, solicitação de exames complementares e encaminhamento ao urologista.
3. Reconhecer os critérios indicativos de tratamento cirúrgico.

INTRODUÇÃO

A varicocele caracteriza-se por dilatação e tortuosidade anormal das veias do plexo pampiniforme, responsável pela drenagem venosa dos testículos. A dilatação dessas veias prejudica o fluxo sanguíneo local, que pode, além de dificultar reações bioquímicas intercelulares e levar ao acúmulo de radicais livres, causar o aumento da temperatura intratesticular. Esses fatores podem determinar alterações na quantidade – oligozoospermia – e na qualidade dos espermatozoides. Existe associação direta entre varicocele e infertilidade masculina, embora dois terços dos adultos portadores de varicocele sejam férteis. Aproximadamente 30 a 50% dos homens com infertilidade primária apresentam varicocele[1]. A varicocele é a causa corrigível mais comum de infertilidade masculina[2].

O presente capítulo visa a orientar o pediatra geral e o hebiatra na condução da varicocele na criança e no adolescente, desde seu diagnóstico até a conduta observacional ou mesmo o encontro de critérios que indiquem a necessidade de encaminhamento para tratamento cirúrgico.

Cabe ressaltar que, na literatura internacional, a repercussão na fertilidade masculina da varicocele em adolescentes e os benefícios de sua correção cirúrgica permanecem incertos.

EPIDEMIOLOGIA

A varicocele aparece geralmente no início da puberdade, embora possa ser diagnosticada com menor frequência na infância. Sua incidência entre os adolescentes é de aproximadamente 12 a 15%[3]. A prevalência relatada em meninos antes do 10º ano de vida é menor que 1%[4,5]; entre 10 e 11 anos, 0 a 28%; e entre 14 e 16 anos, 11 a 34%[4,6,7].

Aproximadamente 90% das varicoceles são à esquerda e 3%, palpáveis bilateralmente. Varicocele subclínica contralateral é detectada por ultrassonografia (US) Doppler em 30% dos meninos com varicocele unilateral ao exame clínico[8]. No entanto, a real incidência de varicocele em adolescentes é provavelmente maior, pois a maioria dos adolescentes é assintomática, sendo sua descoberta acidental, durante exame físico de rotina ou pela US Doppler.

ANATOMIA

O fluxo arterial para o testículo vem basicamente das artérias testicular e cremastérica. Já a drenagem venosa é complexa e individualizada, contendo um emaranhado venoso, que constitui o plexo pampiniforme. Este, ao nível do canal inguinal, forma dois ou três troncos venosos e, em seguida, uma única veia (veia espermática) que drena para a veia cava inferior à direita e para a veia renal à esquerda (Figura 28.1).

ETIOLOGIA E FISIOPATOLOGIA

Há várias hipóteses para a etiologia da varicocele. A maior prevalência à esquerda está ligada à anatomia da veia testicular ipsilateral, que desemboca em ângulo de 90º na veia renal esquerda, tendo assim sua drenagem prejudicada. Soma-se o fato de que a veia testicular esquerda é mais longa; dessa forma, sua pressão hidrostática é maior, aumentando a dificuldade de drenagem. Além disso, existe a possibilidade de incompetência valvar, que cursaria com dilatação do sistema venoso. Recente-

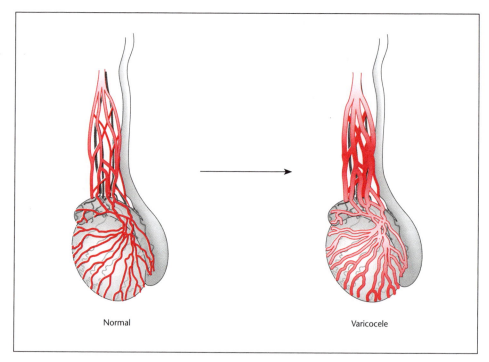

Figura 28.1 Varicocele[9-11].

mente, levantou-se a hipótese de que o aumento do fluxo arterial durante a puberdade excederia a capacidade venosa, resultando em dilatação e varicocele[12].

A espermatogênese é a função testicular mais acometida na varicocele. As alterações mais comuns encontradas na análise do sêmen de indivíduos portadores de varicocele na população adulta são: diminuição da densidade, aumento das formas patológicas e diminuição de motilidade dos espermatozoides[13]. Até o momento, não existem normas e parâmetros estabelecidos para análise do sêmen em adolescentes.

A varicocele também pode estar associada ao prejuízo no desenvolvimento normal dos testículos durante a puberdade. Um estudo reportou que 77% dos adolescentes com varicocele à esquerda apresentavam diminuição significativa de volume testicular ipsilateral, sendo que desses, 10% tinham redução de 75% do testículo esquerdo quando comparado ao direito[14].

Muitas teorias foram desenvolvidas para explicar o efeito da varicocele sobre a função testicular. A maioria baseia-se em estudos experimentais em animais. O efeito deletério da varicocele sobre a espermatogênese pode ser atribuído a muitos fatores, como aumento da temperatura testicular, aumento da pressão intratesticular, hipóxia decorrente da atenuação do fluxo sanguíneo, refluxo de metabólitos tóxicos das glândulas adrenais e anormalidades do perfil hormonal[15].

QUADRO CLÍNICO

Na maioria das vezes, a varicocele é assintomática, sendo diagnosticada durante o exame físico de rotina. Daí a fundamental importância dos médicos que atendem crianças e adolescentes do sexo masculino incluírem em sua rotina de exames a palpação do escroto e averiguar simetria, consistência e forma dos testículos. A queixa de dor escrotal atribuída à varicocele é pouco comum em adolescentes.

O exame deve ser realizado em local com iluminação e temperatura adequadas (idealmente, em uma sala climatizada a 24ºC) com o paciente em posição ortostática. É constituído da inspeção estática associada às técnicas promotoras de incremento da pressão abdominal (manobra de Valsalva). A varicocele dá a sensação à palpação de um "saco de vermes".

A alteração do volume testicular secundário à varicocele é um parâmetro importante e de fácil determinação. O método mais difundido para a aferição do volume testicular emprega o orquidômetro de Prader, que consiste em um conjunto de 12 modelos elipsoidais com volumes de 1 a 25 mL. Na avaliação do volume testicular, o médico palpa o testículo com uma das mãos, enquanto segura o orquidômetro na outra, procurando o modelo que mais se aproxime do volume do testículo palpado. Como o orquidômetro não é facilmente disponível, outros métodos, não menos precisos, podem ser empregados. Assim, podem-se medir os dois eixos do testículo com uma régua e calcular o volume pela fórmula $V = 0,523 \times L \times T^2$ (V = volume, L = diâmetro longitudinal, T = diâmetro transversal). O cálculo do volume testicular pela US emprega o mesmo princípio. Testículos infantis medem geralmente 1 ou 2 mL, às vezes, 3 mL. Testículos com 4 mL ou mais são considerados indicativos de puberdade[16].

Assim, por meio de uma palpação cuidadosa, tornam-se possíveis o diagnóstico e a classificação em graus da varicocele, que pode ser classificada em três graus:

- Grau 1: não visível nem palpável em ortostase; entretanto, palpável quando se realiza manobra de Valsalva.
- Grau 2: palpável sem necessidade de manobra de Valsalva.
- Grau 3: visível sem necessidade de manobra de Valsalva.

DIAGNÓSTICO

O diagnóstico da varicocele é eminentemente clínico por meio do exame físico cuidadoso. Os exames complementares podem ser úteis para confirmar e complementar o diagnóstico. O padrão-ouro do refluxo venoso do plexo pampiniforme é a venografia da veia espermática, todavia esse é um exame invasivo raramente usado para fins clínicos. A US Doppler da bolsa testicular, por sua vez, não é invasiva e tem sensibilidade e especificidade superiores a 90%, sendo o exame subsidiário de eleição na prática clínica.

Um parâmetro laboratorial atrativo para a determinação da conduta diante da varicocele é a análise do sêmen (espermograma). Entretanto, no atendimento dos adolescentes, depara-se com dúvidas clínicas e éticas quanto ao momento ideal para a análise seminal. Há uma tendência em não se realizar essa análise rotineiramente em adolescentes muito jovens. A explicação se pauta em dois motivos: primeiro, pode ser embaraçoso para o adolescente as circunstâncias da coleta, e segundo, como já citado, não existem normas e parâmetros estabelecidos para análise do sêmen em adolescentes. Poucos estudos parecem indicar que os valores considerados normais, para adultos, de volume seminal, motilidade, concentração e morfologia dos espermatozoides não são atingidos até 2 a 3 anos após início da puberdade[17]. Portanto, o momento da solicitação do espermograma no adolescente ainda permanece controverso.

As dosagens hormonais de FSH, LH, testosterona e inibina B e, mesmo a realização do teste de estimulação com GnRH, podem ser úteis nos casos de indicação cirúrgica duvidosa.

O paciente com varicocele à esquerda ou bilateral acompanhada de assimetria testicular e/ou com parâmetros seminais alterados deve ser encaminhado para avaliação de um urologista. Já a varicocele exclusivamente à direita, que por razões anatômicas é pouco comum, deve ser sempre encaminhada ao urologista, pois pode ser secundária a tumores retroperitoneais.

CONDUTA

O objetivo do manejo da varicocele nos adolescentes é a preservação da fertilidade futura; o principal desafio é identificar os adolescentes que podem se beneficiar do tratamento cirúrgico.

As repercussões da varicocele subclínica (detectada somente por exames de imagem) em adolescentes na alteração da função testicular ainda não foram estabelecidas. Apesar de não existir consenso na literatura, é razoável que tais pacientes sejam acompanhados periodicamente em relação ao volume testicular. O acompanhamento clínico deve ser anual e, na evidência de alterações ao exame físico, a US Doppler deve ser realizada. Quando possível, deve-se solicitar o espermograma. Na vigência de alteração de qualquer desses parâmetros, o tratamento cirúrgico deve ser indicado. Em um estudo, a proporção de varicocele subclínica em adolescentes que progrediu para a forma detectável da doença foi de 28% durante um período de 4 anos de acompanhamento[18].

Ao longo dos anos, uma série de medicamentos foi estudada para o tratamento da varicocele. Os medicamentos utilizados foram carnitina, citrato de clomifeno, calicreína, menotropina, vitaminas e antioxidantes, todavia os dados de literatura não permitem conclusão efetiva sobre o benefício do tratamento clínico na melhora das consequências da varicocele[19-21]. Portanto, o tratamento, quando indicado, permanece cirúrgico.

As indicações da correção cirúrgica são:

- Varicocele com hipotrofia testicular ipsilateral (hipotrofia definida como valores de volume diferencial entre os testículos direito e esquerdo maior ou igual a 10 a 25% ou o valor absoluto diferencial maior ou igual a 2 ou 3 mL).
- Varicocele com alteração no espermograma com ou sem hipotrofia testicular.

A ligadura cirúrgica é a técnica mais utilizada atualmente no tratamento da varicocele. Essa técnica pode ser realizada por via inguinal, subinguinal, abdominal ou laparoscópica. Não existem trabalhos na literatura que comprovem definitivamente a superioridade de uma via em relação à outra. Existem, porém, diferenças quanto às taxas de recidivas e complicações. As técnicas de ligadura cirúrgica que fazem uso da microcirurgia apresentam menores taxas de recorrência e menores taxas de complicações quando comparadas às técnicas que não apresentam magnificação óptica e laparoscopia[22].

Uma modalidade alternativa de tratamento é a embolização da veia espermática, realizada por meio de radiologia intervencionista. Essa abordagem é menos invasiva e apresenta a vantagem de menor dor pós-operatória. Entretanto, suas taxas de sucesso parecem ser menores quando comparada às ligaduras cirúrgicas. Ainda são necessários novos estudos para o estabelecimento de sua indicação e do seu real benefício[23].

PROGNÓSTICO

Quanto ao prejuízo no desenvolvimento testicular, vários estudos comprovam que é possível a recuperação do tamanho do órgão após a correção cirúrgica da varicocele. Apesar de não haver, até o momento, demonstração convincente de que a recuperação do volume testicular previna os possíveis problemas de fertilidade, esse é o método de acompanhamento evolutivo mais simples nessa faixa etária.

Em adultos, nos estudos em que foi realizada análise seminal antes e após a correção cirúrgica, ocorreu melhora significativa dos padrões do espermograma[24] e na análise da taxa de fecundação, 60 a 75% desses pacientes conseguiram engravidar suas parceiras[25,26].

CONCLUSÕES

A varicocele é a causa mais prevalente e passível de correção de infertilidade masculina. Sua incidência é de aproximadamente 15% da população de adolescentes. Há evidências de que a varicocele possa ser progressiva e ter efeitos deletérios no tamanho e função testicular e na fertilidade, embora esse aspecto seja controverso nos adolescentes. Várias teorias tentam explicar sua etiologia e fisiopatologia. O exame físico associado à US Doppler é ferramenta importante na condução da doença. Não existem evidências dos resultados da correção cirúrgica na fertilidade futura dos adolescentes com varicocele. Entretanto, quando detectada a associação entre varicocele e hipotrofia testicular e/ou alteração do espermograma, o tratamento cirúrgico deve ser indicado (Figura 28.2).

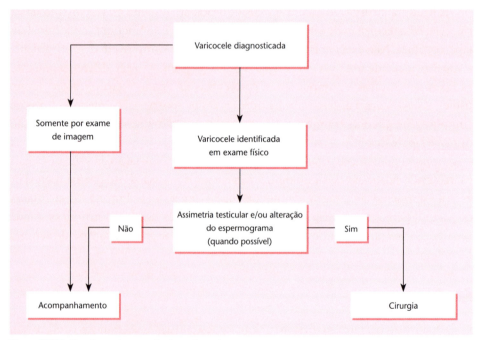

Figura 28.2 Algoritmo do manejo da varicocele.

REFERÊNCIAS BIBLIOGRÁFICAS

1. Gorelick J, Goldstein M. Loss of fertility in men with varicocele. Fertil Steril. 1993;59(3):613-6.
2. Skoog SJ, Roberts KP, Goldstein M, Pryor JL. The adolescent varicocele: what's new with an old problem in young patients? Pediatrics. 1997;100(1):112-22.
3. Steeno O, Knops J, Declerck L, Adimoelja A, Van de Voorde H. Prevention of fertility disorders by detection and treatment of varicocele at school and college age. Andrologia. 1976;8(1):47-53.

Varicocele em adolescentes **353**

4. Oster J. Varicocele in children and adolescents. Scand J Urol Nephrol.1971;5(1):27-32.
5. Akbay E, Cayan S, Doruk E, Duce MN, Bozlu M. The prevalence of varicocele and varicocele--related testicular atrophy in Turkish children and adolescents. BJU Int. 2000;86(4):490-3.
6. Belloli G, Dí Agostino S, Pesce C, Fantuz E. Varicocele in childhood and adolescence and other testicular anomalies: an epidemiological study. Pediatr Med Chir. 1993;15(2):159-62.
7. Niedzielski J, Paduch D, Raczynski P. Assessment of adolescent varicocele. Pediatr Surg Int. 1997;12(5-6):410-3.
8. Diamond DA, Gargollo PC, Caldamone AA. Current management principles for adolescent varicocele. Fertil Steril. 2011;96(6):1294-8.
9. Benoff S, Gilbert BR. Varicocele and male infertility: part I. Preface. Hum Reprod Update. 2001;7(1):47-54.
10. Marmar JL. The pathophysiology of varicoceles in the light of current molecular and genetic information. Hum Reprod Update. 2001;7(5):461-72.
11. Naughton CK1, Nangia AK, Agarwal A. Pathophysiology of varicoceles in male infertility. Hum Reprod Update. 2001;7(5):473-81.
12. Serefoglu EC, Saitz TR, La Nasa JA Jr, Hellstrom WJ. Adolescent varicocoele management controversies. Andrology. 2013;1(1):109-15.
13. MacLeod J. Seminal cytology in the presence of varicocele. Fertil Steril. 1965;6(6):735-57.
14. Lyon RP, Marshall S, Scott MP. Varicocele in childhood andadolescence: implication in adulthood infertility? Urology. 1982;19(6):641-4.
15. Kantartzi PD, Goulis ChD, Goulis GD, Papadimas I. Male infertility and varicocele: myths and reality. Hippokratia. 2007;11(3):99-104.
16. Silva LEV, Leal MM. Crescimento e desenvolvimento puberal. In: Saito MI, Silva LEV, Leal MM. Adolescência: prevenção e risco. 2ª ed. São Paulo: Atheneu; 2007. p.49-65.
17. Janczewski Z, Bablok L. Semen characteristics in pubertal boys. I. Semen quality after first ejaculation. Arch Androl. 1985;15(2-3):199-205.
18. Cervellione RM, Corroppolo M, Bianchi A. Subclinical varicocele in the pediatric age group. J Urol. 2008;179(2):717-9.
19. Cavallini G, Biagiotti G, Ferraretti AP, Gianaroli L, Vitali G. Medical therapy of oligoasthenospermia associated with left varicocele. BJU Int. 2003;91(6):513-8.
20. Cavallini G, Ferraretti AP, Gianaroli L, Biagiotti G, Vitali G. Cinnoxicam and L-carnitine/acetyl--L-carnitine treatment for idiopathic and varicocele-associated oligoasthenospermia. J Androl. 2004;25(5):761-70.
21. Unal D, Yeni E, Verit A, Karatas OF. Clomiphene citrate versus varicocelectomy in treatment of subclinical varicocele: a prospective randomized study. Int J Urol. 2001;8(5):227-30.
22. Al-Kandari AM, Shabaan H, Ibrahim HM, Elshebiny YN, Shokeir AA. Comparison of outcomes of different varicocelectomy techniques: open inguinal, laparoscopic, and subinguinal microscopic varicocelectomy: a randomized clinical trial. Urology. 2007;69(3):417-20.
23. Masson P, Brannigan RE. The varicocele. Urol Clin North Am. 2014;41(1):129-44.
24. Nieschlag E, Behre HM (eds.). Andrology: male reproductive health and dysfunction. Basel: Springer, Heidelberg; 1998.
25. Madgar I, Weissenberg R, Lunenfeld B, Karasik A, Goldwasser B. Controlled trial of high spermatic vein ligation for varicocele in infertile men. Fertil Steril. 1995;63(1):120-4.
26. Pajovic B, Radojevic N. Prospective follow up of fertility after adolescent laparoscopic varicocelectomy. Eur Rev Med Pharmacol Sci. 2013;17(8):1060-3.

29 Baixa estatura

Leandra Steinmetz

Após ler este capítulo, você estará apto a:

1. Conceituar a baixa estatura.
2. Identificar as principais variantes normais de crescimento e as principais causas de baixa estatura patológica.
3. Realizar a avaliação inicial dos pacientes com baixa estatura.

INTRODUÇÃO

O crescimento estatural é o resultado da integração de uma série de fatores genéticos (intrínsecos) e ambientais (extrínsecos). Nesse complexo fenômeno, o estado nutricional e a capacidade das cartilagens epifisárias de responderem aos estímulos de crescimento são fundamentais. Os hormônios atuam nesse circuito, mas não são os únicos determinantes do crescimento. Todos os fatores agem de forma coordenada e inter-relacionada para que se atinja, ao final, o pleno potencial estatural.

O crescimento é um processo contínuo que se inicia no período intrauterino e termina com o fechamento da cartilagem de crescimento no final da adolescência. Trata-se de um fenômeno que não é linear, com amplas variações da velocidade de crescimento nas diversas fases da vida pós-natal, relacionadas a oferta alimentar, influência psicossocial e ambiental, e ação hormonal predominante em cada fase.

Na adolescência, observa-se intenso crescimento do esqueleto, denominado estirão puberal. Para a compreensão de tal fenômeno, é necessária análise da curva de velocidade de crescimento (VC) (Figura 29.1), na qual os ganhos de altura no tempo (em centímetros por ano) são projetados em função da idade. Nessa fase da vida, o adolescente apresenta grande aquisição ponderoestatural, ganhando cerca de 50% do seu peso adulto e 20% de sua estatura final[1,2].

O crescimento intrauterino é composto por uma fase inicial (embrionária) com intensa proliferação celular, na qual o incremento somático chega a valores de 10 cm/mês (entre o quarto e quinto mês de gestação). Esse período inicial é sucedido por uma fase de menor crescimento estatural, embora marcado por maior incremento de peso fetal. Ao nascer, o ser humano apresenta elevada VC, porém já em desaceleração, que pode ser graficamente observado na curva de velocidade de crescimento, conforme a Figura 29.1.

A observação da curva de velocidade pós-natal permite a identificação, portanto, de três momentos do crescimento humano:

- Fase 1 (lactância): crescimento rápido, porém desacelerado.
- Fase 2 (infância propriamente dita): crescimento lento, mais estável e constante. São comuns nos consultórios pediátricos queixas familiares do tipo "meu filho não cresce ou não come", por ser um momento de baixa velocidade de crescimento, particularmente quando comparado à fase pregressa ou à que há de vir. A velocidade média varia de 4 a 6 cm/ano.

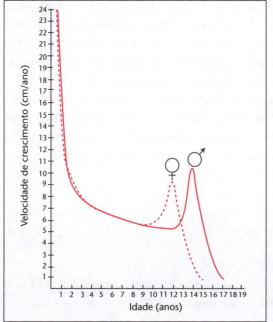

Figura 29.1 Curva de velocidade de crescimento[3].

- Fase 3 (puberdade): novamente crescimento rápido, com aceleração, até atingir um valor de pico (PVC) e subsequente desaceleração até o término do crescimento, constituindo o estirão de crescimento (ou estirão puberal). O PVC no sexo masculino pode chegar a valores de 10 a 12 cm/ano e, no sexo feminino, de 8 a 10 cm/ano[1].

Por ser um período de intenso crescimento esquelético, a adolescência é considerada como uma fase de grande vulnerabilidade ao desenvolvimento humano, cuja suscetibilidade aos agravos externos pode ocasionar prejuízos irreparáveis à estatura final do indivíduo. Portanto, o adolescente merece enfoque preventivo de saúde e atenção diagnóstica especial em relação à apresentação de doenças crônicas, transtornos alimentares e distúrbios nutricionais.

CONCEITO DE BAIXA ESTATURA

A baixa estatura (BE) é definida como uma condição na qual a estatura do indivíduo se encontra, em comparação com um referencial adequado, abaixo do percentil 3 ou está 2 desvios-padrão (escore Z menor que -2) abaixo da média da altura dos indivíduos com a mesma idade e sexo. Atualmente, utiliza-se o referencial da Organização Mundial da Saúde (OMS), disponível, desde 2007, para idades entre 5 e 19 anos para a avaliação estatural dos adolescentes[4].

Deve-se salientar que o conceito de baixa estatura é gráfico e a interpretação do crescimento extrapola a análise exclusiva da classificação da estatura do indivíduo. Deve-se atentar ao comportamento da variável antropométrica para o diagnóstico correto sobre o fenômeno do desenvolvimento somático. Portanto, a análise longitudinal ou a avaliação da velocidade de crescimento, refletida no acompanhamento do canal de crescimento do indivíduo, permite a distinção das causas fisiológicas (variantes normais) ou patológicas, na avaliação da queixa estatural.

É importante destacar que, durante a adolescência, eventuais desvios da curva individual, da rota ou canal inicial, devem ser interpretados com atenção, pois os gráficos construídos com dados transversais não representam de forma correta uma curva individual, sobretudo nos adolescentes com maturação mais rápida ou mais lenta do que a média.

CAUSAS DE BAIXA ESTATURA

Variantes Normais do Crescimento

As causas mais comuns de baixa estatura são a baixa estatura familial (BEF) e o atraso constitucional de crescimento e puberdade (ACCP).

O ACCP é a causa de BE mais frequente nos meninos que chegam aos ambulatórios de adolescentes e de endocrinologia pediátrica. Nesses casos, geralmente, há história de familiares (especialmente os pais) que entraram em puberdade tardiamente (menarca materna atrasada e/ou pai que cresceu após os 15 anos de idade e era baixo até então). Apresentam também peso e comprimento de nascimento normais e crescimento adequado até o terceiro ano de vida, quando sofre desaceleração por período de 1 ou 2 anos e, depois, retoma a velocidade de crescimento normal, porém em canal inferior ao do alvo estatural, na curva de crescimento. Esses pacientes mantêm um atraso de idade óssea (IO), e sua altura, em relação à idade óssea, está de acordo com o alvo estatural familial. Como a idade óssea se atrasa e esta é um marcador da maturação hipotalâmica, a puberdade se atrasa também, o que coloca mais em evidência a baixa estatura desses indivíduos que, comparados aos pares já em puberdade, são menores e sem os caracteres sexuais secundários. Isto é causa de grande sofrimento, especialmente para os adolescentes do sexo masculino, que se veem francamente "anormais" nessa fase.

A BEF se caracteriza por apresentar componente genético (pais pequenos), com alvo estatural familiar baixo, velocidade de crescimento normal e idade óssea compatível com a idade cronológica. Mais recentemente, segundo alguns autores, tem sido classificada como uma causa de baixa estatura idiopática[5].

Baixa Estatura Idiopática

A baixa estatura idiopática (BEI) é definida como altura abaixo de -2 desvios-padrão da média para sexo e idade na ausência de anormalidades metabólicas, endócrinas ou outras causas de baixa estatura. Esses pacientes apresentam velocidade de crescimento normal ou no limite inferior da normalidade, com dosagens hormonais normais e resposta normal ao teste de estímulo ao GH. O papel do tratamento com hormônio de crescimento (GH) nesses pacientes é controverso[6].

Estudos mostraram que 1 a 4% desses pacientes apresentam mutação do gene *SHOX* (*short stature homeobox*). Esse gene se localiza na região pseudoautossômica dos cromossomos X e Y e também é responsável pela baixa estatura da síndrome de Turner.

Restrição do Crescimento Intrauterino

Aproximadamente 15% das crianças que nascem pequenas para a idade gestacional (PIG) não apresentam recuperação do crescimento aos 2 anos de idade e permanecem com a altura abaixo do percentil 3 de altura para idade e sexo[7].

Doenças Crônicas

As doenças crônicas são causa importante de baixa estatura. Vários mecanismos explicam o porquê de um paciente com doença crônica não crescer bem: alterações metabólicas, alterações perfusionais, hipoxemia, má absorção de nutrientes e desnutrição secundária. Ainda, algumas dessas condições são tratadas usualmente com drogas que interferem no crescimento, como os glicocorticosteroides. Em regiões desenvolvidas, que já resolveram o problema da desnutrição crônica, o comprometimento estatural secundário às doenças sistêmicas crônicas representa a principal causa de BE patológica.

Doenças Esqueléticas

Por ser o osso o efetor final do crescimento, doenças ósseas, geralmente com baixas estaturas desproporcionadas, também representam causa de BE.

Doenças Genéticas

No grupo de síndromes que se associam à BE, destacam-se as cromossomopatias, merecendo destaque a síndrome de Turner.

A síndrome de Turner é uma causa importante de baixa estatura em meninas. A incidência é de aproximadamente 1 em 2.500 crianças com fenótipo feminino[8]. É decorrente da ausência completa ou incompleta do braço curto de um dos cromossomos X. A baixa estatura pode ser o único sinal da síndrome. A apresentação fenotípica clássica inclui, entre outros, os seguintes estigmas: linfedema de mãos e pés (ao nascimento), pescoço curto e com excesso de pele (pescoço alado), baixa inserção de cabelos na nuca, cúbito valgo, cardiopatia, alteração renal e puberdade atrasada[8].

Doenças Endócrinas

O grupo das endocrinopatias é o grupo de menor frequência, mas de extrema importância, porque suas doenças permitem a correção do crescimento com a substituição do hormônio deficiente (p.ex., hormônios tireoidianos ou GH) ou a correção de excesso hormonal (como no caso do hipercortisolismo).

As endocrinopatias podem comprometer a estatura final por reduzir a velocidade de crescimento (deficiência de GH, diabete melito descompensado, síndrome de Cushing etc.), por acelerar a idade óssea mais rapidamente que a velocidade de crescimento (puberdade precoce, hiperplasia adrenal congênita, hipertireoidismo) ou por restringir o potencial ósseo de crescimento (pseudo-hipoparatireoidismo)[9].

O Quadro 29.1 mostra as principais causas de BE por alteração endocrinológica.

Quadro 29.1 – Causas endocrinológicas de baixa estatura

Hipotireoidismo

Síndrome de Cushing

Pseudo-hipoparatireoidismo

Raquitismo

- Raquitismo resistente à vitamina D

Deficiência de *insulin-like growth factor* (IGF)

- Disfunção hipotalâmica

- Deficiência de hormônio de crescimento (GH) hipofisário

- Insensibilidade a GH

  – Primária

  – Secundária

A deficiência do GH ocorre em 1:4.000 crianças[5,7]. O GH tem maior importância no crescimento propriamente dito a partir de 3 anos de idade[7]. Sua secreção ocorre em picos, com várias elevações durante o período de sono, sendo quase sempre normais ou valores basais, mesmo nos indivíduos com hipopituitarismo. A deficiência hormonal existe como um espectro contínuo, variando desde casos típicos de deficiência total até quadros de deficiência mínima ou alterações do ritmo secretório endógeno. Além disso, a deficiência de GH também pode ser congênita ou adquirida e ainda isolada ou associada à deficiência de outros hormônios hipofisários (TSH, ACTH, LH e FSH)[10].

Na deficiência congênita, o crescimento deficiente é geralmente notado entre 18 e 24 meses de idade e está associado, na maioria das vezes, a malformações do sistema nervoso central (SNC) ou em outras estruturas, principalmente na linha média. Já nas deficiências adquiridas, a curva de crescimento é normal por um tempo variável e então começa a se desviar, com redução progressiva da velocidade de crescimento (crescimento com VC menor de 4 cm/ano). Podem ser destacadas como causas principais: traumas, irradiação e infecções do SNC, doenças vasculares (aneurismas ou infartos hipofisários), histiocitose, sarcoidose e tumores hipotálamo-hipofisários.

O quadro clínico da deficiência de GH depende da idade de início, etiologia e gravidade da deficiência. A diminuição da velocidade de crescimento é um sinal precoce, a relação SS/SI permanece normal e a idade óssea está atrasada.

AVALIAÇÃO DA CRIANÇA E DO ADOLESCENTE COM BAIXA ESTATURA

A avaliação clínica da criança com BE, muitas vezes, é suficiente para que se possa tranquilizar a família sobre a ausência de doença, visto que a maioria das crianças com BE e velocidade de crescimento normal não tem nenhuma doença[5].

A história e o exame físico são fundamentais para que se tente entender por que a criança não se encontra com a altura esperada.

O crescimento intrauterino tem enorme importância no crescimento pós--natal; portanto, uma cuidadosa história gestacional e as condições do parto (peso, comprimento) são de grande utilidade, pois diferenciam crianças que já nasceram pequenas e não recuperaram seu canal de crescimento de outras que nasceram com comprimento e peso adequados, mas que, em certo momento, diminuíram sua velocidade de crescimento e deslocaram-se para um canal inferior da curva de crescimento. É importante saber em que momento da vida essa desaceleração de crescimento ocorreu, se houve recuperação após desaceleração inicial (atraso constitucional de crescimento) ou se a criança continua a desacelerar. Nesse contexto, a curva de crescimento desde o nascimento ou dados de estatura e peso anteriores à consulta são extremamente importantes e podem direcionar alguns diagnósticos.

A história de saúde do indivíduo e o estado nutricional ajudam no entendimento da baixa estatura: uma criança cronicamente doente, especialmente se faz uso de corticoterapia com muita frequência ou se apresenta estado nutricional comprometido (primária ou secundariamente) não vai crescer bem. Nesse sentido, atenção deve ser dada para situações clínicas em que pode haver poucos sintomas e o diagnóstico apenas será feito se alguns exames específicos forem solicitados. Como exemplos, citam-se doença celíaca, pielonefrites crônicas, formas leves de mucoviscidose e síndrome de Turner[8,9].

O exame físico deve avaliar o estado geral e nutricional do paciente, a antropometria e a proporcionalidade dos segmentos corpóreos, como a medida da envergadura (distância entre as pontas dos dedos com os braços esticados) que, habitualmente, deve se aproximar da altura. Diferenças maiores que 5 cm para a envergadura sugerem proporção eunucoide, vista em casos de insuficiência gonadal. Envergaduras pequenas sugerem displasia óssea, especialmente acondro ou hipocondroplasia. A relação segmento superior/segmento inferior é, no recém-nascido, 1,7, enquanto por volta de 3 a 6 anos está em torno de 1,3 e chega a 1 a partir de 8 anos de idade. O segmento inferior é a distância púbis-chão; segmento superior é calculado pela subtração do segmento inferior da altura. Quando essas relações estão alteradas, deve-se pensar em doenças ósseas. Outra avaliação importante é a altura na posição sentada (a criança é medida sentada em um banco e, da altura medida, desconta-se a altura do banco). A relação entre a altura sentada e a altura costuma estar elevada em situações como a mutação do gene *SHOX*.

Outros achados clínicos devem ser pesquisados, como fácies sindrômico, alterações cardíacas e pulmonares, distensão abdominal, na tentativa de identificar doenças crônicas sistêmicas subjacentes.

Ainda na avaliação clínica da BE, deve-se atentar para a estatura-alvo familiar; sempre que possível, os pais devem ser medidos. Para o cálculo da estatura média dos pais, quando se deseja estimar a estatura final do menino, adicionam-se 13 cm à estatura da mãe; no caso das meninas, subtraem-se 13 cm da estatura do pai. A estatura esperada é a média dos dois valores depois de feito o ajuste, cujo valor é determinado pela diferença de estatura entre os sexos. Nessa previsão, para se avaliar a altura final com dois desvios-padrão, devem-se somar ou subtrair 5 cm do valor encontrado. Os 13 cm representam a diferença média de altura entre homens e mulheres. A estatura-alvo depende de herança poligênica, porém correlaciona-se de forma estreita com a estatura dos pais[10].

Embora esse método seja pouco preciso, é útil no reconhecimento de doenças que comprometem a estatura final. Quando um paciente se afasta do seu alvo (padrão familiar), é preciso considerar a possibilidade da presença de agravos.

AVALIAÇÃO LABORATORIAL DA BAIXA ESTATURA

Embora uma boa história e um exame físico bem feito possam sugerir vários diagnósticos, os exames laboratoriais e de imagens pode ajudar a elucidar melhor o que ocorre com o crescimento do paciente.

Idade Óssea

É um exame simples, porém com interpretação não tão simples. A idade óssea permite avaliar o potencial de crescimento da criança. A interpretação é usualmente feita por comparação com imagens do atlas de Greulich e Pyle[11] e não é infrequente que o grau de maturação rádio-ulna, carpo e falanges não se encontre na "mesma idade", o que dificulta a interpretação. Há métodos mais sofisticados e que dão melhor resultado, mas são laboriosos e nem todos os radiologistas o fazem. Como já citado, os atrasos constitucionais de crescimento se caracterizam por um atraso de idade óssea. Avanços de idade óssea podem ocorrer por causa da adrenarca ou mesmo da puberdade, e uma criança com BE com idade óssea avançada já apresenta prejuízo na sua previsão estatural.

Avaliação Hematológica e Bioquímica Geral

Alguns exames, como hemograma, eletrólitos, gasometria venosa, ureia, creatinina, urina tipo I e urocultura, e função hepática, auxiliam na detecção de algumas doenças, como anemia crônica, acidose tubular renal, disfunção renal ou hepática, entre outras. Para excluir doença celíaca, os anticorpos IgA antiendomísio, antitransglutaminase tecidual, antigliadina podem sugerir o diagnóstico, que sempre deve ser confirmado com biópsia intestinal. Deve-se solicitar cariótipo em meninas com BE, pois vários casos de síndrome de Turner apresentam, como única manifestação, BE.

Avaliação Hormonal

As dosagens de fatores de crescimento (IGF-I e IGFBP-3) e a avaliação tireoidiana (T4l/TSH), perfil osteometabólico (cálcio iônico, fósforo, fosfatase alcalina, calcidiol, relação cálcio/creatinina urinária) e exclusão de estado de hipercortisolismo são básicos para o início da investigação.

A avaliação do GH é complexa, pois a secreção é pulsátil, com picos de maior amplitude observados nas fases do sono profundo. A característica pulsátil é controlada por um mecanismo complexo, envolvendo principalmente duas proteínas hipotalâmicas: o hormônio liberador de GH (GHRH, *growth hormone releasing hormone*), que age estimulando a secreção, e a somatostatina, de ação inibitória. O GHRH e a somatostatina, por sua vez, são influenciados por vários fatores, como atividade física, nutrição, sono, estresse, esteroides sexuais e hormônios tireoidianos. Assim, a dosagem basal da concentração de GH não ajuda no diagnóstico de sua deficiência, pois os níveis são baixos e, para avaliar a secreção hipofisária de GH, há necessidade de teste de estímulo associado a dosagem de IGF-I e antropometria. Por outro lado, os testes de estímulo apresentam grandes problemas e não são preditores da resposta do paciente ao tratamento[5,12,13].

BASES TERAPÊUTICAS DA BAIXA ESTATURA

O tratamento da doença de base, quando detectada, deve ser o objetivo principal. Assim, por exemplo, uma criança que não esteja crescendo porque apresenta doença celíaca deve recuperar seu canal de crescimento se o tratamento ocorrer em tempo adequado, ou seja, enquanto ainda há potencial de crescimento que permita que a criança atinja seu alvo estatural.

Nas deficiências hormonais, o tratamento substitutivo é inquestionável. O Food and Drug Administration (FDA) aprova o uso de GH recombinante (rhGH) para crianças com deficiência de GH, síndrome de Turner, BE idiopática, pequenos para a idade gestacional que não alcançaram percentis normais de crescimento, síndrome de Prader-Willi, insuficiência renal crônica, síndrome de Noonan e BE por haploinsuficiência do gene *SHOX*[13].

O objetivo principal do tratamento com rhGH em crianças é aumentar a velocidade de crescimento. No entanto, a terapia também tem benefícios relacionados com a melhora da composição corporal, especialmente em crianças com doenças como a síndrome de Prader-Willi[14-16].

Se de um lado o pediatra é o profissional apto a detectar precocemente um distúrbio de crescimento, as indicações terapêuticas, esquemas de uso e dosagens hormonais devem ser realizadas por endocrinologista pediátrico, que é o profissional que tem condições de avaliar se a resposta esperada está sendo efetivamente obtida e se vale a pena a continuidade do uso da medicação hormonal.

CONCLUSÕES

A BE é uma queixa frequente em consultórios de pediatras e médicos de adolescentes e embora a maior parte dos pacientes com essa queixa seja saudável, a avaliação da causa de atraso de crescimento deve ser feita cuidadosamente.

Apenas 20% dos adolescentes considerados portadores de baixa estatura têm causas patológicas para essa condição; as 80% restantes são variantes da normalidade. Assim, é fundamental que o hebiatra saiba utilizar todos os critérios de avaliação estatural, para que, dessa forma, desempenhe seu papel na vigilância sobre o crescimento e tranquilize os pais na presença de uma das variantes da normalidade, bem como detecte o mais precocemente possível doenças que possam reduzir a estatura final.

Portanto, a avaliação de uma criança com baixa estatura deve ser sempre feita pelo pediatra geral, que deve estar atento para os casos em que a intervenção é necessária, garantindo que o potencial genético da criança seja atingido. O encaminhamento ao endocrinologista pediátrico será, então, importante para a adequada aplicação dos recursos terapêuticos disponíveis no arsenal médico.

REFERÊNCIAS BIBLIOGRÁFICAS

1. Marshall WA, Tanner JM. Puberty. In: Falkner F, Tanner JM (ed.). Human growth, a comprehensive treatise. 2ª ed. New York: Plenum Press; 1986. v.2. p.171-209.
2. Skiba A, Logmani E, Orr DP. Nutritional screening and guidance for adolescents. Adolesc Health Update. 1997;9:1-8.
3. Tanner JM, Whitehouse RH, Takaishi M. Standards from birth to maturity for height, weight, height velocity and weight velocity – British children – 1965. Arch Dis Childh. 1966;41(219):454-71.

364 Medicina de Adolescentes

4. de Onis M, Onyango AW, Borghi E, Siyam A, Nishida C, Siekmann J. Development of a WHO growth reference for school-aged children and adolescents. Bull World Health Organ. 2007;85(9):660-7.
5. Allen DB, Cuttler L. Clinical practice. Short stature in childhood – challenges and choices. N Engl J Med. 2013;368(13):1220-8.
6. Wit JM, Clayton PE, Rogol AD, Savage MO, Saenger PH, Cohen P. Idiopathic short stature: definition, epidemiology, and diagnostic evaluation. Growth Horm IGF Res. 2008;18(2):89-110.
7. Rosenfeld RG, Cohen P. Disorders of growth hormone and insulin-like growth factor secretion and action. In: Sperling MA. Pediatric endocrinology. 2nd ed. WB Philadelphia: Saunders Company; 2002. p.211-88.
8. Chacko E, Graber E, Regelmann MO, Wallach E, Costin G, Rapaport R. Update on Turner and Noonan syndromes. Endocrinol Metab Clin North Am. 2012;41(4):713-34.
9. Haymond M, Kappelgaard A, Czernichow P, Biller BMK, Takano K, Kiess W. Early recognition of growth abnormalities permitting early intervention. Acta Paediatr. 2013;102(8):787-96.
10. Longui CA. Determinação da idade óssea e previsão da estatura final. In: Monti O, Calliari LEP, Longui CA (eds.). Endocrinologia para o pediatra. 2ª ed. São Paulo: Atheneu; 1998. p.24-47.
11. Greulich WW, Pyle SI. Radiographic atlas of skeletal development of the hand and wrist. Stanford: Stanford University Press; 1950.
12. Oostdijk W, Grote FK, de Muinck Keizer-Schrama SM, Wit JM. Diagnostic approach in children with short stature. Horm Res. 2009;72(4):206-17.
13. Ranke MB, Lindberg A, Mullis PE, Geffner ME, Tanaka T, Cutfield WS, et al. Towards optimal treatment with growth hormone in short children and adolescentes: evidence and theses. Horm Res Paediatr. 2013;79(2):51-67.
14. Collett-Solberg PF. Update in growth hormone therapy of children. J Clin Endocrinol Metab. 2011;96(3):573-9.
15. Bradley S, Miller BS. rhGH safety and efficacy update. Adv Pediatr. 2011;58(1):207-41.
16. Watson SE, Rogol AD. Recent updates on recombinant human growth hormone outcomes and adverse events. Curr Opin Endocrinol Diabetes Obes. 2013;20(1):39-43.

Ginecomastia na adolescência 30

Benito Lourenço

> **Após ler este capítulo, você estará apto a:**
> 1. Reconhecer a ginecomastia puberal e contextualizá-la dentro dos fenômenos pubertários habituais do adolescente.
> 2. Realizar os principais diagnósticos diferenciais da ginecomastia na adolescência.
> 3. Identificar o manejo mais adequado para cada paciente nessa situação.

INTRODUÇÃO

Conceitua-se ginecomastia como o aumento glandular da mama masculina que, clinicamente, é caracterizada na palpação por um disco de consistência firme, subareolar e móvel, não aderente à pele ou ao tecido subjacente. Embora possa ser um achado na rotina do exame físico hebiátrico, frequentemente sem significado patológico, em alguns indivíduos, significa a expressão de uma doença sistêmica ou endocrinológica mais grave. Além disso, mesmo o aumento glandular fisiológico observado nos púberes, benigno e transitório, pode ser fonte de preocupações, dúvidas ou desconforto por parte do adolescente.

Sabe-se que a ginecomastia pode implicar impacto negativo sobre a autoestima do adolescente, com prejuízo na participação de atividades sociais e esportivas[1,2].

A ginecomastia pode ser um evento fisiológico em alguns momentos da vida: período neonatal (por passagem de hormônios pela placenta durante a gestação), puberdade (ginecomastia puberal) e senilidade. Neste capítulo, será abordado o surgimento da ginecomastia circunscrito ao período da adolescência. O médico que atende essa faixa etária deve conhecer essa condição e contextualizá-la dentro dos fenômenos pubertários, realizando os diagnósticos diferenciais pertinentes e orientando o jovem que, eventualmente, encontra-se preocupado.

EPIDEMIOLOGIA

A ginecomastia puberal é um fenômeno comum. A prevalência varia nos estudos em função do tamanho glandular considerado para o diagnóstico (menores ou maiores que 1 a 2 cm); portanto, frequências de 4 a 69% são reportadas[3,4]. Considerada em seus menores graus, 50 a 70% de todos os garotos desenvolverão algum crescimento de tecido mamário durante a puberdade[1,5,6].

A ginecomastia puberal costuma aparecer entre 10 e 12 anos de idade, atingindo seu pico de incidência entre 13 e 14 anos, comumente no estágio maturacional de Tanner 3 ou mais[3,6].

Essa condição geralmente regride dentro de 18 meses de evolução e sua persistência é incomum após os 17 anos, embora alguns homens permaneçam com ginecomastia residual[7].

PATOGÊNESE E DIAGNÓSTICO DA GINECOMASTIA

Parece não haver nenhuma diferença na responsividade do tecido mamário masculino ou feminino à estimulação hormonal. A intensidade de proliferação e diferenciação glandular depende de uma sensibilidade individual, do ambiente hormonal e da duração e intensidade da estimulação pelos hormônios[3]. A ginecomastia tem como substrato etiológico a existência de um desequilíbrio na relação hormonal, em que os androgênios (ação inibidora do crescimento mamário) estão em proporção menor que os estrogênios, que estimulam o tecido mamário. Esse fenômeno pode ser transitório ou permanente, fisiológico ou patológico. As formas fisiológicas de ginecomastia, como referidas anteriormente, incluem a neonatal, a puberal e a senil.

Estrógenos induzem hiperplasia epitelial ductal, com consequente alongamento e ramificação dos ductos, proliferação dos fibroblastos periductais e aumento de vascularização. A progesterona (da fase lútea do ciclo menstrual) estimula o desenvolvimento dos alvéolos, fenômeno que não é observado na ginecomastia[8].

O desequilíbrio entre a ação estimulante do estrógeno sobre a mama e o efeito inibitório androgênico podem ser definidos por três fatores:

- Produção dos esteroides pela adrenal e pelos testículos: nos homens, 95% da testosterona circulante, 15% do estradiol (E2) e menos de 5% da estrona (E1) são diretamente produzidos pelos testículos. O principal androgênio produzido pela glândula adrenal é a androstenediona. A maior parte do E2 e E1 circulantes deriva da conversão extraglandular periférica de testosterona e androstenediona, respectivamente, por tecidos como o adiposo (principal), fígado, pele, músculos, osso e rim, todos providos da enzima aromatase[8,9].
- Concentração de globulina ligadora aos hormônios sexuais (SHBG): a maioria dos esteroides sexuais circulantes liga-se a SHBG, sendo que a maior afinidade é com andrógenos. Dessa forma, condições que aumentem a concentração de SHBG resultam em uma redução proporcionalmente maior de androgênios livres do que estrogênios.
- Resposta tecidual aos hormônios sexuais: alguns pacientes com ginecomastia, por exemplo, têm maior sensibilidade mamária a níveis circulantes normais de estrógenos, mesmo na presença de níveis androgênicos adequados.

O mecanismo patogênico mais provável da ginecomastia que ocorre na puberdade parece ser um aumento da conversão periférica dos andrógenos adrenais em estrógenos, em uma fase inicial transitória da puberdade, em que a baixa secreção diurna de testosterona (pelos testículos) não é suficiente para contrabalançar a ação estrogênica.

Do ponto de vista histológico, independentemente da etiologia, a ginecomastia é caracterizada por padrões que mudam conforme a duração do estímulo hormonal. Inicialmente, há intensa proliferação ductal e de um estroma de tecido fibroconectivo, com edema periductal e proliferação fibroblástica. Esse padrão é observado nos primeiros 6 meses e pode estar associado com certo grau de dor ou desconforto. Após cerca de 12 meses, o padrão histológico mais tardio consiste em uma leve proliferação ductal, com marcada dilatação. Há aumento do estroma quase acelular, com fibrose e desaparecimento da reação inflamatória. É improvável que haja regressão espontânea nessa fase tardia[10].

Uma propedêutica cuidadosa, com dados da história e exame físico, comumente esclarece os casos de aumento do tecido mamário em meninos. A verdadeira ginecomastia deve ser diferenciada da pseudoginecomastia (lipomastia ou adipomastia), presente em meninos pré-púberes ou púberes obesos, que é o aumento da região mamária em razão exclusivamente do aumento do tecido gorduroso; geralmente é bilateral e de consistência amolecida à palpação (Figura 30.1). Na palpação da ginecomastia, encontra-se um tecido fibroelástico, retromamilar, estendendo-se em dimensões variáveis e mantendo-se em uma relação concêntrica à aréola. Embora comumente bilateral, é frequentemente assimétrica ou de evolução sequencial,

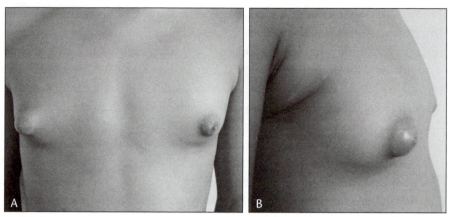

Figura 30.1 Exemplos de adolescentes com ginecomastia puberal. A: ginecomastia bilateral, assimétrica; B: lipoginecomastia em adolescente obeso. (Veja imagem colorida no encarte.)

em que um lado se desenvolve previamente ao outro. Ocasionalmente, além do incômodo estético, o adolescente relata aumento da sensibilidade local ao contato com a roupa e, menos frequentemente, dor local de pequena intensidade.

No paciente obeso, pode haver lipoginecomastia, pois frequentemente existe aumento da atividade da aromatase (conversão de androgênios em estrogênios) pelo abundante tecido adiposo.

A hipertrofia da musculatura peitoral também pode ser confundida com ginecomastia, porém não é referida como queixa e, pelo contrário, pode ser valorizada em indivíduos atléticos.

As medidas do disco glandular devem ser aferidas e anotadas em cada consulta, pois assim pode-se classificar a ginecomastia conforme a Tabela 30.1.

Tabela 30.1 – Classificação da ginecomastia[11,12]	
Grau 1	Nódulo subareolar menor que 1 cm, frequentemente não visível, porém palpável
Grau 2	Disco ultrapassa a borda areolar, de 1 a 4 cm. Esse grau não costuma ser visível de frente, apenas de perfil
Grau 3	Tecido glandular maior que 5 cm. É denominada macroginecomastia e a mama pode ter aspecto feminino

Uma vez constatada a presença de ginecomastia durante a adolescência, torna-se necessário o diagnóstico diferencial entre a ginecomastia puberal, condição benigna e comum durante o desenrolar da puberdade normal, e a ginecomastia de causa patológica, menos frequente.

Ressalta-se a importância de que o diagnóstico, sempre que possível, seja clínico; dessa forma, evita-se, por exemplo, a submissão de um adolescente preocupado e angustiado a exames de imagem desnecessários ou constrangedores, como a ultrassonografia da região mamária.

GINECOMASTIA PATOLÓGICA E DIAGNÓSTICO DIFERENCIAL

A combinação de uma boa história clínica com o exame físico adequado do paciente pode revelar a grande maioria das causas do aumento mamário[10]. Entre as causas patológicas da ginecomastia, destacam-se drogas, endocrinopatias, tumores e doenças crônicas.

Existem muitas drogas que podem estar associadas a ginecomastia, cujos mecanismos de ação podem ser variados. Algumas têm efeitos conhecidos, como os estrogênios, por exposição intencional ou não a cremes de contato com a pele ou pílulas contraceptivas, anabolizantes androgênicos (aromatização para estrogênios), antiandrogênios, como ciproterona e finasterida, espironolactona (diminui a biossíntese da testosterona e aumenta aromatização), cimetidina (compete deslocando andrógeno do seu receptor), metronidazol e cetoconazol (inibem síntese de testosterona). Outras substâncias, entretanto, não têm mecanismo ainda claro que explique o crescimento mamário: abuso de álcool, algumas medicações antiretrovirais, fenitoína, maconha e alguns antidepressivos. Agentes antipsicóticos podem determinar aumento dos níveis de prolactina, causando galactorreia e, menos comumente, aumento mamário.

O hipogonadismo primário ou hipergonadotrófico (anorquia, síndrome de Klinefelter, sequela de trauma ou de orquite) pode manifestar-se com ginecomastia. Situações de hiperprolactinemia podem levar a ginecomastia pelo efeito de hipogonadismo, determinado pela inibição do eixo hipotálamo-hipófise-gonadal causado por esse hormônio (hipogonadismo secundário).

Uma das maiores preocupações dos adolescentes é o diferencial com a possibilidade de câncer, situação bastante rara nessa faixa etária. O carcinoma caracteriza-se pela unilateralidade, excentricidade, consistência mais endurecida e eventuais sinais na pele ou em linfonodos regionais. Por ser uma situação extremamente infrequente, porém preocupante para a maioria dos indivíduos, o adolescente deve ser reassegurado sobre a não existência dessa condição. Tumores germinativos são raros, mas representam os principais tumores testiculares; eles podem secretar gonadotrofina coriônica humana (hCG), com aumento de estrógenos (principalmente) e andrógenos, podendo ser causa de ginecomastia. Os fatores de risco para esses tumores são a criptorquidia e as disgenesias gonadais. Algumas doenças crônicas, como hepatopatias (que causam déficit no depuramento de androgênios, tornando-os mais disponíveis para conversão periférica), nefropatias (insuficiência renal crônica) e hipertireoidismo, podem apresentar-se com aumento da região mamária.

Possivelmente, trata-se de um caso de ginecomastia puberal quando seu aparecimento ocorrer no período da puberdade, houver história negativa de ingestão de drogas, ausência de doença sistêmica ou crônica, ausência de massas endurecidas ou assimétricas ou sinais de doença genital ao exame físico, e sinais de maturação sexual e crescimento linear normais. Nesses casos, não há necessidade de outros exames. Mas os meninos com ginecomastia e achados anormais ao exame inicial devem ser mais bem investigados. A Tabela 30.2 sistematiza as principais informações a serem obtidas dos adolescentes com ginecomastia, orientando sobre possíveis diagnósticos diferenciais.

Tabela 30.2 – Informações fundamentais para o diagnóstico da ginecomastia no adolescente	
Dados	**Significado para raciocínio clínico**
Idade do início puberal	
Precoce	Considerar a possibilidade de tumores
Habitual	Considerar a ginecomastia puberal
Atrasada	Considerar a possibilidade de disfunção gonadal
Características do início da ginecomastia	
Início durante a puberdade	Considerar a ginecomastia puberal
Início após a puberdade	Não considerar a ginecomastia puberal
Progressão	Progressão rápida não é comum na ginecomastia puberal
Tamanho	Macroginecomastia: merece investigação
Dor	Dor discreta pode ser encontrada na ginecomastia puberal
Descarga papilar	Ausente na ginecomastia puberal
▪ Leitosa	Considerar hiperprolactinemia
▪ Serossanguinolenta	Merece investigação complementar
Antecedente para criptorquidismo e hipospádia	Considerar a possibilidade de disfunção testicular
Problemas de aprendizado ou alterações de comportamento	Considerar a possibilidade de drogas de abuso ou síndrome de Klinefelter
Uso de drogas ou medicações	Considerar a possibilidade de drogas causarem ginecomastia
Participação em esportes competitivos	Considerar a possibilidade de uso de esteroides anabólicos
Casos semelhantes entre amigos ou familiares	Considerar a possibilidade de exposição (alimentos e cosméticos)

Exames pertinentes na investigação dependem da suspeita diagnóstica: testes de função hepática, dosagem das gonadotrofinas (FSH e LH), dosagens de andrógenos e estrógenos, hCG (na suspeita de tumores testiculares) e função tireoidiana.

MANEJO DA GINECOMASTIA PUBERAL

Por ser motivo de grande preocupação, ansiedade e transtornos psicossociais para alguns adolescentes, são necessárias a explicação e a tranquilização do cliente quanto à benignidade do quadro. A maioria dos adolescentes com ginecomastia puberal, quando bem orientados, suporta bem a evolução desse fenômeno puberal.

Para a maioria dos adolescentes, a principal recomendação é a observação clínica, em razão da grande possibilidade de regressão espontânea, com reavaliações periódicas.

Recomenda-se ao profissional evitar a utilização do termo "seio" para referir-se a ginecomastia, desvinculando-a da imagem da mama feminina. Também pode ser realizada a dissociação da ginecomastia puberal do fenômeno da prática masturbatória, conceito leigo bastante difundido. Uma abordagem interessante pode ser a tentativa de situar a ginecomastia entre os outros fenômenos normais da puberdade, como o estirão, a espermarca e a muda vocal. A apresentação da classificação de Tanner e a determinação do momento puberal do adolescente nesse contexto podem tranquilizá-lo.

Embora o tempo de observação e seguimento clínico recomendado seja de 12 a 18 meses, quando ocorre a regressão, o pediatra deve estar atento a particularidades da ginecomastia em cada um de seus pacientes. Esse olhar individualizado permite, eventualmente, a antecipação de um tratamento mais específico, na dependência da gravidade da repercussão psicossocial para o adolescente. Tamanho da ginecomastia, duração do processo, aspecto estético da conformação da mama e implicações para a qualidade de vida do adolescente devem ser consideradas na escolha da melhor abordagem terapêutica.

As modalidades de terapêutica disponíveis incluem o tratamento farmacológico ou cirúrgico. Tratamento clínico medicamentoso pode ser realizado com tamoxifeno, um antagonista do estrógeno na mama. A eficácia da droga está relacionada à constituição histopatológica do tecido mamário; por isso, sua indicação é feita em ginecomastias com menos tempo de evolução, em que ainda não houve progressão para fibrose (fase tardia da ginecomastia). Os estudos clínicos são limitados sobre o uso desses moduladores de receptores de estrógenos e não induzem regressão completa da ginecomastia, apenas uma melhora parcial[13,14]. Não existem conclusões sobre a eficácia dessas drogas comparadas à adoção de conduta expectante[13,14].

A cirurgia está indicada nos casos de macroginecomastia ou quando o tecido mamário estiver presente por mais tempo, tendo-se tornado firme por fibrose ou, mais precocemente, pelas possíveis repercussões psicológicas que essa condição pode causar. O procedimento pode variar de mastectomia subcutânea por incisão circumareloar, familiar para a maioria dos cirurgiões pediátricos e que proporciona excelentes resultados cosméticos, na maioria dos casos, ou, em casos mais graves, mamoplastia redutora[15,16].

CONCLUSÕES

Embora seja uma condição benigna e habitual da adolescência masculina, entendida como expressão de fenômenos fisiológicos particulares da puberdade, o profissional deve estar atento ao diagnóstico diferencial da ginecomastia. Além disso, o pediatra deve rastrear a eventual repercussão psicossocial dessa condição; embora a conduta expectante seja a regra na ginecomastia puberal, a particularização de cada caso pode identificar adolescentes que necessitem outras intervenções terapêuticas.

REFERÊNCIAS BIBLIOGRÁFICAS

1. Narula HS, Carlson HE. Gynecomastia. Endocrinol Metab Clinics. 2007;36(2):497-519.
2. Mathur R, Braunstein GD. Gynecomastia: pathomechanisms and treatment strategies. Horm Res. 1997;48(3):95-102.
3. Braunstein GD. Epidemiology and pathogenesis of gynecomastia [internet]. The UpToDate website. Disponível em: http://www.uptodate.com. (Acesso em out 2013.)
4. Kumanov P, Deepinder F, Robeva R, Tomava A, Li J, Agarwal A. Relationship of adolescent gynecomastia with varicocele and somatometric parameters: a cross-sectional study in 6200 healthy boys. J Adolesc Health. 2007;41(2):126-31.
5. Nydick M, Bustos J, Dale Jr JH, Rawson RW. Gynecomastia in adolescent boys. JAMA. 1961;178:449-54.
6. Mahoney CP. Adolescent gynecomastia. Differential diagnosis and management. Pediatr Clin North Am. 1990;37(6):1389-404.
7. Lazala C, Saenger P. Pubertal gynecomastia. J Pediatr Endocrinol Metab. 2002;15(5):553-60.
8. Wilson JD, Aiman J, MacDonald PC. The pathogenesis of gynecomastia. Adv Intern Med 1980;25:1-32.
9. Moore DC, Schlaepfer LV, Paunier L, Sizonenko PC. Hormonal changes during puberty: V. Transient pubertal gynecomastia: abnormal androgen-estrogen ratios. J Clin Endocrinol Metab. 1984;58(3):492-9.
10. Nicolis GL, Modlinger RS, Gabrilove JL. A study of the histopathology of human gynecomastia. J Clin Endocrinol Metab. 1971;32(2):173-8.
11. Braunstein GD. Clinical practice. Gynecomastia. N Engl J Med. 2007; 357(12):1229-37.
12. Ma N, Geffner M. Gynecomastia in prepuberal and puberal boys. Curr Opin Pediatr. 2008;20(4):465-70.
13. Braunstein GD. Management of gynecomastia [internet]. The UpToDate website. Disponível em: http://www.uptodate.com. (Acesso em out 2013.)
14. Doughty JC, Wilson CR. Tamoxifen is unproved for gynaecomastia. Br Med J. 2003;327(7422):1050-1.
15. Laituri CA, Garey CL, Ostlie DJ, St. Peter SD, Gittes GK, Snyder CL. Treatment of adolescent gynecomastia. J Pediatr Surg. 2010;45(3):650-4.
16. Gikas P, Mokbel K. Management of gynecomastia: an update. Int J Clin Pract. 2007;61(7):1209-15.

Escoliose e afecções ortopédicas mais comuns do adolescente

31

Olavo Biraghi Letaif
Luis Eduardo Passarelli Tírico

Após ler este capítulo, você estará apto a:

1. Identificar e diagnosticar a escoliose idiopática e as afecções ortopédicas mais comuns do adolescente.
2. Realizar o exame físico inicial e solicitar exames complementares das doenças descritas.
3. Propor condutas e orientar o tratamento das afecções discutidas.

INTRODUÇÃO

Na adolescência, as lesões ortopédicas são de grande importância, sendo o diagnóstico e o tratamento adequados fundamentais para sua boa evolução. A avaliação e a detecção iniciais dessas doenças podem muitas vezes ser feitas por médicos, independentemente de sua especialidade.

Este capítulo abordará as alterações ortopédicas mais frequentes que acometem a coluna vertebral e os membros inferiores de adolescentes. Lesões nos membros superiores estão habitualmente relacionadas a traumas. É também na adolescência que alguns sinais e sintomas ortopédicos relacionados às anomalias congênitas manifestam-se. O médico deve estar atento para identificá-los.

ESCOLIOSE

A escoliose é um desvio lateral da coluna em relação ao plano frontal (coronal), normalmente acompanhada de rotação dos corpos vertebrais. É a deformidade mais frequente na coluna do adolescente, com incidência de aproximadamente 10% na população geral.

A classificação mais utilizada para escoliose é a que leva em conta sua etiologia: idiopática, congênita, neuromuscular ou secundária a outras doenças. A escoliose mais frequente (80% dos casos) é a do tipo idiopática, que pode ser dividida segundo a faixa etária de ocorrência: 0 a 3 anos de idade – infantil; 3 a 10 anos – juvenil; 10 a 17 anos – do adolescente; acima de 17 anos – do adulto. Este capítulo abordará a escoliose idiopática do adolescente[4,6]. Ocorre principalmente no sexo feminino, em uma proporção que pode chegar a 4 a 10 meninas: 1 menino[4,6].

Quadro Clínico/Exame Físico

O quadro clínico da escoliose normalmente é oligossintomático e caracteriza-se por uma deformidade visível na coluna (normalmente curva torácica com convexidade à direita), com ou sem assimetria dos cíngulos do membro superior e inferior. Deve-se atentar para sinais de alarme associados à deformidade, como dor, déficit neurológico, curvas com padrão morfológico atípico, sexo masculino e desconforto respiratório. Tais achados devem ser pronta e adequadamente investigados[4,6].

O exame físico inicia-se pela avaliação da marcha, seguido pela inspeção do paciente com roupa íntima em posição ortostática. Deve-se observar diferença na altura dos ombros e cristas ilíacas, bem como assimetrias da caixa torácica, do comprimento dos membros inferiores e do alinhamento dos joelhos e dos tornozelos. Pode haver desalinhamento entre a região cervicotorácica (processos espinhosos de CVII e TI) e a fenda glútea, no teste da linha de prumo. Este teste consiste em avaliar o paciente de costas no plano frontal através de uma linha de prumo (fio de aço com um pequeno peso pendente em sua extremidade) que, nos indivíduos normais, quando apoiada no occipício ou na altura de C7, deve passar pela fenda glútea. Solicita-se ao paciente que realize a flexão anterior do tronco com os membros inferiores estendidos (teste de Adams); se houver elevação do gradil costal (chamada giba) de um dos lados da coluna, é indicação de que existe rotação dos corpos vertebrais e provavelmente trata-se de uma curva rígida ou pouco flexível. O exame neurológico deve ser o mais completo possível[4,6].

A probabilidade de aumento da curva está intimamente relacionada à maturidade esquelética do paciente. Quanto maior for a imaturidade do esqueleto, maior a chance de progressão da deformidade. Deve-se sempre perguntar sobre a data da menarca e avaliar o estágio puberal de Tanner[4,6].

A maturidade óssea também pode ser avaliada radiologicamente. Por meio da radiografia panorâmica da coluna ou da radiografia anterior do quadril, pode-se avaliar a ossificação das apófises vertebrais e das apófises ilíacas. A ossificação da apófise do osso ilíaco, que ocorre da parte lateral para a medial, é denominada sinal de Risser, e é classificada em seis graus: grau 0: sem sinal de ossificação; grau I: a ossificação cobre uma área de 25% da crista ilíaca; grau II: cobre 50%; grau III: quando cobre 75%; grau IV: cobre 100%; grau V: quando a ossificação está completa.

Classificação

Durante a evolução médica sobre o conhecimento da escoliose, alguns autores propuseram formas para se classificar os pacientes quanto ao tipo/aspecto de sua escoliose. A ideia de agrupar pacientes sob a mesma classificação tem por objetivo tentar propor condutas semelhantes e uniformes para eles. O padrão morfológico mais comumente encontrado é aquele no qual a principal curva (a de maior amplitude angular) da coluna é a curva torácica central, sendo a curva torácica proximal e a curva lombar de menor magnitude (compensatórias)[1,2].

Diagnóstico

O correto diagnóstico da escoliose envolve a anamnese, o exame físico detalhado e a avaliação radiográfica cuidadosa.

Inicialmente, o exame radiológico mais importante é a radiografia panorâmica da coluna, também chamada radiografia da coluna total. Existem outros tipos de radiografia utilizadas para visualização da coluna, mas a do tipo panorâmica é importante nos casos de escoliose, devendo ser incluídas na mesma imagem as porções cervical, torácica e lombar da coluna e ainda o quadril com as cristas ilíacas e as cabeças femorais. Frequentemente, imagens totais da coluna nas inclinações laterais (para a direita e para a esquerda) em plano frontal ajudam a determinar o grau de rigidez/mobilidade das curvas[4,6].

A magnitude da curva escoliótica é avaliada pelas medidas angulares obtidas pelo método de Cobb. Ele consiste em traçarem-se linhas paralelas ao platô superior da 1ª vértebra participante da curva (vértebra mais cranial) e ao platô inferior da última vértebra envolvida na curva (vértebra mais caudal). O encontro das linhas perpendiculares às paralelas descritas determina o ângulo da curva (Figura 31.1). Curvas de até 10° não são consideradas patológicas.

Conforme o quadro clínico, a velocidade de progressão da curva, os padrões atípicos de curva e as queixas de dor ou prejuízo neurológico, convém associar ressonância magnética (RM) e/ou tomografia computadorizada (TC) da coluna.

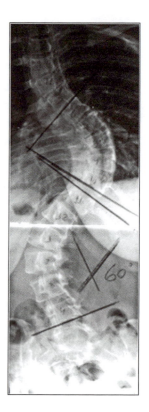

Figura 31.1 Mensuração de duas curvas escolióticas pelo método de Cobb.

Tratamento

O tratamento está relacionado à magnitude da curva escoliótica e à maturidade esquelética do paciente[4,6].

Pacientes com curvas acima de 10° e abaixo de 20° com maturidade esquelética podem receber orientações gerais e não precisam de acompanhamento regular. Nos pacientes imaturos esqueleticamente, o acompanhamento deve ser a cada 6 meses, com novas radiografias a cada visita.

No caso dos pacientes com curvas entre 20° e 30°, se houver maturidade esquelética, o acompanhamento anual com radiografia simples é suficiente. No caso de imaturidade esquelética, as avaliações devem ser a cada 3 meses, sempre com radiografias atualizadas. Para esses pacientes, caso se observe progressão da curva de 5° em 6 meses, pode-se indicar o uso de órtese.

Para os pacientes com curvas entre 30° e 40°, orienta-se o uso da órtese já na primeira consulta no caso de imaturidade esquelética. Os pacientes esqueleticamente maduros podem realizar acompanhamento anual com radiografia simples.

De modo geral, o tratamento cirúrgico está indicado para os pacientes com curvas acima de 40° ou nos quais há progressão da curva mesmo com o uso do colete[2,3].

ESPONDILÓLISE E ESPONDILOLISTESE

Espondilólise é um defeito (lise) da *pars interarticularis* mais comumente encontrado na lombar (na maioria das vezes, na vértebra L5), sem escorregamento anterior do corpo vertebral. O defeito pode ser uni ou bilateral. A associação de espondilólise com escorregamento de vértebra é chamada de espondilolistese ístmica (lítica). Ela é encontrada predominantemente no nível de L5-S1. Sua incidência na população adulta é de 5%[8].

Etiologia

A espondilolistese mais encontrada no adolescente é a do tipo ístmico, que se inicia com uma espondilólise. A *pars interarticularis* sob estresse mecânico pode alongar-se ou fraturar-se. Permanecem dúvidas acerca da etiologia e da história natural da doença[8].

O problema é mais frequente na raça branca, sendo mais prevalente na faixa etária de 9 a 15 anos. Acomete mais comumente o sexo masculino (proporção de 2:1), embora o sexo feminino apresente maior risco de progressão do escorregamento. Existem alguns fatores de risco conhecidos, como a doença de Scheuermann e os esportes que causam hiperextensão lombar (ginástica olímpica, vôlei, levantamento de peso, entre outros)[8].

Quadro Clínico

Normalmente, os pacientes são assintomáticos quando crianças. Pode haver alterações da marcha ou da postura. Raramente encontra-se déficit neurológico. Quando as queixas ocorrem, normalmente estão relacionadas à dor lombar axial que se agrava com a prática esportiva mais intensa. Nos casos graves da doença, o paciente pode apresentar aumento da lordose acima do escorregamento, redução da linha de cintura, retração dos isquiotibiais, verticalização do sacro (báscula do quadril), desvio palpável de L5 a S1 e restrição da amplitude de movimentos da lombar. Dá-se o nome de sinal de Phalen-Dickson (Figura 31.2) à marcha com flexão dos quadris e joelhos que tende a ser mais pronunciada quanto maior for o escorregamento[8].

Diagnóstico

Primeiramente, deve ser solicitada radiografia simples da coluna lombar nas incidências anterior e lateral. Quando há espondilólise sem escorregamento, é difícil identificar o defeito da *pars*. A melhor incidência para visualizar a *pars* é a oblíqua (Figura 31.3). Também se pode solicitar radiografia simples dinâmica da coluna lombar, ou seja, com flexão e extensão máximas, que permite avaliar a presença de instabilidade relacionada ao movimento excessivo das vértebras.

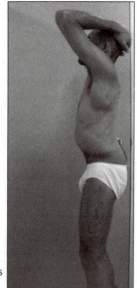

Figura 31.2 Paciente com espondilolistese grave. Observa-se a flexão dos joelhos e quadris na posição ortostática (sinal de Phalen-Dickson).

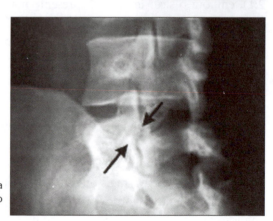

Figura 31.3 Radiografia oblíqua da coluna lombar. Entre as setas, observa-se o defeito na *pars interarticularis* de L5 – espondilólise.

Se o histórico clínico for sugestivo, os sintomas forem agudos e/ou houver alterações neurológicas, mesmo com a radiografia normal, recomenda-se realizar RM, TC ou cintilografia óssea para detectar o problema.

Classificação

A espondilolistese, segundo Meyerding, pode ser classificada pela magnitude do deslizamento anterior do corpo vertebral de uma vértebra sobre outra, nos graus de I a V. Grau I: deslizamento anterior do corpo vertebral até 25%; grau II: de 25 a 50%; grau III: de 50 a 75%; grau IV: acima de 75%; grau V: deslizamento total, ou ptose vertebral[8].

Tratamento

Apenas 10 a 15% das espondilólises sintomáticas necessitam de tratamento cirúrgico. As indicações são: escorregamento progressivo, dor intratável, déficit neurológico e instabilidade segmentar associada à dor. O tratamento conservador envolve: restrição de atividades extenuantes, fortalecimento muscular e, quando os sintomas forem intensos, uso de órtese. Se o paciente estiver assintomático, pode-se liberar a prática de atividade física e manter o acompanhamento com radiografia para afastar o desenvolvimento de listese[7,8].

O tratamento da espondilolistese ístmica no adolescente depende do grau de deslizamento, do potencial de crescimento e dos sintomas. A cirurgia pode ser recomendada pelo grau do desvio, mesmo sem sintomas específicos, com o objetivo de evitar progressão do escorregamento e deformidade grave[7,8].

O tratamento não operatório da listese deve restringir as atividades e promover a reabilitação caso o desvio seja pequeno. A órtese deve ser empregada nos casos em que há sintomatologia significativa ou progressão do deslizamento, mesmo com modificação das atividades, e deve ser utilizada em período integral, por 3 a 6 meses. Associa-se o alongamento dos flexores do quadril aos isquiotibiais. Com a melhora dos sintomas, a retirada da órtese é progressiva, bem como o retorno aos esportes[7,8].

O tratamento cirúrgico está indicado nos casos em que há progressão da deformidade mesmo com medidas conservadoras; em pacientes com mais de 50% de deslizamento, mesmo que assintomáticos; persistência dos sintomas apesar de tratamento conservador por 1 ano; retração persistente dos isquiotibiais; marcha anormal; deformidade de pelve e tronco; e desenvolvimento de déficit neurológico[7,8].

CIFOSE

Denomina-se cifose a curvatura da coluna vertebral em relação ao plano sagital, que apresenta convexidade posterior. A cifose torácica normal medida da II à XII vértebra tem valor entre 20° e 45°.

Pode-se analisar a cifose de acordo com a configuração da curva. Na faixa etária adolescente, tem grande importância a cifose de raio longo ou não angular, sendo as duas principais etiologias a cifose postural (dorso curvo) e a cifose juvenil ou doença de Scheuermann.

Cifose Postural

É uma atitude do dorso relacionada à postura do indivíduo. Trata-se de uma deformidade com curva flexível, sem alteração estruturada da coluna, que tende a regredir com o crescimento do paciente. Atividades físicas e posturais podem ser benéficas e a principal conduta é o acompanhamento periódico do paciente, com exame físico e radiológico para acompanhamento da curva até a maturidade esquelética.

Cifose Juvenil ou Doença de Scheuermann

Trata-se de cifose estrutural da coluna torácica ou toracolombar de raio longo. A predominância é discretamente maior no sexo masculino. Normalmente, a doença inicia-se no estirão de crescimento da adolescência por volta de 12 a 17 anos de idade[5,6].

A etiologia é desconhecida, mas há indícios de que fatores genéticos e hormonais possam contribuir. Existe ainda um papel da sobrecarga mecânica sobre a coluna (p.ex., levantamento de peso)[5,6].

O quadro clínico é habitualmente oligossintomático. Pode haver dor lombar ou alteração postural que pioram com a atividade física e melhoram ao final do crescimento. Deve-se afastar espondilólise como causa da dor lombar. A presença de déficit neurológico não é comum[5,6].

Ao exame físico, encontra-se cifose torácica ou toracolombar com compensação lombar de hiperlordose. Normalmente, não há correção da curva com manobras de flexão ou extensão (Figura 31.4). Pode-se encontrar escoliose estrutural leve associada em 30% dos pacientes[5,6].

O exame de imagem inicial deve ser a radiografia panorâmica da coluna, ou coluna total, nas incidências anterior e lateral. São esperados os seguintes achados: encunhamento de pelo menos 5° em no mínimo três vértebras adjacentes no ápice da cifose; irregularidades das placas terminais das vértebras, com cifose global da

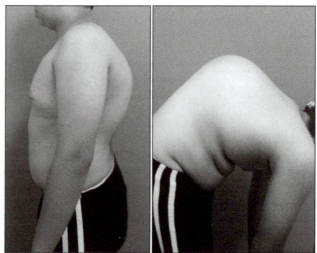

Figura 31.4 Paciente do sexo masculino, 14 anos de idade, com doença de Scheuermann.

coluna torácica maior que 45° medida pelo método de Cobb; presença de nódulos de Schmorl (herniações de disco intrassomáticas). Essas alterações em conjunto compõem os critérios de Sorensen para o diagnóstico da doença de Scheuermann. Pode-se solicitar RM se houver alteração neurológica ao exame físico[5,6].

O tratamento é, na maioria das vezes, conservador. Quando a cifose é menor que 50° e não se observa progressão, recomendam-se realizar radiografias simples da coluna a cada 6 meses até a maturidade esquelética. Devem também ser instituídos exercícios com o objetivo de manter a flexibilidade, promover o fortalecimento da musculatura extensora e realizar a correção da hiperlordose lombar. Pode-se instituir o uso do colete de Milwaukee para curvas torácicas maiores que 50°, desde que haja pelo menos 40% de correção passiva das curvas entre 50 e 75°. O uso do colete estende-se até a maturidade esquelética[5,6].

O tratamento cirúrgico está indicado nos casos em que a deformidade não pode ser controlada com o uso da órtese, nas cifoses rígidas maiores que 75°, quando há dor apesar do tratamento clínico, quando a deformidade causa problemas respiratórios, quando há alterações neurológicas e na presença de importante retesamento dos isquiotibiais[5,6].

EPIFISIOLISTESE

A epifisiolistese proximal femoral, epifisiólise proximal do fêmur ou escorregamento epifisário não traumático, ou ainda coxa vara do adolescente, caracteriza-se pelo escorregamento gradual ou súbito, para trás e para baixo, da epífise sobre a metáfise. Acredita-se que seja resultado de um enfraquecimento do anel pericondral da fise proximal do fêmur ou deiscência da fise[9,10].

Epidemiologia

Admite-se que a incidência seja de 2:100.000 adolescentes, o que representa uma das doenças mais comuns do quadril nessa faixa etária.

Há maior acometimento no sexo masculino, na raça negra e no quadril esquerdo. A maioria dos pacientes encontra-se no estágio de maturação esquelética Risser I. Na apresentação inicial, 80% dos casos têm doença unilateral à esquerda, mas pode haver acometimento bilateral em 60 a 80% durante a evolução.

Etiologia

A etiologia não é completamente definida, mas estudos sugerem associação de vários fatores (mecânicos, endócrinos e sistêmicos).

382 Medicina de Adolescentes

A testosterona normalmente está reduzida nos pacientes masculinos. Também parece haver relação da incidência com a obesidade e com a deficiência do hormônio de crescimento (GH).

Quadro Clínico

Podem ocorrer aumento da rotação lateral no ângulo de progressão do pé. Este ângulo é observado durante a marcha normal e, em pacientes com epifisiolistese, em virtude da alteração do quadril, ocorre maior rotação lateral desse ângulo, o que se reflete no membro inferior, acometido pela episiolistese. Ainda observam-se rotação lateral obrigatória à flexão do quadril (sinal de Drehman), redução da rotação medial do quadril; aumento da rotação lateral, marcha em Trendelenburg, dor no quadril, na região inguinal ou na face medial da coxa ou do joelho.

Avaliação Radiológica

A radiografia simples anterior do quadril (dos dois lados) pode demonstrar: alargamento da placa fisária com irregularidade e redução na altura da epífise (quando desviada para trás); imagem em crescente no colo femoral proximal; desvio lateral da metáfise com relação à lágrima; uma linha reta desenhada na margem superolateral do colo femoral não tem intersecção na borda lateral da epífise (pelo escorregamento). A radiografia de perfil do quadril define melhor o grau de desvio e é mais sensível.

Uma classificação radiológica útil antes do remodelamento ósseo é: leve – escorregamento de até um terço da epífise; moderada – escorregamento de um terço até metade da epífise; grave – escorregamento superior à metade da epífise.

Classificação por Estágio Clínico

No pré-escorregamento, o paciente tem dor leve à rotação do quadril e redução mínima da rotação medial.

Na fase aguda, há dor intensa com duração inferior a 3 semanas. Ao exame físico, o quadril apresenta-se em rotação lateral e encurtado. O doente não consegue suportar carga no membro acometido e a movimentação do quadril é limitada por espasmo muscular. Observa-se o escorregamento por meio da radiografia, porém sem sinais de consolidação ou remodelamento.

A fase crônica é aquela na qual se apresenta a maior parte dos doentes (80 a 90%). Os pacientes têm dor superior a 3 semanas e marcha antálgica. O membro afetado apresenta rotação lateral e encurtamento. Há diminuição significativa da amplitude de movimento do quadril com redução da rotação medial e abdução.

Pode haver atrofia da musculatura da coxa e do glúteo, secundária ao desuso, e observa-se o sinal de Drehman. Há tentativa de consolidação e remodelação na face posteromedial do colo durante a radiografia.

Na fase crônica agudizada há história de dor crônica pregressa, mas há instalação de dor aguda e perda da mobilidade do quadril afetado. À radiografia, encontra-se progressão aguda do escorregamento.

Tratamento

O tratamento consiste na internação e no repouso do paciente, para evitar a piora do desvio. Eventualmente, pode-se empregar tração cutânea no membro acometido, com pouco peso, para analgesia.

O tratamento definitivo é cirúrgico e mais comumente consiste na fixação (epifisiodese) *in situ* do quadril escorregado.

Todos os pacientes devem ter avaliação radiográfica periódica do lado não acometido até a fusão da placa epifisária ou até 18 meses do escorregamento, pela possibilidade de, em até 30% dos casos, ocorrer posterior envolvimento dessa articulação. A fixação profilática do lado não acometido é controversa, mas pode ser uma alternativa no caso de pacientes com risco elevado para o surgimento da doença.

DOENÇA DE OSGOOD-SCHLATTER (ENTESITE DA TUBEROSIDADE ANTERIOR DA TÍBIA)

A doença de Osgood-Schlatter (DOS), ou entesite da tuberosidade anterior da tíbia, é uma epifisite própria do adolescente, que ocorre predominantemente na fase de estirão do crescimento. Sua incidência é maior no sexo masculino e, geralmente, existe história de aumento de atividade esportiva previamente ao início dos sintomas.

A causa específica da doença é desconhecida[11]. A teoria mais aceita é da sobrecarga do mecanismo extensor por contrações repetidas do quadríceps, causando fratura por estresse da epífise de crescimento da tuberosidade anterior da tíbia (TAT)[12].

O quadro clínico é insidioso e característico: dor e edema na TAT, que se apresenta proeminente. Os sintomas são agravados por esforços físicos, principalmente os que envolvem contração do quadríceps. Com repouso, a dor diminui ou torna-se ausente. Ao exame físico, observa-se elevação na TAT acompanhada de dor à percussão local. A dor é exacerbada com a contração do quadríceps contra resistência. Patela alta, retração dos isquiotibiais e hipotrofia do quadríceps são frequentes.

O diagnóstico é geralmente clínico, entretanto exames de imagem podem complementar a investigação. O exame radiográfico dos joelhos compreende três incidências: anteroposterior com carga, incidência lateral do joelho em 30º de flexão e axial de patelas a 45º, comparativa de ambos os joelhos; sendo a incidência de perfil a mais importante nessa doença. Essa incidência pode demonstrar a fragmentação da tuberosidade anterior da tíbia ou os núcleos de ossificação acessórios (Figura 31.5). A RM pode contribuir para o diagnóstico[13].

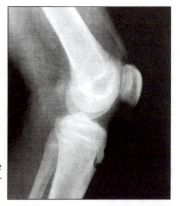

Figura 31.5 Radiografia lateral mostrando a fusão do núcleo de ossificação secundário na TAT. Observam-se deformidade anterior e fragmentação da TAT.

O tratamento clínico é eficaz na maioria dos casos. Consiste principalmente em repouso do membro até que diminuam os sintomas, podendo-se associar medicamentos anti-inflamatórios não hormonais e analgésicos. Imobilizadores do joelho podem ser utilizados na persistência da sintomatologia durante 2 a 3 semanas. As infiltrações de anestésicos e corticoides devem ser evitadas.

O prognóstico habitualmente é favorável e sem sequelas, exceto pelo aumento do tubérculo tibial, que pode se tornar permanente. A moléstia é autolimitada, cessando quando se completa o crescimento[14]. A complicação mais comum é a falência parcial da união do tubérculo tibial com consequentes sintomas no adulto. A menos comum é a fusão prematura da epífise tibial anterior, que produz *genu recurvatum*[15].

INSTABILIDADE FEMOROPATELAR

A instabilidade femoropatelar pode apresentar várias manifestações: luxação aguda da patela, luxação ou subluxação recidivante da patela, luxação habitual da patela e luxação crônica ou inveterada.

A luxação congênita da patela, presente ao nascimento, não é considerada instabilidade femoropatelar, mas, sim, malformação geralmente associada a outras síndromes congênitas.

Luxação Recidivante da Patela

A luxação recidivante é definida por dois ou mais episódios de luxação da patela. Geralmente, apresenta-se com o deslocamento da patela para o compartimento lateral do joelho, sendo descrita pelo paciente como a perda momentânea da aparência do joelho pela ausência da patela na parte anterior, a qual é restaurada com a redução espontânea ou assistida da luxação (Figura 31.6). A luxação recidivante da patela é mais comum no sexo feminino, sendo a bilateralidade bastante frequente.

Os fatores que determinam a luxação recidivante da patela são: alterações congênitas na inserção do músculo vasto lateral, joelho valgo, deformidades torcionais da tíbia em rotação lateral, desequilíbrios musculares, frouxidão ligamentar, sequela de trauma e fatores congênitos como a displasia troclear[16].

Dor anterior com o joelho em flexão, falseio por perda súbita dos músculos extensores do joelho, bloqueio articular na extensão do joelho e crepitação são as queixas mais comuns. Ao exame físico podem-se encontrar: rotação medial do fêmur, rotação lateral da tíbia, geno valgo, inserção lateral do tendão patelar, hipotrofia do quadríceps, retração dos músculos isquiotibiais, hiperpressão do retináculo lateral e hipermobilidade lateral da patela por lesão ou alongamento das estruturas mediais. O sinal da apreensão é positivo quando se lateraliza a patela com o joelho em 30°, causando dor e apreensão ao paciente, que sente que a patela vai sair do lugar.

O exame radiográfico inclui ambos os joelhos nas incidências anteroposterior com carga, perfil em 30° e axial da patela com os joelhos em flexão de 30° e 60°, ou só na incidência de 45°[17]. A TC axial e a RM podem auxiliar no diagnóstico.

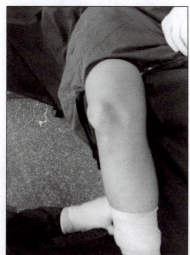

Figura 31.6 Patela luxada para a lateral. Notam-se a proeminência na região anterolateral do joelho e o sulco formado na região anterior pela ausência da patela no centro da tróclea.

O tratamento depende dos fatores etiológicos, do grau de luxação, do tempo decorrido do primeiro episódio, do número de luxações apresentadas e do grau de artrose femoropatelar ou da articulação do joelho. Tem por motivo adotar medidas descompressivas e estabilizadoras. Na fase aguda, o tratamento conservador consiste na redução não cirúrgica da luxação, no uso de imobilizadores, analgésicos, repouso e, posteriormente, fisioterapia, para fortalecer a musculatura estabilizadora do joelho[18]. O tratamento cirúrgico visa ao alinhamento do aparelho extensor[19].

Luxação Habitual da Patela

A luxação habitual da patela é definida pela ocorrência da luxação todas as vezes que o joelho é flexionado. O tratamento é, na maioria das vezes, cirúrgico. Geralmente, existe encurtamento do quadríceps em sua porção anterolateral, que deve ser abordada no procedimento cirúrgico.

Luxação Crônica da Patela

A luxação crônica ou inveterada da patela ocorre quando se observa que esta permanece luxada, independentemente da flexão ou da extensão do joelho. O tratamento é cirúrgico e deverá ser abordado da mesma forma que a luxação habitual da patela.

LESÃO CONDRAL PATELAR (CONDROMALACIA DE PATELA)

A lesão da cartilagem articular da patela decorre de um processo degenerativo, caracterizado por fibrilação, fissura, fragmentação ou erosão da superfície articular.

A cartilagem articular é um tecido hipocelular, viscoelástico, que tem como função diminuir o coeficiente de atrito da superfície articular e absorver o impacto.

A lesão condral patelar pode ser do tipo idiopático, tendo como causa a alteração da cartilagem por lesão estrutural; ou ser do tipo secundário ou mecânico, com alteração da cartilagem em decorrência de traumatismo repetitivo ou direto, anormalidade da patela, estresse ocupacional, alteração mecânica do aparelho extensor, sobrecarga ou hiperpressão da patela, alinhamento defeituoso do membro e desvios axiais do membro ou da patela. A incidência de lesão condral patelar do adolescente é maior no sexo feminino.

Existem inúmeras classificações para as lesões condrais do joelho. Uma das mais utilizadas é a classificação da International Cartilage Repair Society (ICRS), que distingue as lesões em quatro graus: I – discretas indentações e/ou fissuras superficiais; II – fragmentação e fissuração acometendo até 50% da profundidade da cartilagem; III – fragmentação e fissuração atingindo mais que 50% da profundidade; IV – erosão da cartilagem em toda sua profundidade, com alteração do osso subcondral[20].

A dor é relatada na região anterior do joelho ou nas facetas lateral ou medial, agravada por esforços em flexão ou quando o joelho permanece flexionado por longo período. A ocorrência de dor ao subir e descer escadas é uma queixa bastante frequente, assim como a sensação de deslocamento lateral momentâneo da patela ("joelho saindo do lugar") e crepitação audível. Ao exame físico, observam-se frequentemente dor à compressão da patela contra a tróclea femoral e dor à palpação das facetas patelares. Crepitação pode estar presente na flexoextensão do joelho. Habitualmente, não há derrame ou tumefação sinovial palpável.

O diagnóstico é predominantemente clínico, mas as radiografias anteroposterior, lateral em 30º e axial de patela em 45º, comparativa de ambos os joelhos, complementam a investigação para evidenciar alterações em todo o joelho e o posicionamento da patela. A RM é um exame detalhado que fornece o grau e a localização das lesões.

O tratamento inicial é conservador. Consiste em repouso, uso de anti-inflamatórios não hormonais, analgésicos e fisioterapia. Medicações como sulfato de glicosamina e sulfato de condroitina podem ser indicadas como tratamento conservador para melhora subjetiva da dor, entretanto não existe suporte na literatura para recomendar sua utilização para tratamento da osteoartrose ou lesão da cartilagem articular do joelho[21]. O tratamento cirúrgico é preconizado para os casos em que há falha do tratamento conservador ou na presença de fragmentação e erosão da cartilagem com sintomas persistentes.

OSTEOCONDRITE DISSECANTE DO JOELHO

Osteocondrite dissecante (OCD) é uma doença adquirida e potencialmente reversível, que acomete o osso subcondral e a cartilagem adjacente.

A OCD é uma causa comum de dor e derrame articular no adolescente, que pode ser dividida em osteocondrite juvenil e do adulto, dependendo da presença ou da ausência de fechamento da fise distal do fêmur. A forma juvenil tem prognóstico melhor que a do adulto, com mais da metade dos casos sendo resolvidas com tratamento conservador por 6 a 18 meses[22].

A origem da doença ainda não foi esclarecida, porém a teoria mais aceita é que a OCD é decorrente de microtraumas repetidos na parede lateral do côndilo femoral medial, ocasionados pelo impacto da espinha medial da tíbia durante a rotação medial da perna, sendo este local o mais frequentemente acometido (Figura 31.7). A idade média dos pacientes está diminuindo, e um maior número de meninas é

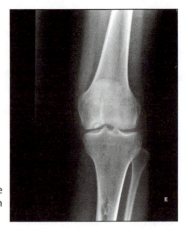

Figura 31.7 Radiografia anteroposterior de joelho esquerdo de um paciente de 17 anos demonstrando lesão com fragmento em côndilo femoral medial.

acometido. O início de atividades esportivas precocemente, assim como o aumento da intensidade dos treinos nos esportes competitivos em idade pré-pubere, podem ser fatores que contribuem para o acometimento de pacientes cada vez mais jovens.

O paciente geralmente queixa-se de dor difusa no joelho, às vezes relacionada ao esforço, piorando ao subir escadas, porém é rara a queixa de instabilidade. O exame físico geralmente não é específico e no início pode ser normal. Nos pacientes com lesões estáveis, uma discreta claudicação pode ser o único achado. Marcha antálgica, rotação lateral da tíbia, hipotrofia muscular da coxa, diminuição da mobilidade e derrame articular são sinais encontrados com maior frequência. O teste de Wilson é realizado iniciando-se com o joelho em flexão de 90°. Realiza-se rotação medial da tíbia e extensão gradativa do joelho. O teste é positivo quando o paciente relata dor na região anterior do joelho quando este está ao redor de 30° de flexão[23].

As radiografias solicitadas de rotina são: anteroposterior e lateral com flexão de 30° do joelho e axial de patela a 45°, comparativa de ambos os joelhos. A incidência do túnel intercondilar, realizada com o joelho em flexão de 40 a 50°, serve para visualizar lesões mais posteriores no côndilo femoral. A cintilografia óssea tem valor diagnóstico e na análise da evolução da lesão. A RM é muito utilizada, contribuindo para determinação do tamanho da lesão, assim como do estado da superfície articular e do osso subcondral, podendo determinar o grau de instabilidade do fragmento osteocondral.

O tratamento depende da idade do paciente, da intensidade dos sintomas e do tamanho, da estabilidade e da localização da lesão. O tratamento conservador é indicado nos pacientes com presença de fise de crescimento aberta e fragmentos estáveis. Na fase aguda, retira-se a carga do membro ou faz-se imobilização parcial por um período de 6 semanas, enquanto se realiza reabilitação com fisioterapia. O tratamento conservador pode durar até 6 meses. O tratamento cirúrgico é reservado aos casos com fragmentos instáveis, corpos livres e falha do tratamento conservador. São fatores de pior prognóstico lesões grandes e fise de crescimento fechada.

COALIZÃO TARSAL

É uma fusão congênita entre dois ou mais ossos do tarso, produzindo dor e limitação de movimento dos pés, com manifestação clínica no início da adolescência.

A causa primária é desconhecida, mas na maioria dos casos admite-se falta de diferenciação e divisão embrionária dos ossos do tarso.

As coalizões são classificadas quanto à sua natureza, como ósseas (sinostoses) ou mistas (osteofibrosa ou osteocartilaginosa), e quanto à localização, como calcaneocubóidea, cuboide-navicular, fusão em bloco ou mista.

A coalizão tarsal está presente em 0,03 a 1% da população em geral, com pequena predominância na região talocalcânea, seguindo-se à calcaneonavicular, sendo bilateral em 50 a 80% dos casos[24,25]. O aparecimento de mais de uma coalizão concomitante no mesmo pé é pouco frequente.

O sintoma mais comum é a dor na parte posterior do pé ao caminhar, após pequenos traumatismos ou mesmo em repouso, e em geral coincide com a fusão de barra. A dor é exacerbada por atividades esportivas, principalmente correr em superfícies irregulares. Os sinais mais comuns são deformidade e rigidez da articulação subtalar em grau variado. O valgo do calcâneo é mais frequente e em raros casos existe deformidade em varo. A rigidez da subtalar impede a supinação do pé, por limitação no nível da articulação talocalcânea.

Para verificar a rigidez da subtalar em qualquer tipo de coalizão, observa-se que, no indivíduo mantido na ponta dos pés, o calcâneo não faz a varização normal ou tem limitação desse movimento ou, ainda, na manobra ativa de supinação do pé, a subtalar mantém-se rígida ou limitada em seu curso. No adolescente portador de pé plano valgo ou valgo rígido doloroso, deve-se pensar em coalizão tarsal.

O estudo radiográfico, em posição ortostática dos pés (anterior e lateral) e oblíqua dos médio-pés, em geral, é esclarecedor quando a barra é calcaneonavicular. Na coalizão talocalcânea, o exame de eleição é a TC axial. A RM pode contribuir para o diagnóstico[26].

O tratamento depende da idade, dos sinais clínicos e das imagens complementares. Em termos gerais, há duas possibilidades cirúrgicas: ressecção da barra óssea ou artrodese com fusão da articulação acometida, com ou sem procedimentos de partes moles associados[27]. Coalizões que acometem grande parte da articulação subtalar, assim como a presença de alterações degenerativas da articulação, têm melhor evolução com a realização da fusão ou da artrodese da articulação.

REFERÊNCIAS BIBLIOGRÁFICAS

1. Lenke LG, Betz RR, Harms J, Bridwell KH, Clements DH, Lowe TG, et al. Adolescent idiopathic scoliosis: a new classification to determine extent of spinal arthrodesis. J Bone Joint Surg Am. 2001;83(8):1169-81.
2. Newton PO, Marks MC, Bastrom TP, Betz R, Clements D, Lonner B, et al. Surgical treatment of Lenke 1 main thoracic idiopathic scoliosis. Spine. 2013;38(4):328-38.
3. Suk SI, Kim JH, Kim SS, Lim DJ. Pedicle screw instrumentation in adolescent idiopathic scoliosis (AIS). Eur Spine J. 2012;21(1):13-22.
4. Weinstein SL, Dolan LA, Cheng JCY, Danielsson A, Morcuende JA. Adolescent idiopathic scoliosis. Lancet. 2008;371(9623):1527-37.
5. Arlet V, Schlenzka D. Scheuermann's kyphosis: surgical management. Eur Spine J. 2005;14(9):817-27.
6. Canale ST (ed.). Scoliosis and kyphosis. In: Campbell's operative orthopaedics. 12th ed. Philadelphia: Mosby; 2013.
7. Dobousset J. Treatment of spondylolysis and spondylolisythesis in children and adolescents. Clin Orthop Relat Res. 1997;337:77-85.
8. The Child's Spine (Section V). In: Herkowitz HN (ed.). Rothman-Simeone. The spine. 5.ed. Philadelphia: Saunders Elsevier; 2006.
9. Congenital and developmental coxa vara. In: Canale ST (ed.). Campbell's operative orthopaedics. 12th ed. Philadelphia: Mosby; 2013.
10. Epifisiólise proximal do fêmur. In: Hebert S (ed.). Ortopedia e traumatologia – princípios e prática. 3ª ed. Porto Alegre: Artmed; 2003.
11. Duri ZA, Patel DV, Aichroth PM. The immature athlete. Clin Sports Med. 2002;21(3):461-82.
12. Herring J. Disorders of the knee. In: Tachdjian's pediatric orthopaedics. 3th ed. Philadelphia: WB Saunders; 2002. p.812-3.
13. Hirano A, Fukubayashi T, Ishii T, Ochiai N. Magnetic resonance imaging of Osgood-Schlatter disease: the course of the disease. Skeletal Radiol. 2002;31(6):334-42.
14. Kaya DO, Toprak U, Baltaci G, Yosmaoglu B, Ozer H. Long-term functional and sonographic outcomes in Osgood-Schlatter disease. Knee Surg Sports Traumatol Arthrosc. 2013;21(5):1131-9.
15. Cakmak S, Tekin L, Akarsu S. Long-term outcome of Osgood-Schlatter disease: not always favorable. Rheumatol Int. 2014;34(1):135-6.
16. Bicos J, Fulkerson JP, Amis A. Current concepts review: the medial patellofemoral ligament. Am J Sports Med. 2007;35(3):484-92.
17. Dejour H, Walch G, Nove-Josserand L, Guier C. Factors of patellar instability: an anatomic radiographic study. Knee Surg Sports Traumatol Arthrosc. 1994;2(1):19-26.
18. McConnell J. Rehabilitation and nonoperative treatment of patellar instability. Sports Med Arthrosc. 2007;15(2):95-104.
19. Rhee SJ, Pavlou G, Oakley J, Barlow D, Haddad F. Modern management of patellar instability. Int Orthop. 2012;36(12):2447-56.
20. Mainil-Varlet P, Aigner T, Brittberg M, Bullough P, Hollander A, Hunziker E, et al. Histological assessment of cartilage repair: a report by the Histology Endpoint Committee of the International Cartilage Repair Society (ICRS). J Bone Joint Surg Am. 2003;85-A Suppl 2:45-57.
21. Richmond J, Hunter D, Irrgang J, Jones MH, Levy B, Marx R, et al. Treatment of osteoarthritis of the knee (nonarthroplasty). J Am Acad Orthop Surg. 2009;17(9):591-600.
22. Cahill BR, Phillips MR, Navarro R. The results of conservative management of juvenile osteochondritis dissecans using joint scintigraphy. A prospective study. Am J Sports Med. 1989;17(5):601-5.
23. Wilson JN. A diagnostic sign in osteochondritis dissecans of the knee. J Bone Joint Surg Am. 1967;49(3):477-80.

24. Downey MS. Tarsal coalitions. A surgical classification. J Am Podiatr Med Assoc. 1991;81(4):187-97.
25. Bohne WH. Tarsal coalition. Current opinion in pediatrics. 2001;13(1):29-35. Epub 2001/02/15.
26. Crim J. Imaging of tarsal coalition. Radiol Clin North Am. 2008;46(6):1017-26.
27. Cass AD, Camasta CA. A review of tarsal coalition and pes planovalgus: clinical examination, diagnostic imaging, and surgical planning. J Foot Ankle Surg. 2010;49(3):274-93.

Seção VI

Situações de risco

Promoção das habilidades adaptativas na adolescência

32

Benito Lourenço

> **Após ler este capítulo, você estará apto a:**
> 1. Compreender os conceitos de vulnerabilidade e resiliência e contrapô-los ao contexto de vivências de risco dos adolescentes.
> 2. Reconhecer, no atendimento de adolescentes, novas estratégias de identificação dos riscos e ações promotoras de saúde e de prevenção de agravos.

INTRODUÇÃO

Na sociedade, circulam ideias sobre adolescentes e jovens associadas à noção de crise, desordem e irresponsabilidade. Ao longo da história, a análise da literatura científica sobre a adolescência e a cultura leiga produziu uma crença, um tanto cristalizada, de que esse é, por si, um período da vida que possui características psicológicas específicas e naturais, como insegurança, rebeldia, impulsividade e agressividade, ou, de certa forma, um período "problemático" do desenvolvimento humano. Presencia-se um momento sociocultural em que o adolescente é considerado sob uma visão de risco constante. A adolescência problemática causa, por vezes, transtornos à sociedade e está vulnerável a toda sorte de vivências de risco, que merece atenção pública. O enfoque de risco, em particular, aparece fortemente associado a esses repertórios por meio de expressões como: gravidez de risco, risco de contrair o HIV, risco de uso de drogas ilícitas ou risco de morte por violência. Não causaria surpresa se houvesse uma palestra ou um artigo com a expressão "Prevenindo a adolescência". No entanto, será que a adolescência é sinônimo de encrenca? Neste capítulo, propõe-se a reflexão sobre os conceitos de vulnerabilidade e o desenvolvimento de habilidades adaptativas que, em última análise, podem ajudar o profissional que trabalha com adolescentes a desenvolver uma leitura mais singular sobre os "problemas" emergentes e uma condução mais específica nas ações de prevenção de agravos e promoção de saúde para essa faixa etária.

VULNERABILIDADE E RISCO

A abordagem do risco generalizado parece definir e circunscrever negativamente a adolescência, gerando expressões, ações e posturas questionáveis em relação a essa faixa etária. Considerados promíscuos e erotizados ao extremo, são submetidos a uma pressão constante da mídia, que exerce uma verdadeira sedução estética. São apresentados como protagonistas do exercício de uma sexualidade irresponsável, culpada por uma verdadeira epidemia de gravidezes consideradas "precoces" e representando potenciais disseminadores das infecções sexuais transmissíveis. São agentes e vítimas da violência e de risco para o uso e abuso de substâncias lícitas ou não. A sociedade os cunhou com o neologismo "aborrecentes". Ser adolescente torna-se sinônimo de ser rebelde, descompromissado e inconsequente.

Essa é a precipitada conclusão a que alguns podem chegar se prestarem atenção aos "manuais" ou artigos leigos das publicações *teens*, tradicionalmente oferecidos aos pais ou mesmo aos jovens.

Quantos pais se inquietam com o pensamento: "como será quando ele(a) chegar na adolescência?", ainda diante de seus filhos impúberes? E continua-se ouvindo: "prepare-se, imagine quando chegar aquela fase...". Como construir uma ideia mais saudável de adolescência diante dessas provocações? Cuidados especiais devem ser tomados para que essa leitura não contamine o espaço da consulta do adolescente. Outro aspecto preocupante é: quantos jovens se justificam diante da expressão "tem paciência comigo, afinal estou naquela fase...".

Sabe-se, entretanto, que os rótulos determinados sobre o comportamento adolescente, baseados em pontos específicos do desenvolvimento e nos aspectos paradoxais do comportamento, que incomodam, por vezes, a sociedade e os pais, nem sempre correspondem à realidade. O entendimento da existência de uma clara vulnerabilidade do adolescente aos denominados "comportamentos de risco", do desprovimento da crítica e da ligação desses fenômenos simplesmente ao conceito de "rebeldia jovem", pode e reforça ainda mais o estereótipo público de hostilidade sobre o adolescente. Nesse sentido, construiu-se a perspectiva de que o adolescente ainda não tem maturidade suficiente para se responsabilizar por suas escolhas e atos, o que favorece a compreensão da transgressão como um processo natural, propiciando uma certa desresponsabilização desse grupo etário[1].

Um dos maiores desafios na prática da atenção integral à saúde de adolescentes é o de desfazer-se do conceito que associa o adolescente unicamente aos problemas e preocupações e de que ser jovem representa riscos de ter ou ser problema. Alicerçar a saúde do adolescente somente no repertório de temas relacionados a gravidez, doenças sexualmente transmissíveis, violência e drogas é ato bastante questionado. A visão de risco repele e de modo algum contribui para a aproximação genuína entre profissional de saúde e adolescente. Recomenda-se, dessa forma, a utilização de um vocabulário novo na interlocução da saúde com a adolescência: o entendimento do conceito de vulnerabilidade e o desenvolvimento das habilidades adaptativas e de proteção. Esses fatores conferem uma nova roupagem na saúde do adolescente, em que risco e proteção são abordados de maneira conjunta.

Quantas gravidezes pregressamente nomeadas de "indesejadas" podem ser compreendidas e reveladoras de um desejo velado, que determina plano, perspectiva e papel social para a jovem adolescente? Quantos jovens em conflito com a lei vitimaram-se com os olhares de desconfiança de uma sociedade que banaliza a violência? Quantos adolescentes são encaminhados ao serviço de saúde pela suspeita de experimentação de uma droga, destituídos de qualquer prognóstico positivo pela sua família, mesmo neles se encontrando um repertório saudável de fatores de proteção que, de certa forma, garantem a transitoriedade desse momento? Os problemas, portanto, podem e devem ser redesenhados.

Esses aspectos assumem nuances distintas se adotar-se a noção da vulnerabilidade para entender as experiências dos jovens diante dos riscos.

Vulnerabilidade significa a capacidade do indivíduo ou do grupo social de decidir sobre sua situação de risco, estando diretamente associada a fatores individuais, familiares, culturais, sociais, políticos, econômicos e biológicos. A noção de vulnerabilidade vem confirmar a visão de um homem plural, construído na sua diversidade a partir das suas diferenças, não cabendo mais a ideia de pensar as ações e práticas educativas baseadas em uma perspectiva de universalidade do sujeito[2].

Dessa forma, fala-se não de adolescência, e sim das adolescências, na dependência de seus contextos e de suas realidades, situando-as em seus próprios tempos e em suas culturas. Trabalhar com essa perspectiva é passar a fazer perguntas a respeito do sujeito sobre o qual se está falando, nas dimensões social, político-institucional e pessoal, e, a partir daí, identificar questões que podem aumentar o grau de vulnerabilidade dos adolescentes diante dos riscos, como questões de gênero cruzadas com raça/etnia e classe social; condições de vida; condições de saúde; acesso ou não à informação; insuficiência de políticas públicas em saúde e educação etc.[2]

Tal noção se refere não apenas à situação concreta dos adolescentes em contextos sociais que os expõem a problemas, mas também aos conceitos e às práticas de que se dispõe para apreender e intervir sobre a situação. Algumas questões se mostram relevantes quando se fala da vulnerabilidade dos adolescentes no plano individual, social ou programático. O uso e o abuso de álcool e outras drogas têm sido uma das principais causas desencadeadoras de situações de vulnerabilidade na adolescência e juventude, a exemplo dos acidentes, suicídios, violência, gravidez não planejada e a transmissão de doenças por via sexual. Não fosse o consumo de drogas um problema suficientemente grave, ainda há o problema do tráfico, o qual representa, no Brasil e em outros países, uma séria ameaça à estabilidade social[2].

Trabalhar essas questões na atenção à saúde dos adolescentes e jovens difere da assistência clínica individual e da simples informação ou repressão. O modelo a ser desenvolvido deve permitir uma discussão sobre as razões da adoção de um comportamento preventivo e o desenvolvimento de habilidades que permitam a resistência às pressões externas, a expressão de sentimentos, opiniões, dúvidas, inseguranças, medos e preconceitos, de forma a dar condições para o enfrentamento e a resolução de problemas e dificuldades do dia a dia.

Nas áreas de saúde, os estudos sobre risco são muito mais comuns do que os que avaliam os fatores de proteção e resiliência. A resiliência é entendida como a capacidade saudável de competir com a adversidade[3,4]. Existe hoje certa clareza no entendimento de que o pior fator de risco para a adolescência é, paradoxalmente, a consideração de que essa é uma faixa etária de "risco". Será que os "fatos-problema" hoje tão veiculados e disseminados sobre os jovens não são, de certa forma, o "preço" pago pela alcunha aborrecentes?

RESILIÊNCIA E SAÚDE DOS ADOLESCENTES

Por que pensar em resiliência quando se discute saúde do adolescente? Estudos sobre resiliência se iniciaram em contraponto à exuberância dos estudos de risco existentes na área de saúde. Tomando como exemplo o assunto drogas, atual e preocupante, há um certo consenso que "filhos de famílias com problemas relacionados às drogas manifestam o 'risco' do uso e abuso dessas substâncias". Nas últimas décadas, entretanto, o olhar é desviado para os que, mesmo nesse ambiente adverso, não reproduzem o comportamento inadequado. Esse é o conceito de resiliência em saúde: o da competição saudável, o da não interferência dos fatores deformadores sobre o indivíduo. Será que filhos de famílias desestruturadas serão necessariamente complicados? Adolescentes de comunidades violentas necessariamente reproduzirão esse modelo? Sabe-se que não. Os indivíduos resilientes manifestam nítidas características protetoras. E são elas que devem ser percebidas e apontadas pelo provedor de saúde – mais ainda, poderiam ser ensinadas. As técnicas de grupo podem se prestar para tal desafio. É ilusória a percepção de que, um dia, não haverá drogas rondando os jovens, a gravidez na adolescência acabará, todas as mazelas sociais serão resolvidas etc., mas é real a possibilidade da competição saudável: "isso não é para mim...". A resiliência questiona; o adolescente questiona; o adolescente resiliente muda.

Não se é resiliente sozinho, embora a resiliência seja íntima e pessoal. Um dos fatores de maior importância é o apoio e o acolhimento, feito, em geral, por outro indivíduo e essencial para o salto qualitativo que se dá. O profissional que atende adolescentes pode ser um mentor de resiliência. Mas não se forma um mentor ou uma "figura de apego". Não se pode dizer que alguém vai ser, a partir de agora, esse indivíduo que vai operar o milagre. A resiliência é, na verdade, o resultado de intervenções de apoio, de otimismo e de dedicação. Todos os adolescentes esperam mais que instituições eficientes, tarefas definidas, fluxogramas coordenados e técnicos preparados[5]. Esperam, sim, um olhar que possa situá-los em uma história singular e única, que os retire, antes de mais nada, dos rótulos e estigmas, que, muitas vezes, os aprisionam. Assim, a resiliência permite a um indivíduo exercer a capacidade de ter uma vida sadia, mesmo vivendo em um meio insano[6,7]. Como ninguém é resiliente em todos os momentos e por causa das novas condições sociais advindas na adolescência, a construção de novos recursos internos e externos é absolutamente necessária para a sobrevivência psicológica. Assim, relações de qualidade precisam ser construídas e reconstruídas nessa fase, para que o sujeito tenha a habilidade de lidar com o mundo e consigo mesmo de forma segura, autônoma, afetuosa e flexível. Em síntese, a resiliência pode ser vista como uma capacidade latente nos indivíduos; porém ela somente será desenvolvida a partir de certas qualidades do meio, em especial dos processos interativos entre os seres humanos[8].

A estruturação da resiliência é assunto intimamente relacionado com a prevenção. O conhecimento dos fatores que expõem um indivíduo em situação de risco a determinados eventos negativos e sobre os fatores que podem amortecer tais eventos favorece o desenvolvimento de programas de resiliência e que minimizam o risco. Assim, clássicos fatores como otimismo, bom humor, autoimagem e autoestima, capacidade de envolver-se e manter bons vínculos com pais ou pares, forte envolvimento com trabalho ou com a escola, coesão da família, autocontrole e espiritualidade são alguns dos mais estudados e conhecidos fatores de resiliência, nas esferas individual, familiar e comunitária[3,9,10].

Quem trabalha com adolescentes frequentemente se questiona acerca de como pode incluir os jovens no desenvolvimento das ações de promoção de saúde, absorvendo suas vivências e potencializando seu crescimento e desenvolvimento integral. A proposta metodológica das atividades em grupo constitui-se em um elo impor-

400 Medicina de Adolescentes

tante nessa direção. Consideradas dentro dos pressupostos básicos de participação, desenvolvimento da reflexão crítica e iniciativa, as atividades desenvolvidas em grupo representam uma possibilidade real de educação em saúde. Os grupos de adolescentes estão estruturados e se autossustentam nos eixos norteadores de incentivo ao vínculo, aspecto lúdico das atividades, protagonismo (o adolescente como agente de suas ações e de suas ideias) e interatividade. Nessas atividades, não há a pretensão meramente informativa, como nos modelos clássicos de palestras e apresentações. A metodologia participativa permite a atuação efetiva dos jovens no processo educativo sem considerá-los meros receptores, nos quais depositam conhecimentos e informações. Nesse enfoque, valorizam-se os conhecimentos e experiências dos participantes, envolvendo-os na discussão, identificação e busca de soluções para as questões cotidianas. A partir do que é trazido, inicia-se o processo de reflexão e, junto com o grupo, chega-se à conceituação desejada ao ponto comum, que é o novo conhecimento construído, em produções criativas e espontâneas, com toda sua riqueza. Durante uma atividade com um grupo de adolescentes, há especial cuidado, dessa forma, para dois pontos: percepção de si mesmo (com manifestação de afetividade, sensibilidade, espontaneidade e criatividade) e percepção do outro.

CONCLUSÕES

A percepção do conjunto de particularidades do desenvolvimento do adolescente, longe de representar um modelo restrito para o conhecimento do comportamento, permite a compreensão desse momento de vida e oferece instrumentos para a avaliação da singularidade que representa o desenvolvimento dos jovens. Cabe aos profissionais que se dedicam ao acompanhamento dos adolescentes, à luz do conhecimento dessas características habituais e singulares dessa etapa do desenvolvimento humano, o desafio de ultrapassar a visão de risco e do problema, para uma visão protetora e de soluções.

REFERÊNCIAS BIBLIOGRÁFICAS

1. Bertol CE, Souza M. Transgressões e adolescência: individualismo, autonomia e representações identitárias. Psicologia: Ciência e Profissão. 2010;30(4):824-39. Disponível em http://www.scielo.br/scielo.php?script=sci_arttext&pid=S1414-98932010000400012. (Acesso em ago 2013.)
2. Ministério da Saúde. Secretaria de Atenção à Saúde. Área de Saúde do Adolescente e do Jovem. Marco legal: saúde, um direito de adolescentes. Ministério da Saúde, Secretaria de Atenção à Saúde, Área de Saúde do Adolescente e do Jovem. Brasília: Ministério da Saúde; 2005. (Série A. Normas e Manuais Técnicos.)
3. Scudder L, Sullivan K, Copeland-Linder N. Adolescent resilience: lessons for primary care. J Nurs Pract. 2008;4:535-43.
4. Rutter M. Resilience, competence, and coping . Child Abuse Negl. 2007;31(3):205-9.

5. Blum RW. Risco e resiliência: sumário para desenvolvimento de um programa. Adolesc Latinoam. 1997;1(1):16-9.
6. Kotliarenco MA, Cáceres I, Fontecilla M. Estado de arte en resiliencia. Washington: Organización Panamericana de la Salud; 1997.
7. Carver CS. Resilience and thriving: issues, models, and linkages. J Soc Issues. 1998;54(2):245-66.
8. Loos H, Sant`Anna RS, Nunes-Rodriguez SI. Sobre o sentido do eu, do outro e da vida: considerações em uma ontologia acerca da alteridade e da resiliência. In: Guérios E, Stoltz T. Educação e alteridade. São Carlos: EDUFSCAR; 2010.
9. Slap GB. Conceitos atuais, aplicações práticas e resiliência no novo milênio. Adolesc Latinoam. 2001;2(3):173-6.
10. Pesce RP, Assis SG, Santos N, Oliveira RVC. Risk and protection: looking for an equilibrium that provides resilience. Psicol Teor Pesqui. 2004;20(2):135-43.

33 | Situações de risco na adolescência

Maria Teresa Martins Ramos Lamberte

Após ler este capítulo, você estará apto a:

1. Reconhecer os principais índices clínicos para a investigação de situações de risco na adolescência.
2. Compreender as particularidades da condição subjetiva na adolescência e suas relações com os sintomas encontrados na clínica.
3. Estabelecer de forma crítica e advertida as possíveis relações entre os fenômenos socioculturais advindos da atualidade e os quadros clínicos encontrados na adolescência.
4. Compreender a importância das parcerias de trabalho interdisciplinar com outras especialidades, como a saúde mental, e profissionais de outras áreas, como da educação ou da área jurídica, na construção de um projeto terapêutico que se faça necessário, caso a caso.

"Voava, porém a luzinha verde, vindo mesmo da mata, o primeiro vaga-lume. Sim, o vaga-lume, sim, era lindo! – tão pequenino, no ar, um instante só, alto, distante, indo-se. Era, outra vez em quando, a Alegria."

As margens da alegria, Guimarães Rosa

INTRODUÇÃO

Este capítulo aborda as mais graves e relevantes situações de risco da adolescência na atualidade, articulando os elementos fundamentais desses quadros clínicos à particularidade estrutural dessa etapa.

A adolescência é uma época marcada por transformações e mudanças[1-3] que impõem ao jovem o importante trabalho psíquico no empreendimento e no enfrentamento desse novo momento de redescobrir-se. Caberá reinventar-se, a partir das novas coordenadas que lhe recaem tanto a partir de seus espaços de convívio quanto de suas mudanças corporais, resultando em uma exigência de ressignificação de valores e identidade que irão compor seu mundo subjetivo. Dessa forma, o terreno subjetivo está "móvel", entre as várias e inusitadas coordenadas. Até aí se poderia pensar, pela lógica do senso comum, como sendo mesmo essa a condição do humano. No entanto, é importante ressaltar que a adolescência é marcada, a partir da modernidade, na cultura ocidental, como uma significativa e estruturante etapa de mudança de ciclo de vida[2-6].

Espera-se dos profissionais de saúde o entendimento do fino embricamento das questões que envolvem as mudanças ocorridas nessa etapa, tanto no plano de sua homeostase orgânica quanto nas formas de subjetivação de cada jovem. Assim, considerando-se seus aspectos estruturais e relacionados à adolescência é que se investigam os sintomas ocorridos nesse período.

Inicia-se com os dados epidemiológicos atuais dos principais quadros de risco, em especial os de depressão e suicídio entre jovens, apontando para a relevância e o aumento de incidência, configurando-se dentro das principais causas de morte na adolescência, tanto na realidade nacional como em outros países[7,8].

A seguir, são desenvolvidas as particularidades da atenção dada aos jovens nas áreas da saúde[7], na medicina do adolescente[1] e na saúde mental[2,3,7]. São apresentados os aspectos estruturais que envolvem a condição subjetiva na adolescência, como subsídio necessário para maior precisão dos quadros clínicos de risco. O próximo tópico trata da psicopatologia desses quadros, sempre articulados com a condição da adolescência[2-6].

São apontadas as novas formas de subjetivação na clínica com adolescentes na atualidade, a partir de comportamentos autolesivos[9], como as autoescarificações, dentre as chamadas manifestações de autodestruição e de risco, as quais podem estar associadas à psicopatologia dos estados depressivos, bem como, mais radicalmente, ao próprio risco de suicídio[10,11].

Diante desses diagnósticos, o capítulo os trata em seu duplo caráter de novos fenômenos, junto aos "velhos" sofrimentos, bem como a articulação do universal e do particular, convidando o profissional de saúde a refletir sobre as relações entre o sintoma do sujeito e as doenças ditas sociais. Nessa perspectiva, ressalta-se a responsabilidade diagnóstica do clínico, que sempre deve ater-se a essa injunção dos elementos contidos no conjunto de sinais, da nomeação diagnóstica, privilegiando o que cada caso porta em sua condição particular.

A cada situação clínica que pareça preocupante, um projeto terapêutico deve ser especialmente construído. Para tal se impõe uma semiologia que oriente quanto aos índices clínicos que discriminem o que é próprio da instabilidade na adolescên-

404　Medicina de Adolescentes

cia e transitório daquilo que merece maiores cuidados de investigação e monitoramento mais regular, junto ao acolhimento e a orientações precisas ao jovem e aos seus pais ou responsáveis.

Por fim, são apresentados os principais aspectos das abordagens terapêuticas, consideradas pelas referências em psiquiatria e em psicanálise, ressaltando a importância do trabalho interdisciplinar com o hebiatra e em saúde coletiva.

EPIDEMIOLOGIA DOS PRINCIPAIS QUADROS DE RISCO NA ADOLESCÊNCIA

Segundo o DATASUS, a depressão seguida de suicídio é a terceira causa de morte entre os jovens no Brasil, na faixa etária entre 15 e 24 anos, precedido apenas dos acidentes automobilísticos e homicídios[12]. Em termos mundiais, encontra-se também entre as principais causas de morte na adolescência, com alguma variação entre determinados países ou localidades. Em países como Japão existem autores que atribuem às exigências socioculturais impostas ao jovem, provindas do ideário dessas sociedades, os altos índices de suicídio observados[8].

Nota-se, assim, quanto os valores determinantes do funcionamento social estão articulados às respostas subjetivas, levando autores a investigarem os fenômenos da atualidade dentro do campo das doenças ditas sociais, na perspectiva das chamadas novas formas de subjetivação[13], mantendo aceso um debate permanente e fundamental acerca das relações entre o subjetivo e o campo da cultura[14,15].

CONSIDERAÇÕES SOBRE A SAÚDE DO ADOLESCENTE

A adolescência, assim como o conceito da infância e os cuidados da mulher, se estabeleceu como importante disciplina e campo de atuação na área da saúde na modernidade[4,15]. A partir do século XX, ocorreram importantes deslocamentos e mudanças de paradigmas na área da saúde, como o surgimento e a expansão da saúde pública, da ginecologia e a da pediatria como jovens especialidades, assim como o progressivo alinhamento da psiquiatria à cientificidade do discurso e *praxis* no campo da medicina e da saúde mental[16,17].

A hebiatria surgiu nesse contexto, como área de atuação dentro da pediatria[1]. Na saúde mental, embora não seja isolável formalmente como uma especialidade, há o reconhecimento à clínica do adolescente, em sua particularidade estrutural, na qual se firmaram índices clínicos a partir de formulações provindas da psicanálise, com o trabalho de autores como Arminda Aberasturi e Maurício Knobel, com a chamada síndrome normal da adolescência[18], na América do Sul, e Françoise Dolto[6], na França, entre outros.

A partir de proposições e diretrizes de modelos multiprofissionais na área da saúde, houve criação de modelos assistenciais com equipes formadas por médicos pediatras com área de atuação em adolescência, psiquiatras, psicanalistas, psicólogos, assistentes sociais, terapeutas ocupacionais, enfermeiros, nutricionistas*.

Vale, por fim, ressaltar que a atenção integral ao adolescente sustentou-se desde então ao longo das décadas e se mantém alinhada aos novos modelos de atenção primária, secundária e terciária, transversalmente, em uma perspectiva preventiva e de promoção da saúde, vanguardista, portanto, desde seu surgimento e extremamente atual na contemporaneidade.

PRINCIPAIS ASPECTOS ESTRUTURAIS SOBRE A CONDIÇÃO SUBJETIVA NA ADOLESCÊNCIA

Deve-se atentar ao risco que se corre com a tendência ao psicologismo ou, pior, à patologização da adolescência. Desde a antiguidade, têm-se destacado os comportamentos, atitudes e rupturas por jovens, em personagens que ficaram emblematizados – como no caso de Santa Teresa de Ávila, de Alexandre, "o Grande" – e de comportamentos coletivizados, sustentados pela juventude, que agregam insígnias culturais, que se tornam marcas políticas e revolucionárias, impondo o novo, a transformação dos costumes e valores.

A partir da modernidade, especialmente trazidos pela literatura, muitos são os exemplos criativos expressos por jovens geniais. Na história recente, os movimentos de contracultura marcaram as várias rupturas de costumes e valores no século XX – como o movimento hippie, os movimentos musicais e os de vertentes mais políticas, de protesto, reivindicatórias, apontando um horizonte vanguardista na sociedade.

Essa vívida potência de expressão, atitude e criatividade é emblemática do ponto limite, do "tudo ou nada", à beira do abismo, que marca a condição da radicalidade na adolescência. Nessa mesma perspectiva, mas em um polo oposto, é também o jovem que expressa mais radicalmente os riscos da passagem ao ato, como se formula em psicanálise as "atuações" mais radicais, como o suicídio. Este capítulo toma o delicado liame, ou fio fronteiriço, para fins de se discutir, em uma perspectiva crítica, a diferença entre a condição estrutural, de limite, que é inerente à adolescência e a psicopatologia que de fato se pode encontrar nessa fase.

---

* Dentre os exemplos de serviços pioneiros que se estabeleceram nos anos 1970, faz-se notar no Instituto da Criança do HC-FMUSP a implantação da Unidade de Adolescentes dentro do Departamento de Pediatria da Faculdade de Medicina da USP.

406 Medicina de Adolescentes

Nesse sentido, a proposição já mencionada da síndrome normal da adolescência[18] trouxe importante contribuição para a área da saúde voltada à atenção do jovem, à medida que problematizou o paradigma de normalidade acerca dos fenômenos encontrados no atendimento de adolescentes.

Luto e Vulnerabilidade

A adolescência implica um tempo de ruptura com a condição da infância, em sua ligação identitária com os amores parentais, impondo um trabalho de luto, de separação progressiva dos pais, do corpo infantil e da condição filial[10,11,18]. Trata-se de operação inconsciente, em se podem recolher índices de maior vulnerabilidade aos quais o jovem estará exposto, na medida em que empreende o trabalho de despedida de sua condição anterior e engendra uma nova significação para questões essenciais, como sexualidade, morte e existência.

A vulnerabilidade acontece pelo delicado ponto no qual conflui o chamado a responder, solitário, posto que os valores de referência simbólica da criança tornaram-se insuficientes ao mesmo tempo em que são necessários como balizas reguladoras desse "despregamento" da condição subjetiva com os laços da infância[4,5]. Ou seja, a resposta a que o jovem é convocado no trabalho de ressignificação subjetiva implica a separação com a condição da infância, sendo as representações dessa época, paradoxalmente, ao mesmo tempo, as referências que lhe servirão para, a partir delas – junto à contingencialidade das experiências – constituir seu reposicionamento subjetivo.

Soma-se, ainda, além da condição subjetiva de vulnerabilidade, o desamparo social da modernidade, quando já não se conta mais com os ritos de passagem e de iniciação, os quais conferiam eficácia simbólica ao jovem púbere nessa etapa. Nas sociedades antigas, os valores sociais serviam de suporte nessa transição para a vida adulta, a exemplo dos ritos de passagem. A partir da modernidade, o jovem se vê radicalmente desamparado, diante de suas questões subjetivas. Não é por acaso que o adolescente busca seus pares e, de fato, a pertinência em um grupo funciona também, muitas vezes, como "suplência provisória" de certo asseguramento identitário, conferindo um arranjo de "empoderamento" no enfrentamento das questões sociais as quais estará exposto, na vertente da função fraterna. Kehl[20] traz reflexões acerca da suposta eficácia simbólica da frátria, que pudesse operar como suplência à lei paterna, a partir dos deslocamentos desta nas últimas décadas. Tal questão é aqui mencionada como uma problemática, tal como a própria autora assim o coloca. A atualidade impõe ainda novos arranjos e novas formas de parcerias amorosas e de parentalidade, às quais novas formas de respostas subjetivas podem advir[21].

Rupturas... Tempo de Exílio... Momento que Faz Ato

Muito já se escreveu sobre a adolescência, especialmente em psicanálise. Há várias vertentes tomadas de trabalhos psicanalíticos de vários autores sobre essa etapa, os quais, em geral, somam-se, enriquecendo a legibilidade da finura de matizes da rica clínica encontrada na adolescência. Rassial[5,22] fundamenta com o conceito de estados-limite a condição subjetiva na qual se encontra estruturalmente o adolescente, propondo uma importante chave de leitura para os fenômenos encontrados na clínica. A partir da referência psicanalítica, este autor também trabalha com a noção de temporalidade do adolescente – que é um importante operador na compreensão do tempo que "faz ato" – como será visto adiante, a propósito da lógica temporal pela qual está marcado e constituído o sujeito. Lacadée trabalha com a noção de exílio na qual se encontra o jovem[23], necessitando tomar distância e romper com os valores instituídos até então, ressaltando também o aspecto solitário e de vulnerabilidade a que está exposto. Dolto deixou um importante legado, pelo trabalho que desenvolveu na França, na clínica com adolescentes, em uma posição de diálogo aberto com as esferas sociais, no empenho em desconstruir mitos e clichês sobre os jovens[6].

Enfim, as proposições e formulações provindas de pesquisas e da clínica psicanalítica não se esgotam, sempre relançando o desafio do entendimento às questões da subjetividade do adolescente em face aos remanejamentos socioculturais. Faz-se notar, ainda, o quanto, via de regra, está presente nas diversas abordagens psicanalíticas e marcadamente lacanianas o acento quanto à dimensão da temporalidade lógica[24], que é essencial nessa fase, distinta de uma linearidade cronológica do desenvolvimento que poderia incorrer em uma vertente psicologizante, para a abordagem dos fenômenos encontrados.

A Condição do Amor e a Questão da Sexualidade

A partir das bases freudianas[25], em que se tem a sexualidade como bifásica – nomeadamente pelas etapas infância, escansão temporal da latência e puberdade** – na adolescência, há o corte dado pela assim chamada maturação do objeto[27],

---

** Embora Freud não tenha utilizado o termo "adolescência" e empregado sempre "puberdade", trata das questões da sexualidade levando em conta a condição da infância e "num tempo depois", ou seja, a partir do despertar puberal e prontidão somática ao gozo sexual se dará a ressignificão da infância e de toda a condição libidinal. Assim, pode-se dizer de uma escansão, uma descontinuidade própria à temporalidade lógica da constituição da posição do sujeito e que marcará sua posição diante das questões da sexualidade[25,26].

apontando para o gozo sexual, podendo levar o sujeito a deparar-se com o cenário fantasmático[27,28]***, ao qual a condição infantil impõe como dado de estrutura.

Com a entrada na adolescência, dada pelo despertar puberal, ao jovem incidirá o chamado à ressignificação da identidade sexual[25], na medida em que atualiza e reacende os resíduos conflituais acerca das tensões pulsionais e amores edípicos, marcados na etapa infantil. A adolescência vulnerabiliza, também e sobretudo, pelas questões da infância que podem aí retornar, favorecendo inclusive a formação de sintomas. Ao jovem restará o empreendimento de tentar conciliar a dimensão do amor, junto às pulsões sexuais das correntes erógenas, à medida que supera e se despede dos amores ternos parentais como principais fontes de afeto e asseguramento e apropria-se de sua prontidão somática ao gozo sexual.

Ressignificação do Campo dos Ideais

Nessa etapa, como saldo resultante das operações mencionadas – separação progressiva e luto com a condição infantil, ressignificação da identidade sexual e escolha objetal – o jovem é levado ao impasse das escolhas e decisões desejantes, dentre as quais se destaca a questão da vocação[2,5,6]. O adolescente sofre o dilema de concomitante ao momento de "silenciamento" ou "ensimesmamento", que lhe é necessário no empreendimento do luto (a fim de despedir-se das condições que lhe foram tão caras na identidade de existência dadas pela infância), ser levado paradoxalmente ao empuxo à resposta, a dar voz à sua palavra. Inscrição de uma nova letra, escrita, estilo.

Tempo de Provas

A noção de temporalidade no âmbito das questões subjetivas se impõe ao clínico para o entendimento da singularidade pela qual se atravessa essa passagem da condição da infância para a assim chamada "vida adulta". Trata-se de um tempo que implica uma lógica distinta daquela do tempo cronológico, linear, sequencial e histórico habitual. É uma lógica que implica um tempo de resposta ao novo que cabe a cada um, a cada momento, em um cálculo solitário e, ao mesmo tempo, situado no laço social, frente ao que lhe recai como vindo de fora, sem nomeação. Na clínica de adolescentes, essa perspectiva é valiosa, ao se levar em conta o caráter muitas vezes de uma formação sintomática, ao expressar algo sobre as questões subjetivas – com as quais o jovem encontra-se embaraçado, ou "fisgado"–, e sobre seus ensaios na tomada de decisão.

*** Cenário fantasmático é um conceito psicanalítico que se refere ao constructo ficcional do trabalho do inconsciente, na infância, como suporte à angústia de castração que a criança atravessa no complexo de Édipo[27,28].

Na formação de um sintoma – a partir da concepção de inconsciente pelas bases freudianas – está implicada a condição de conflito psíquico, no qual subjazem forças contrárias e inconciliáveis e, nessa amarração, encontra-se também a vertente que lhe sirva provisoriamente, como resposta subjetiva, "justo a tempo" de providenciar uma nova significação que lhe dê sentido, diante a dada experiência.

A cada adolescente resta um trabalho psíquico, diga-se, de subjetivação, de elaboração que exigirá um tempo, contará com as condições estruturais, com a ordem contigencial e com sua condição subjetiva.

A adolescência pode, assim, ser considerada como privilegiadamente um "momento de concluir" no que se refere aos aspectos estruturais[24]. Momento esse que faz ato, mas na vertente de decidir sobre seu desejo, diferente de "atos" presentes em situações de risco, como *acting out* ou passagem ao ato, como se verá mais adiante, na psicopatologia. Assim, muitos dos sintomas encontrados na adolescência "expressam" tentativas de respostas subjetivas a esse momento estrutural e a isso também o clínico deve estar atento.

ADOLESCÊNCIA E ATUALIDADE[30-32]

Na atualidade, o adolescente depara-se com o deslocamento da família nuclear; os declínios dos ritos de passagem, da função paterna, das figuras de autoridade no campo social; com supostos novos paradigmas e com o remanejamento de balizas simbólicas na cultura[5,21,22].

Fala-se muito sobre a perspectiva de "horizontalidade", substituindo a estrutura "vertical" do modelo patriarcal. O que se pode dizer sobre isso? Sobre o binômio, tão caro a partir da modernidade – conjugalidade e parentalidade[21] – bem como as novas conjugações e parcerias amorosas, assiste-se hoje aos deslocamentos das figuras de representatividade, seja dos lugares de identidade sexual, gênero, sejam dos lugares de autoridade, "crise" nos modelos hierárquicos.

Há hipóteses sobre as novas formas de subjetivação[13], as quais portam essencialmente a tensão dialética entre a dimensão do sujeito e a cultura. A sustentação de debate permanente faz-se necessária, em meio a gama variável de proposições. A pergunta que deve perseverar na investigação desses novos remanejamentos e fenômenos é sobre o sujeito. Essa é uma interrogação que, inclusive, para além do caráter investigativo na clínica, diz sobre o posicionamento que marca uma ética, a qual pela referência da psicanálise pode situar como a ética do bem dizer, que interroga o sujeito em sua condição desejante e responsável pelo seu gozo[30-32].

Para compreensão de certa derrisão dos limites, da função paterna, da lei simbólica, há hipóteses como uma "feminização" generalizada ou "infância generalizada e desamparada" ou, ainda, "uma falicização" mascarada sob a rubrica da queda

410 Medicina de Adolescentes

dos tabus e imperativos que marcaram a época moderna. Pós-moderno ou hiper-moderno? Ou, ainda, simplesmente declínio com certa degradação do moderno, contando com novos arranjos provisórios, em um tempo atual, à espreita de reconstrução de novas utopias.

Os jovens, a cada época, costumam ser aqueles que protagonizam as novas palavras de ordem que se seguirão. A problemática reside em questionar-se sobre os espaços discursivos e as necessárias descontinuidades temporais – "parar para pensar" *versus* "*full time*" em internet, por exemplo, a fim de que se possa interagir e ter "tempo" de esvaziamento e de subjetivação para assimilar a palavra outra, a alteridade, em uma perspectiva de interdiscursividade. Em uma época marcada pela aceleração do consumo, pela busca de preenchimento, pelas proposições hegemônicas, prescritas em palavras de ordem pretensamente respeitosas no convívio entre as diferenças, do culto ao "politicamente correto", do empuxo à "normatização" da vida... Corre-se o risco de se tentar "normalizar" também a adolescência e, nesse caso, patologizar essa etapa.

PSICOPATOLOGIA DAS SITUAÇÕES DE RISCO NA ADOLESCÊNCIA

À luz dos novos fenômenos trazidos na clínica, deve-se refletir/perguntar sobre as hipóteses do que estaria apontado como psicopatológico, procurando discriminar daqueles que irrompem como novos fenômenos socioculturais, sem conotação de doença, necessariamente. Essa diferenciação é permanentemente necessária para os profissionais não incorrerem em risco normativista ou atuarem de maneira moralizante frente aos fenômenos humanos, e essa necessidade faz-se, fundamentalmente, em nome da ética. Há a emergência de fenômenos recentes, apontando uma profusão difusa de supostos movimentos de autointervenção no corpo e apropriação das fronteiras impostas pelo real do organismo – novas formas de transgressão ou de transcrição corporal, a exemplo das tatuagens – até outras tantas intervenções mais "radicais" possibilitadas, não só pelas novas tecnologias, mas, sobretudo, também pelas novas ofertas de tamponamento às angústias (as quais, por vezes, as novas tecnologias e a ideologia de mercado se prestam, colocando essas ofertas como produtos de consumo): as cirurgias corporais para transfigurar-se em formas de animais, por exemplo, que acontecem em um mesmo turbilhonamento com que, em outro polo, deparamos com jovens que se cortam, chegando, por vezes, a mutilarem-se: os chamados *cuttings*, comportamentos autocortantes ou perfurantes.

Nos primeiros (intervenções cirúrgicas para alterar a aparência), observa-se, quando muito radicais – ao menos do que se tem propagado – um regozijo de satisfação narcísica, ao menos em um primeiro momento, supostamente em um vetor

Situações de risco na adolescência **411**

próximo ao transexual, na busca de novas referências identitárias, enlaçadas discursivamente, aliás, seja desde os recursos tecnocirúrgicos, midiáticos, em um alinhamento de inúmeras proposições acerca do que se possa fazer quanto às modalidades de recurso na busca de satisfação.

Já quanto aos *cuttings*, embora expressem um gozo contido na compulsão à repetição, são referidos com certa carga de angústia, a qual esses atos mal conseguem minimizar, ao contrário, exigem a repetição e manutenção do estado ou "sensação" de dor, imposta ao corpo. Referem buscar "a dor para não sofrer"[9]. Postos a falar, nesses casos, escuta-se muitas vezes também situações conflitais, seja um suplício culposo, em um vetor que se aproxima ao suplício do obsessivo, quando marcado pela vergonha ou culpa e, por outra, quando é trazido espetacularmente no dar a ver, sob o escárnio da bela indiferença, aproxima-se dos fenômenos histéricos. Nesses dois últimos casos,os jovens estão expressando conflito, e possivelmente suas atuações aconteçam como formas sintomáticas de tentativa de resposta ao sofrimento. Assim, embora mais potencialmente situáveis à neurose, são também identificados como condições de risco, levando à interrogação sobre o sofrimento do sujeito e risco de passagem ao ato.

Atos de Passagem e Passagem ao Ato

As escarificações e lesões autoimpostas estão sob a égide do olhar, portando a dimensão de apelo no dar a ver, onde as palavras faltam. As autolesões mais frequentemente aproximam-se assim do *acting out* – atuações nas quais há inconscientemente a busca por ser visto, de reconhecimento[27] e, portanto, de apelo.

Há estudos em sociologia e antropologia[9,33,34] que propõem a diferença entre atos de passagem e passagem ao ato. Na primeira, há, na busca de "sentir dor", uma tentativa de saída: "a dor do corte como alívio ao sofrimento do existir" frente ao sofrimento subjetivo.

Na passagem ao ato, já há a problemática sobre a ruptura subjetiva de modo mais radical. Passar ao ato é "deixar cair" justamente o sujeito, tomado, invadido, irreversivelmente como objeto, à radicalidade do ato. Diferentemente, no ato de passagem, o autoimpor-se um sofrimento pode ser um arranjo, provisório, sintomático e paradoxal que o jovem encontra para não morrer, como ato de sobrevivência e mesmo de apelo. Sofrer como forma de aliviar a dor de existir.

A diferença também está em que, no ato de passagem o ataque corporal, impondo-se lesões, cortes, enfim, pode se dar como tentativa de fixar sentido na marca, além da vertente de endereçamento, de apelo – a inscrever um sentido; enquanto haveria já a perda de sentido devastadora, que leva ao suicídio, por exemplo, em sua forma mais radical, na passagem ao ato.

Medicina de Adolescentes

O que é importante nas análises desses fenômenos é estar atento ao índice de resposta subjetiva que estará suportando essas atuações; deve-se seguir na clínica buscando escutar, sem pressupostos de quaisquer ordens, cada jovem em sua singularidade.

Um fenômeno bastante recente da atualidade, que exemplifica a delicadeza e a complexidade desse tema, são os casos de meninos que tentam provocar uma estase jugular, como se chegasse "quase" ao enforcamento, na obtenção de gozo, "tontura". É um fenômeno propagado entre jovens na internet. Enfim, levando-os, não raras vezes, a desfechos mortais – supostamente – indesejados, não premeditados, e a todos do entorno, perplexos, restará uma vida para se tentar fazer gerar um sentido, ao ato, que terá sido então, *a posteriore*, uma passagem ao ato, ou antes, um "engano", um mau cálculo de gozo, um terrível "mau encontro", uma viagem sem volta.

ESTADOS DE ANGÚSTIA E SUAS RELAÇÕES COM AS SITUAÇÕES DE RISCO NA ADOLESCÊNCIA

Dentre as várias formulações que se tem sobre situações de risco no campo da saúde mental, encontram-se como as principais vertentes aquelas provindas da psiquiatria e as referências da psicanálise. Quaisquer que sejam as proposições teóricas sobre o fenômeno humano das chamadas situações de risco, é irredutível a articulação com os estados afetivos, especialmente a angústia, em sua forma de expressão mais ou menos reconhecida, isto é, mesmo quando "mascarada", ou encoberta, por formações sintomáticas como, por exemplo, os sintomas histéricos.

A angústia, diferentemente dos estados ansiosos, descritos pela psiquiatria[35,36], terá importante lugar na fundamentação psicanalítica, considerado o mais genuíno estado de afeto[27], fornecendo elementos estruturais para o entendimento dessas nuances de estados, com os quais se podem deparar na clínica e que exigirá um trabalho cuidadoso na boa leitura e feitura diagnóstica, posto serem muito plásticos, funcionais, não necessariamente psicopatológicos, ao mesmo tempo em que podem não estar isentos de risco, sobretudo para o adolescente.

Pode-se considerar que a clínica da angústia estará presente, nas situações de risco, nas quais o jovem se imputa a um ato ou situação que o leve ao risco de algum acometimento de adversidade, de passagem ao ato, risco de morte de si e/ou de demais indivíduos de qualquer ordem no laço social, sejam familiares, colegas, ou até mesmo em um espaço coletivo.

CLÍNICA DA ANGÚSTIA, SITUAÇÕES DE RISCO E CONSIDERAÇÕES SOBRE: LUTO, MELANCOLIA E DEPRESSÃO

Nas situações de risco, a angústia deve ser investigada e será o fio condutor para o entendimento discriminado dos diversos quadros aí encontrados[10,11].

Situações de risco na adolescência **413**

O luto diz respeito ao trabalho de ressignificação de perdas, empreendimento subjetivo e que não necessariamente expressará sinais clínicos de angústia ou manifestações psicopatológicas, ao contrário, poderá concorrer com momentos de profícua criatividade e produção do jovem enlutado. Há um belíssimo texto freudiano que trata das relações entre esses dois conceitos metapsicológicos, o luto e a melancolia[19]. Em ambos os casos, o sujeito depara-se com a condição da perda (objetiva e/ou subjetiva) e as diferenças serão quanto à resposta subjetiva de cada um.

No primeiro caso – luto, a condição narcísica mantém-se integrada, embora abatida frente à perda de objeto. No segundo caso – a melancolia, o acometimento estende-se à condição narcísica "... a sombra do objeto recai sobre o eu"[19], apontando a devastação do sujeito; em geral mais grave, clinicamente reconhecível.

Por fim, a depressão[37,38] como condição mais fenomênica de apresentação clínica, nosologia mais apropriada à psiquiatria e não considerada rigorosamente um conceito psicanalítico, aponta os infindáveis matizes (nuances histéricas, obsessivas etc.) de "estados da alma" clinicamente estabelecidos como o entristecimento, "a dor do existir", o "desânimo", nos quais o investimento libidinal do sujeito encontra-se desmotivado, como se estivesse sem vetores de busca desejante aos quais investir. Trata-se de uma posição subjetiva que pode ser pontual ou funcionalmente encontrada em quaisquer estruturas, momento ou condição que o sujeito esteja atravessando. Em trabalhos sobre o tema de depressão na infância e adolescência encontram-se comentários cuidadosos acerca da real gravidade[39], ou seja, ao potencial de risco de morte, tentativa de suicídio, por exemplo. De acordo com pesquisa realizada sobre as relações existentes entre as duas condições, é um mito considerar a ideia de que entre crianças e jovens não haveria risco de suicídio, apontando estatísticas significativas a respeito[40].

Esses casos necessitam de cuidadosa investigação para diferenciar de outras situações ou mesmo doenças de grave condição psicopatológica, como o desencadeamento insidioso de esquizofrenia, ou outras doenças de causas orgânicas. O problema do estatuto dos quadros ou estados depressivos – que seriam como a febre, enquanto sinal semiológico – é o risco de não se escutar cuidadosa e atentamente o sujeito em um início investigativo de processo diagnóstico, que será tratado a seguir.

ABORDAGENS TERAPÊUTICAS

Será incluído aqui nas abordagens terapêuticas o início do processo de investigação diagnóstica, ressaltando a importância desse momento preliminar do tratamento.

Um sinal clínico que aponte algum índice de psicopatologia necessita ser investigado, escutado, ao invés de simplesmente tentar sua eliminação como um defeito a ser corrigido[42]. Na atualidade, corre-se o risco de curto-circuitar tais quadros clínicos com o uso banalizado e desmesurado de psicofármacos. Por exemplo, os antidepressivos, sempre à mão das diversas especialidades médicas, quando não nas "melhores casas do ramo". Ou seja, há também riscos de precipitações que os próprios clínicos podem incorrer, caso não estejam devidamente advertidos sobre a "farta oferta", já banalizada e incentivada na atualidade, apontando a uma certa degradação do seu estatuto no imaginário social, diga-se dos psicofármacos, aos quais os próprios pacientes já chegam demandando em seus consultórios.

Quando se está no terreno da subjetividade e, em especial, no território da adolescência, é preciso que se garanta um espaço discursivo, de escuta, que se ofereça ao jovem, mesmo se esse espaço tiver de ser preenchido, em um primeiro momento, pelo silêncio, para que depois advenha sua palavra. No âmbito da poderosa relação médico-paciente, na qual o jovem deverá receber a oferta de confiabilidade, acolhimento e escuta, frente a emergência de angústia – o que já será de grande valia na construção diagnóstica –, o clínico poderá colher índices que apontem para os dois grandes eixos trabalhados no capítulo:

- Ou se trata de índice próprio da vulnerabilidade da adolescência, à qual o clínico poderá exercer uma importante ação mediadora e territorial que sirva de suporte nesse momento de tanta incerteza e desamparo a que o jovem está estruturalmente exposto.
- Ou emergirão índices mais complexos; em linhas gerais, pode-se dizer, quando há "refratariedade" do jovem frente à oferta de acolhimento, com piora dos sintomas, por vezes em situação de urgência, sejam esses quais forem. Nesse último caso, aconselha-se o clínico discutir o caso com profissional da área de psiquiatria, psicanálise ou psicologia para que o auxilie na efetivação diagnóstica e proposição terapêutica[43].

Há também que se ressaltar a importância da aliança e do compromisso terapêutico com os pais ou responsáveis, na sustentação da confiabilidade, posto que também, na adolescência – de maneira diferente, mas ainda sim –, muitos dos sintomas estarão em resposta a situações de extrema complexidade e, por vezes, até psicopatologias familiares, às quais o sintoma estará expresso como forma de resposta, de saída, ou apelo à intervenção. Um exemplo emblemático que se tem na adolescência são os quadros alimentares, que se potencializam sob o território doméstico de graves situações psicopatológicas.

Assim, as condições de risco estão no limite de inscrever um desejo de troca de interesse, tomado como apelo, e não somente tomado na lógica da perda pura, sacrificial; ainda que na lógica do sacrifício se possa buscar escavar também um lugar a se constituir para o campo da alteridade.

Aos clínicos, cabe a dimensão de responsabilização que exercerão frente aos adolescentes que apresentem situações de risco, uma vez que o que de mais importante eles nos expressam – e que bom quando o fazem (!), pois é sinal que ainda há "tempo" – é o apelo para ajudá-los, acompanhá-los, escutá-los nessa tão intensa e, por vezes, dramática travessia da "terceira margem do rio"[44].

CONCLUSÕES

No contexto do trabalho terapêutico e interdisciplinar que se oferta para ser construído junto a cada jovem, o clínico deverá estar atento ao processo diagnóstico, de não incorrer precipitadamente em responder às inquietações das demandas aflitas dos pais, que, muitas vezes, também vulneráveis, "atuam", buscando "patologizar" e "psicologizar" os comportamentos dos filhos e, dessa forma, não se implicam com suas próprias questões (esse aspecto pode estender-se às queixas de coordenadores de instituições escolares, quando não conseguem conter as questões que os jovens trazem no espaço coletivo escolar); nem tampouco subestimar índices clínicos que o jovem possa de fato apresentar.

A relação médico-paciente será de grande valia na diferenciação desses finos liames, bem como a postura de receptividade e escuta atenta a todos os envolvidos, sejam familiares, coordenadores escolares ou demais envolvidos. Os pais, responsáveis ou aquele que o acompanhe e lhe sirva de referência sempre devem estar implicados no processo. Seja um monitor de um abrigo ou um tutor jurídico, é fundamental buscar um elo possível (familiar ou do campo social) de referência, para além do terapeuta, no empreendimento dessa importante travessia que, afinal, tem como protagonista e autor, solitário nessa passagem, o jovem.

REFERÊNCIAS BIBLIOGRÁFICAS

1. Saito MI, Silva LEV, Leal M. Adolescência: prevenção e risco. 2ª ed. São Paulo: Atheneu; 2008.
2. Lamberte MTMR. A condição subjetiva na adolescência. In: Marcondes E, Vaz FAC, Ramos ILA, Okay Y (eds). Pediatria básica. Tomo I. Pediatria geral e neonatal. 9ª ed. São Paulo: Sarvier; 2002.
3. Lamberte MTMR. O adolescente. In: Lamberte MTMR, Polanczyk GV (coords.). Psiquiatria da infância e adolescência. Barueri: Manole; 2012. p.118.
4. Áries P. História social da criança e da família. Rio de Janeiro: Guanabara; 1978.
5. Rassial JJ. A passagem adolescente. Porto Alegre: Artes e Ofícios; 1997.
6. Dolto F. A causa dos adolescentes. 2ª ed. Rio de Janeiro: Nova Fronteira; 1990.
7. Ministério da Saúde. III Conferência Nacional de Saúde Mental. Brasília: Ministério da Saúde; 2002.
8. Organização Mundial de Saúde. Relatório sobre a saúde mental no mundo: saúde: nova concepção, nova esperança. Genebra: OMS; 2001.
9. Le Breton D. Condutas de risco: dos jogos de morte ao jogo de viver. Campinas: Autores Associados; 2009.

416 Medicina de Adolescentes

10. Peres U, Cancina P, Cruglak C. Melancolia. In: Peres U (org.). São Paulo: Escuta; 1996.
11. Peres U. Mosaico de letras. Ensaios de psicanálise. Rio de Janeiro: Escuta; 1999.
12. DATASUS – Departamento de Informática do SUS. Ministério da Saúde. Diretrizes nacionais para a atenção integral à saúde de adolescentes e jovens na promoção, proteção e recuperação da saúde. Disponível em: http://bvsms.saude.gov.br/.../diretrizes_nacionais_atencao_saude_adolescentes_jovens_promocao_saude.pdf. (Acesso jun 2014.)
13. Birman J. Arquivos do mal estar e da resistência. Rio de Janeiro: Civilização Brasileira; 2006.
14. Freud S. (1930) Mal-estar na civilização. In: Obras completas. Edição standard brasileira das obras completas de Sigmund Freud. Rio de Janeiro: Imago; 1996. v. XXI. p. 81-178.
15. Tellesda S. Infância e saúde mental: teoria, clínica e recomendações para políticas públicas. [Dissertação]. São Paulo: Faculdade de Saúde Pública da Universidade de São Paulo; 2006.
16. Foucault M. História da loucura na idade clássica. São Paulo: Perspectiva (Trad. Netto JTC); 1978.
17. Foucault M. O nascimento da clínica. 6ª ed. Trad. Roberto Machado. Rio de Janeiro: Forense Universitária; 2004.
18. Aberastury A, Knobel M. O adolescente normal. Porto Alegre: Artes Médicas; 1981.
19. Freud S. Obras completas. Edição standard brasileira das obras completas de Sigmund Freud. Rio de Janeiro: Imago; 1987. Luto e melancolia (1917){1915}.v. XIV, P. 275.
20. Kehl MR. A função fraterna. Rio de Janeiro: Relume; 2000.
21. Julien P. Abandonará teu pai e tua mãe. Rio de Janeiro: Companhia de Freud; 2000.
22. Rassial JJ. O sujeito em estado limite. Rio de Janeiro: Companhia de Freud; 2000.
23. Lacadee P. O despertar e o exílio. Ensinamentos psicanalíticos da mais delicada das transições, a adolescência. Rio de Janeiro: Contra Capa; 2011.
24. Laca JJ. Escritos: El tiempo lógico u aserto de certidumbre anticipada. Tomo I. 15ª ed. Argentina: Siglo Veituino Editores; 1989. p.187.
25. Freud S. Obras completas. Edição standard brasileira das obras completas de Sigmund Freud. Rio de Janeiro: Imago; 1987. Três ensaios sobre a sexualidade (1905); p.129-250. Os instintos e suas vicissitudes 91915. v. XIV, P. 217. Organização genital infantil: uma interpolação na teoria da sexualidade (1923), v. XIX P. 179. In: Obras Completas. Rio de Janeiro: Imago; 1987.
26. Miller JA. Conferência de apertura de lãs. II Jornads Nacionales: desarrollo y estructura em la dirección de la cura. Octubre de 1992. Atuel.
27. Lacan J. O seminário, livro 10. A angústia (1962-3). Rio de Janeiro: Zahar; 2005.
28. Lacan JJ. A lógica do fantasma. (1966-7). Recife: Centro de Estudos Freudianos; 2008.
29. Lacan J. Los quatro conceptos Del psicoanalisis. In: El Seminário XI. Barcelona, Buenos Aires: Paidós; 1986.
30. Hoffmann C. O desejo de servidão voluntário e a violência – o corpo do poder, o corpo social e o corpo do gozo. In: Estudos psicanalíticos. N. 38. Belo Horizonte; dez-2012.
31. Calligaris C. A adolescência. São Paulo: Publifolha; 2009.
32. Porge E. Transmitir a clínica psicanalítica. Freud e Lacan Hoje. Campinas: Unicamp; 2009.
33. Le Breton D. Condutas de risco: dos jogos de morte ao jogo de viver. Campinas: Autores Associados; 2009.
34. Le Breton D. Escarificações na adolescência: uma abordagem antropológica. Université March Bloch-França. In: Horizontes antropológicos. Porto Alegre, ano 16. N. 33 p. 25-40, jan./jun.2010. Traduzido do francês por Débora Krischke e Maria Eunice Maciel.
35. Organização Mundial de Saúde. CID-10 Classificação Estatística Internacional de Doenças e Problemas Relacionados à Saúde. 10ª ed. São Paulo: Universidade de São Paulo; 1997. v.1.
36. Organização Mundial de Saúde. Classificação de Transtornos Mentais e de Comportamentos da CID-10. Descrições clínicas e diretrizes diagnósticas. Porto Alegre: Artes Médicas;1993.
37. Assumpção Jr FB. Psiquiatria da infância e adolescência. São Paulo: Livraria Santos; 1994.
38. Assumpção JRFB. Transtornos do humor. In: Assumpção Jr FB, Kuczynki E. Tratado de psiquiatria da infância e da adolescência. São Paulo: Atheneu; 2003.

39. Degenszajn RD. Depressão na infância e adolescência. In: Escobar AMU, Grisi SJFE, Valente MH (coords.). A promoção da saúde na infância. Barueri: Manole; 2009. p.297-314.
40. Reis RLR, Figueira ILV. Transtorno depressivo e suicídio na infância e adolescência. Pediatr Mod. 2002;37(6):215-46.
41. Lacan J. Psicanálise e medicina. In: Opção Lacaniana, no. 32 (Trad. Vieira MA). Rio de Janeiro: Escola Brasileira de Psicanálise; 2001.
42. Gutierrez PL. Ética e psiquiatria infantil. In: Lamberte MTMR, Polanczyk GV (coords.). Psiquiatria da infância e adolescência. Barueri: Manole; 2012. p.384-93.
43. Lamberte MTMR, Gutierrez PL. Emergências psiquiátricas em pronto socorro infantil. In: Schvartsman, Reis AG, Farhat SCL (coords.). Pronto-socorro. 2ª ed. Barueri: Manole; 2013. p.130-9.
44. Rosa G. Primeiras histórias. 20ª ed. Rio de Janeiro: Nova Fronteira; 1985. A terceira margem do rio. p.32 – Licença poética pela bela metáfora desse conto de Guimarães Rosa, sobre a travessia... "A terceira margem do rio", na qual a chegada é o próprio percurso, a busca, a despedida, as tormentas, incertezas, ausência de garantia, despedir-se e lançar-se, e enfim, por quanta poesia e graça que daí se puder extrair...

34

Abordagem do adolescente vítima de violência sexual

Alexandre Massashi Hirata

> **Após ler este capítulo, você estará apto a:**
> 1. Compreender o conceito de violência sexual em adolescentes de forma geral e específica.
> 2. Realizar os procedimentos legais e profiláticos em casos de violência sexual.
> 3. Esclarecer sobre o direito da adolescente de manter ou interromper a gravidez decorrente de violência sexual.

INTRODUÇÃO

A violência sexual pode ser definida como uma violência de gênero que, segundo Ballone e Ortolini, se "caracteriza por um abuso de poder na qual a vítima é usada para gratificação sexual do seu agressor sem consentimento, sendo induzida ou forçada a práticas sexuais com ou sem violência física". Além da força física, a violência sexual pode ser exercida pela intimidação, coerção, chantagem, suborno, manipulação, ameaça ou qualquer outro mecanismo que anule ou limite a vontade da vítima[1].

O Código Penal Brasileiro define como estupro "constranger alguém, mediante violência ou grave ameaça, a ter conjunção carnal ou a praticar ou permitir que com ele se pratique outro ato libidinoso" (art. 213); portanto, tanto a mulher quanto o homem podem ser vítimas de estupro, caracterizando-se "estupro de vulnerável" em menores de 14 anos ou alguém que, por enfermidade ou deficiência mental, não tenha o necessário discernimento para a prática do ato, ou que, por qualquer outra causa, não pode oferecer resistência (art. 217-A)[2].

A violência sexual é um fenômeno universal, atingindo, indistintamente, todas as idades, classes sociais, etnias, religiões e culturas. Sua verdadeira incidência é desconhecida, sendo uma das condições de maior subnotificação e sub-registro no Brasil e no mundo. Estima-se que a violência sexual acometa 12 milhões de pessoas a cada ano, no mundo, sendo considerada um grave problema de saúde pública[3].

As situações de violência sexual que acometem adolescentes correspondem, na sua grande maioria, aos "assaltos sexuais", correlacionados com a violência urbana e com ocorrência, basicamente, no espaço público. São mais frequentes nos períodos de trânsito entre casa/escola/trabalho/lazer. As ameaças à vida ou à integridade física são bastante explícitas, estando fortemente associadas à violência física. O agressor, geralmente, é desconhecido. O atendimento deve ser realizado o mais rápido possível em serviço de urgência, pela necessidade imediata e tratamento de eventuais lesões físicas, pelos prazos definidos para o início das profilaxias contra as doenças sexualmente transmissíveis (DST) e prescrição da anticoncepção de emergência[4].

Em um estudo realizado com 546 adolescentes (de 10 a 20 anos) do sexo feminino, vítimas de violência sexual, matriculadas no Centro de Referência da Saúde da Mulher de São Paulo, o agressor foi apontado como desconhecido em 72,3% dos casos. Nas situações em que agressor foi identificado, em 27,8% dos casos o agressor, foi o vizinho, em 13,9%, foi o pai biológico e em 10,6%, o padrasto. Em 63,2% das adolescentes, o crime ocorreu durante o percurso do trabalho ou escola, ou durante atividades cotidianas realizadas na proximidade da sua residência, e em 15% durante as atividades de lazer[5].

NORMAS GERAIS DE ATENDIMENTO[3]

Não há impedimento legal ou ético para que o médico ou outro profissional da saúde preste a assistência necessária, incluindo-se o exame ginecológico e a prescrição de medidas de profilaxia, tratamento e reabilitação. A assistência à saúde da pessoa vítima de violência sexual é prioritária e a recusa infundada e injustificada de atendimento pode ser caracterizada, ética e legalmente, como imperícia e omissão de socorro. De acordo com o art. 13, § 2º do Código Penal Brasileiro, o médico pode ser responsabilizado civil e criminalmente pelos danos físicos e mentais, ou eventual morte da vítima. Não cabe também a alegação do profissional de saúde de objeção de consciência, pois a vítima pode sofrer danos ou agravos à saúde em razão da omissão do profissional.

Após o atendimento médico, o responsável pelo adolescente deve ser orientado a lavrar o Boletim de Ocorrência Policial em uma delegacia, de preferência especializada no atendimento a mulheres e crianças, que deve encaminhar a vítima para exames e coletas de provas forenses pelos peritos do Instituto Médico Legal (IML). Se, por alguma razão, não houver a possibilidade de realização dos exames periciais diretamente pelo IML, os peritos podem fazer o laudo de forma indireta, com base no prontuário médico. Portanto, os dados sobre a violência sofrida, bem como os achados do exame físico e as medidas instituídas, devem ser cuidadosamente descritos e registrados em prontuário.

O adolescente que sofre violência sexual encontra-se fragilizado; geralmente, sente-se humilhado, envergonhado, com sentimentos de culpa e medo, podendo apresentar desestruturação psíquica e depressão. A sua escuta deve ser aberta, atenciosa e acolhedora, em espaço físico que preserve a sua privacidade. O profissional deve evitar fazer pré-julgamentos, não agir prematura ou impulsivamente, buscando informações complementares sobre o caso e discutindo com a equipe multidisciplinar as melhores formas de intervenção e os encaminhamentos pertinentes[4,6].

É necessário que se realize exame físico completo, incluindo exame ginecológico e anal e, dependendo do caso, que sejam tomadas as medidas clínicas e cirúrgicas necessárias, feita a coleta de sangue e de amostra de conteúdo vaginal para diagnóstico de DST, assim como a coleta de provas forenses, profilaxia para DST não virais, hepatite B e HIV, anticoncepção de emergência, preenchimento da Ficha de Notificação e Investigação de Violência Doméstica, Sexual e/ou outras Violências e comunicação ao Conselho Tutelar ou à Vara da Infância e Juventude.

A Lei n. 10.778/2003, regulamentada pelo Decreto-lei n. 5.099/2004 e normatizada pela Portaria MS/GM n. 2.406/2004 da Secretaria em Vigilância em Saúde do Ministério da Saúde, estabelece a notificação compulsória, no território nacional, dos casos suspeitos ou confirmados de violência doméstica, sexual e outras violências. Nas situações de violências contra crianças e adolescentes, uma cópia da notificação deve ser encaminhada ao Conselho Tutelar à vara da Infância e Juventude.

Conforme o art. 13 do Estatuto da Criança e do Adolescente (ECA), a suspeita ou a confirmação de violência sexual contra crianças e adolescentes menores de 18 anos de idade deve, obrigatoriamente, ser comunicada ao Conselho Tutelar ou à Vara da Infância ou Juventude, sem prejuízo de outras providências legais[7].

TRAUMATISMOS FÍSICOS[3,4]

Os hematomas e as lacerações genitais, quando presentes, são as lesões mais frequentes. Os objetivos do tratamento cirúrgico, quando indicado, são a interrupção do sangramento e a reconstrução anatômica das estruturas lesadas. A hemostasia deve ser realizada com agulhas não traumáticas e fios delicados e absorvíveis. Os tampões vaginais devem ser evitados, pois tendem a aumentar de tamanho à medida que acumulam sangue. Nas lesões vulvoperineais superficiais e sem sangramento, deve-se

Abordagem do adolescente vítima de violência sexual **421**

proceder apenas assepsia local. Na presença de hematomas instáveis, pode-se necessitar de drenagem cirúrgica. Na ocorrência de traumatismos físicos, deve-se considerar a necessidade de profilaxia do tétano, avaliando-se o *status* vacinal do paciente.

Os danos físicos genitais e extragenitais devem ser cuidadosamente descritos no prontuário médico, podendo-se utilizar desenhos ou representações esquemáticas.

ANTICONCEPÇÃO DE EMERGÊNCIA[3]

Deve ser prescrita para todas as adolescentes expostas à gravidez, por meio de contato certo ou duvidoso com sêmen, independentemente do período do ciclo menstrual. É desnecessária em adolescentes que estiverem usando regularmente método contraceptivo de elevada eficácia, como anticoncepcional oral ou injetável.

O método de primeira escolha consiste no uso exclusivo de progestágeno, levonorgestrel, na dose de 1,5 mg, quanto antes possível, dentro do limite de 5 dias da violência sexual. Outro método, conhecido como de Yuzpe, utiliza anticonceptivos hormonais orais combinados (AHOC) de uso rotineiro em planejamento familiar. Consiste na associação do estrogênio e progestágeno sintético, na dose total de 200 µg de etinilestradiol e 1 mg de levonorgestrel, dividida em duas doses, em intervalo de 12 horas, administrados até 5 dias após a violência (Tabela 34.1).

Tabela 34.1 – Métodos de contracepção de emergência hormonal[3]

Método	Dose	Via	Observação
Levonorgestrel (primeira escolha)	0,75 mg/comprimido de levonorgestrel	Oral	2 comprimidos, dose única
	1,5 mg/comprimido de levonorgestrel	Oral	1 comprimido, dose única
Método de Yuzpe (segunda escolha)	AHOC com 0,05 mg/comprimido de etinilestradiol e 0,25 mg/comprimido de levonorgestrel	Oral	2 comprimidos a cada 12 horas (total de 4 comprimidos)
	AHOC com 0,03 mg/comprimido de etinilestradiol e 0,15 mg/comprimido de levonorgestrel	Oral	4 comprimidos a cada 12 horas (total de 8 comprimidos)

AHOC: anticonceptivos hormonais orais combinados.

PROFILAXIA DAS DOENÇAS SEXUALMENTE TRANSMISSÍVEIS NÃO VIRAIS[3]

A prevalência de DST em situações de violência sexual é elevada e o risco de infecção depende de diversas variáveis, como o tipo de violência sofrida (vaginal, anal ou oral), o número de agressores, o tempo de exposição (única, múltipla ou crônica), a ocorrência de traumatismos vaginais, entre outras. Parcela significativa de infecções genitais, como gonorreia, sífilis, clamidiose, tricomoníase e cancro mole, pode ser prevenida com o uso de medicamentos de reconhecida eficácia.

Medicina de Adolescentes

Não é possível estabelecer, com exatidão, o tempo-limite para a introdução da profilaxia das DST não virais em situações de violência sexual. Entretanto, recomenda-se que a administração dos antibióticos seja feita preferencialmente pela via parenteral no primeiro dia de atendimento e, caso seja feita a opção por medicações orais, recomenda-se realizar em, no máximo, 2 semanas após a violência sexual. O esquema recomendado e posologia estão indicados na Tabela 34.2.

Tabela 34.2 – Profilaxia das doenças sexualmente transmissíveis não virais[3]

Medicamento	Via de administração	Posologia	
		< 45 kg	≥ 45 kg
Penicilina G benzatina	IM	50 mil UI/kg (dose máxima 2,4 milhões UI), dose única	2,4 milhões UI (1,2 milhão em cada nádega), dose única
Ceftriaxona	IM	125 mg, dose única	250 mg, dose única
Azitromicina	VO	20 mg (dose máxima: 1 g), dose única	1 g, dose única

IM: intramuscular; VO: via oral.

IMUNOPROFILAXIA DA HEPATITE B[3]

Está indicada em casos de violência sexual nos quais ocorra exposição a sêmen, sangue ou outros fluidos corporais do agressor. Não está condicionada à solicitação ou à realização de exames complementares. Deve ser administrada em condições de desconhecimento ou dúvida sobre o *status* vacinal (Tabela 34.3). A imunoglobulina humana anti-hepatite B pode ser administrada em até, no máximo, 14 dias após a violência sexual, embora seja recomendada nas primeiras 48 horas.

Tabela 34.3 – Imunoprofilaxia da hepatite B[3]

Vacina anti-hepatite B Aplicar em deltoide	0, 1 e 6 meses após a violência sexual
Imunoglobulina humana anti-hepatite B 0,06 mL/kg; aplicar em glúteo	Dose única

QUIMIPROFILAXIA DO HIV[3]

A infeção pelo HIV é uma das grandes preocupações em situação de violência sexual. O risco de infecção depende de muitas condições, como os tipos de exposição sexual, o número de agressores, a rotura himenal e traumas subjacentes, a exposição a secreções e/ou sangue, a presença de DST ou úlcera genital, a carga viral do agressor e o início precoce da quimioprofilaxia.

Abordagem do adolescente vítima de violência sexual **423**

É recomendada em todos os casos de violência sexual com penetração vaginal e/ou anal desprotegida, com ejaculação, sofrida há menos de 72 horas, inclusive se o *status* sorológico do agressor for desconhecido. O esquema de primeira escolha deve combinar três antirretrovirais (ARV), composto por dois inibidores de nucleosídeos da transcriptase reversa, combinados com um inibidor da protease adicionado de ritonavir como adjuvante farmacológico, mantidos sem interrupção por 4 semanas consecutivas (Tabela 34.4).

Tabela 34.4 – Drogas e doses de antirretrovirais[3]

Medicamento	Via de administração	Posologia
Zidovudina (AZT)	Via oral	300 mg a cada 12 horas
Lamivudina (3TC)	Via oral	150 mg a cada 12 horas
Lopinavir/ritonavir (LPV/r)	Via oral	400 mg a cada 12 horas

De forma geral, a profilaxia das DST, hepatite B e HIV não é recomendada nos casos de violência sexual crônica e prolongada, perpetrada pelo mesmo agressor, pela possibilidade de a contaminação já ter ocorrido no passado. Não existem alternativas de imunoprofilaxia para hepatite C e HPV.

ACOMPANHAMENTO LABORATORIAL[3]

A coleta imediata de sangue e de amostra do conteúdo vaginal é necessária para estabelecer eventual presença de DST, HIV ou hepatite prévias à violência sexual. Entretanto, tal coleta não deve retardar o início da profilaxia.

A realização de hemograma e dosagem de transaminases é necessária somente para adolescentes q ue iniciam a profilaxia antirretroviral, devendo ser solicitados no primeiro atendimento e repetidos após 2 semanas e a critério clínico (Tabela 34.5).

Tabela 34.5 – Acompanhamento laboratorial após violência sexual[3]

	Admissão	2 semanas	6 semanas	3 meses	6 meses
Conteúdo vaginal	X		X		
Sífilis (VDRL ou RPR*)	X		X	X	X
Anti-HIV	X		X	X	X
Hepatite B (HBsAg)	X			X	X
Hepatite C (anti-HCV)	X			X	X
Transaminases	X	X			
Hemograma	X	X			

* RPR: reagina plasmática rápida; VDRL: *venereal disease research laboratory*.

GRAVIDEZ DECORRENTE DE VIOLÊNCIA SEXUAL[4]

A mulher ou a adolescente em situação de gravidez decorrente de violência sexual têm o direito de ser informada da possibilidade de interrupção da gravidez, conforme Decreto-Lei n. 2.848, de 7 de dezembro de 1940, art. 128, inciso II, do Código Penal Brasileiro.

Da mesma forma, deve também ser esclarecida do direito de manter a gestação até o seu término, garantindo-se os cuidados pré-natais apropriados, e receber informações s obre as alternativas após o nascimento, que incluem a escolha entre permanecer com a criança e inseri-la na família ou proceder com os mecanismos legais de doação.

O Termo de Consentimento Livre e Esclarecido é documento imprescindível para realização do abortamento, assim como os Termos de Responsabilidade e Relato Circunstanciado, acrescidos de um Parecer Técnico e do Termo de Aprovação de Procedimento de Interrupção de Gravidez. Não se condiciona à decisão judicial, à apresentação do Boletim de Ocorrência Policial e do laudo de Exame de Corpo de Delito e Conjunção Carnal, do IML.

O Código Civil estabelece que, a partir dos 18 anos, a mulher é considerada capaz de consentir sozinha para a realização do procedimento. No caso de adolescentes menores de 18 anos, torna-se necessária a presença de um dos pais ou do responsável, excluindo-se as situações de urgência, quando há risco iminente de vida.

Em casos nos quais haja posicionamentos conflitantes, em que a adolescente deseja dar continuidade à gravidez e os pais ou responsáveis desejam o aborto, deve-se respeitar o direito de escolha da adolescente. E se a adolescente deseja a interrupção da gravidez e a família não, deve ser buscada a via judicial para solucionar o impasse.

De acordo com o art. 7 do capítulo I do Código de Ética Médica (CEM), são garantidos ao médico a objeção de consciência e o direito de recusa a realizar o abortamento em casos de gravidez resultante da violência sexual. No entanto, é dever dele garantir a atenção do abortamento por outro profissional da instituição ou de outro serviço.

Para a interrupção da gravidez de até 12 semanas de idade gestacional, o método de escolha é a aspiração a vácuo intrauterina. A curetagem uterina deve ser usada apenas quando o método anterior não estiver disponível. O abortamento medicamentoso com misoprostol é uma opção válida e segura. Para gestações com mais de 12 semanas e menos de 22 semanas de idade gestacional, a utilização do misoprostol é o método de eleição. Não há indicação para interrupção de gravidez após 22 semanas de idade gestacional.

ATENDIMENTO PSICOTERÁPICO

Todo adolescente em situação de violência deve ser encaminhado para tratamento psicoterápico, pois essa experiência pode deixar marcas psicológicas profundas na personalidade e no comportamento[6]. De acordo com uma revisão de literatura, têm sido relatados quadros de medo, baixa autoestima, isolamento social, distúrbios de aprendizagem, uso de álcool e drogas, distúrbios de conduta, agressividade, automutilação e suicídio em vítimas de violência sexual. Transtorno de estresse pós-traumático, transtornos dissociativos, fobias, ideação paranoide, transtorno obsessivo-compulsivo e transtornos de conversão também são descritos[8].

CONCLUSÕES

A abordagem dos adolescentes vítimas de violência sexual é complexa e os profissionais de saúde encontram dificuldades quando se deparam com situações de violência contra crianças e adolescentes, em razão da falta de preparo técnico e, muitas vezes, por resultarem da transgressão das questões morais e sociais, além de existir o medo ou recusa em envolver-se com o que é considerado culturalmente um problema de justiça, e não da saúde[6].

Portanto, a sensibilização e a capacitação desses profissionais para o adequado atendimento das vítimas e de suas famílias são necessárias, pois desempenham um papel fundamental no diagnóstico, tratamento, acompanhamento e desencadeamento das medidas legais de proteção.

REFERÊNCIAS BIBLIOGRÁFICAS

1. Souza CM, Adesse L (orgs.). Violência sexual no Brasil: perspectivas e desafios, 2005. Brasília: Secretaria Especial de Políticas para as Mulheres; 2005. 188p.
2. Brasil. Presidência da República. Casa Civil. Subchefia para Assuntos Jurídicos. Lei n. 12.915, de 7 agosto de 2009. Disponível em: http://www.planalto.gov.br/ccivil_03/_ato2007-2010/2009/lei/l12015.htm. (Acesso em abr 2013.)
3. Ministério da Saúde. Prevenção e tratamento dos agravos resultantes da violência sexual contra mulheres e adolescentes: norma técnica / Ministério da Saúde. Secretaria de Atenção à Saúde. Departamento de Ações Programáticas Estratégicas. 3ª ed. Brasília: Ministério da Saúde, 2012.
4. Sociedade de Pediatria de São Paulo. Manual de atendimento às crianças e adolescentes vítimas de violência/Núcleo de Estudos da Violência Doméstica contra a Criança e o Adolescente. Coordenação: Renata Dejitiar Waksman, Mário Roberto Hirschheimer – Brasília: CFM; 2001. p.73-99.
5. Drezett J, Caballero M, Juliano Y, Prieto ET, Marques JA, Fernandes CE. Estudos de mecanismos e fatores relacionados com o abuso sexual em crianças e adolescentes do sexo feminino. J Pediatr (Rio J). 2001;77(5):413-9.
6. De Castro Filho JM, Ranña FF, Françoso LA. Violência sexual. São Paulo: Secretaria Municipal da Saúde de São Paulo. Coordenação de Desenvolvimento de Programas e Políticas de Saúde; 2006. p.303-12.

426 Medicina de Adolescentes

7. Estatuto da Criança e do Adolescente. Presidência da República. Secretaria dos Direitos Humanos. Subsecretaria Nacional de Promoção dos Direitos da Criança e do Adolescente. Brasília; 2010.

8. Aded NLO, Dalcin BLGS, de Moraes TV, Cavalcanti MT. Abuso sexual em crianças e adolescentes: revisão de 100 anos de literatura. Rev Psiquiatr Clin (São Paulo). 2006;33(4):204-13.

Adolescência e drogadição: aspectos preventivos

35

Júlia Valéria Ferreira Cordellini

Após ler este capítulo, você estará apto a:

1. Compreender a magnitude do problema da drogadição na adolescência.
2. Identificar fatores de risco e proteção para minimizar a vulnerabilidade dos adolescentes ao apelo de uso de drogas lícitas e ilícitas.
3. Atuar na prevenção com referenciais atualizados.
4. Compreender a importância do trabalho de forma articulada em rede de cuidados.

INTRODUÇÃO

O consumo de drogas (lícitas e ilícitas) constitui um fenômeno histórico e transversal a todas as sociedades, e seus problemas decorrem não unicamente das drogas em si, mas da relação que se estabelece com elas. Essa relação pode ser de uso, de abuso ou de dependência[1]. O consumo de substâncias psicoativas afeta de maneira profunda amplos aspectos da vida das pessoas que as utilizam e dos grupos nos quais elas estão inseridas. Em muitos casos, o consumo de drogas se associa a problemas graves, como acidentes, violência, produção ou agravamento de doenças variadas, queda no desempenho escolar ou no trabalho, transtornos mentais e conflitos familiares, entre outros[2]. Na adolescência, o jovem vivencia descobertas significativas e afirma sua personalidade e individualidade. É durante essa fase que

Medicina de Adolescentes

o indivíduo se desenvolve física e emocionalmente e adota comportamentos influenciados pelo meio socioambiental. A geração atual é considerada a mais urbana da história; entretanto, na medida em que a urbanização possibilita cada vez mais o acesso à educação e aos serviços de saúde, os adolescentes são mais expostos aos riscos de uso de drogas lícitas e ilícitas[3].

EPIDEMIOLOGIA

Do uso social ao problemático, o álcool é a droga mais consumida no mundo. No Brasil, o consumo de bebidas alcoólicas, particularmente entre os jovens, é um importante problema de saúde pública. Em 2005, o II Levantamento Domiciliar sobre o Uso de Drogas Psicotrópicas apontou que houve aumento de consumo de bebidas alcoólicas pela população brasileira nos últimos 4 anos e que o uso de álcool foi de 54,3% entre adolescentes de 12 a 17 anos e de 78,6% entre os jovens de 18 a 24 anos. Segundo o I Levantamento Nacional sobre os Padrões de Consumo de Álcool na População Brasileira de 2007, a idade média de início do consumo de álcool foi de 13,9 anos entre adolescentes de 14 a 17 anos; meninos e meninas consumiram bebidas alcoólicas com frequências semelhantes e cerca de dois terços dos adolescentes de ambos os sexos são abstinentes. No entanto, aqueles que consomem, o fazem de maneira intensa. É importante lembrar que, no Brasil, o consumo de bebidas alcoólicas é legalmente proibido para menores de 18 anos. Mesmo assim, em um universo representativo de adolescentes das várias regiões do país, de áreas urbanas e rurais, quase 35% dos adolescentes consomem bebidas alcoólicas ao menos uma vez no ano[4]. Há evidências de que o uso excessivo de álcool pode ser a porta de entrada para o consumo e a dependência de outras drogas[2,3,5]. Pesquisas mostraram que os jovens brasileiros usam drogas pela primeira vez no início da adolescência, seja como mera experimentação ou como consumo ocasional, indevido ou abusivo[2,4,5]. O consumo de drogas ilícitas costuma ocorrer em média um ano e meio depois da primeira tragada ou do primeiro copo, aos 14,9 anos[4]. Vários fatores se associam ao abuso de álcool e outras drogas na adolescência, a começar pelos aspectos sócio-históricos, como a industrialização e a urbanização de décadas recentes e a crise econômica dos anos 1980, responsável, entre outras coisas, pela dificuldade de inserção do jovem no mercado de trabalho. Não se pode subestimar, também, a crescente produção industrial de bebidas alcoólicas e o forte apelo dos meios de comunicação em favor do consumo por indivíduos de todas as classes sociais[1,3].

A Segunda Conferência Internacional sobre Promoção da Saúde, em Adelaide, Austrália, configurou o uso de tabaco e álcool como dois grandes riscos à saúde que merecem imediata atenção dentro da perspectiva das políticas públicas voltadas à saúde. As cartas para a Promoção da Saúde não só têm o interesse em elaborar políticas públicas saudáveis como também promover a responsabilidade social com a saúde[3,6,7].

FATORES DE RISCO *VERSUS* FATORES DE PROTEÇÃO

O uso e o abuso de álcool e de outras drogas são causas importantes de situações de risco na adolescência, necessitando de ações preventivas precoces e dirigidas aos diferentes grupos de adolescentes, tanto para reduzir os fatores de risco, como principalmente para potencializar os fatores de proteção.

Os conceitos de risco e de proteção servem de base para o diálogo com os diferentes contextos sociais, como a família, os pares, a escola, a comunidade e a mídia[1,8-11]. A expressão consagrada "fatores de risco" designa condições ou variáveis associadas à possibilidade de ocorrência de resultados negativos para a saúde, o bem-estar e o desempenho social[8-10]. Por exemplo, no caso do uso de drogas: ao fumar maconha, o adolescente pode aumentar a probabilidade de desenvolver uma doença pulmonar e também sofrer consequências psicossociais ou sanções legais, conflitos com os pais, perda de interesse pela escola e/ou culpa e ansiedade.

Schenker e Minayo[8,12,13] apontam que vários estudos têm mostrado que os fatores de risco parentais para o uso de drogas pelo adolescente incluem, de forma combinada:

- Ausência de investimento nos vínculos que unem pais e filhos.
- Envolvimento materno insuficiente.
- Práticas disciplinares inconsistentes ou coercitivas.
- Excessiva permissividade, dificuldades de estabelecer limites aos comportamentos infantis e juvenis e tendência à superproteção.
- Educação autoritária associada a pouco zelo e pouca afetividade nas relações.
- Monitoramento parental deficiente.
- Aprovação do uso de drogas pelos pais.
- Expectativas incertas com relação à idade apropriada do comportamento infantil.
- Conflitos familiares sem desfecho de negociação.

O envolvimento grupal configura-se como fator de risco quando os amigos considerados modelo de comportamento demonstram tolerância, aprovação ou consomem drogas. Observa-se que há uma sintonia entre os pares; os adolescentes que querem começar ou aumentar o uso de drogas procuram colegas com valores e hábitos semelhantes.

No âmbito educacional, também existem fatores específicos que predispõem os adolescentes ao uso de drogas, como a falta de motivação para os estudos, o absenteísmo e o mau desempenho escolar.

No âmbito social, a disponibilidade e a presença de drogas na comunidade de convivência têm sido vistas como facilitadoras do uso de drogas por adolescentes, uma vez que o excesso de oferta naturaliza o acesso[9].

Proteger significa, sobretudo, oferecer condições de crescimento e de desenvolvimento, de amparo e de fortalecimento da pessoa em formação. No caso brasileiro, a doutrina da proteção integral se encontra no Estatuto da Criança e do Adolescente[14,15] (ECA), que define o adolescente como cidadão e sujeito de direitos, capaz de protagonismo e merecedor de prioridade de atenção e de cuidados[8]. A prevenção ao uso de drogas se alicerça em abordagens centradas na formação da resiliência, com progressivo abandono das centradas nos fatores de risco, buscando fortalecer os elementos positivos que levam o indivíduo a superar as adversidades.

Sanchez, Oliveira e Nappo[16] relatam que, de acordo com levantamento realizado por Hanson (2002), os principais fatores protetores ao uso de drogas incluem:

- A família (pelo estabelecimento de laços afetivos entre seus membros).
- O monitoramento das atividades e amizades do adolescente.
- A construção de conduta social adequada, o forte envolvimento com atividade escolar e/ou religiosa.
- A disponibilidade de informações sobre o uso de drogas.

Esses autores realizaram pesquisa com 62 indivíduos, entre 16 e 24 anos, usuários e não usuários de drogas, moradores de comunidades urbanas pobres e encontraram fatores de proteção semelhantes ao de Hanson. A conclusão foi que o consumo e a dependência de substâncias psicotrópicas, por adolescentes, podem ser evitados mesmo em ambientes caracterizados pela abundância de fatores de risco, como observado em regiões onde o tráfico "dita as regras" de acordo com suas necessidades. Essa prevenção pode ser facilitada pela presença de fatores protetores na vida do indivíduo. A estrutura familiar, a religiosidade, a disponibilidade de informações acerca da dependência e suas consequências e o estabelecimento de perspectivas de futuro foram relatados como os fatores protetores mais importantes. Oliveira, Bittencourt e Carmo[17] encontraram achados semelhantes ao realizaram pesquisa com 22 mães de classe econômica baixa que relataram como fatores de risco o meio, a influência dos pares e a utilização de drogas pela família e, como fatores protetores, o diálogo, a família estruturada e as atividades sociais e educativas. Investir nos fatores de proteção e na resiliência individual, familiar, comunitária e institucional vem se consolidando como eixo necessário e possível para o enfrentamento da problemática da drogadição.

ESTRATÉGIAS DE PREVENÇÃO

Atualmente, as estratégias preventivas para o uso de substâncias psicoativas são baseadas em um enfoque psicossocial. Nessa perspectiva, as abordagens atuais focam o desenvolvimento de habilidades sociais e, mais especificamente, as de recusa às drogas, como uma das formas de prevenção[18,19]. Segundo Lörh[20], uma intervenção preventiva deve facilitar a aprendizagem de novas habilidades sociais e reduzir comportamentos inadequados. Isso pode auxiliar as crianças a buscarem desde cedo maneiras mais assertivas de relacionamento com seus pares, o que os tornará adultos que saberão lidar melhor com as dificuldades que surgirem na vida. Dessa forma, programas preventivos devem focalizar o desenvolvimento da assertividade, bem como da empatia e da solução de problemas, visando a aumentar as competências sociais[18]. Um exemplo desse tipo de proposta é apresentado no Manual de Habilidades Sociais para Prevenção de Condutas Violentas e Uso de Álcool e Drogas na Adolescência, da Secretaria de Saúde do Peru, que divide o trabalho a ser realizado com os adolescentes nos seguintes módulos de conteúdos: autoestima, comunicação, assertividade e tomada de decisões[21].

Desenvolver ações de atenção à saúde dos adolescentes difere da assistência clínica individual e da simples informação ou repressão[7]. O Ministério da Saúde[6,22] preconiza que:

> o modelo a ser desenvolvido deve permitir uma discussão sobre as razões da adoção de um comportamento preventivo e o desenvolvimento de habilidades que permitam a resistência às pressões externas, a expressão de sentimentos, opiniões, dúvidas, inseguranças, medos e preconceitos, de forma a dar condições para o enfrentamento e a resolução de problemas e dificuldades do dia a dia.

Outro fator a ser considerado nas atividades preventivas refere-se à informação e à fonte dessa informação[23]. Segundo Sanchez et al.[24], a disponibilidade de informações a respeito de drogas e das implicações de seu uso é importante fator protetor contra seu consumo entre adolescentes e jovens em situações de risco. A informação foi o principal motivo do não uso de drogas entre adolescentes e adultos jovens que nunca experimentaram drogas ilícitas, sugerindo que a disponibilização da informação, especialmente no ambiente familiar, poderia melhorar a eficácia de programas de prevenção dirigidos a adolescentes e jovens em situações de risco. Dentre os meios de divulgação de informação sobre drogas, aquela trazida pela família mostrou-se como a de maior impacto, ao passo que a adquirida no ambiente escolar destacou-se como de menor relevância, refletindo, talvez, a inadequação da abordagem dessa temática nas escolas. Esses resultados sugerem a necessidade de

432 Medicina de Adolescentes

ampla reflexão sobre possíveis meios para se aproveitar a informação como um dos alicerces das medidas preventivas em programas na escola e o planejamento de programas de prevenção que desenvolvam habilidades educativas e de comunicação na cena familiar, conscientizando os pais da importância que eles têm como agentes de saúde para seus filhos[12,25].

Segundo Loyola et al.[26], as atividades preventivas mais competentes são as atividades extraclasse supervisionadas, com as famílias, capazes de atender às demandas subjetivas de atenção e afeto, não removidas de seu papel de principal cuidador. Os dados levam à necessidade de ressaltar a proteção e suporte das famílias como alvo das políticas públicas[12].

De acordo com Guimarães et al.[15], a literatura também deixa claro que existem grandes diferenças no tratamento e na prevenção entre a população masculina e a feminina. É bem provável que, ao se abordar o assunto família com maior profundidade, essas diferenças fiquem mais evidentes.

A promoção da saúde do adolescente tem sido objeto de debates, tanto na área acadêmica como nas instituições de saúde e educação. A principal preocupação é no sentido de estimular no adolescente comportamentos e estilos de vida saudáveis que o despertem para a motivação para o autocuidado[3]. A prevenção mostra--se como a forma mais eficaz de lidar com o uso e o abuso de drogas, principalmente entre os adolescentes. A prevenção não deve se limitar a ações isoladas, mas desenvolver-se em todas as frentes, enfatizando-se a orientação e a mobilização dos adolescentes, enfocando ações de redução de danos, reabilitação e socialização desses jovens[3].

REDE DE CUIDADOS

Chama-se rede um sistema de organização de pessoas e/ou instituições que se reúnem em torno de um objetivo ou tema comum. As redes se sustentam pela vontade e afinidade de seus integrantes, caracterizando-se como um significativo recurso para a organização comunitária, tanto em termos das relações pessoais quanto para a transformação social. Estar em rede significa realizar conjuntamente ações concretas. Essa estratégia ajuda as instituições e as comunidades a chegarem mais rapidamente a seus objetivos. A atenção atual ao adolescente que enfrenta problemas com o uso/abuso de drogas está baseada na lógica da reforma psiquiátrica, que pressupõe tratamentos ambulatoriais, com modelos de redução de danos, e, acima de tudo, garantindo seus direitos fundamentais previstos no ECA. Isso só pode acontecer a partir do momento em que se estruture uma rede de cuidados intersetorial, que trabalhe com a lógica da diminuição dos fatores de risco e a ampliação dos fatores de proteção, respeitando a diversidade e a complexidade tanto da

Adolescência e drogadição: aspectos preventivos **433**

adolescência como da drogadição. Essa rede deve compartilhar a responsabilidade pelo cuidado desses jovens de modo a assegurar a atenção integral.

Atenção integral é a resposta que os vários grupos de referência devem dar aos indivíduos, considerando sua faixa etária, seu momento de vida e sua inserção sociocultural. Na adolescência, isso é extremamente necessário, haja vista todas as mudanças psicossociais por que passam os adolescentes e seus familiares, trazendo necessidades de intervenções que vão além das questões biológicas e pontuais[27,28].

Essas mudanças são vivenciadas de maneira diversa nos diferentes contextos e fragilizam os adolescentes, tornando-os vulneráveis a muitas situações e agravos. A atenção integral incorpora ações de promoção de saúde, prevenção de agravos, assistência primária, secundária, terciária e de redução de danos, que devem ser realizadas em parceria entre organizações governamentais e não governamentais. A integração e a efetivação das políticas de saúde, ação social, educação, esporte, cultura e lazer e o apoio de legisladores, profissionais de justiça, família e dos próprios adolescentes é que garantirão uma mudança de paradigma em relação à prevenção e à assistência referentes ao uso de drogas na infância e adolescência.

Cabe ressaltar a importância do envolvimento e responsabilidade da sociedade e da mídia em relação a essa mudança de paradigma e em relação ao enfrentamento dessa problemática, ao se ter o cuidado de realizar as ações preventivas e de tratamento de maneira ética, técnica e legal[28].

CONCLUSÕES

Na adolescência, a questão da drogadição remete a sociedade, como um todo, a refletir sobre seus valores e modelos, além de requerer abordagem sistêmica, com atuação articulada de diversos profissionais e instituições, tendo a família e a espiritualidade papéis de destaque na prevenção e no desenvolvimento da resiliência entre seus membros. Os programas de prevenção de uso de drogas devem planejar orientação e rodas de conversa com as famílias, fortalecendo a afetividade e a autoestima, como ferramentas de superação. Espera-se também que os programas de prevenção valorizem o processo adaptativo entre indivíduos e ambiente, compreendam e valorizem a história pessoal, o momento de vida do indivíduo, o gênero, as normas culturais, as crenças e as práticas envolvidas no uso/abuso de drogas. A adolescência é um momento único para a formação do indivíduo, no qual a droga deve ser vista como mais um risco a ser evitado ou minimizado, sem jamais ser maior que os sonhos e a perspectiva de futuro dos jovens.

434 Medicina de Adolescentes

REFERÊNCIAS BIBLIOGRÁFICAS

1. Pacheco JEP, Murcho NAC, Jesus SN, Pacheco ASR. Fatores de risco e de proteção das toxicodependências em crianças e jovens adolescentes: contributos para a sua compreensão. Mudanças. 2009;17(1):33-8.
2. Presidência da República. Secretaria Nacional de Políticas sobre Drogas. Relatório brasileiro sobre drogas/Secretaria Nacional de Políticas sobre Drogas; IME USP; Paulina do Carmo Arruda Vieira Duarte, Vladimir de Andrade Stempliuk e Lúcia Pereira Barroso (orgs.). Brasília: SENAD; 2009. 364p.
3. Cavalcante MBPT, Alves MDS, Barroso MGT. Adolescência, álcool e drogas: uma revisão na perspectiva da promoção da saúde. Esc Anna Nery Rev Enferm. 2008;12(3):555-9.
4. Presidência da República. Secretaria Nacional de Políticas sobre Drogas. I Levantamento Nacional sobre os padrões de consumo de álcool na população brasileira/Elaboração, redação e organização: Ronaldo Laranjeira et al. Revisão técnica científica: Paulina do Carmo Arruda Vieira Duarte. Brasília: Secretaria Nacional Antidrogas, 2007. 76p.
5. Castro MG, Abramovay M. Drogas nas escolas. São Paulo (SP): UNESCO-DST/AIDS-MS-CNPQ; 2002.
6. Ministério da Saúde. Projeto Promoção da Saúde: Declaração de Alma-Ata. Carta de Ottawa. Declaração de Adelaide. Declaração de Sundsvall. Declaração de Santafé de Bogotá. Declaração de Jacarta. Rede de Mega países e Declaração do México. Brasília, DF; 2011.
7. Soares CB, Salvetti MG, Ávila LK. Opinião de escolares e educadores sobre saúde: o ponto de vista da escola pública de uma região periférica do Município de São Paulo. Cad Saúde Pública. 2003;19(4):1153-61.
8. Schenker M, Minayo MCS. Fatores de risco e de proteção para o uso de drogas na adolescência. Ciên Saúde Coletiva. 2005;10(3):707-17.
9. Newcomb MD, Maddahian E, Bentler PM. Risk factors for drug use among adolescents: concurrent and longitudinal analyses. Am J Public Health. 1986;76(5):525-31.
10. Jessor R. Risk behavior in adolescence: a psychosocial framework for understanding and action. J Adolesc Health. 1991;12(8):597-605.
11. Jessor R, Bos JV, Vanderryn J, Costa FM, Turbin MS. Protective factors in adolescent problem behavior: moderator effects and developmental change. Dev Psycholo. 1995;31(6):923-33.
12. Malta DC, Porto DL, Melo FCM, Monteiro RA, Sardinha LMV, Lessa BH. Família e proteção ao uso de tabaco, álcool e drogas em adolescentes. Pesquisa Nacional de Saúde dos Escolares. Rev Bras Epidemiol. 2011;14 (1):166-77.
13. Benchaya MC, Bisch NK, Moreira TC, Ferigolo M, Barros HMT. Pais não autoritativos e o impacto no uso de drogas: a percepção dos filhos adolescentes. J Pediatr (Rio J). 2011;87(3):238-44.
14. Brasil. Lei n. 8.069, de 13 de julho de 1990. Dispõe sobre o Estatuto da Criança e do Adolescente, e dá outras providências. Diário Oficial da União, Poder Executivo, Brasília, DF. 16 julho de 1990. p.13.563.
15. Guimarães ABP, Hochgraf PB, Brasiliano S, Ingberman YK. Aspectos familiares de meninas adolescentes dependentes de álcool e drogas. Rev Psiq Clín (São Paulo). 2009;36(2):69-74.
16. Sanchez ZVM, Oliveira LG, Nappo SA. Fatores protetores de adolescentes contra o uso de drogas com ênfase na religiosidade. Ciênc Saúde Coletiva. 2004;9(1):43-55.
17. Oliveira EB, Bittencourt LP, Carmo AC. A importância da família na prevenção do uso de drogas entre crianças e adolescentes: papel materno. Investig Enferm. 2010;12(2):9-23.
18. Wagner MF, Oliveira MS. Habilidades sociais e abuso de drogas em adolescentes. Psic Clin. 2007;19(2):101-16.
19. Bon ACA. Prevención en drogadependencia, métodología de trabajo para jóvenes estudiantes de nivel medio: Garín Provincia de Buenos Sires, Periodo 2009-2010. [Dissertação.] Buenos Aires: Facultad de Ciencias Médicas da Universidad Nacional de Córdoba; 2011.

Adolescência e drogadição: aspectos preventivos 435

20. Löhr SS. Desenvolvimento das habilidades sociais como forma de prevenção – 2001. In: Guilhardi, HC, Madi MBBP, Queiroz PP, Scoz MC (orgs.). Sobre comportamento e cognição: expondo a variabilidade. São Paulo: ESETec. p.191-4.

21. Peru. Ministerio de Salud. Arévalo GM, Gupio MG, Uribe OR, Velásquez W. Manual de habilidades sociales para la prevención de conductas violentas y uso de alcohol y drogas en adolescents. Lima; Perú. Ministerio de Salud; Instituto Nacional de Salud Mental Honorio Delgado Hideyo Noguchi; Lima. Jun. 2000. 54 p.

22. Ministério da Saúde. Secretaria de Atenção à Saúde. Área de Saúde do Adolescente e do Jovem. Marco legal: saúde, um direito de adolescentes. Brasília; 2007.

23. Matos AM, Carvalho RC, Costa MCO, Gomes KEPS, Santos LM. Consumo frequente de bebidas alcoólicas por adolescentes escolares: estudo de fatores associados. Rev Bras Epidemiol. 2010;13(2):302-13.

24. Sanchez ZVDM, Oliveira LG, Ribeiro LA, Nappo SA. O papel da informação como medida preventiva ao uso de drogas entre jovens em situação de risco. Ciênc Saúde Coletiva. 2011;16(1):1257-66.

25. Schenker M, Minayo MCS. A importância da família no tratamento do uso abusivo de drogas: uma revisão da literatura. Cad Saúde Pública. 2004;20(3):649-59.

26. Loyola CMD, Brands B, Adlaf E, Giesbrecht N, Simich L, Wright MGM. Uso de drogas ilícitas e perspectivas críticas de familiares e pessoas próximas na cidade do Rio de Janeiro – Zona Norte, Brasil. Rev Latino-Am Enfermagem. 2009;17(Esp.):817-23.

27. Ministério Público do Estado do Paraná. Centro de Apoio Operacional das Promotorias da Criança e do Adolescente. Igualdade temática: drogadição. Revista Igualdade – Livro 41 Igualdade – 2008;41 (Ed. espec.)

28. Seleghim MR, Inoue KC, Santos JAT, Oliveira MLF. Aspectos da estrutura familiar de jovens usuários de crack: um estudo do genograma. Cienc Cuid Saude. 2011;10(4):795-802.

Índice remissivo

A

Abortamentos 194
Acanthosis nigricans 243
Acessibilidade 69
Acne 291
Acolhida 9
Adapaleno 298
Adesão ao tratamento 54
Adolescência
 inicial 35
 média 35
 tardia 35
Aids 273
Álcool 428
Alterações ortopédicas 373
Amastia 263
Amenorreia 239
Anemia ferropriva 136
Angústia 412
Anorexia nervosa 154
Anticoncepção de emergência 208, 421
Anticoncepcional apenas com progestágeno 206
Anticoncepcional combinado injetável 205
Anticoncepcional combinado oral 201
Apneia do sono 337
Atenção primária 68
Aterosclerose 84
Atividades físicas e esporte 95
Atos de passagem 412
Avaliação pré-participação em esportes 95
Atraso constitucional de crescimento e de puberdade 356
Autonomia 8

B

Baixa estatura 354
 familiar 356
 idiopática 357
Bulimia nervosa (BN) 154
Body art 304
Bulimia 154

C

Cálcio 125
Calendário vacinal 108
Câncer de colo do útero 90
Candidíase vulvovaginal 253
Caxumba 110
Cervicite 282
Chlamydia trachomatis 282
Ciclo menstrual 230
Cifose 379
Cirurgia bariátrica 149
Coalizão tarsal 389
Código
 de Ética Médica (CEM) 8, 46

Penal Brasileiro 44, 425
Comportamento alimentar 117
Comportamento sexual 183
Composição corporal 18
Comunicação 8
Condromalácia de patela 385
Confidencialidade 8, 42, 197
Conselho
Federal de Medicina (CFM) 210
Tutelar 421
Consulta do adolescente
etapas 10
princípios éticos 41
Continuidade 69
Contracepção 192
Contracepção e interação medicamentosa 222
Contracepção na doença crônica 216
Contraceptivos reversíveis de longa ação 207
Coordenação de cuidados 69
Coqueluche 111
Corrimento uretral 282
Corrimento vaginal 251
Córtex pré-frontal 39

Critérios de elegibilidade para o uso de contraceptivos 203, 218
Curva de velocidade de crescimento (VC) 19, 355

D

Deficiência
de ferro 136
de GH
de *insulin-like growth factor* (IGF) 359
mental (DM) 59
Densidade mineral óssea 129
Dependência de substâncias psicotrópicas 431
Depressão 404, 412
Desenvolvimento cerebral 38
Desenvolvimento psicossocial 32
Desordens menstruais 229
Diabete melito (DM) 88
Difteria 111
Direito do adolescente à saúde 70
Dislipidemia 86
Dismenorreia 246
Dispositivo intrauterino 208

Distúrbios do
despertar 341
movimento relacionados ao sono 343
Doença
cardiovascular 84
crônicas 49
de Osgood-Schlatter 383
de Scheuermann 380
sexualmente transmissível (DST) 270
Drogas 427

E

Educação
alimentar 147
sexual 175
Eixo hipotálamo-hipófise-gônada (HHG) 16
Empatia 9
Entesite da tuberosidade anterior da tíbia 383
Epifisiolistese 381
Escoliose 374
Escuta 8
Espermarca 27
Espondilólise 377
Espondilolistese 377
Estadiamento puberal
feminino 22
masculino 24
Estatura 19

Estatuto da Criança e do Adolescente (ECA) 44, 420

Estirão puberal 19

Exame ginecológico 250

Exame físico 12

Exame mamário 262

F

Fator de crescimento *insulin-like* (IGF-1) 126

Ferriman-Gallwey 244

Ferritina 139

Fibroadenoma 267

Fosfatase alcalina óssea (FAO) 130

G

Gênero 183

Ginecomastia 365

Gordura corporal 99

Gravidez 194

H

Habilidades adaptativas 397

Hemoglobina 139

Hepatite A 110

Hepatite B 109

Herpes genital 281

Hipertensão arterial 314

Hipoplasia mamária 263

Homossexualidade 182
atendimento 184
revelação 181
orientação da família 189

Hormônio
de crescimento 126
foliculestimulante 17
luteinizante 17

Humanização 69

I

Idade óssea 361

Identidade sexual 183

Imunização 107

Imunoprofilaxia da hepatite B 422

Índice de massa corporal 99, 145, 328

Infertilidade masculina 346

Insônia 336

Instabilidade femoropatelar 384

Integralidade 69, 72

Interrupção da gravidez 425

Isotretinoína 301

L

Lacerações genitais 421

Lesão da cartilagem articular 386

Lutos da adolescência 34

M

Macromastia 264

Mama
acessória axilar 264
tuberosa 265

Marcadores de remodelação óssea 130

Marshall 16

Massa óssea 127

Maturação sexual 20

Medida da pressão arterial 314

Menarca 26, 230

Meningococo 111

Metabolismo ósseo 125

Métodos de barreira 200

Monitoração
ambulatorial da pressão arterial (MAPA) 317
residencial da pressão arterial (MRPA) 322

N

Neisseria gonorrhoeae 283

Neuroendocrinologia da puberdade 17

Notificação compulsória 420

O

Obesidade 142

Orientação
contraceptiva 197
Orientação nutricional
120
Orientação sexual 183
Orquidômetro de
Prader 23
Osteocondrite
dissecante do
joelho 387
Osteoporose 128

P

Papanicolaou 90
Papilomavírus humano
112
Parassonias 341
Participação social 69
Peróxido de benzoíla
299
Pesquisa Nacional de
Saúde do Escolar
193
Pesquisa sobre
Comportamento,
Atitudes e Práticas
relacionadas às
DST/aids 193,
271
Pico de velocidade
de crescimento
(PVC) 18
Piercing 304
Pilificação pubiana 25
Pneumococo 111
Politelia 267
Preservativo feminino
201

Preservativo masculino
201
Prevenção de doenças
do adulto 81
privacidade 8, 42
Propionibacterium acnes
292
Psicopatologia 410
Puberdade 16
Pudor 13

Q

Queixas genitais 249
Quimiprofilaxia do HIV
422

R

Rastreamento 81
Remodelação óssea 130
Resiliência 398
Rompimento do sigilo
médico 43
Rubéola 110

S

Sarampo 110
Sexualidade 173, 182,
193
Sífilis 278
Sinal de
Drehman 382
Phalen-Dickson 377
Risser 375
Síndrome
da adolescência
normal 37

das pernas inquietas
e movimentação
periódica dos
membros 343
de Cushing 359
de Marfan 103
de Poland 266
de Prader-Willi 363
de Turner 358
dos ovários
policísticos 240,
242
metabólica 87
Sistema límbico 39
Sobrepeso 145
Sociedade Americana de
Câncer (ACS) 92
Sociedade Brasileira de
Pediatria (SBP)
46
Sono 334
Suicídio 404

T

Tanner 16
Tarefas do
desenvolvimento
adolescente 34
Tatuagens 304
Telarca 21
Testagem para HPV 93
Tétano 111
Transição de cuidados
56
Transtornos
alimentares (TA) 153
do ritmo circadiano
341

respiratórios do sono 337

Tretinoína 298

Triagem para câncer de colo uterino 90

Triagem para HIV

Trichomonas vaginalis 256, 271

U

Úlceras genitais 278

Unidades Básicas de Saúde (UBS) 68

Unidades de Saúde da Família (USF) 68

Universalidade 69

V

Vacinas 109

Vaginose bacteriana 257

Vara da Infância e Juventude 421

Variabilidade puberal 27

Varicela 110

Varicocele 346

Velocidade de crescimento (VC) 126

Vínculo 69

Violência sexual 418

Vírus da imunodeficiência humana (HIV) 308

Vitamina D 125

Vulnerabilidade 6, 70, 396

Vulvovaginites 249

Encarte – imagens coloridas

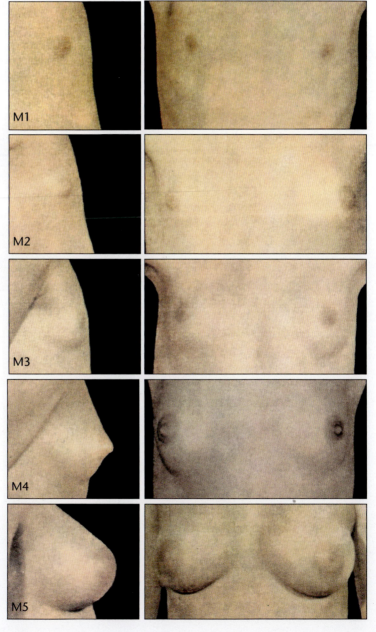

Figura 2.5 Estadiamento puberal feminino.

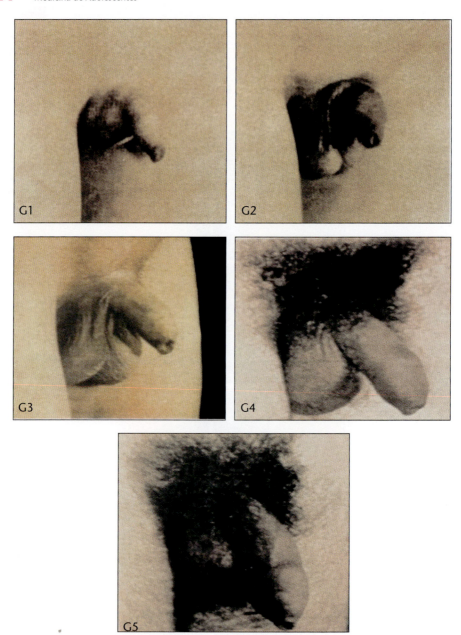

Figura 2.6 Estadiamento puberal masculino.

Encarte – imagens coloridas 3-E

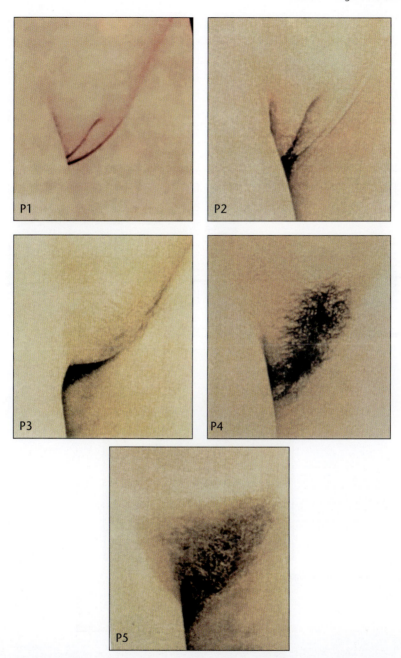

Figura 2.9 Pilificação feminina.

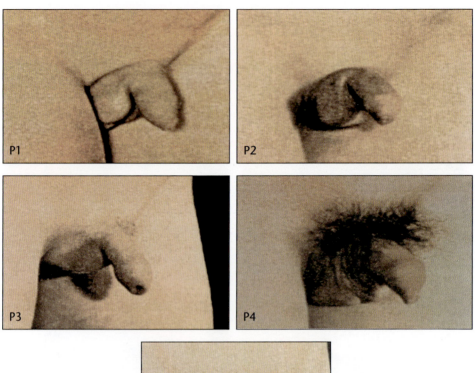
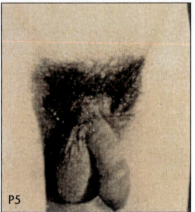

Figura 2.10 Pilificação masculina.

Encarte – imagens coloridas 5-E

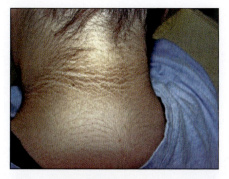

Figura 20.3 *Acanthosis nigricans*: sinal fenotípico clássico indicativo da resistência à insulina, condição associada ao hiperandrogenismo e SOP.

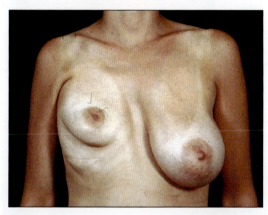

Figura 22.2 Hipoplasia mamária.

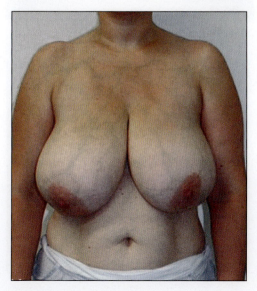

Figura 22.4 Macromastia.

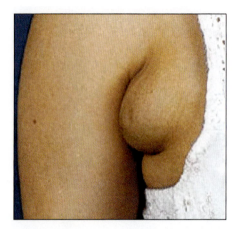

Figura 22.5 Mama acessória axilar.

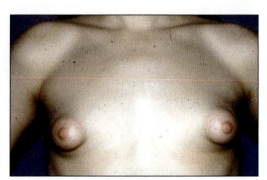

Figura 22.6 Mama tuberosa (arquivo pessoal do Dr. Benito Lourenço).

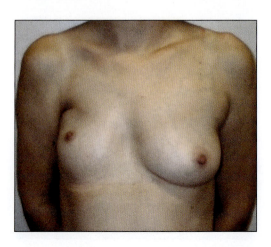

Figura 22.7 Síndrome de Poland.

Encarte – imagens coloridas   7-E

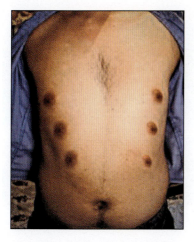

Figura 22.8 Politelia.

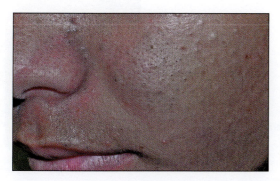

Figura 24.1 Detalhe de quadro de acne grau I (comedoniana). Nota-se grande quantidade de comedões abertos (cravos pretos) e fechados (cravos brancos).

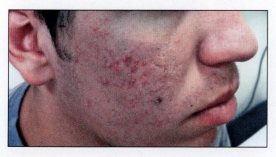

Figura 24.2 Detalhe de quadro de acne grau II. Nota-se, além dos comedões, a presença de lesões inflamatórias (pápulas e pústulas).

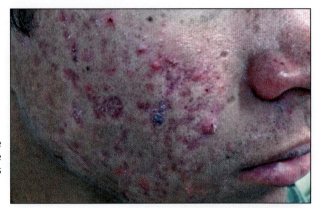

Figura 24.3 Detalhe de quadro de acne grau III. Nota-se uma grande quantidade de lesões inflamatórias mais graves, nodulocísticas.

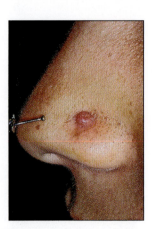

Figura 25.1 Granuloma em asa de nariz após *piercing*.

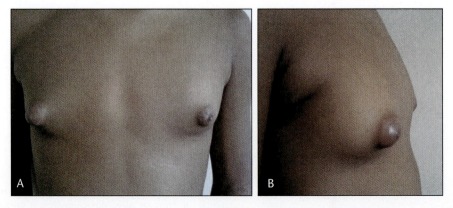

Figura 30.1 Exemplos de adolescentes com ginecomastia puberal. A: ginecomastia bilateral, assimétrica. B: lipoginecomastia em adolescente obeso.